국역『淸季中日韓關係史料』3

동북아역사 자료총서 41

동북아역사재단
NORTHEAST ASIAN HISTORY FOUNDATION

국역『清季中日韓關係史料』

역자 서문

이 책에서 번역하여 소개하는 자료는 원래『清季中日韓關係史料』라는 제목으로 편찬된 사료집의 일부다. 이 분야의 전문 연구자들에게는 잘 알려져 있듯이, 이 사료집은 타이완[臺灣]의 중앙연구원(中央硏究院) 근대사연구소(近代史硏究所)의 당안관(檔案館)에서 소장하고 있는 청말(淸末)의 외교 관계 문서(중국에서는 이러한 기록 문서를 檔案이라고 부른다) 가운데 한·중·일 세 나라 사이의 외교 관계에 관련된 사료를 주제별로 골라 출판한 것이다. 좀 더 구체적으로 이야기하자면 1864~1912년까지 청말의 외교를 담당한 부서인 총리각국사무아문(總理各國事務衙門)과 외무부(外務部. 1901년 이후), 그리고 중화민국 시기의 외교부(外交部. 1912년 이후) 문서 가운데, 특히 조선·대한제국과 관련된 것을 중점적으로 선별하여 편찬한 것으로, 총 11권 7,300여 쪽(4,300건. 색인 1권 포함)의 방대한 분량이다.

따라서 청말 또는 19세기 후반 20세기 초 중국과 조선·대한제국 사이에 주고받은 외교 관계 문서(이것은 따로 朝鮮檔으로 분류되어 있다)가 대부분 모두 여기에 수록되어 있다고 할 수 있다. 이 시기 한중관계나 동아시아사의 연구에서 이 사료집이 가지는 위치는 그야말로 독보적인 셈이다. 이러한 주제와 관련된 다양한 사료집의 출판이 최근까지도 계속 이어져오고 있지만, 이 사료집을 보충하는 자료라면 몰라도 대신할 만한 정도의 비중을 갖춘 것은 아직까지 찾아볼 수 없다. 그러므로 이미 출간 40년이 되지만, 이 사료집은 가장 중요한 기초자료로서의 위치를 변함없이 유지하고 있는 것이다.

이 사료집의 전체적인 내용은 주로『총리각국사무아문 당안』에 포함된 자료를 다음의 여덟 가지 주제로 분류한 것이다.

(1) 朝·淸 通商 및 외교 교섭

(2) 朝·淸 국경교섭

(3) 청일전쟁 이전 조선과 각국의 관계

(4) 임오군란과 갑신정변

(5) 청일전쟁

(6) 淸·日 통상 및 외교 교섭

(7) 러일전쟁과 청의 입장

(8) 일본의 중국 동북지역 침략

이 주제의 목록을 훑어보면 알 수 있듯이, 여기에는 근대 동아시아 정세변화와 관련된 중요 사안들이 대부분 망라되어 있다. 따라서 이 사료집은 1972년 처음 출간되자마자 곧 근대 한국과 중국·일본 등 동아시아(또는 동북아시아) 국제관계사 연구에 있어 필수적인 기초 자료가 되었다. 특히 중앙연구원 근대사연구소의 당안관에서 소장하고 있는 『총리각국사무아문 당안』 가운데 「조선당(朝鮮檔)」 부분은 거의 모두 여기에 수록되어 있으므로 이 사료집의 출판은 근대 한국을 둘러싼 동아시아 국제관계 연구의 진전과 활성화에 하나의 획기적인 전환점이 되었다(오늘날에는 인터넷 상으로도 이 「조선당」은 모두 공개되어 있다). 또한 이 사료집은 목차가 일자별로 분류되어 있을 뿐만 아니라 주제별로도 분류되어 있어, 그간 편집된 편년체 위주의 자료집에 비하여 검색이 훨씬 용이하므로 연구자에게 더욱 유용한 자료로서의 기능과 장점을 갖추고 있다. 또한 근대 시기를 다루고 있는 다른 외교문서 관련 자료집과 비교해 볼 때, 해당 사료의 약 86%(3,600건)가 새롭게 공개된 내용이라는 점도 그 중요성을 더해주고 있다. 그러므로 이러한 사료집을 보다 쉽게 이용할 수 있는 『국역『淸季中日韓關係史料』』의 출간은 특히 다음의 두 분야에서 더욱 적극적으로 활용되리라 예상된다.

첫째, 근대 (동아시아) 외교사 분야다. 조선은 1899년 한청조약(韓淸條約)이 체결되기까지 청과 불평등한 조공·책봉체제를 유지하고 있었다. 서구 세력의 진출과 더불어 '만국공법(萬國公法)'이 주지하는 조약체제로의 전환이 시작되었음에도 불구하고(청 자신도 여기에 편입되었다), 청은 기존의 불간섭 원칙을 버리고 적극적인 간섭주의를 채택하면서 기존 체제 내의 '속방(屬邦)'이었던 조선을 근대적 외교 관계 속의 '속국(屬國)'으로 편입시키고자 하였다.

이러한 점은 특히 외교 부분에서 두드러졌다. 1876년 일본과의 개항을 시작으로 조선에서 체결한 구미 각국과의 조약은 대부분이 청의 종용 혹은 중개를 통해 이루어졌다. 때문에 조선은 적어도 형식적으로는 청과의 협의하에 외교권을 행사하였고, 다양한 외교 활동의 대부분도 청에게 보고하는 방식을 취하였다. 따라서 조선의 외교 활동 및 이에 대한 청의 대응, 청의 요구와 그에 대한 조선의 대응에 대해 이 사료집을 보다 적극적으로 이용할 필요가 있다. 또한 1880년대 이후가 되면 청은 외교 분야에서 뿐만 아니라 직접 청의 군대를 주둔시키고 내정에까지 개입하는 적극적인 간섭주의로 나섰으므로, 이 사료집의 중요성은 더욱 커진다(마찬가지로 중앙연구원 근대사연구소에서 최근 공개한 「주한사관당안(駐韓使館檔案)」도 이 사료집을 보완하는 자료서도 가치가 높다는 점도 알려둘 필요가 있을 것이다).

둘째, 이 사료집은 근대 조선(과 대한제국)-청의 변경 및 국경 문제와 관련해서 활용할 여지가 아직 많이 남아 있다. 근대라는 시기는 주권이라는 개념과 함께 근대적 영토의 관념이 형성되는 시기다. 조선의 영토는 북으로 청의 봉금(封禁) 지역과 맞닿아 있었다. 봉금 지역에 대한 청의 관리는 아편전쟁 이후 급격히 무너져갔고, 19세기 후반으로 갈수록 중국 본토의 한족(漢族)뿐만 아니라 조선인까지 봉금 지역으로 이주하기 시작하였다. 이러한 활발한 이주 현상으로 인해 나타난 전통적 무주공간(無住空間)의 해체 과정에 대해서는 아직 충분한 해명이 이루어지지 않은 것이 현실이다. 이점은 조선·청 양국의 최초 경계 설정과 국경 관념의 형성, 그리고 양국의 분쟁이 낳은 국경 조사와 회담과도 밀접하게 관련되어 있다. 동북아역사재단에서도 이 분야에 관한 이미 상당한 분량의 자료집과 연구서를 출간하였지만, 이 사료집 역시 마찬가지로 이와 관련된 수많은 문서를 포함하고 있는 만큼 이 분야 연구의 진전과 확장에 큰 도움이 될 것이다.

하지만 이 사료집이 가지고 있는 질적·양적인 우수성에도 불구하고 연구자들이 이용하기에는 지금까지 몇 가지 난점들이 존재해 왔다. 우선은 방대한 분량의 한문으로 이루어져 있고, 외교 문서는 공문 형식에 맞추어 매우 미묘한 단어들을 사용하는 경우가 많기 때문에 이것을 정확하게 읽어 낼 수 있는 독법도 필요했다. 하지만 문법 체계가 명확하지 않은 한문, 그것도 조선의 한문과는 차이가 있는 19세기 청대(淸代)의 한문을 미묘한 뉘앙스까지 파악하면서 분명하게 독해하는 것은 쉽지 않은 일이었다. 물론 이 책이 그것을 모두 완벽하게 처리하였다고 할 수는 없겠지만, 적어도 관련 연구자들에게는 자료의 활용도와 접근성을 훨씬 더 높여줄 수 있는 계기를 제공해 줄 수 있을 것이다.

다음으로 청대 공문서와 외교문서의 형식(程式)이라는 문제를 들 수 있다. 이 사료집에 포함된 자료의 대부분은 청대 공문서와 외교문서 양식에 따라 작성되어 주고받은 것들이다. 청대 공문서의 가장 중요한 특징 가운데 하나가 문서 작성 이전에 수신한 문서를 새로운 문서의 본문 속에 거의 그대로, 또는 줄여서 인용하는 방식으로 문서를 작성한다는 점이다. 문서의 주제가 간단한 경우라도 주고받은 각급 정부 기관이 몇 군데가 되면 이것을 파악하는 것도 쉽지 않은데, 만약 해당 문서가 여러 기관을 거치면서 오르내리거나 회람될 경우, 문서 안에서 인용되는 화자(話者)의 수는 급속도로 늘어나게 된다. 각각의 화자들은 사건의 보고 및 처리 주체를 가리키며, 사건의 처리시점도 아울러 여기에 반영된다. 따라서 상하 관계 또는 대등한 관계를 반영하는 화자의 구분은 공문서나 외교문서를 정확히 이해하는 데 있어 가장 중요한 핵심이다. 당시 문서를 주고받은 당사자들에게는 자명한 사실이었겠지만, 오늘날의 한국의 독자에게 낯선 청대 관료 체계의 다양한 직급에 걸쳐 존재하는 화자의 위치와 상하 관계, 직무와 역할을 정확하게 파악하도록 요구하는 것은 결코 쉬운 일이 아니다. 청대사·근대사나 외교사를 연구하는 전문 연구자에게도 이것은 마찬가지로 어려운 일이다.

그렇지만 이 사료집에 수록된 대부분의 문서는 화자를 구분하지 않고 작성되어 있었다. 따라서 독자의 편의를 위해 출판 이전에 원 문서에 구두점을 찍는 작업이 이루어졌지만, 누가 화자이고, 그의 발언이나 문서 인용이 어디에서 시작되어 어디에서 끝나는지를 가리켜주는 부호는 여전히 존재하지 않기 때문에 위에서 서술한 어려움이 모두 해소된 것은 아니다. 이러한 화자의 정확한 위상을 구분함으로써 본문 내용을 보다 정확하게 이해하기 위해서는 청대 공문서의 작성 방식과 관련 용어들에 대한 숙달이 필요하다. 때문에 이 책에서는 독해 편의를 위해 형식이 복잡한 문건에 대해 먼저 구조 분석을 하여, 가장 중요한 난제인 화자의 구분을 쉽게 할 수 있도록 단락을 구분하여 보여주는 번역을 실시하였다. 이 작업을 통해 사료 본문의 내용에 대해 보다 용이하고 정확한 접근과 이해가 이루어질 수 있기를 기대한다. 가능한 한 독자의 이해를 돕기 위한 주석을 추가하고자 하였지만, 제한된 시간과 인력 때문에 충분한 정도로 이러한 작업이 이루어졌다고 보기는 어려울 것이다.

참고로 『청계중일한관계사료』의 분량을 소개하자면, 전체 및 시기별 자료 분량은 다음 표와 같다.

구 분	기 간	분량(쪽)	글자 수
고종 시기	1864. 8~1897. 8(33년)	5,042	2,541,000
대한제국 시기	1897. 8~1910. 8(13년)	2,094	1,055,000
총독부 시기	1910. 8~1912. 3(2년)	121	60,900
합계	1864~1912(48년)	7,257	3,656,900

이것은 한 쪽에 최대로 기입된 한문 글자 수를 20자(열)×18(행)×2(면)=720자로 파악하고 한 쪽 당 평균 여백을 30%로 잡아 720자-216자(여백)=504자 정도를 한 쪽 평균 글자 수로 추정한 것이다. 한문을 한글로 번역할 경우 한자 대 한글의 글자 수 분량 비율은 대략 1 : 3 정도가 되므로 번역본의 경우 원본보다 분량이 크게 늘어난다.

그리고 위의 표에 정리된 바와 같이 『청계중일한관계사료』에서 다루는 시기는 1864년 8월부터 1912년까지로 약 48년에 이른다. 문서의 전체 분량은 7,257쪽(원 사료집)이며 글자 수는 약 365만 자다. 이 분량은 200자 원고지로 약 18,250매에 해당하며, 한글로 번역했을 때 약 54,750매 정도의 분량이 될 것으로 추정된다.

이러한 사료를 번역할 수 있는 연구 인력의 사정 등을 고려해 볼 때, 이 거대한 분량을 짧은 시간 내에 번역하는 것은 현실적으로 불가능하므르, 이 책은 단계적으로 장기간에 걸쳐 체계적인 번역을 시도하는 것을 목표로 삼았다. 이 『국역 『清季中日韓關係史料』 3』은 그러한 장기 번역 작업의 세 번째(2년 작업 이후 2년 동안 중단되었다가 다시 시작된 3년차) 성과인 셈이다.

그리고 이상의 요건들을 감안하여 본 연구진은 원래 제3차 연도 번역 목표를 다음과 같이 설정하였다. 『청계중일한관계사료』의 두 번째 주제 항목인 'II. 청일전쟁 이전 조선과 각국의 관계(甲午戰前韓與各國關係)'는 총 여덟 가지 소항목으로 구성되어 있다. 즉 1. 조선과 각국 사이의 통상에 대한 중국의 지도(中國指導朝鮮與各國通商) 외에 2. 한·영관계(英韓關係), 3. 한·불관계(法韓關係), 4. 한·일관계(日韓關係), 5. 한·러관계(俄韓關係), 6. 한·미관계(美韓關係), 7. 한·독관계(德韓關係), 8. 한·오관계(奧韓關係)라는 구성이다. 하지만 『국역 『清季中日韓關係史料』 3』으로 출간될 3년차(2015년) 작업에서는 번역의 분량 문제 때문에 먼저 1. 조선과 각국 사이의 통상에 대한 중국의 지도(中國指導朝鮮與各國通商) 가운데 절반 정도의 분량을 번역하는 것을 목표로 하지 않을 수 없었다. 다른 목차들과 비교해보면 알 수 있지만,

여기서도 1) 조선과 각국 사이의 조약 체결 및 통상 권도(勸導朝鮮與各國立約通商) 부분이 아주 많은 분량을 차지하고 있기 때문에, 이 1-1) 부분만으로도 사실상 2년에 걸쳐서 작업을 진행해야 하는 것이 불가피하였기 때문이다(2016년에는 또한 이 번역 작업이 다시 중단되었기 때문에 이 부분 전체 번역의 완성은 아쉽지만 한 해 더 미룰 수밖에 없을 것으로 보인다). 다만 독자의 참고를 위해 1. 조선과 각국 사이의 통상에 대한 중국의 지도(中國指導朝鮮與各國通商)의 전체 소목차도 아울러 미리 함께 소개해두고자 한다.

6. 도문강 항행과 나루터 설치(圖們江航行及設渡)

[3. 제3권]

II. 청일전쟁 이전 조선과 각국의 관계(甲午戰前韓與各國關係)

1. 조선과 각국 사이의 통상에 대한 중국의 지도(中國指導朝鮮與各國通商)

1) 조선과 각국 사이의 조약 체결 및 통상 권도(勸導朝鮮與各國立約通商)

2) 조선의 무비 강화 협조(協助朝鮮武備)

3) 조선의 사절 파견과 체제 문제(朝鮮遣使與體制問題)

4) 조선 국왕의 중국 사절에 대한 궤송 금지(禁韓王饋送華使)

5) 기타(其他)

이 책의 발간은 근대 동아시아의 국제관계 및 근대 한국의 역사에 대한 기초 자료로서 의도된 것이다. 단순한 한문 텍스트의 제공이 아니라 한글 번역 작업까지 수반된 것이므로 이 사료집의 활용에 의해 관련 분야의 연구에 조금이라도 기여할 수 있다면 이 작업을 맡은 연구진에게는 큰 기쁨이 될 것이다. 이 연구 작업은 필자 및 이원준·윤형진 박사, 필자가 재직하는 서울대학교 동양사학과·국사학과와 서울시립대학교 국사학과 대학원생에 의한 공동작업의 소산이다. 짧은 시간과 힘든 수작업에도 불구하고 기꺼이 여기에 참가해준 조병식, 김창수 군과 원문 입력에 힘써준 김경·임찬혁 군에게 우선 감사를 드린다. 물론 이러한 장기적 번역 작업을 흔쾌히 받아들이고 출판에 이르기까지 많은 작업을 맡아주신 동북아역사재단의 이사장 및 관계자 여러분께도 깊은 감사를 드린다.

2016년 7월 28일

연구책임자 김 형 종

일러두기

1. 이 책은『中國近代史資料彙編 淸季中日韓關係史料』(中央研究院近代史研究所 編, 1972)의 세 번째 주제 항목인 '甲午戰前韓與各國關係'의 첫 번째 소항목 '中國指導朝鮮與各國通商'의 '勸導朝鮮與各國立約通商'으로 분류된 문서 약 절반의 부분에 대한 표점과 번역으로 구성되어 있다. 각 문건은 문서정보와 원문, 번역문의 순서에 입각하여 정리 및 번역되었다.
2. 각 문건의 문서번호는 '가-나-다-라(마, 바)'의 양식으로 정리되어 있다. '가'·'나'·'다'의 숫자는 原書의 주제 분류에 입각한 번호체계를 표현한 것이며, '라'는 각 분류체계 내에서의 문서의 수록 순서를 나타낸다. 괄호 안의 '마'는 原書에서 각 문건에 부여한 번호이며, '바'는 해당 문서가 수록된 쪽수를 가리킨다.
3. 각 문건의 문서정보에는 문서번호 다음으로 '사안'과 '첨부문서', '날짜', '발신', '수신' 등에 관한 정보가 순서대로 정리되어 있다. '사안'은 原書의 '淸季中日韓關係史料分類目錄'에서 정리한 '事項'에 해당하는 내용으로, 해당 문건의 핵심 요지를 정리하고 있다. '첨부문서'는 原書에 수록된 문건 안에 附件이 포함되어 있는 경우에 그 '事項'을 정리하였다. '날짜'는 해당 문건의 발신일/수신일(문서에 따라 다름)을 의미하며, 음력 날짜와 양력 날짜를 함께 표기하였다. '발신'과 '수신'은 각각 해당 문건의 발신자와 수신자를 의미한다.
4. 본서의 표점과 번역은 문서 안에서 어디부터 어디까지가 누구의 진술인지 밝히는 것에 유의하였는데, 이를 위하여『국역『同文彙考』疆界 史料』(배우성·구범진 역, 동북아역사재단, 2008)의 편집 양식을 활용하였다.
5. 원문 및 번역문을 작성함에 있어서는, 쉼표, 마침표, 따옴표 등 기본적인 부호만을 사용하여 표점을 하였다. 원본의 분명한 오류로 보이는 글자에 대해서는, '實據(→據實)'의 경우처럼 원문의 글자는 그대로 두고, 괄호 안에 화살표와 함께 바른 글자를 밝혀 두었다.
6. 번역문에서는 문장의 의미가 원활하게 통하도록 하기 위하여, 괄호를 사용하여 접속사나 단어 등을 추가하였다. 아울러 독자들의 이해를 돕기 위하여, 일부 명사들에 대해서는 괄호 안에 간단한 설명을 추가하기도 하였다. 유사한 맥락으로 독자의 이해를 돕고자 원문에서 '本部'·'本衙門' 등의 표현을 사용한 것을, 번역문에서는 경우에 따라 '禮部'·'總理衙門' 등으로 풀어서 번역하였다.

차 례

II. 청일전쟁 이전 조선과 각국의 관계(甲午戰前韓與各國關係)

1. 조선과 각국 사이의 통상에 대한 중국의 지도 (中國指導朝鮮與各國通商)

국역『淸季中日韓關係史料』

조선과 각국 사이의 조약 체결 및 통상 권도(勸導朝鮮與各國立約通商)

(1) 문서번호 : 2-1-1-01 (304, 360b)

사안 : 서양 각국이 조선과 통상을 하고자 하니, 丁日昌이 條陳한 각 내용을 참조하여 李鴻章에게 조선 당국에 전달해 주도록 지시해 주시기를 청합니다(泰西各國欲與朝鮮通商, 請飭李鴻章參照丁日昌條陳各節轉致該國當局).

날짜 : 光緖五年七月初四日(1879년 8월 21일)

발신 : 總理衙門

수신 : [光緖]皇帝

七月初四日, 本衙門片奏[詳見密奏].

草目 : 片奏泰西各國欲與朝鮮通商, 請飭李鴻章照丁日昌條陳各節轉致.

7월 4일, 總理衙門에서 片奏를 올립니다[상세한 내용은 密奏에 보인다].

내용 요약 : 서양 각국이 조선과 통상을 하고자 하니, 丁日昌[1)]이 條陳한 각 내용에 따라 李鴻

章[2])이 [조선에] 전달해 주도록 지시해 주시기를 청하는 片奏를 올립니다.

1) 정일창(丁日昌, 1823~1882)은 자가 우생(禹生, 雨生), 호가 지정(持靜)으로 광동성(廣東省) 풍순현(豊順縣) 출신의 관료인데, 자강운동(洋務運動)에 적극 참여한 주요 지방관 가운데 한 사람이다.

2) 이홍장(李鴻章, 1823~1901)은 안휘성(安徽省) 합비(合肥) 출신으로 이 중당(李中堂) 또는 이합비(李合肥)로도 불리며, 자는 잠보(漸甫) 또는 자불(子黻)이며 호는 소전(少荃)이다. 시호는 문충(文忠)이다. 청 말의 명신이자 자강운동(自強運動, 또는 洋務運動)의 창시자이기도 한 그는 회군(淮軍)·북양수사(北洋水師)의 창시자이자 통솔자였으며, 관직은 직예총독겸북양통상대신(直隸總督兼北洋通商大臣)에 이르렀고(이홍장은 세 차례 직예총독으로 지냈으며, 그 기간은 약 25년에 이른다), 문화전대학사(文華殿大學士)의 직함도 수여받았다. 직예총독의 정식관함은 "總督直隸等處地方提督軍務、糧饟、管理河道兼巡撫事"로 청조의 최고급 지방관 가운데 하나로 오늘날의 보정(保定)에 아문(直隸總督署)이 있었다.

(2) 문서번호 : 2-1-1-02 (305, 361a)

사안 : 서양 각국이 조선과 통상을 하고자 하니, 丁日昌이 우호관계를 열고 조약을 맺음으로써 이를 통해 외환을 막자고 條陳한 각 내용을 李鴻章이 조선에 전달해 주도록 하라 (泰西各國欲與朝鮮通商, 著李鴻章照丁日昌條陳藉通好修約以潛弭外患各節轉致朝鮮).

날짜 : 光緒五年七月初五日(1879년 8월 22일)

발신 : 軍機處

수신 : 總理衙門

七月初五日, 軍機處交出, 光緒五年七月初四日, 奉上諭 :

總理各國事務衙門奏 :

朝鮮拏禁法國教士崔鎮勝, 請飭禮部行知該國查明釋放一摺, 已依議辦理.

另片奏 :

泰西各國欲與朝鮮通商, 事關大局, 縷晰密陳.

等語. 日本、朝鮮積不相能, 將來日本恃其詐力, 逞志朝鮮, 西洋各國羣起而謀其后, 皆在意計之中. 各國既欲與朝鮮通商, 倘藉此通好修約, 庶幾可以息事, 俾無意外之虞. 惟該國政教、禁令亦難強以所不欲, 朝廷不便以此意明示朝鮮, 而顧念藩封, 又不能置之不問. 據該衙門奏, 李鴻章與朝鮮使臣李裕元曾經通信, 略及交鄰之意, 自可乘機婉爲開導. 在該督必不肯輕與藩服使臣往來通問, 而大局所關, 亦當權衡輕重. 著李鴻章查照本年五月間丁日昌所陳各節, 作爲該督之意, 轉致朝鮮, 俾得未雨綢繆, 潛弭外患. 原片著抄給閱看, 將此密諭知之.

欽此.

7월 5일 軍機處에서 [總理各國事務衙門(이하 總理衙門으로 약칭)에] 광서 5년 7월 4일 받은 上諭를 보내왔다.[3)]

總理衙門에서 다음과 같이 상주하였다.

조선에서 프랑스 선교사 빅토르 드게트(崔鎭勝)[4)]를 체포한 것에 대해 조선에 통지하여 조사한 다음 석방하도록 禮部에 지시를 내려주실 것을 청한 奏摺은 이미 논의한 대로 처리하였습니다.

더불어 總理衙門에서는 다음과 같은 附片을 올렸다.

서양 각국이 조선과 통상하고자 하는데, 大局과 관련된 일이니 자세하고도 분명하게 비밀리에 아뢰고자 합니다.

일본과 조선은 서로 사이가 몹시 좋지 않고, 장래 일본이 그 힘을 믿고 조선에서 뜻을 멋대로 하게 되면 서양 각국이 떼 지어 일어나 그 뒤를 따르리라는 것은 모두 예상할 수 있는 바이다. 각국이 조선과 통상을 하고자 하니, 만약 이를 빌려 우호관계를 여는 조약을 맺는다면, 이러한 문제를 가라앉힐 수 있어 뜻밖의 염려가 생기지도 않을 것이다. 다만 조선의 政敎·禁令에 대해서는 그들이 원하지 않는 바를 억지로 강요하기 어렵고 조정에서 이러한 뜻을 조선에 분명히 밝히기도 불편하지만, 藩封을 돌보아 살피고자 한다면 또한 모른 척 내버려둘 수도 없는 법이다. 總理衙門의 상주에 따르면 李鴻章이 조선 사신 李裕元과 일찍이 서신을 주고받으면서 交隣의 道에 대해 대략적으로 논의하였다고 하니, 자연히 기회를 틈 타 완곡하게 開導할 수 있을 것이다. 李鴻章은 필히 쉽사리 藩服의 使臣과 서신을 주고받지 않으려 하겠지만, 大局과 관련된 일이니 또한 마땅히 경중을 잘

---

3) 큰 차이는 없지만, 굳이 구분하자면 유(諭) 또는 상유(上諭)는 황제가 주동적으로 반포하는 명령이고, 지(旨) 또는 성지(聖旨)는 대신의 주청에 대하여 내리는 지시이다. 여기서는 상유(上諭)라고 나온 경우가 아니면 보통 유지(諭旨)라고 통칭하였다.

4) 최진승(崔鎭勝, 빅토르 드게트[Victor Marie Deguette, 1848~?])은 파리의 외방전교회(外邦傳敎會) 선교사로서 1876년 5월 10일 M.J.G.블랑(한국명 白圭三) 신부와 함께 서울에 잠입, 병인(丙寅)박해 이후 성직자가 없던 때에 경기 용인(龍仁) 지방을 중심으로 활동하다가 자신의 검신령 소식을 접하고 충청도로 피신하였다. 박해가 일시 멈추는 듯하자 1878년 다시 나와 선교활동을 하다가, 1879년 공주에서 체포되어 만주로 추방되었다. 만주에서는 리델 주교와 『한라자전(韓羅字典)』 편찬에 착수하였고, 1883년에 다시 입국, 이천(利川)·원산(元山) 지역에서 선교활동을 재개하다가 장티푸스로 사망하였다.

헤아려야 할 것이다. 李鴻章에게 올해 5월에 丁日昌이 條陳한 내용을 참조하여 자신의 뜻인 것처럼 하여 조선에 전달하게 함으로써 일을 미연에 방지하고 外患을 은근히 제거할 수 있도록 하라. 원래의 附片을 초록하여 보내주어서 그가 읽어볼 수 있도록 하고, 아울러 이상의 비밀상유를 알려주도록 하라.

이상.

(3) 문서번호 : 2-1-1-03 (306, 361b)

사안 : 서양 각국이 조선과 통상하고자 하는 일을 密述한 片奏를 北洋大臣에게 전달하여 그가 처리하게 하였다(密述西洋各國欲與朝鮮通商片奏, 轉由北洋大臣辦理).

날짜 : 光緒五年七月初五日(1879년 8월 22일)

발신 : 總理衙門

수신 : 北洋大臣 李鴻章

七月初五日, 發北洋大臣李鴻章函[詳見密啓].

草目 : 密述泰西各國欲與朝鮮通商片奏, 轉由北洋大臣辦理.

7월 5일, 北洋大臣 李鴻章에게 다음과 같은 서신을 보냈다[상세한 내용은 密啓에 보인다].

내용 요약 : 서양 각국이 조선과 통상하고자 하는 것을 密述한 片奏를 北洋大臣에게 보내 그가 처리하게 하였다.

(4) 문서번호 : 2-1-1-04 (309, 363a-371b)

사안 : 1. 이미 諭旨에 따라 서양 각국과 조약을 맺고 통상할 것을 조선에 비밀리에 권유하였습니다(一. 已遵旨密勸朝鮮與西洋各國立約通).

2. 중국과 러시아 사이의 伊犂 회수, 국경 설정과 통상에 관한 각 조항의 득실에 대한 분석(二. 分析中俄收交伊犂、分界、通商各款得失).

첨부문서 : 1. 「조선 原任太師 李裕元이 北洋大臣 李鴻章에게 보낸 서신(朝鮮原任太師李裕元致北洋大臣李鴻章函)」.

2. 「北洋大臣 李鴻章이 조선 原任太師 李裕元에게 보낸 서신(北洋大臣李鴻章致朝鮮原任太師李裕元函)」.

3. 「北洋大臣 李鴻章이 미국 전임 대통령 그랜트에게 답장한 서신(北洋大臣李鴻章覆美前任總統格蘭忒函)」.

날짜 : 光緒五年七月十三日(1879년 8월 30일)

발신 : 北洋大臣 李鴻章

수신 : 總理衙門

七月十三日, 北洋大臣李鴻章函稱 :

昨奉七月初五日五百三十八號鈞函, 並摘錄雨生疏論朝鮮一段. 此事於前一日欽奉寄諭, 密令查照雨生所陳各節, 轉致朝鮮, 並抄鈞署原片給閱. 仰見規畫深遠, 愼固藩籬, 曷任欽佩. 朝鮮近與日本交涉, 屢有違言, 其於西洋各國深閉固拒, 不稍變通. 觀其累次拘禁教士, 則成未融, 已有概見. 日本恃其詐力, 囂然不靖, 琉球既爲所廢, 朝鮮有厝火積薪之勢. 西洋各國又將環視而起, 自不能不爲借箸代籌. 彼國舊相李裕元, 老成宿望，亦頗曉暢時勢．聞其曾與逑堂侍郎等密商和戰兩策，似識略較勝於儕輩．現已遵旨，寓書密爲勸導，如能設法轉圖，冀於大局有裨，未知果肯聽從否．將來卽朝鮮允與立約，似未便徑告西人，尙須稍作曲折，俾西人勿萌奢望，而朝鮮易於遵辦，敬希酌裁．敝處與李裕元覆信，向交永平府遊守，俟其貢使攜去．茲因關係緊要，已加封遞至盛京，請歧子惠將軍妥速轉遞矣．謹將來信函稿抄呈鈞覽，除卽繕疏覆奏外，專肅密覆，敬頌鈞祺．

再，奉七月初五日密函．以地山星使現議交收伊犁、分界、通商各事，並鈞示改定『陸路通商章程』七十款．鴻章詳細尋繹，兵費、商卹共約合銀二百七十五萬兩，尙爲近情．其分界一節，若如原議，將伊犁南界挖去數百裏，通南八城之路亦包在內，誠如鈞示，勢成孤注，將來何以爲守？地山接電信后，當另行妥議．至通商一事，旣准嘉峪添口，其勢必由蘭州、西安直達漢口．惜未聲明“只准由陸路行走，不得由水路繞越”字樣．蓋由漢口陸運至嘉峪數千裏，腳費甚鉅．俄商意在買茶，恐不及由江海輪船運津腳價之便宜．若由漢口泝襄河而上至漢中較爲減省．原單內添出“或由漢中行走”，其注意似亦在水路也．然第三款、第八款、第十款，皆聲明“沿途抽換、私賣、逃稅等弊分別罰辦．”如果沿途不得銷售，則於無限制之中稍有限制．至北路除恰克圖外，添由尼布楚及科布多、歸化城運貨往天津，仍統歸進張家口，似亦稍有收束．聞科布多、烏裏雅蘇臺各城，平時常有俄商往來貿易，卽內外蒙各部落，俄商由恰克圖來者，久已隨地販運，無從禁阻，此次明白定章，尙非從新添出．揣地山之意，似於內地略設禁防，而於西北口外多所通融，恐非此不足饜俄人之欲，將來流弊固不能免，尊意新立章程，須俟定議交收后，奉有御筆批准，方准開辦，暫留退步，以俟酌商，洵爲老謀深算．惟地山曾奉便宜行事之旨，如果伊犁業經交收，凡分界、通商各事，皆因退出伊犁，一齊商允．原有舉辦不分先后之說，倘有中變，俄人或不能無詞，尙祈相機審愼圖之．昨接使俄隨員來信，地山擬於夏間由陸路啓行回國，未知確否．又美國格首領前信已經鈔呈，敝處旋具覆函，附及金山華工之事．謹再鈔奉電覽．

照錄淸摺：

1. 照錄「朝鮮原任太師李裕元來函」

李中堂伯爺爵前：

本年十月年貢使去，畧修起居之禮，尋當自永平府査呈．而卽於別使之還，伏奉去年上書答教，本年九月初四日出也．備承鈞體對時保重．兼領下賜十六種，件件輝映，在在情曲，已極感激．何圖邊務之算，至及於海外偏邦，遠引漢、唐故事，近劈洋、倭情實，若是之詳確乎？開之以茅塞，誨之以牖約，其在依仰之地，銘鏤肺腑，去益難諼．英人稱以漂活之恩，間到萊府，願見官員．俄人種種剽去，北陲居民私相奸和，終難禁制．日本非不講和，喜慍無常，或贈礮器，或資書籍，言或由中，然少不如意，易致葛藤．向日因總理衙門咨文，洋學教人解送之后，又以此事有日本書契，而奉遵上國指揮已爲解送之意，有所回答，尋有花房義質之書，以上國二字之擡頭標出，其說不敬，極爲駭惋．小邦之於上國爲屬國，天下之所知也．丙子爵前嚴斥森有禮時，有小邦受歷之教，則渠豈不知此箇義理，而肆然發此等之語耶？又以德源開港事，遣辭嘖薄，不可與之較挈，畧加曉諭，責其局見，已有咨文呈納，伏想卽經鈞鑒．而德源之元山，彼必欲圖占，不知何意，今於爵前下書，始乃覺得．而其許否，當博採衆議．大抵俄、洋事狀，日本情形，若非下布之纖悉，漠然尙在暗室中矣．無論何方何人何事，如有走懲之端，則惟冀鎭壓之澤，此豈小生一人之喁望，乃擧國齊聲之祝．萊館開港后，自今年出稅於土人矣．彼國公使花房義質，因此到萊海，謂以非年次，恐喝之語，無所不至．此則猶可濶狹，故更爲展限，而彼使還歸時，其書不恭，且有貿易失利賠償等說，未知春間有何事端矣．茲因欽差言旋，憑遊太守轉白，不能伸下情．萬萬怵悵，萬萬壞禮．不備．

敬呈文華殿大學士直隸總督肅毅伯爵前．

朝鮮原任太師李裕元頓首 再拜．

戊寅十二月十五日發．

己卯二月十二日到．

2. 照錄「復朝鮮原任太師李裕元函稿」

橘山尊兄太師閣下：

正月杪裁復寸函，旋於二月間接到客臘望日惠書．反覆於邦交一事，推究得失，剖晰情勢，忠謨碩畫，傾佩無涯．比諗頤養修齡，平章大政，保疆禦侮，措注鹹宜，至爲企頌．承示日本與貴國交涉各節，倭人性情桀驁貪狡，爲得步進步之計，貴國隨時應付，正自不易．客歲駐倭公使何侍講來書，屢稱倭人倩爲介紹，願與貴國誠心和好，兩無虞詐．鄙人思自古交鄰之道，因應得其宜，則仇敵可爲外援，因應未得其宜，則外援可爲仇敵．倭人之言，雖未必由中，尚冀迎機善導，杜彼爭端，永相輯睦．是以曾寓書奉勸，勿先示以猜嫌，致令藉爲口實也．

近察日本行事乖謬，居心叵測，亟宜早爲之防，有不能不密陳梗概者．日本比年以來，宗尚西法，營造百端，自謂："已得富強之術." 然因此致庫藏空虛，國債纍纍，不得不有事四方，冀拓雄圖，以償所費．其疆宇相望之處，北則貴國，南則中國之臺灣．尤所注意，琉球係數百年舊國，並未開罪於日本，今春忽發兵船，刼廢其王，呑其疆土，其於中國與貴國，難保將來不伺隙以逞．中國兵力、餉力十倍日本，自忖尚可勉支．惟嘗代貴國審度躊躇，似宜及此時密修武備，籌餉練兵，愼固封守，仍當不動聲色，善爲牢籠．凡交涉事宜，恪守條約，勿予以可乘之端，一旦有事，則彼曲我直，勝負攸分．

第思貴國向稱右文之邦，財力非甚充裕，卽令迅圖整頓，非旦夕所能見功．現聞日本派鳳翔、日進兩戰艦，久駐釜山浦外，操演巨礮，不知何意．設有反覆，中國卽竭力相助，而道裏遼遠，終恐緩不及事．尤可慮者，日本廣聘西人教練水陸兵法，其船礮之堅利，雖萬不逮西人，恐貴國尚難與相敵．況日本諂事泰西各國，未嘗不思藉其勢力，侵侮鄰邦．往歲西人欲往貴國通商，雖見拒而去，其意終未釋然．萬一日本陰結英、法、美諸邦，誘以開埠之利，抑或北與俄羅斯勾合，導以拓土之謀，則貴國勢成孤注，隱憂方大．中國識時務者，僉議以爲與其援救於事后，不如代籌於事前．夫論息事寧人之道，果能始終閉關自守，豈不甚善？ 無如西人恃其傈銳，地球諸國無不往來，實開闢以來未有之局面，自然之氣運，非人力所能禁遏．貴國既不得已而與日本立約，通商之事已開其端, 各國必將從而生心, 日本轉若視爲奇貨. 爲今之計, 似宜用以毒攻毒, 以敵制敵之策, 乘機次第亦與泰西各國立約, 藉以牽制日本. 彼日本恃其詐力, 以鯨呑蠶食爲謀, 廢滅琉球一事, 顯露端倪, 貴國固不可無以備之. 然日本之所畏服者泰西也. 以朝鮮之力制日本, 或虞其不足, 以統與泰西通商制日本, 則綽乎有餘. 泰西通例向不得無故奪滅人國, 蓋各國互相通商, 而公法行乎其間. 去歲土耳其爲俄國所伐, 勢幾岌岌, 英與諸國出而爭論, 俄始斂兵而退. 向使土國孤立無援, 俄人已獨享其利. 又歐洲之比利時、丹馬, 皆極小之國, 自與各國立約, 遂無敢妄肆侵陵者. 此皆強弱相維之明證也. 且越國鄙遠, 古人所難. 西洋英、德、法、美諸邦距貴國數萬裏. 本無他求, 其志不過欲通商耳, 保護過境船隻耳. 至俄國所踞之庫葉島、綏芬河、圖們江一帶, 皆與貴國接壤, 形勢相逼, 若貴國先與英、德、法、美交通, 不但牽制日本, 並可杜俄人之窺伺, 而俄亦必隨卽講和通好矣. 誠及此時幡然改圖, 量爲變通. 不必別開口岸, 但就日本通商之處, 多來數國商人, 其所分者日本之貿易, 於貴國無甚出入. 若定其關稅, 則餉項不無少裨, 熟其商情, 則軍火不難購辦. 更隨時派員分往有約之國, 通聘問, 聯情誼, 平時既休戚相關, 倘遇一國有侵佔無禮之事, 儘可邀集有約各國公議其非, 鳴鼓而攻, 庶日本不致悍然無忌. 貴國亦宜於交接遠人之道, 逐事講求, 務使剛柔得中, 操縱悉協, 則所以鈐制日本之術, 莫善於此, 卽所以備禦俄人之策, 亦莫先於此矣.

近日各國公使在我總理衙門, 屢以貴國商務爲言. 因思貴國[政教禁令, 悉由自主, 此等大事, 豈我輩所可干預? 惟是中國與]貴國誼同一家,[5] 又爲我東三省屛蔽, 奚啻唇齒相依? 貴國之憂, 卽中國之憂, 所以不憚越俎代謀 直抒衷曲, 望卽轉呈貴國王察核, 廣集廷臣, 深思遠慮密議可否, 如以鄙言爲不謬, 希先示覆大畧. 我總理衙門亦久欲以此意相達, 俟各使議及之時, 或可相機措詞, 徐示以轉圜之意. 從前泰西各國乘中國多故, 併力要挾, 立約之時, 不以玉帛而以兵戎, 所以行之既久, 掣肘頗多, 想亦遠近所稔知. 貴國若於無事時許以立約, 彼喜出望外, 自不致格外要求. 如販賣鴉片煙、傳教內地諸大弊, 懸爲厲禁, 彼必無詞. 敝處如有所見, 亦當隨時參酌一二, 以盡忠告之義, 總期於大局無所虧損. 夫政貴因時, 治期可久, 知己知彼, 利害宜權. 用間用謀兵家所尙，惟執事實圖利之. 法國教士崔鎭勝，經貴國拏禁，該國使臣在京婉求我禮部行文轉請釋放. 實爲調停息事起見，想已查照施行. 緣迭奉來函，諄諄於交鄰保境之道，用敢不憚覼縷，密布腹心. 復候起居，書不盡意.

己卯七月初九日發.

3. 照錄「覆美前主格蘭忒函稿」

敬覆者：

日前貴前主來遊中國，獲親風采，暢聆教言，欣佩不可言喻. 惟款待多疏，時縈歉念. 頃接西曆八月初一日自日本東京來書，猥蒙記注，感慰交並. 所託琉球之事，迭接楊副將信，知貴前主居間排解，苦口勸導日本諸大臣，俾勿聽信旁人唆弄，致開兵釁. 仰見貴前主不忘金諾，顧全兩國大局之美意，本大臣立卽將貴前主賜函並楊副將信，譯寄我總理衙門，轉呈恭親王查閱，靡不同聲感謝. 惟此事實係日本欺人太甚. 琉球爲中國屬邦已百餘年，案卷具在，天下各國皆所聞知. 今日本無故廢滅琉球，並未行會商中國，乃於事后捏造許多謊言、證據，照覆我總理衙門，強詞奪理，不自認錯. 聞已將此項節畧轉呈貴前主閱看，想必能辨其誣也. 來示兩國應該彼此互讓，不致失和，誠爲公平正大之論，但日本錯謬在先，毫無退讓中國之意. 中國於前年臺灣之役，業經忍讓過分，舉國臣民已形不服. 今此事若再退讓，於國家體制、聲名，恐有妨礙. 未知貴前主與其太政大臣等如何妥商辦法，使兩國面子上均下得去，本大臣竊願傾聽下風，以待貴前主之指揮也. 貴前主將此事費心商定，不日命駕回國，想可囑令貴國平安大臣與敝國何公使在東京接續商辦，務使兩國歸於和睦，感盼尤殷. 至敝國朝廷上下，皆欲認眞整頓諸務，設法自強，以副貴前主暨楊副將殷勤屬望之懷. 惟祝貴前主回國后，一路福星，萬家拱戴. 仍舊總理國政，庶中美交情，日臻親密. 以后仰仗大力維持之處甚多，容再隨時專函布告，德領事人極正派謹愼，本大臣素相器重，尚希貴前主回國后加意栽培爲幸. 專泐奉覆. 敬頌鈞祺. 七月初六日. [李鴻章頓首]. 楊副將暨少君、格參將，均祈先爲致候，餘再續布.6)

再, 日前貴前主, 在天津晤談, 曾蒙以金山華工之事, 囑爲妥籌辦法. 當經本大臣轉述尊意, 函商我總理衙門王大臣, 請甚酌爲變通. 旋據貴國西公使會議, 擬暫禁止娼妓、逃犯、有病及招工人等, 前往金山. 等因. 我總理三大臣, 因貴前主諄囑在先, 顧念兩國睦誼, 互相體諒, 遂與西公使和衷商酌, 格外通融, 允照所請. 以后再妥訂章程, 想西公使西必已函報尊處. 特再附聞, 以釋遠念. 又及.

7월 13일, 北洋大臣 李鴻章이 다음과 같은 서신을 보내왔다.

7월 5일에 보낸 538호 서신과 함께 丁日昌이 상소하여 조선에 대해 논의한 부분의 초록을 받았습니다. 이 일에 대해서는 그보다 하루 전에 받은 군기대신이 보낸 寄信上論[7]에서는 丁日昌이 논의한 각 내용에 따라 조선에 전달하라는 密令을 내렸고, 아울러 總理衙門에서 올린 附片을 초록하여 제게 전달하여 받아보게 하라는 지시도 있었습니다. 우러러 보건데 그 계획은 아주 심원하여 변경을 신중하게 단단히 지키고자 하는 것이니 어찌 탄복하지 않을 수 있겠습니까? 조선은 최근에 일본과 교섭을 하면서 여러 번 서로 의견이 어긋났고, 서양 각국에 대해서는 굳게 문을 닫아 걸고 완강하게 거부하여 조금도 변통하지 않았습니다. 여러 차례 선교사를 구금하여 불화를 만든 일은 이미 대략 알고 있는 바입니다. 일본이 그 속임수의 힘을 믿고 떠들썩하게 소란을 일으켜 琉球[류큐]를 이미 폐지하였으니 조선은 쌓아놓은 장작더미 아래 불을 놓은 형세입니다. 서양 각국 또한 빙 둘러서 살펴보다가 일어나니 자연히

---

5) 이 부분["政教禁令, 悉由自主, 此等大事, 豈我輩所可干預? 惟是中國與"]은 다음 번호의 자료 (5) 문서번호 : 2-1-1-05(312, 373a-379a)에 실린 같은 내용의 첨부문서에서 다르게 서술되어 있는 부분이다. 아마 朝鮮의 정교·금령의 자주권을 강조한 부분을 의도적으로 삭제한 것으로 생각되지만, 이 부분을 제외하면 나머지는 대부분 轉寫과정에서 나타나는 오류로 보이며, 그런 점을 보면 이 자료가 훨씬 정확한 내용을 담고 있다.

6) "[李鴻章頓首]" 부분은 『李鴻章全集』 32 「信函」 4(安徽教育出版社, 2007), 470쪽의 내용에 따라 추가한 것이다.

7) 청대 황제의 상유에는 두 가지가 있는데 하나는 공개적으로 내각·군기처를 통해 베껴서 전달하게 하면서 중외에 선포하는 것으로 명발상유(明發上諭)라 하며, 다른 하나는 이렇게 공개되지 않고 황제의 지시로 군기처(軍機處)에서 명령을 받는 사람에게만 직접 보내는 기신상유(寄信上諭)이다. 기신상유는 기유(寄諭)·정기(廷寄)라고도 한다.

중국에서 대신 대책을 마련해 도와주지 않으면 안 될 것입니다. 조선의 舊相인 李裕元[8]은 노련하고 중망을 얻고 있으며 또한 시세에도 자못 정통합니다. 듣기에 일찍이 繼格 侍郎[9]과도 비밀스럽게 화·전 양책을 의논한 적이 있다고 하니, 그 식견이 다른 동료들보다 훨씬 나은 것 같습니다. 지금 이미 諭旨에 따라서 서신을 보내 비밀리에 권고하였으니, 만약 방법을 강구하여 전환을 시도한다면 大局에 도움이 될 것으로 기대하지만, 과연 권고를 따를 것인지는 아직 알 수 없습니다. 장래 조선이 조약을 맺는 것에 동의한다면 곧바로 서양인들에게 알리는 것은 좋지 않은 것 같고, 오히려 반드시 약간 曲折을 만드는 것이 서양인들이 헛된 바람을 갖지 않도록 할 수 있고 조선도 따르기 쉬울 것이니 삼가 적절하게 결정해 주시기 바랍니다. 제가 李裕元에게 보낸 답신은 永平府 知府 遊智開[10]에게 보내어 조선 조공 사절을 기다려 그가 휴대하여 가도록 하였습니다. 이 문제는 아주 긴요한 것이기 때문에 밀봉하여 盛京으로 보내 盛京將軍 岐元[11]에 그것이 빠르게 전달될 수 있도록 조치를 취해주도록 요청하였습니다. 삼가 보내온 서신의 원문을 초록해서 살펴보실 수 있도록 올리니, 곧바로 상주문을 갖추어 답장 상주를 올려주시고, 따로 비밀리에 답장을 보내주시기 바랍니다. 삼가 편안하시기를 바랍니다.

---

8) 이유원(李裕元, 1814~1888)은 조선후기의 문신으로 본관은 경주(慶州)이며, 자는 경춘(京春), 호는 귤산(橘山)·묵농(默農)·임하노인(林下老人)이다. 1873년 대원군이 실각하자 영의정이 되었고, 고종 12(1875)년에는 주청사(奏請使)로 청에 가서 이홍장과 회견하고 세자책봉을 추진하였다. 귀국할 때 교유하였던 직예(直隸) 영평부(永平府) 지부(知府) 유지개(遊智開)를 통해 이홍장에게 서신을 보냈고, 이후 두 사람은 6년간 17통의 서신을 주고받았다. 1879년 그는 이홍장에게서 서구열강과 통상수호를 하여 일본과 러시아를 견제하라는 내용의 서신을 받았다. 『가오고략(嘉梧槁略)』 등의 저서가 있다.

9) 술당(述堂)은 이유원의 문집 『가오고략(嘉梧槁略)』 冊11에 실린 「寄吉林將軍銘鼎臣書」에 계술당시랑(繼述堂侍郎)이란 인명으로 나온다. 당시 시랑 직함을 지닌 인명 가운데 확인해보면(錢實甫 編, 1980, 「滿缺侍郎年表」, 『清代職官年表』, 中華書局, 862~866쪽) 1872년부터 1878년까지 성경의 병부시랑을 지낸 만주인 계격(繼格)을 가리키는 것으로 보인다. 술당(述堂)은 아마 그의 자일 것이다.

10) 『청사고(清史稿)』 권451에 그의 전기가 있다. 유지개(遊智開)의 자는 자대(子代)로 호남성 신화(新化) 출신이다. 함풍(鹹豐) 원년 거인(舉人)이 되어 간선지현(揀選知縣)으로 부임하였다. 동치(同治) 연간 유능한 지방관으로 명성을 떨쳐 증국번(曾國藩)이 직예총독으로 부임하면서 직예성으로 끌어왔다. 동치 11년에 영평부 지부로 발탁이 되었다. 후임 이홍장 역시 그를 높이 평가하였는데 그는 광서 6년 이후 영정하도(永定河道)·사천안찰사(四川按察使)·광동포정사(廣東布政使)·광서포정사(廣西布政使) 등을 지냈다.

11) 기원(岐元)은 자가 자혜(子惠)로 만주정홍기인(滿州正紅旗人)으로 청의 종실이었다. 1879~1881년 성경장군(盛京將軍)으로 일하였다.

첨부합니다. 7월 5일에 崇厚星使[12)]가 [러시아가 침범한] 伊犁지역을 돌려받고 국경을 설정하고 통상을 하는 문제를 논의하여『陸路通商章程』70조를 改定한 일에 대한 [總理衙門의] 비밀 서한을 받았습니다. 제가 곰곰이 따져보니 러시아의 군사비용과 상인에 대한 보상금 총 275만 냥은 그럭저럭 정리에 맞는 것 같습니다. 국경 설정에 관해서는 만약 원래 논의에 따라서 伊犁 남쪽 경계지역을 수백 리 잘라 넘겨준다면 남쪽 8城으로 통하는 길 역시 그 안에 포함됩니다. 정말 알려주신 바와 같다면 반드시 온 힘을 다해 마지막 승부를 걸어야 할 형세가 될 것이니 장래에 어떻게 지켜낼 수 있겠습니까? 崇厚는 전보를 받은 다음 마땅히 따로 잘 협의해야 할 것입니다. 통상에 관해서는 이미 嘉峪關에 이미 통상구역을 더할 것을 허가했으니, 그 형세는 반드시 蘭州와 西安을 통해 직접 漢口에 이르게 될 것입니다. 애석하게도 "오로지 육로를 통해서만 다니는 것을 허가하며, 수로를 통해 길을 돌아갈 수 없다"는 문구를 명시하지 않았습니다. 생각하건대 漢口를 통해 嘉峪關까지 수천 리를 육로로 운송하려면 비용이 아주 많이 듭니다. 러시아 상인들은 차를 사려고 하는데, 아마도 長江이나 바다의 윤선을 통해 天津으로 운송하는 비용만큼 저렴하지 않을 것입니다. 만약 漢口에서 泝河·襄河를 통해 漢中으로 올라간다면 비교적 비용이 절감될 것입니다. 原單에 "혹은 漢中을 통해 다닐 수도 있다"고 덧붙이는 의도 역시 아마 수로를 이용하는 데 있는 것 같습니다. 제3·8·10조는 모두 "중도에서 다른 물건과 바꿔치기하거나 사사로이 판매하거나 세금을 회피하는 등의 폐단에 대해서는 각기 나누어 처벌한다"고 모두 명시하고 있습니다. 만약 중도에서 판매할 수 없다면 곧 제한이 없는 가운데 약간 제한이 있는 것이 될 터입니다. 北路에서는 캬흐타(Kiakhta, 恰克圖) 외에 네르친스크(Nerchinsk, 尼布楚), 호브드(Khovd, 또는 Kobdo, 科布多 : 몽골 가장 서쪽의 도시), 후허하오터(Hohhot, 歸化城 : 오늘날의 呼和浩特)를 거쳐 화물을 天津으로 운송하는데, 여전히 모두 張家口로 들어오게 하면 약간은 통제가 가능할 것입니다. 듣기로는 호브드

12) 숭후(崇厚)는 완안숭후(完顔崇厚, 1826~1893)를 가리키는데 그는 청말의 관료로 성이 완안(完顔), 자가 지산(地山), 호가 자겸(子謙) 또는 학사(鶴槎)이며, 내무부양황기인(內務府鑲黃旗人)이다. 1861년 삼구통상대신(三口通商大臣)이 되어 양무(洋務)를 처리하게 되었고 이후 직예총독(直隸總督)의 자리에도 올랐다. 1870년 천진교안(天津教案) 이후 프랑스에 사죄(謝罪) 사절로 파견되었고, 1874년에 러시아로 파견되어 러시아가 점거한 이리지역의 회수 및 육로무역에 관한 리바디아(Livadia)조약을 자의적으로 맺었다가 탄핵을 받고 처형당할 위기에 처하기도 하였다. 이후 청조는 증기택(曾紀澤)을 다시 파견하여 재교섭한 결과 개정된 이리(Lli, 伊利)조약을 체결하였다. 성사(星使)는 제왕이나 조정의 사자(使者)를 가리키는 말이다.

나 울리아수타이(Uliastai, 烏裏雅蘇臺 : 몽골 서부의 도시) 등의 各城은 평소 항상 러시아 상인이 왕래하며 무역을 하였고 내·외 몽골의 각 부락에서는 캬흐타에서 들어온 러시아 상인들이 이미 오랫동안 곳곳에서 판매·운송을 하였으므로 도저히 막을 수 없다고 하니, 이번에 명확하게 章程을 정한 것이 그래도 새롭게 추가한 것은 아니라고 하겠습니다. 崇厚의 뜻을 추측하건대, 내지에서는 대략적으로 금지하여 방어하되 西北의 口外에서는 융통성을 주려는 듯합니다. 아마도 이것이 아니면 러시아인의 욕심을 채우는 데 부족하며, 장래의 유폐도 분명 피할 수 없기 때문일 것입니다. 總理衙門에서는 새롭게 章程을 세우면 반드시 定議를 주고 받고나서 御筆의 비준을 받은 다음에야 비로소 실행을 개시하려는 뜻 같은데, 잠시 뒤로 물러나서 협상을 기다리는 것은 진실로 노련하고 깊이 있는 계획이라고 하겠습니다. 다만 崇厚가 일찌감치 재량껏 일처리를 하라는 유지를 받은 바 있으므로, 만약 이리를 이미 넘겨받았다면 무릇 국경 설정과 통상 문제는 이리로부터 [러시아가] 퇴출하였기 때문에 모두 승낙해주어야 합니다. 원래 실행에 선후를 나누지 않는다는 말이 있었기 때문에, 만약 도중에 변고가 있다면 러시아인들이 말이 없을 수 없으니, 차라리 기회를 봐서 신중하고 세밀하게 도모해야 할 것입니다. 어제 러시아로 간 사신[崇厚]의 수행원이 보낸 서신을 받았는데, 崇厚는 여름에 육로로 출발하여 귀국하기로 하였다고 하지만 확실한 것은 아직 모릅니다. 또한 미국의 그랜트 대통령이 전에 보낸 서신은 이미 초록해서 올렸고, 제가 곧 답장서신을 작성하였는데, 아울러 샌프란시스코[(舊)金山]의 중국인 노동자에 관한 일도 언급하였습니다. 삼가 다시 초록하여 올리니 살펴봐 주십시오.

첨부문서 : 淸摺 초록

1. 「조선의 原任太師 李裕元이 보내온 서신」 초록 :

李 中堂伯爺爵[13]께 올립니다.

---

13) 백야작(伯爺爵)은 이홍장이 태평천국을 진압한 공로로 일등숙의백(一等肅毅伯), 즉 백작의 작위를 받은 바 있는 것을 가리킨다. 이후 그는 최종적으로 일등숙의후(一等肅毅侯)의 작위를 받았다. 중당(中堂)은 명·청대의 내각대학사(內閣大學士)를 가리키는 것으로 이홍장도 당연히 이 직함을 지니고 있었다. 사실이 중당(李中堂)은 청말에는 바로 이홍장을 가리키는 것이나 마찬가지였다. 앞으로는 편의상 이홍장에 대한 여러 경칭은 가능하면 이 중당(李中堂) 또는 이 중당대인(李中堂大人)으로 통일하여 번역하겠다.

올해 10월에 年貢使가 가서 起居의 禮[14]를 대략 행한 다음 이어서 永平府에 이르러 [대인께] 서신을 올렸습니다. 그리고 別使가 돌아왔을 때 작년에 올린 글에 대해 가르침을 주시는 답장을 받은 것이 올해 9월 4일이었습니다. 받고서 여전히 건강하신 것을 알았고, 아울러 내려주신 열여섯 가지를 모두 받았는데 하나하나 빛나고 정성스러운 것이어서 지극히 감격스러웠습니다. 어찌 邊務를 도모하는 계획이 海外의 편벽한 조선까지 미치고, 멀리는 漢·唐의 故事를 끌어오시고 가깝게는 洋·倭의 실상을 분별하는 것이 이처럼 자세하고 확실하신지요? 어리석음을 깨우쳐주시고 나갈 길을 이끌어주시니,[15] 의지하고 앙모하는 바가 폐부에 새겨져 갈수록 더욱 잊기 어렵습니다. 영국인들은 표류하다가 구조를 받은 은혜를 핑계로 간혹 東萊府에 와서 관원을 만나기를 원합니다. 러시아인들은 종종 약탈을 벌이고 북변의 주민들과 몰래 어울려 못된 짓을 하는데 정말 금지하고 통제하기 어렵습니다. 일본은 강화를 했다고는 하지만 기뻐하고 화내는 것이 일정하지 않습니다. 때로는 무기나 서적을 선물하고 말 역시 진심에서 우러나오지만, 조금이라도 뜻대로 되지 않으면 쉽게 갈등을 일으킵니다. 지난번 總理衙門에서 咨文을 보내와서 洋學宣教師를 풀어서 보낸 이후에, 다시 이 길 때문에 일본의 書契가 왔는데 上國의 지휘를 받들어 이미 풀어서 돌려보냈다는 취지로 회답을 한 바 있습니다. 이윽고 花房義質[하나부사 요시모토][16]가 문서를 보냈는데, 답장에서 '上國' 두 글자를 擡頭하여 위로 끌어올려 쓴 것을 가지고 불경스럽게 말하는 것을 보니 정말로 놀랍고 안타까웠습니다. 조선[17]이 上國에게 屬國인 것은 천하가 아는 바입니다. 丙子年에 李 中堂께서 森有禮[모리 아리노리][18]를 엄히 꾸짖으셨을 때 조선과 중국의 관계에 대한 가르침이 있었는데,[19] 어찌

14) 기거(起居)는 일어서고 웅크리는 동작 또는 문안을 드리는 것, 나아가 매 5일에 군신이 재상을 따라 황제를 알현하는 일 등을 말하는데, 여기서는 조공 사절로서의 의례적 역할을 말하는 것 같다.

15) 원문의 모색(茅塞)은 길을 사용하지 않아 띠가 자라 길을 막는다. 즉 어리석음이나 답답함 또는 그런 자기를 묘사하며(『孟子』「盡心」下에 나온다. "山徑之蹊間, 介然用之而成路, 爲間不用, 則茅塞之矣. 今茅塞子之心矣"), 유약(牖約)은 창문이 좁다, 즉 견문이 좁다는 것을 비유하는 것으로 보인다.

16) 하나부사 요시모토(花房義質, 1842~1917)는 공사관 서기생(書記生)으로 1871년 내한하여 한일교역 교섭에 종사했다. 그해 9월 대리공사로 부임하고, 1880년 변리공사(辨理公使)에 승진, 인천·원산의 개항을 꾀하였으며. 1882년 임오군란을 만나 스스로 공사관 건물을 불태우고 서울을 탈출하여 귀국하였으나, 다시 돌아와서 제물포조약을 체결하였다. 1911년 자작(子爵)을 받고 그해 추밀원 고문에 임명되었다.

17) 원문은 소방(小邦)으로 되어 있는데, 여기서는 이와 비슷한 명칭 모두를 조선으로 통일하여 번역하였다.

18) 모리 아리노리(森有禮, 1847~1889)는 사쓰마 번사(薩摩藩士) 출신의 외교관·정치가로 영국에 밀항,

그 의리를 알지 못하고 방자하게 이러한 말을 하는 것일까요? 또한 德源을 개항하는 일을 가지고서는 그 언사가 아주 격앙되어 도저히 더불어 얘기할 수 없어 대략 曉諭하면서 그 좁은 견해를 책망한 점에 대해서는 이를 이미 咨文으로 올렸으니 아마 받아보셨을 것입니다. 그리고 德源의 元山을 일본이 반드시 차지하고자 하는 것이 무슨 의도인지 알 수 없었는데 이제 李 中堂大人께서 내려주신 서신을 통해 비로소 깨달을 수 있었습니다. 그러나 그 허락 여부는 마땅히 널리 여러 사람의 의견을 들어야 할 것입니다. 대저 러시아·서양의 상태와 일본의 상황은 자세하게 알려주시지 않았다면 아마도 여전히 어두운 방 안에 있는 것처럼 아무 것도 모르고 깜깜하였을 것입니다. 어느 곳, 어느 사람, 어느 일이든지 달려가 호소할 구실이 있으면 곧바로 李 中堂大人께서 통제해주시는 은혜를 바라는 것은 小生 한 사람만의 바람이 아니라 온 나라 사람이 한소리로 기원하는 바입니다. 東萊館의 개항 이후 금년부터 내국인[土人]에게 세금을 거두게 됩니다. 일본 공사 花房義質이 이 때문에 萊海에 와서 [세금을 거둘] 年次가 아니라고 하면서 마구잡이로 공갈을 퍼부었습니다. 이 일은 그래도 넓고 좁히는 여지가 있었기 때문에 바로 다시 기한을 연장하였지만, 일본 공사는 돌아가면서 여전히 공손하지 못한 문서를 보내면서 또한 무역상의 손해를 배상해야 한다는 식의 말을 하니 봄에 무슨 사단이 있을지 모르겠습니다. 지금 사신 일행이 곧 떠난다고 하니 遊智開 知府를 통해 전하기는 하지만 이곳 사정을 자세히 알리지는 못합니다. 참으로 슬프고 송구스럽습니다. 참으로 제대로 예를 갖추지 못하였습니다. 삼가 올립니다.

유학하고 러시아·미국 등을 여행한 다음 메이지유신 이후 귀국하여 후쿠자와 유키치(福澤諭吉) 등과 메이로꾸샤(明六社)를 결성하였다. 1875년에는 일본의 주중공사로 파견되어 당시의 청조 대신 이홍장과 조선 문제를 둘러싸고 여러 차례 의견을 나누기도 하였다. 이후 초대 문부대신(文部大臣)을 지내고 릿쿄대학(一橋大學)을 창설하였으며 메이로꾸샤(明六社) 회장, 도쿄학사회원(東京學士會院) 초대회장 등을 지냈다.

19) '受歷'이란 부분은 뜻이 모호하지만, 그 내용은 이홍장과 모리 아리노리의 대담에 나오는 이홍장의 청과 조선의 상국-속방관계에 대한 설명을 가리키는 것 같다. 『李鴻章全集』 권31 「信函」 3, 339~342쪽의 「日本使臣森有禮署使鄭永寧來直隸督署內晤談節略」(光緒元年 12月 28日)에 실린 이 대담의 내용은 상당히 길지만, 모리 아리노리가 조선이 중국의 속방이라는 것을 부인하면서 일본과의 외교 관계를 거부하는 조선에 대한 用兵(전쟁)의 의사를 계속 내비치자, 이홍장은 조선이 「淸日修好條規」와 萬國公法을 들어 중국의 속방이라는 점을 강조하고, 아울러 일본의 조선에 대한 침략의 역사를 지적하고(임진왜란과 운양호 사건) 조선과의 외교 문제를 빌미로 用兵을 하겠다는 일본 측의 의도를 단호하게 반박하면서, 조선·일본의 우호관계를 권고하는 내용으로 구성되어 있다.

文華殿大學士、直隸總督、肅毅伯爵께.

조선 原任太師 李裕元이 다시 인사드립니다.

戊寅年 12월 15일 보냄. 己卯年 2월 12일 도착.

2. 「조선 原任太師 李裕元에게 보내는 서신」 초록

李裕元 太師께 보냅니다.

정월 말에 짧은 서신으로 답장했는데, 곧 2월에 작년 12월 15일에 보내주신 서신을 받았습니다. 외교문제에 대해서 거듭하여 득실을 추구하고 정세를 분석하시니, 충성스럽고 웅대한 계획에 대해서는 크게 감복하고 있습니다. 근래 들어서 건강하고 장수하시며, 大政을 처리하시고 영토를 보호하고 외국의 침범을 막는데, 조치가 모두 적절하시니 매우 축하할 일입니다. 日本과 조선[20]의 교섭 사항에 대해 알려주셨는데, 倭人의 성정이 포악하고 오만스러우며 탐욕스럽고 교활해서, 하나를 얻으면 다른 하나를 얻으려는 계획을 세우니 조선에서 때에 따라 응수하기가 정말 쉽지 않을 것입니다. 작년에 주일본 공사 何如璋[21]이 서신을 보내왔는데, 누차 말하기를 왜인들이 소개해줄 것을 요청하면서 조선과 진심으로 和好를 이루고 서로 간에 근심이나 속임이 없기를 바란다고 하였습니다. 제가 생각하건대 옛날부터 交鄰의 道는 대응이 적절하면 仇敵도 外援이 될 수 있지만, 대응이 적절하지 못하면 外援이 仇敵이 될 수 있는 것입니다. 倭人의 말이 비록 속마음에서 나온 것은 아니라고 하더라도 그대로 기회를 엿보아 좋게 인도함으로써 爭端을 없애고 영원히 서로 화목한 관계를 이루는 것을 기대할 수 있을 것입니다. 이것이 전에 서신을 드리면서 이쪽에서 먼저 시기하고 싫어하는 내색을 보임으로써 구실을 주어서는 안된다고 권하였던 까닭입니다.

근래 살펴보니 일본의 일 처리는 도리에 어긋나고 속마음을 헤아리기 어려우니 마땅히 일찌감

20) 여기서 원문은 모두 귀국(貴國)인데, 편의상 모두 朝鮮으로 번역하였다.

21) 하여장(何如璋, 1838~1891)은 자가 자아(子峨)로 광동성(廣東省) 대포현(大埔縣) 출신의 외교관으로 중국과 일본이 정식으로 국교를 맺은 다음의 첫 번째 주일본 공사로 4년여를 근무하였다. 1880년 일본을 방문한 조선의 수신사 김홍집(金宏集)이 하여장을 방문하였을 때 그가 참찬관(參贊官) 황준헌(黃遵憲)에게 쓰게 한 『사의조선책략(私擬朝鮮策略)』을 기증한 것은 유명한 사건이다. 1868년 진사(進士) 출신인 하여장은 1877년 일본으로 파견되기 전에 한림원시강(翰林院侍講)으로 승진한 상태였으므로 원문에서는 '何侍講'으로 부르고 있다.

치 방비를 해야 하므로, 이에 대해 몰래 그 대강을 말씀드리지 않을 수 없습니다. 일본은 근래 서양 법도를 숭상해서 온갖 것을 다 營造하면서, "이미 富強之術을 얻었다"고 자칭하고 있습니다. 그러나 이로 인해 국고가 비고 국채가 쌓여서, 어쩔 수 없이 사방에서 일을 만들고 큰 판도를 개척하는 데 힘을 써서 그 비용을 메우려 하고 있습니다. 그 영토를 마주보는 곳이 북으로는 조선이고 남으로는 中國의 臺灣입니다. 특히 주의해야 하는 것은 琉球가 수백 년 된 舊國이고 또한 일본에 죄를 지은 일도 없는데 올해 봄에 갑자기 군함을 보내어 그 왕을 겁박하여 폐위하고 그 영토를 병탄하였으니, 장차 중국과 조선에 대해 틈을 노려서 제멋대로 굴지 않으리라고 보장하기 어렵습니다. 중국은 병력과 재력이 일본의 열 배이기 때문에 그래도 어떻게든 지탱할 수 있다고 스스로 헤아리고 있습니다. 그렇지만 일찍이 조선을 대신해서 거듭 생각해 보니, 지금에 이르러서는 응당 비밀리에 武備를 정비하고 군비를 마련하여 병사를 훈련시켜 신중하게 국방을 강화해야 할 것으로 보입니다. 그렇지만 여전히 목소리와 얼굴색을 바꾸지 않으면서 일본을 잘 구슬려야만 합니다. 무릇 교섭사무라는 것은 신중히 조약을 준수함으로써 이용할 만한 구실을 주지 않아야 하며, 그래야만 일단 일이 생겨도 저쪽이 그르고 이쪽이 옳다는 승부가 갈리게 됩니다. 다만 조선은 지금까지 문치를 숭상하는 나라로 불려왔기에 財力이 크게 여유롭지는 않으니, 즉각 신속하게 정돈을 꾀하더라도 짧은 시간 안에 효과를 볼 수는 없을 것입니다. 지금 듣기에 일본은 鳳翔·日進 두 전함을 파견하여 오랫동안 釜山浦에 머물면서 巨礮를 연습한다고 하니 무슨 의도인지 모르겠습니다. 만약 이런 일이 거듭되면 중국은 바로 온힘을 다해서 돕겠지만 길이 멀어서 끝내 도움이 제때에 이르지 못할까 염려됩니다. 특히 걱정스러운 일은 일본이 널리 서양인을 초빙하여 해군·육군의 병법을 교련하니, 그 함선의 견고함과 대포의 예리함이 비록 서양인에는 절대 미치지 못하더라도 아마 조선은 오히려 대적하기 어려울 것입니다. 더구나 일본은 서양 각국에 아첨하고 섬기면서 일찍이 그 세력을 빌려 이웃나라를 침범하고자 하지 않음이 없습니다. 과거 서양인들이 조선에 가서 통상을 하고자 했는데, 비록 거절당하고 돌아갔지만 그 뜻은 끝내 흩어지지 않고 있습니다. 만일 일본이 영국·프랑스·미국 등 각국과 결탁해서 개항의 이익으로 유혹을 하거나, 아니면 북쪽으로 러시아와 결탁하여 영토 확장의 음모로 인도한다면 조선은 정말 위태로운 형세가 되어 우려했던 근심이 장차 크게 확대될 것입니다.

중국에서 時務를 아는 사람들은 모두 사후에 구원을 하는 것보다 사전에 대신해서 대책을 마련해주는 것이 더 낫다고 주장하고 있습니다. 무릇 말썽을 없애고 사람들을 편안하게 하는 방법을 논할 때 정말로 시종일관 문을 닫아걸고 스스로를 지킬 수 있다면 어찌 가장 좋은 일이 아니겠습니까? 그렇지만 서양인들이 그 날래고 예리함을 믿고 지구의 모든 나라에 왕래하지 않음이 없으니, 이것은 실로 개벽 이래 없었던 국면으로, 자연의 기운은 인력으로 능히 막을 수 있는 바가 아닙니다. 조선은 이미 어쩔 수 없이 일본과 조약을 맺었으니 통상의 일은 이미 그 단초가 열렸고 각국은 반드시 그 때문에 욕심을 낼 것이지만 일본은 도리어 조선과의 통상을 마치 독점물처럼 여기고 있습니다. 그러므로 현재의 계책으로는 毒으로 毒을 공격하고 敵으로 敵을 제압하는 방책을 써서, 기회를 틈타 서양 각국과도 조약을 맺고 이를 통해 일본을 견제하는 편이 좋을 것 같습니다. 일본은 그 속임수의 힘을 믿고 병탄·잠식을 꾀하는데, 琉球를 폐멸한 일은 그런 조짐을 뚜렷하게 드러내주었으므로 조선은 진실로 이에 대비하지 않으면 안 될 것입니다. 그러나 일본이 두려워하고 복종하는 것은 서양입니다. 조선이 일본을 제압하는 것은 혹시 힘이 부족할까 하는 염려가 있지만, 서양 각국 모두와의 통상을 통해 일본을 제압하는 것은 그 힘이 넉넉하고도 남음이 있습니다.

서양 통례에는 지금까지 까닭 없이 다른 나라를 빼앗고 멸망시킬 수 없으니, 대개 각국은 서로 通商을 하며 公法이 그 사이에서 행해집니다. 작년에 터키가 러시아의 공격을 받아 형세가 위태로웠는데, 영국과 여러 나라가 나서서 다투자 러시아가 비로소 군대를 거두어 물러났습니다. 만약 터키가 고립무원이었다면 러시아인들은 그 이익을 혼자 누렸을 것입니다. 또한 유럽의 벨기에와 덴마크는 모두 아주 작은 나라인데 스스로 각국과 조약을 맺은 다음 마침내 아무도 감히 함부로 침략하는 경우가 없습니다. 이런 것들은 모두 강국과 약국이 서로를 보장해준다는 분명한 증거가 될 것입니다. 또한 다른 나라를 사이에 두고 먼 지역을 邊邑으로 삼는다는 일은 옛 사람들도 어렵다고 한 바입니다. 서양의 영국·독일·프랑스·미국 등 각국이 조선과 수만 리 떨어져 있으니 본디 다른 요구가 없고 그 뜻은 통상을 바라고 국경을 지나는 선박이 보호를 받는 일에 불과합니다. 러시아의 경우 점거한 사할린[庫葉島]과 綏芬河·豆滿江 일대는 모두 조선과 땅이 이어져 형세가 서로 맞닿아 있으니 만약 조선이 먼저 영국·독일·프랑스·미국과 우호관계를 맺는다면 비단 일본을 견제할 수 있을 뿐만 아니라 아울러 러시아인이 엿보는 것도 막을 수 있으며, 러시아 역시 반드시 뒤따라 즉시 우호관계의 체결을 시도할 것입니다. 참으로 지금은 분명하게 태도를 바꾸어 적절하게 변통해야 할 때입니다. 반드시 따로 항구를 개방할 필요는 없고 다만 일본이 通商하는 곳에 각국의 상인들이 다수 몰려온다면 그들이 나눠가지는 것은 일본의 무역이지 조선으로서는 크게 달라지는 것이 없을 터입니다. 만약 그 관세를 정한다면 재정에 적지 않은 도움이 될 것이고, 그 商情에 익숙해지면 무기의 구입도 어렵지 않을 것입니다. 또한 수시로 조약을 맺은 국가에 사람을 파견하여 聘問을 통하고 情誼를 맺어서 평상시에 서로 밀접한 관계를 만들어둔다면, 만약 한 나라가 침범하여 무례를 저지르는 일이 있을 때에도 조약을 맺은 각국을 모두 소집해서 그 잘못을 함께 논의하고 북을 올리며 공격하면 될 것이니, [이렇게 함으로써] 일본이 아무런 거리낌도 없이 사납게 날뛰는 것을 막을 수 있을 것입니다. 조선 또한 멀리서 온 사람들을 접대하고 사귀는 도리에 대해 조목조목 강구하여 강경책과 유화책을 적절히 사용하고 조치가 모두 적절하게 만드는 데 힘쓴다면 일본을 통제하는 방법으로서 이보다 나은 것이 없고, 러시아인을 방어하는 대책 또한 이보다 나은 것이 없을 것입니다.

최근 각국 公使들이 우리 總理衙門에 와서 여러 차례 조선과의 商務에 대해 언급하였습니다. 조선은 情誼가 우리 一家와 같고 또한 우리 東三省의 울타리가 되니 어찌 단순하게 서로 의지하는 관계에 그칠 뿐이겠습니까? 조선의 근심은 바로 중국의 근심이니, 이 때문에 제 소관이 아닌 일에 대신 나서 계획을 세운다는 소리를 꺼리지 않고 곧바로 충심을 토로하고자 합니다. 바라건대 바로 귀 국왕에게 이런 내용을 전달하여 검토하시게 하시고, 널리 조정의 신하를 소집해서 깊고 멀리 생각하여 가부를 은밀히 논의하였으면 합니다. 만약 제 말이 틀리지 않다고 여기신다면 우선 대략적인 뜻을 답장해 주시기를 바랍니다. 우리 總理衙門 역시 오랫동안 이러한 뜻을 전달하고자 했는데, 각기 논의가 마무리되는 것을 기다려서 기회를 보아 말을 만들어 서서히 중재의 뜻을 보이겠습니다. 종전에 서양 각국은 중국에 일이 많을 때를 틈타 힘을 합쳐 강요를 한 바 있었고, 조약을 체결할 때 玉·帛같은 예물을 주고받[는 평화적 방식으로 하]지 않고 전쟁으로 대신하였으며, 이 때문에 시행한 지 이미 오래되었으나 간섭을 받는 일이 자못 많음은 遠近에서 모두 익히 알고 있을 것입니다. 조선이 만약 아무런 충돌이 없을 때 조약 체결을 수락한다면 저들은 반드시 기대 외의 일에 매우 기뻐하여 자연히 격외의 요구를 내놓지는 않을 것입니다. 이를테면 아편 판매나 기독교 내지 선교 등 큰 폐단은 아예 확고한 금지령으로 묶어놓으면 저들은 반드시 다른 말을 내세울 수 없을 것입니다. 總理衙門에서도 만약 소견이 있다면 또한 수시로 일일이 참작해서 충고의 의무를 다함으로써, 전체적으로 대국에 손상이 없기를 꾀하고자 합니다. 무릇 정치는 時宜에 따르는 것을 귀하게 여기고 통치는 오래 지속될 수 있는 것을 꾀해야 하므로 知彼知己하면서 이익과 손해를 적절하게 가늠하고, 간첩과 음모의 사용은 兵家에서 숭상하는 바이니 다만 太師께서 실로 실제로 이익을 도모하는 데 달려 있습니다. 프랑스 선교사 崔鎭勝이 조선 당국에 체포·구금되었는데, 북경주재 프랑스 사신은 우리 禮部에서 조선에 문서를 보내서 석방을 요청해 줄 것을 간곡히 요구하였습니다. 이 일은 실로 調停하고 일의 마무리하려는 입장에서 나온 것이니 아마도 이미 요청대로 시행하셨을 줄로 압니다. 여러 차례 보내주신 서신을 받아 간곡하게 이웃나라와 交隣하고 경계를 지키는 방안에 대해 거리낌 없이 늘어놓아 몰래 속마음을 털어놓았습니다. 다시 안부를 여쭙니다. 뜻을 다 적지 못하고 이만 줄입니다.
을묘년 7월 9일 발송.

3.「미국 전임 대통령 그랜트[22]에게 보내는 답장서신」 초록

삼가 답장을 드립니다.
일전에 전임 대통령 귀하께서 중국에 오셨을 때, 직접 풍채를 뵙고 가르침을 들을 수 있었는데 그 기쁨과 감탄은 말로 다 표현할 수 없을 정도입니다. 다만 대접에 소홀함이 많아서 시간이 지나도 부끄러운 마음이 듭니다. 西曆 8월 1일에 일본 東京에서 보내주신 서신을 받았는데, 외람되게 서신을 받으니 고마움과 안도감이 교차하였습니다. 부탁한 琉球문제에 대해서 영(John Russel Young, 楊越翰)副將[23]의 서신을 여러 차례 받아 귀 전임 대통령께서 가운데에서 중재를 하시면서 일본의 여러 대신에게 옆 사람이 충동질하는 말을 듣고 전쟁을 일으켜서는 안된다고 쓴 말로 권도를 하신 것을 알고 있습니다. 귀 전임 대통령께서 종전의 약속을 잊지 않고 두 나라의 대국을 모두 돌보고자 하시는 아름다운 뜻을 우러러 보지 않을 수 없습니다. 본 대신은 즉각 귀 전임 대통령께서 보내주신 서신과 영의 서신을 번역하여 總理衙門에 보내서 恭親王께서 살펴보시도록 하였는데, 한 목소리로 감사하지 않음이 없었습니다. 다만 이 일에서 실로 일본인은 남을 속이는 것이 너무 심합니다. 琉球는 중국의 屬邦이 된지 이미

22) 그랜트(Ulysses Simpson Grant, 1822~1885)는 군인 출신의 제18대 미국 대통령으로(1869~1877년 재임) 미국사상 처음으로 웨스트포인트사관학교를 졸업하였다. 남북전쟁 시기에 연방군의 총사령관으로 누차 큰 공을 세웠으나 대통령으로서의 정치적 업적은 이와는 크게 대비된다고 일컬어진다. 그랜트는 퇴임 후인 1877~1878년까지 세계 각지를 유람하였으며, 1879년 천진에서 이홍장과 만나기도 하였다.

23) 영副將은 미국 외교관 영(John Russel Young, 楊越翰, 1840~1899)을 가리킨다. 신문기자 출신인 그는 1882~1885년 주중국 미국 공사를 지냈으며, 1879년 전임 미국 대통령 그랜트가 세계일주를 할 때 그를 수행하면서 천진에서 이홍장과 알게 되었다. 1882년 주중국 공사로 부임하면서 이홍장에게 조선 문제로 싸우지 않도록 강력하게 권고하였다. 양부장이란 명칭의 유래는 파악이 곤란하다.

100여 년이 지났는데 이에 관련된 관련 문서는 모두 남아 있으며 천하 각국도 모두 알고 있는 바입니다. 지금 일본이 까닭 없이 琉球를 廢滅하면서, 결코 중국에 알려 함께 의논하지 않았으며, 사후에도 수많은 거짓말과 증거를 날조하여 總理衙門에 답장을 보냈는데, 말도 안 되는 억지스러운 말을 하면서 스스로 잘못을 인정하지 않았습니다. 듣기에 이미 이 일에 관한 저희 측 입장을 담은 『節略』은 귀 전임 대통령께도 전달되었으니 아마 반드시 그 거짓말을 판별하실 수 있으리라고 생각합니다. 양국이 마땅히 서로 양보하여 불화에 이르지 않아야 한다는 말씀은 진실로 공명정대한 논의이지만, 일본은 먼저 잘못을 저지르고도 중국에 양보할 뜻이 전혀 없습니다. 중국은 이전에 臺灣사건에서 이미 너무 지나치게 참고 양보하여 전국의 臣民이 모두 불복하는 형세였는데, 지금 이 일에서 만약 다시 물러나 양보한다면 국가의 體制와 聲名에 아마 큰 지장이 있을 것입니다. 귀 전임 대통령께서 일본의 太政大臣 등과 어떻게 적절한 방법으로 양국의 체면을 모두 살릴 수 있는지 상의했는지 모르지만, 본 대신은 아래에서 경청하면서 귀 전임 대통령의 指揮를 기다리고자 합니다. 귀 전임 대통령께서는 이 일로 협상의 타결을 위해 마음을 써주셨는데 머지않아 출발하여 귀국하신다고 하니, 조선의 國務府長官[平安大臣]에게 부탁하여 중국의 何如璋 公使와 東京에서 계속 협상을 함으로써 힘써 양국이 和睦할 수 있도록 해주신다면 더욱 감격스러울 것입니다. 중국의 조정 상하 모두 열심히 모든 사무를 정돈하고 自強대책을 강구하여, 귀 전임 대통령과 영副將이 은근하게 요청하신 것에 부응하고자 합니다. 오로지 귀 전임 대통령이 귀국하여 가시는 도중에 축복을 받으시고 모든 사람의 환대를 받으시면서 변함없이 국정을 總理하셔서 중국과 미국이 우정을 나누면서 나날이 친밀해질 수 있기를 기원할 뿐입니다. 앞으로도 당신의 큰 힘에 기대어 지탱할 점이 아주 많으니, 어쩌면 수시로 서신을 보내어 알릴 수도 있겠습니다. 데니(Owen W. Denny)[24] 영사는 사람됨이 극히 올바르고 신중하여 본 대신이 평소 그 그릇을 굉장히 중요하게 여겼습니다만, 바라건대 귀 전임 대통령께서 귀국 후에 특별히 돌보아 주시면 더욱 다행이겠습니다. 특별히 답장을 보냅니다. 건강과 행복을 빕니다. 7월 6일. 영副將 및 少君 格參將[25]

24) 데니(Owen W. Denny, 德尼, 1838~1900)는 미국 오하이오주 출신의 외교관으로 미국 영사관으로 상해, 천진에서 영사 및 총영사를 지낸 적이 있다. 1885년 이홍장의 추천으로 독일인 묄렌도르프의 후임으로 조선 외아문(통리교섭통상사무아문)에 부임하였으나, 이후 원세개(袁世凱)와의 불화로 해고되었다. 『청한론(淸韓論)』(China and Korea)이란 저서가 있다.

25) 소군 격참장[少君格參將? 少君과 格參將?]은 현재로서는 정확한 인적 사항을 파악하기 어렵다. 그랜트가 이홍장과 함께 천진에서 회담을 할 때 동석하였던 사람은 J. R. Young과 W. N. Pechick이지만, 아마도

께는 먼저 두 분의 안부를 묻고 나머지는 나중에 다시 이야기하고자 합니다.

첨부합니다. 일전에 귀 전임 대통령과 天津에서 만나 이야기를 나누었고, 그때 샌프란시스코의 중국인 노동자문제에 대해 적절한 방법을 마련해 달라고 요청해 주신 바 있습니다. 그래서 본 대신은 이미 그 뜻을 전달하고 總理衙門의 王 大臣[26]과 서신으로 상의하여 적절하게 변통할 방법을 요청하였습니다. 이어서 곧바로 귀국해 수어드(Seward[西]) 公使[27]와 만나 회담을 한 바에 따르면 "잠시 娼妓·逃犯·患者 및 노동자 모집꾼[招工人] 등이 샌프란시스코에 가는 것을 금지하기로 한다"고 합니다. 우리 總理衙門의 王 大臣께서는 전에 귀 전임 대통령께서 간곡하게 부탁한 바도 있어 양국의 친목을 고려하여 서로 양해하고, 마침내 수어드 公使와 마음을 합쳐 크게 융통성을 보여서 그 요청을 허락하기로 하셨습니다. 이후에 다시 章程을 적절하게 정하는 것에 대해서는 수어드 公使께서 필히 그쪽으로 서신으로 알릴 것이라 생각합니다. 특별히 첨가하여 알려 드림으로써 멀리서 염려를 푸실 수 있도록 하고자 합니다.

이름으로 보아 그랜트의 아들이 아닐까 생각된다.

26) 여기서 왕(王)이 누구인지 분명하지 않다. 흠헌(欽憲)은 황제가 특별히 임명한 상급 관원을 지칭하는 명칭인데, (58) 문서번호 : 2-1-1-58(417, 589b-603a)의 첨부문서 6.「津海關道 周馥과 조선 魚允中이 나눈『問答節略』(津海關道周馥與朝鮮魚允中問答節略)」에서도 "王 大人께서는 軍機大臣이시고 또한 總理衙門의 當官"이라고 설명되고 있기 때문에, 1882년 당시 總理衙門에 근무하고 있던 왕문소(王文韶, 1830~1908)를 가리키는 것으로 보인다. 왕문소는 자가 기석(夔石), 호는 경오(耕娛)·경우(庚虞)·퇴포(退圃)로 절강성(浙江省) 상우(上虞) 출신이다. 함풍 연간에 진사가 되었고 이후 호부시랑, 서호부상서 등을 거치고 1887년에는 병부시랑이 되었다. 1878년부터 軍機處에 들어가서 활동하였고, 1882년에는 總理衙門에서도 역할을 맡았다. 1889년 이후에는 운귀총독(云貴總督), 직예총독 겸 북양대신을 지내기도 하였다.

27) 수어드(George Frederick Seward, 西華, 1840~1910)는 미국 외교관으로 미국 국무장관 수어드(William H. Seward)의 조카인데, 1861~1876년 상해총영사로, 1876~1880년 주중국 공사로 근무하였다.

(5) 문서번호 : 2-1-1-05 (312, 373a-379a)

사안 : 이미 유지에 따라 조선에 서신을 보내 서양 각국과 조약을 맺고 통상을 하도록 비밀리에 권하였음을 상주합니다(具奏已遵旨繕函密勸朝鮮與西洋各國立約通商).

첨부문서 : 1. 「조선의 原任太師 李裕元이 北洋大臣 李鴻章에게 보낸 서신(朝鮮原任太師李裕元致北洋大臣李鴻章函)」[생략. 앞 번호의 첨부문서 참조].

2. 「北洋大臣 李鴻章이 조선의 李裕元에게 보낸 답장(北洋大臣李鴻章覆朝鮮李裕元函)」[생략. 앞 번호의 첨부문서 참조].

날짜 : 光緖五年七月十七日(1879년 9월 3일)

발신 : 軍機處

수신 : 總理衙門

七月十七日, 軍機處交出直隸總督李鴻章摺稱:

奏爲遵旨繕函密勸朝鮮, 與泰西各國立約通商, 鈔稿進呈, 恭摺仰祈聖鑒事. 竊臣承准軍機大臣密寄:

七月初四日, 奉上諭:

總理各國事務衙門奏,

泰西各國欲與朝鮮通商, 事關大局, 縷晰密陳. 等語.

等因.

欽此.

仰見聖謨廣運, 眷念東藩, 指示機宜, 無微不至, 欽佩莫名. 伏念朝鮮孤峙海隅, 向不願與遠人交接, 英、法、美諸國, 屢爲所拒. 前歲日本脅以兵威, 始與立約通商, 猜短未泯，積有違言. 日本知其孤立無援，倘一旦伺隙思逞，俄人亦將隱啓雄圖，英、德、法、美諸國，復羣起而議其后，非惟朝鮮之大患，抑亦中國之隱憂. 本年五月間，前福建撫臣丁日昌所陳各節，爲朝鮮計，實爲中國計. 惟朝鮮地僻俗儉，囿於風氣，彼於近日海外情形，茫乎未有聞見. 日本最與相近，交涉數年，尚多隔閡. 若驟語以遠交之利，恐彼國君臣成見未融，勢難相強. 此臣所以久欲設法，而不能不躊躇審顧者也.
至朝鮮原任太師李裕元，自光緖元年秋奉使來京，是冬十二月間，事竣回國，道出永平，屬該知府遊智開，轉寄一函，道其仰慕. 臣以古者鄰國相交，其鄉大夫不廢贈答之禮，矧朝鮮久列藩服，誼同一家，現値時事多艱，臣職在通商，既不能不廣示牢籠，稍通遐邇之氣，復不能不代爲籌畫，俾免機陧之虞. 因於復書略著外交微旨，嗣后間歲每一通函，於備禦俄人、應付日本之方，常爲道及. 本年春間，李裕元來書，頗陳日本非禮侵侮，臣尙未及裁答，適蒙聖慈垂訓，頃已專泐復函，作爲微臣之意，反復開導，加封遞至盛京將軍衙門，請兼署將軍臣歧元，妥速轉遞.
査李裕元現雖致仕，據稱："係其國王之叔，久任元輔，尙得主持大政. 亦頗曉暢時務."如能因此廣諮博議，未雨綢繆，庶於大局有裨. 惟泰西各國立約，如傳教內地，及販運鴉片煙入境，爲該國上下所深惡，恐其因此疑畏，是以書中豫爲剖晰，俾毋過慮. 將來朝鮮若果定議，事務正多，該國於約章利病，素未深究，立約之時，或不能不代爲參酌. 朝鮮臣民未諳洋情，驟與西人雜處，欲其指注悉協，永無瑕釁，亦尙難保. 仍應由中國隨時隨事妥爲調處，庶幾柔遠綏邊，較有實際. 除俟接李裕元復書再行陳奏外，謹將此次來往函稿，鈔呈御覽，所有遵旨繕函密勸朝鮮，與泰西各國立約通商緣由，恭摺由驛密陳，伏乞皇太后、皇上聖鑒訓示. 謹奏.

光緖五年七月十六日，軍機大臣奉旨：
該衙門知道，單併發.
欽此.

照錄「抄摺」：謹照鈔與朝鮮使臣李裕元來往函稿二件，恭呈禦覽.

1.「朝鮮原任太師李裕元上年十二月十五日來函」[생략: 앞 번호의 첨부문서 참조]

2.「光緒五年七月初九日覆函」[생략: 앞 번호의 첨부문서 참조]

光緒五年七月十六日，軍機大臣奉旨：

覽.

欽此.

7월 17일에 軍機處에서 直隸總督 李鴻章이 올린 奏摺을 [總理衙門으로] 내려보냈는데, 그 내용은 다음과 같았다.

諭旨에 따라 조선에 서신을 보내 서양 각국과 조약을 맺고 통상을 할 것을 비밀리에 권한 내용을 초록하여 주접을 올리니 삼가 살펴봐 주시기를 우러러 바라는 바입니다.
臣은 軍機大臣의 다음과 같은 秘密廷寄를 받았습니다.

7월 4일에 다음과 같은 上諭를 받았습니다.

總理衙門이 다음과 같은 주를 올렸다.

서양 각국이 조선과 통상하고자 하는데, 대국과 관련된 일이니 분명하고 자세하게 논의해야 합니다.

이상.[28]

황상의 聖謨가 널리 미치어 東藩을 생각하시고 적절한 지시를 내려주시는 데 세밀한 부분까지 미치지 않는 바가 없는 것을 우러러보자니 정말로 탄복하지 않을 수 없습니다. 엎드려 생각하건대 조선은 바다 모퉁이에 외롭게 자리 잡고 있으면서 지금까지 먼 나라 사람과 교섭하기를 원하지 않아 영국·프랑스·미국 등 여러 나라가 누차 거절당한 바 있습니다. 몇 년 전 일본이

28) 이 부분은 원래 내용보다 훨씬 간략하게 인용하면서 실제 상유의 내용은 빼놓고 상주문의 일부인 핵심내용만 인용하고 있다.

군대의 위력으로 협박하여 처음 조약을 맺고 통상을 하였는데, 양쪽의 의심과 불만이 사라지지 않아 계속 서로의 의견이 어긋나고 있습니다. 일본이 조선이 고립무원임을 알고 만약 틈을 노려 못된 생각대로 하고자 한다면, 러시아인들 역시 장차 큰 뜻을 은밀히 펼치고자 할 것이고, 영국·독일·프랑스·미국도 떼 지어 일어나 그 뒷일을 논의할 것이니, 이는 조선만의 큰 근심이 아니고 또한 중국의 숨은 근심이기도 합니다. 올해 5월 전임 福建巡撫 丁日昌이 상주하여 條陳한 각 내용은 조선을 위한 계획이지만, 실은 중국을 위한 계획이기도 합니다. 다만 조선은 땅이 궁벽하고 풍속이 검약하며 풍기에 얽매여 있어 최근 해외 상황에 대해서 전혀 보고 들은 것이 없습니다. 일본과 가장 가깝고 수년 동안 교섭을 했으나 여전히 사이가 멉니다. 만약 갑작스레 遠交近攻의 이익을 말하더라도 아마 조선 군신들이 고정관념을 바꾸지 못하여 억지로 강요하기 어려울 것입니다. 이것이 臣이 오랫동안 방법을 마련하고자 하였지만 어쩔 수 없이 주저하면서 돌아보지 않을 수 없었던 까닭입니다.

조선의 原任太師 李裕元은 光緖元(1875)年 가을 사신으로 北京에 와서 같은 해 겨울 12월에 일을 마치고 귀국하는 길에 永平府에 이르러, 그곳 知府인 遊智開를 통해 서신 한 통을 제게 보내어 仰慕한다는 뜻을 표시하였습니다. 신이 생각하기를 옛적에 이웃나라끼리 교류할 때는 그 鄕大夫가 贈答의 禮를 폐지하지 않았고, 하물며 조선은 오랫동안 藩服으로 있으면서 그 사이가 마치 一家와도 같으며, 지금 시사에 어려움이 많은데다 臣이 通商의 직무를 맡고 있기 때문에, 그들의 생각이 아주 얽매어 있음을 널리 보여주어 먼 곳과 가까운 곳의 기운이 통하게 하고, 또한 대신 대책을 마련하여 위태로운 근심을 피하고자 하지 않을 수 없게 되었습니다. 이 때문에 답장에 外交의 옳은 뜻을 대략 드러내고, 이후 해마다 한 번씩 서신을 교환하면서 러시아인을 방어하거나 일본에 대응하는 방법 등을 항상 언급하였습니다. 올해 봄에 李裕元이 보내온 서신은 일본의 무례한 침범에 대해 자못 길게 서술하였는데, 臣이 아직 답장하기 전에 마침 [慈禧]太后께서 지시를 내리셨으므로 곧바로 답장을 써서 微臣의 뜻으로 거듭하여 권고하고, 이 서신을 밀봉한 다음 盛京將軍衙門에 전하여 署理[盛京]將軍 歧元에게 신속하게 조선에 전달해달라고 요청하였습니다.

살펴보건대 李裕元은 지금 비록 자리에서 물러나 있지만 조선 國王의 숙부라고 하며 오랫동안 元輔의 자리에 있어 여전히 大政을 주지할 수 있다고 합니다. 또한 자못 시세에 정통하기 때문에 만약 이를 통해 널리 묻고 논의를 할 수 있는 기회가 된다면 마치 비가 오기 전에 창문을 수선하듯이 대국에 큰 도움이 될 것을 기대할 수 있습니다. 다만 서양 각국과 조약을 맺을 때, 내지에서 선교를 하거나 아편을 가지고 들어와 판매하는 것은 조선의 상하가 매우 증오하고 있으므로 아마 이 때문에 의심하고 두려워할 것 같아서, 이를 서신 속에 미리 분석하여 지나친 근심을 하지 않도록 하였습니다. 장래 조선이 정말로 조약을 맺게 된다면 처리할 일이 아주 많을 터인데, 조선은 조약의 이익·폐단에 대해 평소 전혀 탐구하지 않아 조약을 맺을 때 아마도 어쩔 수 없이 대신하여 참여해야 할 것 같습니다. 조선 신민들은 서양 사정을 잘 알지 못해 갑작스레 서양인들과 뒤섞여 살게 되면 서로 생각이 잘 맞아서 영구히 말썽이 벌어지지 않기를 바라는 것 또한 보장하기 어렵습니다. 따라서 여전히 중국에서 수시로 사안마다 적절하게 조정해야 서양인들을 회유하고 변방을 안정시키는 데 비교적 실제적인 성과를 기대할 수 있을 것입니다. 李裕元의 답장을 기다려서 다시 상주하는 것 외에, 삼가 이번에 오고 간 서신을 살펴보실 수 있도록 초록하여 올리면서, 지금까지 諭旨에 따라 서신을 보내 조선에 서양 각국과 조약을 맺고 통상을 하도록 비밀리에 권한 緣由를 삼가 주접을 올려 驛站을 통해 密陳하오니, 황태후·황상께서 살펴보고 지시를 내려주시기를 엎드려 빕니다. 삼가 주를 올립니다.

광서 5년 7월 16일, 군기대신은 다음과 같은 유지를 받들었다.

　해당 아문에 알리도록 하라. 첨부문서도 아울러 보낼 것.

이상.

첨부문서 : 삼가 조선사신 李裕元과 주고받은 서신 2건을 초록하여 살펴보시도록 올립니다.

1. 「조선의 原任太師 李裕元이 작년 12월 15일에 보낸 서신」[생략. 앞 번호의 첨부문서 참조]

2. 「北洋大臣 李鴻章이 조선의 李裕元에게 보낸 답장」[생략. 앞 번호의 첨부문서 참조]

光緖 5년 7월 16일, 군기대신은 다음과 같은 유지를 받았다.

　열람하였다.

이상.

(6) 문서번호 : 2-1-1-06 (327, 394b-396b)

사안 : 조선은 서양과의 통상을 굳게 거부하지만, 따로 훈련 인원을 天津으로 보내 무기와 군사 학습을 하는 것을 허용해달라고 요청할 뜻을 지니고 있습니다(朝鮮堅不欲與西洋通商, 另有練員請准來津學習軍器、武備之意).

첨부문서 : 1. 「조선 太師 李裕元이 北洋大臣 李鴻章에게 보낸 서신(朝鮮太師李裕元致北洋大臣李鴻章函)」.

2. 「北洋大臣 李鴻章이 조선 原任太師 李裕元에게 보낸 답장(北洋大臣李鴻章覆朝鮮致仕太師李裕元函)」.

날짜 : 光緒五年十一月十五日(1879년 12월 27일)

발신 : 北洋大臣 李鴻章

수신 : 總理衙門

十一月十五日, 北洋大臣李鴻章函稱：

七月間欽奉寄諭, 並五百三十八號鈞函, 令查照雨生所陳各節, 轉致朝鮮, 勸與泰西各國立約通商, 以杜日本之詭謀. 當卽遵旨寫書朝鮮致仕太師李裕元, 密爲勸導, 已繕疏覆奏, 並沥函略陳梗概在案. 旋於十月初七日, 由永平遊守智開遞到李裕元來信, 絕不提及前事, 似有未便明言之隱. 據遊守密稟, 接李裕元另函謂：

> 該國本意不欲與其他國往來, 日本開港, 實出於不得已. 若西人通商, 則莫敢開口. 渠前於七月晦間, 奉到敝處書緘, 曲爲小邦多方指導, 旣勤且摯, 當經言之於朝, 而以解官歸鄉, 不敢力爭, 務求鑒原. 此番如蒙賜覆, 並求勿露七月間書函事, 屬代爲密陳.

等語. 其賫咨官李容肅, 復與遊守籌商, 欲來謁晤, 將製器、練軍等事, 面陳一切. 鴻章以既有要務, 未便阻其前來, 卽函告遊守, 專派妥人伴送. 玆接遊守稟稱:

專人由京折回, 攜到該賫咨官復信, 謂: "身充使者, 出入不得自由, 躊躇中止." 並云李裕元信中有要務細細面白者, 蓋因該國輿論擬仿古外國入學之例, 咨請禮部揀選明干人員, 在天津等處學習軍器、武備, 特屬遊守轉達請示.

鴻章竊思李裕元之不能獨主謀議, 與該賫咨官之不敢淹留內地, 均係實情. 而該國講求武備, 實難再緩. 因緘覆遊守, 告以所請似屬可行. 將來該國咨文到部, 應由禮部奏明, 轉咨鈞署, 酌度辦理. 如以后朝鮮有員到津, 敝處於練兵、製器之法, 不難罄其秘要. 隨宜指授, 俾獲有成, 藉作自強之基, 增我藩籬之固, 屬俟該賫咨官李容肅, 道出永平, 詳爲道達, 並宣示朝廷微旨, 務使該國規模日新, 邊備日嚴, 庶勿爲強鄰所窺伺. 另復李裕元一函, 則但作通候寒暄之語, 不提七月間所商各節, 令其順便攜交. 謹將李裕元來函及敝處覆函, 鈔呈鈞鑒. 朝鮮既堅不欲與西人通商, 中國自難強勸, 敝處似不必再行瀆奏, 可否請於召對之頃, 敷陳及之, 伏候卓裁. 專肅密布. 敬頌鈞祺.

照錄清摺:

1. 照錄「朝鮮原任太師李裕元函稿」

肅毅伯爵前:

猥以海外微蹤, 過蒙錯愛, 尺素不遐, 已積歲月, 下情慰感, 何日忘諸? 徂夏居秋, 凉燠不調, 鈞體候對時萬康. 寅亮鎭綏, 軍民樂生, 德望遠曁, 不勝攢頌. 小邦間有倭使之來留, 雖屬過境, 尚未出場, 極可悶然. 此去憲書咨官李容肅, 有所兼管特送者也. 此人曾與遊太守有雅分, 故使之齎劄入見, 且將其所干細細面白爲喩矣. 遊太守必以李容肅之言, 轉達於爵前, 幸忘卑賤, 特垂盛眷, 隨事周便, 到底指教, 俾完玆事, 千萬至仰. 小生優遊鄕山, 調病便宜, 莫非國恩攸庇耳. 不備白.

小生李裕元 再拜.

己卯八月二十二日.

2. 照錄「覆朝鮮原任太師李裕元函稿」

橘山尊兄太師閣下 :

十月初旬, 由永平遊太守遞到八月廿二日惠書. 過蒙藎注, 情誼綢繆, 耿耿微衷, 相喻於數千裏外, 發函伸紙, 把玩無厭. 比諗養望林泉, 頤性駐齡, 內贊密勿, 則嘉謨入告, 外弭鄰釁, 則疉圍永綏, 遙企喬暉, 曷任抃頌? 倭人自與貴國通商以后, 時以關津小事, 憪然有不靖之意, 或派兵輪船巡海, 或遣書記官北行, 不知其意何在. 適聞爭端暫戢, 未起波瀾, 鄙懷爲之稍慰. 貴國賫咨官李容肅, 與遊太守相知稍久, 頃由遊君轉達壹是. 鄙意頗盼李君惠然肯來, 益得聞所未聞, 稍罄鄙人之衷曲. 昨聞李君以使命在身, 未敢逗遛, 亟思返旆, 卽已函囑遊君轉述鄙愫. 臺端忠讜奮發, 諒不河漢斯言, 冬寒惟珍衛. 不宣.[29]

合肥李鴻章 再拜.

十一月十二日.

11월 15일, 北洋大臣 李鴻章이 다음과 같은 서신을 보내왔다.

7월에 丁日昌이 진술한 각 항목에 따라 조선에 전달하여 서양 각국과 조약을 맺고 통상을 하게 함으로써 일본의 간교한 음모를 막도록 권유하라는 寄信上諭와, 더불어 보내주신 538호 서신을 받았습니다. 즉시 諭旨에 따라 조선 原任太師 李裕元에게 서신을 써서 비밀스럽게 권고하였고, 그 내용은 이미 베껴서 답장상주를 올리고 아울러 그 대략의 내용을 [귀 總理衙門에] 서신으로 써서 알린 바 있습니다.[30]

이어 10월 7일에 永平府 知府인 遊智開가 李裕元의 서신을 전달해 왔는데, 이전의 일을 전혀 언급하지 않았으므로 아마도 분명히 이야기하기 어려운 고충이 있는 것 같습니다. 遊智開의

29) 불선(不宣)은 하나하나 자세하게 말하지 않는다, 못한다는 뜻으로 서신의 말미에 쓰는 상용어다.

30) 앞에서 나온 (5) 문서번호 : 2-1-1-05(312, 373a-379a)를 참조.

비밀보고[密稟]에 따르면 李裕元이 보낸 다음과 같은 다른 서신을 받았다고 합니다.

조선의 본뜻은 다른 나라와 왕래하는 것을 원치 않으며, 일본에 개항한 것은 실로 부득이한 일이었습니다. 만약 서양인과 통상을 한다면 감히 항구를 개방하지 못할 것입니다. 7월 말 무렵 北洋大臣의 서신을 받았는데, 은근히 조선을 위해 여러모로 지도해 주시는 것이 간절하고도 지극하였습니다. 그 점은 응당 조정에 아뢰었지만, 제가 관직을 그만두고 귀향하게 되어 감히 힘써 다투지는 못하였으니, 이 점에 대해서는 부디 양해해 주시기 바랍니다. 이번에 만약 답장을 받게 된다면 7월 서신에 관한 일은 드러내지 않도록 대신해서 비밀리에 전해주시기를 바랍니다.

조선의 자문전달관[賫咨官] 李容肅이 다시 遊智開와 상의하면서 저를 만나러 와서 무기 제작, 군사 학습 등에 관한 일을 직접 이야기하기를 원하였습니다. 저는 중요한 일이기 때문에 오지 말라고 막을 수도 없어 遊智開에게 서신을 보내어 적당한 사람을 함께 안내인으로 보내 호송하라고 하였습니다. 이에 遊智開가 서신을 받고 다음과 같이 보고하였습니다.

[李容肅을 안내하기 위해] 보낸 사람이 北京에서 돌아오면서 해당 賫咨官의 답장서신을 가져왔는데, "사신의 임무를 맡은 자로서 출입이 자유롭지 못하여 주저하면서 [天津으로 오는 일을] 중지하였다"는 내용이었습니다. 아울러 말하길 李裕元의 서신에서 자세하게 직접 아뢰겠다고 한 중요한 일은 조선의 여론 때문에 옛적에 외국인으로서 중국의 학교에 입학하였던 선례를 모방하여 禮部에 자문을 보내 능력 있는 인원을 선발하여 天津 등에 보내 무기와 군사 학습을 요청하겠다는 것으로, 제게 대인께 전달하여 지시를 받아달라고 특별히 부탁하였습니다.

생각하건대 李裕元이 홀로 모의를 주도하지 못하는 것과 자문전달관이 감히 내지에 오래 머물지 못하는 것은 모두 실제 상황이며, 조선이 軍備를 강구하는 일은 실로 더 이상 미루기 어렵습니다. 따라서 遊智開에게 답장을 보내 그들이 요청한 바 모두 실행할 수 있을 것 같다고 알렸습니다. 장래 조선이 자문을 보내면 마땅히 禮部에서 상주하고 總理衙門에 咨文을 전달하여 적절히 처리하게 해야 할 것입니다. 만약 이후에 조선에서 인원을 天津으로 보내면, 天津에서는 병사를 훈련시키고 무기를 제조하는 방법에 대해 그 秘要를 모두 알려주는 것이 어려운 일은 아닙니다. 적절하게 지도하여 성과를 거두고 이를 통해 自強의 기반을 만든다면 우리 울타리를 더욱 견고하게 하는 일이 되니, 자문전달관 李容肅이 永平府를 지나기를 기다려 상세하게 설명하고 우리 조정의 속뜻을 알려주어 조선이 날로 법도를 일신하고 변경 방비를 날로 엄히 함으로써 강한 이웃나라가 엿볼 수 없게 해야 할 것입니다. 따로 李裕元에게 답장을 보내는 서신은 다만 안부를 묻는 인사말 정도를 쓰고 7월에 논의한 각 항목에 대해서는 언급하지 않음으로써 계속 교류를 유지하기 좋도록 하고자 합니다. 삼가 李裕元이 보낸 서신과 제가 쓴 답장서신을 초록해서 올리니 살펴봐 주십시오. 조선이 굳게 서양인과의 통상을 거부하니 중국이 자연히 강권하기 어렵고, 이 문제로 제가 다시 쓸데없이 상주할 필요 없이 직접 뵈었을 때 이 점에 대해 좀 더 아뢸 수 있을지 엎드려 결정을 내려주시기를 기다립니다. 삼가 비밀리에 알립니다. 편안하시기를 빕니다.

첨부문서 : 淸摺 초록

1. 「조선 原任太師 李裕元이 보낸 서신」 초록

李 中堂大人께 올립니다.
외람되게 海外의 미미한 존재로서 대인의 과분한 사랑을 입어 서신이 끊이지 않은 것이 이미 여러 해가 되었으니 마음속의 위안과 감사를 어느 날인들 잊을 수 있겠습니까? 여름이 가고 가을이 와서 추위와 더위가 일정하지 않으니 늘 신체 건강하시길 빕니다. 황상을 잘 보필하시고 국가를 안정시켜 軍民이 즐겁게 생활하고 덕망이 널리 퍼지시니 찬송을 금할 수 없습니다. 조선에는 간혹 일본 사신이 와서 머무는데, 비록 경계를 지나가는 것일 뿐 아직 바깥으로 나오지는 않지만, 대단히 근심이 됩니다. 이번에 가는 자문전달관 李容肅은 겸하여 맡은 임무가 있어서 특별히 보낸 사람입니다. 이 사람은 일찍이 遊智開 知府와 인연이 있기 때문에 서신을 가지고 가서 대인을 만나 뵙게 하여, 직접 얼굴을 맞대고 다시 중요한 사무의 세세한 내용을 아뢰고자 합니다. 遊智開 知府가 반드시 李容肅의 말을 중당 대인께 전달하였을 것이니, 다행히 저를 잊지 않으시고 특별히 돌보아주셔서 일마다 주선을 해주시고 끝까지 가르침을 주시어 일을 제대로 마칠 수 있게 되기를 간절히 우러러 바랍니다. 소생은 고향에서 편하게 지내면서 병을 잘 조리하고 있으니, 國恩이 미치지 않는 바가 없습니다. 이만 줄입니다.
소생 李裕元이 다시 인사드립니다.
乙卯 8월 20일.

2.「조선의 原任太師 李裕元에게 보낸 답장」 초록

李裕元 太師께 보냅니다.

10월 초순 永平府의 遊智開 知府를 통해 8월 22일에 보내주신 서신을 받았습니다. 과분한 관심을 받아 情誼는 더 두터워 제 솔직한 마음이 수천 리 밖에서도 느껴질 수 있으니, 서신을 주고받으면서 손에 쥐고 감상하는 데 싫증이 나지 않습니다. 최근에 은퇴를 고하시고 은거하여 보양을 하시면서도 안으로는 대신들을 도와서 좋은 의견을 임금께 아뢰시고 밖으로는 이웃과의 갈등을 막아 국토를 오랫동안 안정시키면서 멀리 광채를 빛내시니 어찌 박수치며 찬송하지 않을 수 있겠습니까? 倭人이 귀국과 통상을 한 이후에 때로는 교통 요지의 자그마한 일로 크게 불만의 뜻을 내비치면서 혹은 군대를 파견하여 輪船으로 바다를 순찰케 하거나 혹은 書記官을 북쪽으로 보내니 그 뜻이 어디에 있는지 알 수 없습니다. 최근 분쟁의 실마리가 잠시 수그러들어 말썽이 일어나지는 않기에 제 마음에 약간 위로는 됩니다. 조선 자문전달관 李容肅이 遊智開 知府와 서로 안 지 조금 되었다고 하는데, 방금 遊君으로부터 일체를 전달받았습니다. 저로서는 李容肅 군이 직접 왕림해서 미처 듣지 못한 것을 보태어 듣고 제 속뜻도 잠시 보일 수 있기를 바랐습니다. 그런데 어제 李容肅 군은 使命을 띠고 있어 감히 머무르지 못하고 서둘러 귀국해야 한다는 소식을 들었으므로 바로 遊君에게 서신을 보내 제 뜻을 전하도록 부탁하였습니다. 귀하의 忠謨와 奮發은 진실로 이루 다 말로 표현하기 어려운 것 같습니다. 겨울 추위에 건강 유의하시길 바랍니다. 이만 줄입니다.

合肥 李鴻章이 다시 인사드립니다.

11월 12일.

(7) 문서번호 : 2-1-1-07 (329, 397b-401a)

사안 : 李裕元이 "조선이 원래 서양 학문을 싫어하고 서양과 통상하기를 원하지 않는다"는 내용의 서신을 보내왔으니, 여러 나라와 조약을 맺고 통상을 하라고 권하는 일이 짧은 시간의 노력으로는 이루어지기 어려울 것 같습니다(接李裕元函謂 : "朝鮮素惡泰西之學, 不願與西洋通商," 勸與列國立約通商事, 殆非一朝夕之功).

첨부문서 : 1. 「조선 原任太師 李裕元이 北洋大臣 李鴻章에게 보낸 서신(朝鮮原任太師李裕元致北洋大臣李鴻章文)」.

날짜 : 光緒六年二月初九日(1880년 3월 19일)

발신 : 北洋大臣 李鴻章

수신 : 總理衙門

二月初九日, 北洋大臣李鴻章函稱 :

敬肅者 :

客秋欽奉寄諭, 查照雨生所陳各節, 寓書朝鮮致仕太師李裕元, 勸與泰西各國立約通商, 以杜日本之詭謀. 已於七月、十一月, 兩次泐函畧陳梗概在案. 去冬李裕元來信, 絕不提及前事. 據永平遊守智開密稟, 李裕元另給伊函, 謂 : "該國本意不欲與他國往來, 雖經言之於朝, 而以解官歸鄉, 不敢力爭"等語. 昨遊守復遞到李裕元十一月十二日來書, 反覆千言, 大致謂 : "泰西之學, 素所深惡, 不欲有所沾染," 又以該國向稱貧瘠, 不能多容商船爲詞. 謹將原函鈔呈鈞鑒. 朝鮮僻處東隅, 風氣較晚, 雖中國爲謀至周且密, 然非洞達時務橫覽全局者, 不能見到. 今通國人情, 囿於見聞, 勢難家喻戶曉. 李裕元牽於衆議, 玩其辭旨, 亦似未以此事爲然. 因勢轉移, 相機利導, 殆非一朝夕之功也. 專肅密布, 敬頌鈞祺.

照錄粘單：

1. 照錄「朝鮮原任太師李裕元來函」

李中堂、文華殿大學士、肅毅伯爺爵前：

間因憲書, 咨官李容肅謹裁上函, 屬遊太守轉呈. 卽於十月廿間, 獲見李容肅手本, 縱知書椷似經句鑿, 未得其詳, 下懷結轖. 今於年貢使行, 冒白衷曲, 庸冀付達焉. 本年七月九日所賜下書, 伏奉於八月晦間拜手盥讀. 伊后便使蹉違, 至今謝忱未申. 雖尋常箋儀, 尚不宜逋慢如是, 矧承諄復辭旨, 耑爲鄙邦機密事布喩, 而朦然若罔聞知者, 不敏之咎, 內訟曷已? 猥茲追籲, 所以愈急切於餘辰, 庶蒙矜察否?

邇年弊邦之與日本交好, 立約通商, 因出於萬不得已, 而其接應之宜, 寔遵前后勻教, 勿示猜嫌之意, 一以含容巽順, 要挫其桀驁性氣. 而惟彼言動不無逕庭, 干請多在料外. 指開別港, 無非重地, 相持多時, 而后以元山津施許, 仁川系是圻甸, 竟不得副其求, 則其去也, 頗懷怏怏. 而其諧際幸不至相失. 若其貪狡之志, 專在於鯨呑蠶食. 今春廢滅琉國, 近日操演礮艦等事, 苟非此密喩開示, 顧茲聾瞽, 那由得知? 我爵前之仁之德, 庇護我小邦, 厥惟久矣. 而迺茲釁患於未危、未亂, 爲之代籌, 何圖至此之極? 今日西人之局面, 實由自然之氣運, 既是至訓, 而防患之要, 又有以毒攻毒、以敵制敵之策, 縷縷示下者焉. 雖以款啓昧晦, 細細溫繹, 詎無灑然而有省乎? 泰西各國, 先與交通, 則日本自可牽制, 日本既已牽制, 則俄國窺伺, 亦無可憂, 斯爲勻教綱領. 以至定關稅也, 熟商情也, 諸弊之厲禁也, 又何其處分之詳密也! 誠惶誠感. 敢不聞命?

而第自念弊邦僻在一隅, 謹守規度, 退居文弱, 自治方內, 不暇外交. 而況泰西之學有異吾道, 實乖民彝, 則嘗畏之如烈火, 避之如毒矢, 敬而遠之如鬼神. 近拏法國人潛蹤者, 雖奉咨解送, 而鄙邦人染教者罔或肆赦, 推此庶有以洞諒. 而販煙、行教, 卽其贏豕之孚, 恐非豶牙之攸制, 亦庶可以燭照矣. 古昔謀國者, 有曰："遠交而近攻," 有曰：“以蠻而攻蠻,” 斯乃以敵制敵之術也. 而目下局面與古昔頓異, 雖武強自力者, 朝弊夕戈, 待於二境, 將疲於奔命, 我先取敗而已. 豈文弱如鄙邦者, 而可以效古昔乎? 實不能也, 非不爲也. 神皇之嘗百草, 遇毒而百死, 死而輒復起, 非神皇而效其爲, 則一遇毒而能起者鮮矣. 今要制敵, 而我先受敵, 要攻毒而我先中毒, 竊恐一遇毒而不復起也. 奚暇以制敵乎? 惟我爵前威望震於陬澨, 謨畫協於中外, 以彼俄國之強桀、泰西之厖雜、日人之反覆, 靡不折心焉, 屈膝焉. 則日人之耽視臺灣, 無足爲虞, 而弊邦久沐覆露, 亦尚恃而不恐. 且泰西公法, 既不許無故奪滅人國, 以俄之強而斂兵於土國, 則弊邦之無辜, 或遇呑噬之毒, 亦庶幾諸國之所共禁乎?

惟獨有懵懂懷疑而不釋然者. 日人之廢琉王, 呑其疆, 卽桀宋之行耳. 歐洲列邦, 似宜有齊桓興師遷邢封衛之擧, 或義以喻日人, 俾復置許君如鄭莊之所爲, 而側耳無聞, 何也? 救土國於垂亡, 則公法可仗, 而與琉邦於己滅, 則公法有難行歟? 抑日人之桀黠, 輕視各國, 雖縱恣專利, 而公法莫能行歟? [比]利時、丹馬以瘯小之國, 介於諸大邦, 賴以強弱相維, 而琉王以累百年舊國, 不得相維者, 以其所處孤, 另與各國隔絕, 而公法有不及行而然歟? 弊邦則崎嶇在乎地維盡處. 其視土、琉、利、丹等國, 尤貧儉皆窳, 距泰西又踔遠莫擧, 兵戎頡頏, 尚矣勿論, 玉帛周旋, 亦難自振. 夫以日人之慣於通商, 巧於營造, 盡得富強之術焉, 尚致枵其藏、舋其債之歎. 則設令弊邦改圖, 廣置港埠, 畢通遹遐, 悉學技巧, 必於藉茅承筐應酬之際, 立見稛橐蕭然, 奚翅藏, 枵債舋, 蹈日人之轍也! 且況偏邦地產之蔑裂, 貨物之沽惡 四方所稔聞耳. 各國之遠來交貿, 恐如三家之市, 難容千金之商, 不亦主客俱無俚乎? 其難於自振, 實際然也. 躄痿而思行遠, 毋甯奧窔之坐守爲得歟?

蓋上國規模, 譬則天地之大也, 巨細鹹宥, 橐鑰孅悉, 畢就鈲攕, 麟鳳蛇龍, 無適無莫, 時或掣肘, 而旋措泰磐, 固萬方所歸極. 而小邦遽欲則傚, 不猶醯雞之學皐烏乎! 我爵前心腹教喩, 務欲趨吉避害之念, 惻怛肫摯, 雖父兄之於子弟, 曷以過此? 而形格勢禁, 末由奉承, 大愚之終身不靈, 無乃謂是歟! 然而私自依怙者, 泰西與日本, 既無敢恣肆於爵前威鎮之下, 則小邦永賴大德, 機事輒荷提命, 是所日夜祈祝之至. 情窮辭迫, 不知攸裁, 伏惟哀其愚而宥其罪焉. 伏請勻體度對時萬康. 小生寄身山野, 餘生無多, 又無階趨拜於棨戟之前, 罄陳情悃, 沖悵何極. 不備勻下察.
小生李裕元 再拜.
己卯十一月十二日發.
庚辰二月初五日到.

2월 9일, 北洋大臣 李鴻章이 다음과 같은 서신을 보내왔다.

삼가 알립니다.
지난 가을에 寄諭를 받아서 丁日昌이 진술한 각 항목에 따라 조선의 原任太師 李裕元에게 서신을 보내 서양 각국과 조약을 맺고 통상함으로써 일본의 간교한 계획을 막으라고 권유한 바 있습니다. 이미 7월·11월 두 번에 걸쳐 서신의 대략적인 내용을 서신으로 알린 바 있습니다. [그런데] 지난 겨울 李裕元이 서신을 보내왔는데, 이전의 일을 전혀 언급하지 않았습니다. 永平府 知府인 遊智開의 비밀보고에 따르면 李裕元이 따로 서신을 보내어 이르기를 "조선은 본래 타국과 왕래하기를 원치 않으며 비록 조정에 말을 전하긴 하겠지만 관직에서 물러나 고향으로 돌아갔기에 감히 힘써 다투지 못한다"고 하였습니다. 어제 遊智開가 다시 李裕元이 11월 12일에 보낸 서신을 전달하였는데, 많은 말을 늘어놓았지만 대체로 "서양의 학문을 평소 몹시 싫어하여 거기에 물들기를 원하지 않으며 또한 조선은 척박하여 많은 상선을 수용하기 어렵다"는 것을 구실로 삼았습니다. 삼가 원래의 서신을 초록하여 올리니 살펴보십시오. 조선은 동쪽 모퉁이에 치우쳐 있고 풍기가 비교적 뒤쳐져서 비록 중국이 대신 계획을 빈틈없이 세워준다고 하더라도 시무에 통달하고 전체 局面을 두루 볼 수 있는 사람이 아니면 이것도 제대로 깨닫지 못합니다. 지금 나라 전체의 사람들이 견문이 부족하고, 가가호호 일일이 깨우쳐 주기도 곤란한 형편입니다. 李裕元도 衆議에 얽매여 있으니 이렇게 앞뒤로 말을 바꾸는 것을 보면 또한 이 일을 옳다고 여기는 것 같지는 않은 듯합니다. 형세가 바뀌면 다시 기회를 보아 권고할 일이지, 하루아침에 이루어지기는 곤란한 것 같습니다. 삼가 비밀리에 알리는 바입니다. 삼가 편안하시기를 바랍니다.

첨부문서 : 초록

1. 「조선 原任太師 李裕元이 보낸 서신」 초록

李 中堂大人께 올립니다.

얼마 전 보내주신 서신 때문에 자문전달관 李容肅을 통해 삼가 서신을 써서 遊智開 知府에게 전달해 올려달라고 부탁하였습니다. 곧 10월 20일에 李容肅이 보낸 서신을 받아보았는데, 서신은 이미 살펴보신 것 같았지만, 그 상세한 내용을 알지 못해서 마음이 막힌 듯 답답하였습니다. 올해 年貢使行이 있으니 그 편을 통해 감히 속마음을 말씀드리는 서신이 전달될 수 있기를 기대합니다. 올해 7월 9일에 내려주신 서신은 절을 하고 손을 씻고 읽었습니다. 그 후에 사절을 이용하[여 서신을 전달하]는데 차질이 생겨 지금까지 감사의 마음을 밝히지 못하였습니다. 비록 평범한 서신이라고 하더라도 이렇게 답장을 미루면 곤란한데, 하물며 거듭 깨우쳐 주시는 말씀이 오직 조선의 기밀사무를 위해 가르침을 주시는 것인데, 몽롱하게 듣고도 못들은 체 하였으니 불민한 잘못을 스스로 척망하는 일에 어찌 끝이 있겠습니까? 외람되이 이렇게 뒤늦게 호소하는 것은 남은 생이 얼마 남지 않아 더욱 절박하기 때문이니 부디 긍휼하게 여기어 주시지 않으시렵니까?

최근 조선이 일본과 친교를 가지고 조약을 맺어 통상을 하는 것은 만부득이한 사정에서 나온 것이었지만, 그에 대한 적절한 응대는 실로 전후로 내려주신 가르침에 따라 의심하거나 시기하는 뜻을 보이지 않고 줄곧 부드럽게 대함으로써, 그 거칠고 오만한 성질을 꺾고자 하였습니다. 그러나 저들의 말과 행동이 차이가 아주 크고, 요구하는 것은 대부분 전혀 뜻밖의 것이었습니다. 다른 항구를 개방하라고 요구하는데, 모두 중요한 곳이 아님이 없었으므로 서로 오랫동안 버티다가 이후에 元山津을 열었는데, 仁川은 수도와 가까운 곳이어서 끝내 그 요구에 부응하지 않자 물러나면서도 여전히 미련이 컸던 것 같습니다. 자못 다행스럽게도 서로 간의 和好를 잃는 데 이르지는 않았지만, 그 탐욕스럽고 교활한 뜻은 오로지 병탄과 잠식에 있습니다. 금년 봄에 琉球를 폐멸하고 최근 포선으로 시위를 한 일 등은 만약 이렇게 비밀리에 알려 깨우쳐주시지 않았다면 이 귀머거리와 장님이 어떻게 알 수 있었겠습니까? 李 中堂大人의 어진 덕이 저희 조선을 보호해 주신 것이 정말 오래 되었습니다. 이처럼 근심거리를 위기와 혼란이 일어나기 전에 미리 대신하여 대비해주시는 시도가 어찌 이처럼 지극할 수 있겠습니까? 오늘날 西人의 국면은 실로 자연의 기운으로부터 비롯되었다는 것은 지극한 가르침이었고, 재난을 막는 요체는 또한 毒으로써 毒을 공격하고 敵으로써 敵을 제압하는 대책에 있다는 것도 누누이 알려주셨습니다. 비록 정성스럽게 몽매함을 일깨워주시고 세세하게 풀어주시니, 어찌 깜짝 놀라서 반성하지 않을 수 있겠습니까?

서양 각국과 먼저 交通하면 곧 일본은 저절로 견제할 수 있게 되고, 일본을 견제할 수 있으면 곧 러시아가 엿보는 것 또한 걱정할 것이 없다는 점, 이것이 가르침의 큰 줄거리였습니다. 關稅를 정하고 商情에 익숙해지고 여러 폐단을 엄금하는 등에 대한 내용에 이르면, 또한 어찌나 그 처분이 상세하고 세밀합니까! 진실로 황송하고 감격스럽습니다. 어찌 감히 명을 따르지 않을 수 있겠습니까?

다만 생각하건대 조선은 한 모퉁이에 치우쳐 있고 삼가 옛 법도를 지키면서 文弱함에 안주해서, 스스로 나라 안을 다스릴 뿐 外交를 돌볼 여유는 없습니다. 더구나 서양 학문은 우리 道와 달라서 실로 백성의 성정과 어긋나니, 일찍이 뜨거운 불처럼 두려워하고 독화살처럼 피하며 귀신을 보듯 경원하였습니다. 최근에 몰래 입국한 프랑스인은 비록 咨文을 받들어 압송해 돌려보냈으나, 그 가르침에 전염된 조선 사람은 멋대로 풀어준 적은 없으니 이를 통해 아마도 헤아리실 수 있을 것입니다. 아편 판매나 기독교 선교는 어금니를 미리 뽑는다고 사나운 돼지를 제압할 수 없는 것과 같다는 점은 또한 분명히 잘 알고 계실 것입니다. 옛적에 나라를 도모하는 사람은 "먼 나라와 교제하고 가까운 나라는 공격한다"고 하였고, "오랑캐로써 오랑캐를 공격하게 한다"고 하였으니, 이것이 곧 적으로써 적을 제압하는 기술입니다. 그러나 지금의 국면은 옛날과 전혀 달라서 비록 무력이 강대해서 스스로 힘센 나라라고 해도 아침에는 예물을 보내고 저녁에는 전쟁을 하면서 양쪽 국경에서 대기하다보면, 분주하게 명을 따르는데 피로하여 스스로 먼저 무너지고 말 것입니다. 어찌 조선과 같이 문약한 나라가 옛날을 본받을 수 있겠습니까? 실로 하지 못하는 것이지 하지 않는 것이 아닙니다. 神農帝께서 百草를 맛보다가 毒을 먹고 백 번을 죽었다가 다시 일어나셨지만, 神農帝가 아니면서 그 행위를 본받는다면 한 번만 독을 먹더라도 다시 일어날 사람은 드물 것입니다. 지금 적을 제압하려고 해도 내가 먼저 적의 공격을 받을 것이고 독을 공격하려고 해도 내가 먼저 해를 입을 것이니, 진실로 한 번 독을 먹고 다시 일어나지 못할까 두려운데 어찌 적을 제압할 겨를이 있겠습니까? 오직 우리 李 中堂大人의 威望이 멀고 외진 곳까지 떨치고 계획하심이 中外에 모두 들어맞아, 저 러시아의 강함, 서양의 방대함, 일본의 변덕스러움이 이에 좌절하여 무릎을

끓지 않음이 없습니다. 그러므로 일본인이 호시탐탐 대만을 노리는 것은 걱정할 것이 없으며, 조선은 오랫동안 보호해주신 은혜를 입었으니 또한 늘 믿는 바가 있어 두려움이 없습니다. 그리고 서양의 公法이 이유 없이 다른 나라를 빼앗고 결하는 것을 허락하지 않아서 러시아가 강하지만 터키에서 병력을 철수했다고 하니, 조선이 무고한데 혹시라도 병탄의 毒을 만나게 된다면 또한 여러 나라가 함께 막아주기를 기대할 수 있지 않겠습니까?

다만 한 가지 어리석게 의심하면서 석연하게 풀지 못하는 점이 있습니다. 일본이 琉球의 왕을 폐하고 그 영토를 병탄한 것은 桀宋[31]의 행실과 같습니다. 유럽 여러 나라는 마땅히 齊桓公[32]이 군대를 일으켜서 邢나라를 옮기거나 衞나라를 부활시켜준 것처럼 하거나, 아니면 의리로써 일본인을 깨우쳐서 鄭莊公[33]이 許나라 군주를 다시 세워준 것처럼 했어야 하는데, 귀를 기울여도 그런 이야기는 들어본 적이 없는데, 왜입니까? 망하기 직전의 오스만 터키제국을 구할 때에는 공법을 의지할 수 있었지만, 이미 멸망한 琉球에 대해서는 공법을 행하기 어려운 것입니까? 아니면 일본이 사납고 교활하여 각국을 경시하기 때문에 비록 제멋대로 이익을 독점하여도 공법이 시행될 수 없는 것입니까? 벨기에와 덴마크는 작은 나라로서 강대국들 사이에 끼어 있어도 강대국·약소국의 상호 균형에 의지하였지만, 琉球王은 수백 년의 오래된 나라인데도 유지하지 못하였던 것은 고립된 곳에 있어 각국과 떨어져 있기에 공법이 미치지 못하여 그런 것입니까? 조선은 험준하고 대지가 끝나는 곳에 자리 잡고 있습니다. 터키·琉球·벨기에·덴마크 등의 나라와 비교해 보면 더욱 가난하고 허약할 뿐 아니라 서양과의 거리가 멀어서 도달할 수 없으니

---

31) 걸송(桀宋)은 전국시대 말기 송의 강왕(康王)을 가리키는데, 강대해진 송이 주변 국가에 대해 무력을 떨치면서 포악하게 굴자 제후들이 그를 '걸송(桀宋)'이라 불렀다고 한다

32) 제환공(齊桓公, B. C. 716~B. C. 643)은 춘추오패(春秋五霸)의 하나로 춘추시대 제국(齊國)의 열다섯 번째 군주이다. 관중(管仲)을 승상으로 삼아 개혁을 추진하여 제국의 강성을 이끌고 여러 차례 제후국과의 회맹(會盟)을 주도하기도 하였는데, B. C. 659년 적인(狄人)의 침입을 받은 형(邢)을 구조한 다음, 형국의 도성을 제국에 가까운 곳으로 옮겼으며, 위(衞)가 다시 적인의 침입을 받고 멸망하자, 다시 새로 성을 지어주어 위(衞)를 부활시켰다.

33) 정장(鄭莊)은 정장공(鄭莊公, B. C. 757~B. C. 701)을 말하는데, 춘추시대 초기의 저명한 군주로 정(鄭)의 세 번째 군주이다. 주(周)의 천자와 갈등을 일으키기도 하였지만, 춘추소패(春秋小霸)로 일컬어질 정도로 정을 강성(強盛)으로 이끌었다. 계모가 자신을 제거하려 하자 "황천(黃泉)에 가기 전에는 그녀와 다시 만나지 않겠다"고 맹세하였다가, 나중에 후회하면서 부하의 충고를 들어 땅굴을 파고 가서 그녀와 만났다는 고사의 주인공이기도 하다. 송(宋)이 오랫동안 주(周)에 대한 조공을 거르자, 연합군을 거느리고 송을 정벌하였으며, 이때 거기에 참여하지 않은 허(許)를 항명죄로 멸망시키려다가 다시 용서해준 일이 있는데, 본문의 이야기는 바로 이 일을 가리킨다.

무기로 버티는 것은 물론이고 玉帛[등의 예물]으로 응대하는 것 역시 제대로 하기 어렵습니다. 무릇 일본인은 통상에 익숙하고 營造에 뛰어나며 부강의 기술을 모두 얻었는데도, 오히려 그 창고가 텅 비고 채무가 쌓여 탄식하게 되었습니다. 그러므로 만약 조선이 계획을 바꾸어 널리 항구를 설치하고 멀고 가까운 곳과 통하고 技巧를 모두 배우더라도, 반드시 띠로 만든 광주리로 받쳐 모시면서 응대하다보면 곧바로 가득했던 주머니가 텅 비는 것을 보게 될 것이니, 어찌 창고가 비고 채무가 쌓이는 일본의 전철을 따르겠습니까? 더구나 조선의 산물이 보잘 것 없고 貨物이 조악한 것은 사방에서 익히 알고 있습니다. 각국이 멀리에서 와서 교역을 하면 아마도 조그만 시장이 천금을 가진 상인을 수용하기 어려운 것처럼 또한 주인과 손님 모두 의지할 데가 없지 않겠습니까? 그 스스로 떨쳐 일어나기 어려움이 실제로 이와 같습니다. 앉은뱅이가 먼 길을 가려고 생각하는 것보다는 차라리 방에 앉아서 지키는 것이 이익이 아니겠습니까?

上國의 규모는 비유하자면 천지처럼 큽니다. 크고 작은 것이 모두 포함되어 있으니, 좋고 나쁜 것을 모두 찾아내어 [나무를 잘라 그릇을 만들고 비단을 찢어 옷을 짓듯이] 여하튼 어떤 것이든 만들어낼 수 있으며, 기린·봉황·뱀·용 같은 인재에 대하여 아무런 親疏·厚薄의 차별이 없어[34] 때로는 방해를 받는 일이 있어도 조처가 넓고 단단하니 곧바로 모든 것을 정상으로 되돌릴 수 있습니다. 그러나 조선이 갑자기 본받으려고 하면, 닭이 봉황을 배우려하는 것 같지 않겠습니까? 李 中堂大人께서 속마음으로 가르침을 주시고 힘써 吉祥함을 따르고 해로움을 피하도록 하는 마음이 간절하고도 정성스러우니, 비록 父兄이 子弟에게 대하는 것이라도 어찌 이보다 더할 수 있겠습니까? 그러나 형세에 얽매이고 막혀 행동이 자유롭지 못해서 그 뜻을 떠받들 수 없으니, 크게 어리석은 사람은 종신토록 깨닫지 못한다는 말이 이것을 일컫는 것이 아니겠습니까! 그러나 제 개인적으로 믿고 의지하는 것은 서양과 일본이 大人의 위엄 앞에서 감히 마음대로 행동하지 못하는 것이니, 조선은 그 큰 덕에 영원히 의지하면서 중요한 일이 있을 때마다 가르침을 받을 수 있게 되기를 밤낮으로 빕니다. 생각이 궁하고 말재주가 모자라 더 쓸 바를 모르겠습니다. 다만 엎드려 어리석음을 가엽게 여기고 죄를 용서해 주시기를 바랍니다. 體度가 늘 萬康하시기를 엎드려 바랍니다. 소생은 산야에 기거하

34) 이 구절은 그 뜻이 명확하지는 않은 것 같다. 한편 마지막 구절의 무적무막(無適無莫)은 『논어(論語)』 「이인(里仁)」 편에 나오는데("君子之於天下也, 無適也, 無莫也, 義之與比."), 두텁지도 엷지도 않다, 남에 대해 親疏·厚薄함이 없다는 뜻이다.

고 있고 남은 생이 길지 않아서 달려가 앞에 엎드려 절하고 속마음을 다 말씀드리지 못하는 것이 정말로 애석합니다. 이만 줄이니 양해해 주십시오.

소생 李裕元 再拜.

을묘년 11월 12일 발송.

경진년 2월 5일 도착.

(8) 문서번호 : 2-1-1-08 (332, 403a-405b)

사안 : 1. 조선[고려]의 근심은 일본에 있지 않고 러시아에 있으며, 만약 일찌감치 각국과 통상을 할 수 있다면 그대로 견제하기에 충분할 것임을 논하였습니다.

2. 일본의 외무상 寺島가 러시아인이 圖門江 하구에 병사를 주둔시킨 뜻을 파악하기 어려우니 중국이 조선에 사신을 보내 주재시키고 일찌감치 대비하기를 바란다고 이야기하였습니다(一. 論高麗之患不在日本而在俄羅斯. 如能早與各國通商, 尙足牽制. 二. 日外務寺島言, 俄人屯兵圖門江口, 其意回測, 極盼中國遣使駐朝、及早籌維).

첨부문서 : 1.「出使大臣 何如璋과 日本 外務卿 寺島 사이의 문답절략(出使大臣何如璋與日外務卿寺島問答節略)」.

날짜 : 光緖六年四月十三日(1880년 5월 21일)

발신 : 出使大臣 何如璋

수신 : 總理衙門

四月十三日, 出使大臣何如璋函稱.

敬啓者 :

上月二十九日, 肅寄第八號一緘, 並附『使東述畧』、『使東雜詠』各一本, 計邀澄鑒. 如璋到國以后, 日本使臣花房義質, 自高麗歸. 前與之相見, 畧言朝鮮執政意猶不願修好, 見西服欲望而去之, 除釜山一口通商外, 現欲再擇二口, 仍未定云. 有傳聞日本欲在鹹鏡道之元山津開口, 而俄人阻以不如在高麗西南之全羅道, 且宣言欲用兵高麗, 若在鹹鏡道頗干不便. 又傳聞, 去歲英人欲藉日人爲介紹, 而俄人阻之, 日人亦遂不復言. 前巴使來晤, 爲如璋言 : "中國何不勸高麗, 與各國通商, 既不能閉關, 卽多與一二國結好, 亦有益無損, 否則將爲俄人所呑噬"云云. 合一切傳聞之詞, 情形當屬實也.

竊以爲高麗之患，不在日本，而在俄羅斯．俄之經營東土，非伊朝夕．近又據新聞紙言，俄人在黑龍江一帶，繕甲完郭，計增馬隊四千五百人，又增步兵三千人，增礮兵六百人，水兵二千人，兵船四艘．報中言將以備英，然正不知意之何屬也．計俄用兵，必先高麗，直趨鹹鏡道，以強弱之勢揆之，高麗必不能支．高麗若亡，蛇蠍之患，近在心腹，中國豈有安時？當日、高立約之初，西人發議，既謂："泰西諸國當踵其后，藉日人爲先導，"又謂："俄人所屬海口，冬阻於冰，欲於高麗各口肆鯨呑，一旦高人與各國通商，俄有投鼠之忌，必緩其謀．"逮客歲英果欲託日人，俄果私租日人，是俄人虎狼之心，固天下萬國所共知者，中國不早防之可乎哉！俄、英近日尚無戰音，和議一成，恐將有事於東，卽不然，患亦不出十年．俄若用兵高麗，而我竟結舌而退，坐視而不救，后患安可言乎？夫英託日人求通互市，而俄阻之，是與各國通商，尚足爲牽制俄人地，此意似宜告高麗知也．日本今遣天城兵船、松村少佐，由日本海巡測高麗東北各海口，大約日本意圖自守，非能興師，我亦當察其地形．俄人增兵，想臺端必有所聞，如果屬實，我東三省之應如何設法籌畫屯守，綢繆未雨，宜急圖之．率臆妄陳．敢乞代回堂憲謄核．此請勛安．

何如璋、張斯桂謹啓．

三月二十八日第九號．外高麗圖二紙，又中國日本朝鮮圖二幅．

再啓者：

正封緘間，昨日因議遊歷護照事，見外務卿寺島，縱談及此．寺島云："去歲英、法欲與俄立約，在圖們江口通商，俄人拒之，其意可知．"又言："俄人屯兵圖們江口，朝鮮流民歸之者極衆．"且言："彼國與朝鮮結約，欲藉以自保，中國似宜遣使，往駐朝鮮，屬其及早籌維．"其言殊足動聽，並議遊歷護照事，錄『問答節畧』一紙，乞回堂憲鑒謄核是禱．再請臺安．

1.『問答節畧』

日前橫濱商人, 請領遊歷護照, 神奈川遲留未給, 由理事官轉稟前來. 因函致外務省, 訂期商辦. 二十二日赴外務省晤寺島, 寒暄畢, 因言遊歷護照事.
寺島云 : "規未載, 事須妥商."
我云 : "載在『通商章程』第十三款, 且東人遊歷中土者, 早經發給矣."
寺島因檢視章程, 乃云 : "遊歷雖載明, 而無裏數及詳細辦法, 仍須妥商."
我答 : "以此有舊章, 無難辦理, 願妥商亦無不可."
寺島云 : "此事我有肯通融. 唯森使在貴總理衙門有所商, 亦請致信代求通融爲望."
我言 : "遊歷事中國先行, 今不過請貴國照辦耳. 無所謂通融也."
彼乃再三糾纏云 : 請於復該省文中提及此層.
我駁之.
彼又云 : "否則由該省復我文中提及."
我嚴駁之 : "且諭以貴國領事在上海, 曾與海關道詳議數條照給, 並非我格外要求之事, 如貴國不辦, 我當告知本國照樣停給也."
彼聽了, 因言此事好辦, 俟查明再行訂期晤商. 適英使來, 遂告辭. 二十八日再赴外務省晤譚此事.
寺島云 : "檢查上海所議之案, 業已不存. 第遊歷一節, 自當通融辦理, 唯中國通商口岸, 待東人異於西人, 請代求一律辦理."
我答 : "以中東條規, 與泰西各國不同. 因彼此密邇有來有往, 故所辦之事, 必兩國均可行者方辦, 斷不能獨占便宜, 且我與泰西所立之約, 隨后亦將斟酌盡善, 貴國不必再蹈其故轍."
彼又反復辯論. 因諭以西人無可恃, 觀俄、土近日之事便知, 且同在亞細亞中, 須先求立國根本, 今日商務, 貴國卽窮力步趨, 斷不能求勝於西人, 唯須於輸入輸出, 注意防金幣流出, 方是穩著. 彼深以爲然.
因問曰 : "英、俄兩國如何?"
告以英如狐, 俄如虎, 一圖利, 一圖土地. 均宜防也.

彼因言："俄近在圖們江口屯兵，墾闢日拓而南，朝鮮流民歸之者，約有二三萬人．其用心殊不可測．我與朝鮮結約通商，亦願藉此爲自保之計，非別有所圖也．中國似宜遣使往駐朝鮮，屬其及早籌維．且思所以保護之，並時遣兵船遊巡，以習水道，爲萬一之備，否則朝鮮一失，亞洲之大局，深爲可憂."
因答："以尊論極是．我政府亦早籌及之，唯望歸國洞悉情僞，不致受俄人之愚則善矣."
彼又言："去歲英、法欲與俄立約，在圖們江口通商，俄人拒之，其意可知．頃接意大利電報云，英、俄必出於戰，果爾，我得乘暇修備，亦好機會也."
我因云："貴國知此，則所以自治者須求良法．如習西俗，謝通商，抑末務耳，卓見以爲何如．遊歷事，請妥籌示覆爲幸."
遂辭歸.

4월 13일, 出使大臣 何如璋이 다음과 같은 서신을 보내왔습니다.

삼가 올립니다. 지난 달 29일, 제8호 서신 및 첨부한 『使東述略』과 『使東雜詠』 각 1부를 삼가 올리고 열람을 청하였습니다. 제가 일본에 도착한 이후에 일본의 사신 花房義質[하나부사 요시모토]이 조선에서 돌아왔습니다. 전에 만났을 때 대략 이야기하기를 조선의 執政은 여전히 修好를 바라지 않는데 뜻을 두고 있어 서양식 복장을 보면 곧바로 자리를 피해버리려고 하며, 釜山에서 통상하는 것 외에 지금으로서는 다시 다른 두 곳을 택하고자 하는데 아직 정해지지 않았다고 하였습니다. 소문에 따르면 일본은 함경도의 元山津 개항을 원하는데 러시아가 막으면서 조선 서남부의 전라도만 못하다고 이야기하고, 또한 조선에서 군사 행동을 벌이고자 하는데 함경도에 개방된 항구가 있다면 자못 불편하다고 선언을 했다고 합니다. 또 소문에 따르면 작년에 영국이 일본을 통해 관계를 맺으려 했으나 러시아가 막았고, 일본 또한 마침내 더 이상 말하지 않게 되었다고 합니다. 전에 영국 공사 파크스(Sir Harry Smith Parkes, 巴夏禮)[35]가 만나러 와서 제게 이야기하기를, "중국은 왜 고려에게 각국과 통상하도

35) 파사(巴使)는 파하례(巴夏禮), 즉 Sir Harry Smith Parkes(1828~1885)를 가리킨다. 그는 영국 외교관으로 13세에 중국에 와서 일하기 시작하여 1863년 상해 영사를 지낸 뒤 1865~1883년 주중국 공사로 옮길 때까지 18년 동안 주일본 영국 공사로 근무하였다.

록 권하지 않느냐? 관문을 닫을 수 없다면 다른 나라와 우호관계를 많이 맺는 것 또한 이익이 되고 손해가 없으며 그렇게 하지 않으면 장차 러시아가 병탄할 것"이라고 하였습니다. 일체의 소문의 내용을 종합해보면 이런 상황은 사실인 것 같습니다.

생각하건대 조선의 근심은 일본이 아닌 러시아에 있습니다. 러시아가 동쪽 땅을 경영한 것은 짧은 시간의 일이 아닙니다. 또한 신문에 나온 말에 따르면 러시아가 흑룡강 일대에 군대와 성곽을 갖추어 기병 4천 5백 명을 늘리고, 보병 3천 명, 포병 6백 명, 수병 2천 명, 군함 4척 등도 증파했다고 합니다. 신문에서 말하기를 장래 영국을 대비하기 위한 것이라고 하지만, 무슨 의도인지는 정확히 알 수 없습니다. 러시아가 전쟁을 벌인다면 반드시 조선으로 향하여 함경도로 직접 진격할 것이고, 강약의 형세로 판단하건대 조선은 필히 버틸 수 없을 것입니다. 조선이 만약 망한다면 뱀과 전갈 같은 근심이 심복 가까이에 있을 것이니, 중국에 어찌 편안한 때가 있겠습니까? 일본과 조선이 조약을 맺을 때 서양인들이 논의하기를 "일본을 선도로 삼고, 서양 각국은 마땅히 그 뒤를 따를 것이다"라고 하였고, 또한 말하기를 "러시아의 항구는 겨울에 얼음 때문에 막혀서 조선의 각 항구를 마음대로 병탄하기를 바라는데, 일단 조선이 각국과 통상을 하면 러시아는 쥐를 잡고 싶어도 그릇을 깰까봐 겁내듯이 반드시 그 음모를 미룰 것"이라고 하였습니다.

지난해에 이르러 과연 영국은 일본에 의탁하려 하였는데, 러시아도 사사로이 일본의 힘을 빌리고자 하였으니, 이처럼 러시아의 범이나 이리 같은 마음을 진실로 천하만국이 모두 아는데, 중국이 어찌 일찍 막지 않을 수 있겠습니까? 러시아와 영국은 근래 아직 전투 소식이 없어 화의가 일단 이루지면 장래 일은 동쪽에서 벌어지지 않을까 두렵습니다만, 그렇지 않더라도 또한 근심은 10년을 넘어가지 않을 것입니다. 러시아가 만약 조선에서 전쟁을 치르는데 우리가 끝내 말문이 막혀서 물러나 좌시하고 구하지 않는다면 후환을 어찌 말로 다 할 수 있겠습니까? 영국이 일본에 부탁하여 무역의 개방을 요구하는데 러시아가 이를 막는다는 것은 각국과 통상하는 것이 러시아를 견제하기에 충분하다는 것이니, 이 뜻을 조선에 알려주는 것이 좋을 것 같습니다. 일본이 지금 군함 '天城[아미가]'과 松村[마쓰무라] 少佐를 파견하여 동해를 통해 조선 동북의 각 항구를 순시하면서 측량하고 있는데, 대체로 일본의 의도는 스스로를 지키는 것이지 능히 군사를 일으킬 수 있는 것은 아니므로, 우리도 마땅히 그 지형을 살펴보아야 합니다. 러시아인들이 군대를 늘린 일에 대해서는 總理衙門에서도 필시 들은 바가 있으실 터인데, 만약 사실이라면 우리 東三省에서도 어떻게 방법을 마련해서 방어할 것인지를 일이 생기기 전에 준비해서 긴급하게 도모하는 것이 좋겠습니다. 거친 생각을 함부로 늘어놓았습니다. 堂憲[36]을 만나서 대신 전달해 주시기를 감히 바랍니다. 공훈을 세우고 편안하시기를 바랍니다. 何如璋, 張斯桂 삼가 올림.
3월 28일, 제9호. 첨부하여 조선지도 2장, 또한 중국·일본·조선지도 2폭을 올립니다.

다시 알립니다 :
막 서신을 봉하려 하는데, 어제 여행증명서에 관한 일을 논의하기 위해 外務卿 寺島[테라시마]를 만나 이런저런 이야기를 하다가 다음과 같은 내용을 언급하게 되었습니다. 寺島가 말하기를 "작년에 영국과 프랑스가 러시아와 조약을 맺고 豆滿江 하구에서 통상을 하려 했고, 러시아가 이를 거절하였으니 그 뜻을 알 수 있다"고 하였습니다. 또한 말하기를, "러시아가 豆滿江 하구에 병사를 주둔시켰는데 조선 유민 가운데 귀부하는 사람이 매우 많다"고 하였습니다. 또한 말하기를 "일본이 조선과 조약을 맺음으로써 스스로를 보호하고자 하는데, 중국도 응당 조선에 사신을 파견하여 駐在시켜야 할 것 같으므로 일찌감치 준비하는 것이 좋을 것입니다"라고 하였습니다. 그 말이 매우 솔깃하여 여행증명서에 관한 일과 함께 『문답 요약』 한 장으로 기록하여 서신으로 보내니 總理衙門에서 살펴보시고 검토해 주시기를 바랍니다. 다시 한 번 편안하시기를 빕니다.[37]

첨부문서 :

1. 「出使大臣 何如璋과 日本 外務卿 寺島 사이의 『문답절략』」

며칠 전 橫濱[요코하마의 중국] 상인이 여행증명서 발급을 요청했는데 神奈川[가나가와]에서 붙잡아두고 발급해주지 않아 理事官을 통해서 청원이 올라왔습니다. 외무성에 서신을 보내서 날짜를 정해서 의논하여 처리하기로 하였습니다. 22일 외무성에 가서 寺島를 만나서 인사를 나누고 여행증명서에 관한 일을 이야기하였습니다.
寺島가 말하였습니다 : "條規에 기재되어 있지 않으니 반드시 잘 합의해야 합니다."

36) 당(堂)은 중앙 각 행정관서나 그 관서의 장관을 가리키고, 헌(憲)은 상사·상관을 가리키는 용어이다.
37) 경청훈안(敬請勛安)은 官界 편지의 마지막 부분에 쓰는 인사말로 상대방의 성공(업적, 공훈)과 편안함을 기원·축하한다는 관용어이다.

제가 말하였습니다 : “통상장정 제13조에 기록되어 있으며, 또한 일본인이 중국을 여행할 때 이미 발급해준 바 있었습니다.”

寺島가 장정을 살펴보고 나서 말하였습니다 : “여행에 대해서는 기재되어 있지만 거리 및 상세한 방법에 대해서는 나와 있지 않으니, 논의가 필요합니다.”

제가 대답하였습니다 : “이렇게 옛 장정이 있으니 처리하기 어렵지 않고, 논의하기를 원한다고 해도 안 될 것이 없습니다.”

寺島가 말하였습니다 : “이 일은 나 역시 융통성 있게 처리하고 싶습니다. 다만 森使가 귀 總理衙門에서 협의한 바가 있으니, 總理衙門에 서신을 보내 대신 융통성 있게 처리해 달라고 요청하시기 바랍니다.”

제가 말하였습니다 : “여행에 관한 일은 중국이 먼저 실행하였고, 지금은 단지 귀국에서도 그대로 해달라고 요청하는 것뿐입니다. 융통성 있게 처리한다고 할 만한 것이 없습니다.”

그러나 그가 재삼 고집을 부리며 말하였습니다 : “외무성에 보내는 답장에서 이 부분을 언급해 주십시오.”

제가 반박하였습니다.

그가 또 말하였습니다 : “그렇지 않으면 외무성에서 우리에게 보내는 문서 중에서 언급될 것입니다.”

제가 엄중하게 반박하고, 일본 영사가 上海에서 일찍이 海關道[38]와 논의한 여러 조항에 따라 그대로 발급하면 되는 것이지 결코 우리가 특별한 요구를 하는 것이 아님을 지적하였습니다. 그리고 만약 일본이 처리해주지 않으면 마땅히 본국에 알려서 증명서 발급을 마찬가지로 정지하겠다고 하였습니다. 그가 듣더니, 이 일은 잘 처리하기로 하자면서 조사를 마친 다음 다시 날짜를 정해 만나서 상의하자고 하였습니다. 때마침 영국 영사가 와서 작별인사를 하였습니다. 28일에 다시 외무성에 가서 만나 이 일을 이야기하였습니다.

---

38) 해관도(海關道)는 관도(關道)로도 약칭되는데 1858년 청(淸)의 해관(海關, 稅關)이 외국인이 관리하는 세무사(稅務士) 제도에 의해 건립되자 청조는 어쩔 수 없이 일부 도원(道員, 道臺)을 임명하여 해관을 감독하고, 지방의 대외교섭사무를 아울러 처리하게 되었는데, 이러한 도대를 해관도로 부르게 되었다. 이를테면 진해관(津海關)은 진해관도(津海關道)가, 산해관(山海關)은 천봉금산해관도(天奉錦山海道)가 감독하는 식이다. 청말에는 이런 해관도가 15명 정도 있었는데 1870년 천진에 설립된 진해관도는 북양통상대신에 예속되어 이곳의 교섭사건과 해관감독 업무 그리고 天津府 등 沿海지역의 地方州縣 등을 관할하였다.

寺島가 말하였습니다 : "上海에서 논의한 조항을 조사하였는데, 이미 남아 있지 않습니다. 여행문제에 대해서는 마땅히 융통성 있게 처리하도록 하고, 다만 중국이 통상 항구에서 일본인을 서양인과 다르게 대하는데, 동일하게 처리해줄 것을 대신 요청합니다."

제가 답변하였습니다 : "중국과 일본의 條規는 서양 각국의 그것과는 다릅니다. 피차 비밀리에 오고가는 것이 있기 때문에 처리하는 일은 반드시 양국 모두 행할 수 있는 것만을 처리해야 하고 결코 한쪽이 편의를 독점해서는 안 됩니다. 또한 우리와 서양이 맺은 조약도 나중에 논의하여 개선하려 하니, 귀국이 그런 전철을 밟을 필요는 없습니다."

그가 다시 반복하여 변론하였습니다. 그래서 서양인이 믿을만하지 못한 것은 러시아와 터키의 최근 일을 보면 곧 알 수 있으며, 또한 같이 아시아에 있으면서 반드시 먼저 나라의 근본을 세워야 하는데 오늘날의 상무는 일본이 힘을 다해 따라가지만 결코 서양인보다 나은 것을 구할 수 없으니, 반드시 수입과 수출에서 金幣의 유출을 막는데 주의해야만 비로소 안전할 것이라고 하였습니다. 그가 깊이 찬동하였습니다.

다음과 같이 물었습니다 : "영국과 러시아 양국은 어떻습니까?"

말하기를 영국은 여우와 같고 러시아는 호랑이와 같으니, 하나는 이익을 도모하고 하나는 토지를 도모합니다. 모두 적절히 막아야 한다고 하였습니다.

그가 또 말하였습니다 : "러시아가 최근에 두만강 하구에 병사를 주둔시키고, 개간을 하면서 나날이 남쪽으로 개척해 가는데, 조선 유민 가운데 구부한 사람이 대략 2~3만 명입니다. 그 마음 씀씀이를 도저히 헤아릴 수 없습니다. 우리가 조선과 조약을 맺고 통상을 한 것 역시 그것을 통해 스스로를 보호하기 위한 계책이었고, 달리 도모하는 바가 없었습니다. 중국은 조선에 사신을 파견하여 駐在시켜야 하므로 일찌감치 준비하는 것이 좋을 것 같습니다. 또한 조선을 보호할 생각이라면 때때로 군함을 파견하여 순시함으로써 물길에 익숙해지는 것이 만일을 위한 준비이니, 그렇게 하지 않아서 조선을 잃게 된다면 아시아의 대국은 심히 우려스러워질 것입니다."

그래서 대답하였습니다 : "논의하신 것이 극히 옳습니다. 우리 정부 또한 일찍 준비해야 할 것이고, 다만 귀국이 진실과 거짓을 통찰하셔서 러시다의 어리석음을 선함으로 받아들이지 않기를 바랍니다."

그가 또 말하였습니다 : "작년에 영국과 프랑스가 러시아와 조약을 맺고 두만강 하구에서 통상을 하고자 했으나 러시아가 거절하였으니, 그 뜻을 알 수 있습니다. 최근 접한 이탈리아의 전보에 따르면 영국과 러시아가 반드시 전쟁을 한다고 했는데, 과연 그렇다면 우리는 틈을 타서 준비를 할 수 있는 좋은 기회이기도 합니다."

그래서 제가 말하였습니다 : "귀국이 이를 아는 것은 곧 스스로 다스리는 자는 반드시 良法을 구한다는 것과 같습니다. 서양의 풍속을 익히고, 통상을 뽐내고, 상업을 억누르는 일에 대해 어떻게 생각하시는지? 여행증명서와 관련된 일은 적절하게 처리하고 답장을 해주시면 감사하겠습니다."

작별인사를 하고 돌아왔습니다.

(9) 문서번호 : 2-1-1-09 (341, 430b-436b)

사안 : 조선 자문전달관 卞元圭와의 『筆談節略』을 上奏의 附片으로 올리면서 아울러 總理衙門에 비밀자문으로 알립니다(密咨片奏與朝鮮賫咨官卞元圭筆談節略).

첨부문서 : 1. 「北洋大臣 李鴻章의 奏摺과 附片(北洋大臣李鴻章奏片)」.

2. 「北洋大臣 李鴻章과 조선 자문전달관 卞元圭의 『筆談問答』(北洋大臣李鴻章與朝鮮賫咨官卞元圭『筆談問答』)」.

날짜 : 光緒六年九月二十八日(1880년 10월 31일)

발신 : 北洋大臣 李鴻章

수신 : 總理衙門

九月二十八日, 北洋大臣李鴻章文稱.

竊照本大臣於光緒六年九月二十七日在天津行館, 由驛附奏, 與朝鮮賫咨官卞元圭『筆談問答節略』, 恭呈御覽一片, 相應鈔稿密咨. 爲此合咨貴衙門, 謹請查核施行.

1. 照錄「片稿」:

再, 朝鮮與西人通商一事, 係其今日謀國要圖. 臣前奏明, 俟覆李裕元函, 仍擬善爲開導, 冀有轉機. 惟李裕元致仕家居, 雖尚得與聞朝政, 而一切謀議、設施, 究由該國君相主持. 此次齎奏官卞元圭, 來津謁見, 臣與筆談良久, 觸類引伸, 俾徐悟保邦之大計. 卽臣上年七月致李裕元一函, 彼亦知爲忠告, 因與開誠布公, 迎機善導, 剴切而詳示之. 聞朝鮮與日本通商數年, 尚未收稅, 彼並不知稅額重輕. 臣告以西洋各國通例, 令勿爲日本所蒙, 且知重稅之右裨國計. 朝鮮與法、美有怨, 虞其見侵. 臣告以法、美志在通商, 並無用兵強逼之意, 而俄人則窺伺甚急, 朝鮮東北海口, 與俄接界, 防禦太疎. 臣告以德源永興口, 既准日本開埠, 倘俄人以兵船闖入, 或先禮后兵, 應派員相機接應, 酌允通商議約, 免致動兵后格外喫虧. 朝鮮欲往德源埠築臺置礮, 恐爲日本藉口. 臣告以東西各國通商口, 未有不築礮臺以自防護者, 乃係自主之權. 凡此皆所以破其惑而使之自強, 開其意而使之自悟, 該使臣似聞所未聞, 中心悅服, 一切俟歸報國, 妥爲酌度, 當不至如從前之扞格.

查朝鮮三面環海, 其形勢實當東北洋之衝, 而爲盛京、吉林、直隸、山東數省之屏蔽. 其民人能耐勞苦, 物產亦非甚絀, 五金、煤鐵之礦未經開採. 倘爲俄人佔踞, 與吉林、黑龍江, 俄境勢若連雞, 形如拊背, 則我東三省及京畿重地, 皆岌岌不能自安, 關係甚重. 日本近與開埠, 陽爲各國先容, 而陰嗾朝鮮堅拒, 其意亦甚叵測. 玆欲杜俄、日之隱謀, 惟有與泰西各國一律通商, 尚可互相牽制. 孑然常存, 然聞見以閱歷而始廣, 風氣由倡導而漸開. 該國於製器、練兵, 既知加意講求, 商務一端, 或終有擴充之望. 謹照錄臣與卞元圭『筆談問答節略』, 恭呈禦覽. 除密咨總理各國事務衙門知照外, 謹附片密陳, 伏乞聖鑒. 謹奏.

2. 謹將九月二十二日接見朝鮮賫咨官卞元圭筆談問答, 照鈔恭呈禦覽

問 : "該國相臣何名?"

卞答 : "領議政李最應, 六十六歲, 今王叔父, 宗親封君, 初爲興寅君."

問 : "議政亦猶中朝之軍機大臣否? 其人中外政務、兵事均洞悉否?"

卞答 : "議政卽古之丞相、中書令平章事也. 中外諸務均得與聞."

問 : "與日本通商兩口曾設關否? 歲增稅項若干?"

卞答 : "東萊口已有關, 德源口方設關未完, 稅額尚未一定."

問 : "東萊關口已數年, 何以稅額尚未定. 聞日本輪船常至, 豈能有貨無征?"

卞答 : "兩口俱完工程, 行將一併定稅."

問 : "中國初設洋關, 未知西國通例, 按貨值百抽五, 貴國定額, 擬值百抽幾."

卞答："此在兩國論定，廟堂必有成算，而陪臣位下，無由預知. 敢問抽幾庶可得中?"

告以泰西各國，大率入口稅重，出口稅輕，土貨出口稅輕，所以恤吾民生利. 吾無產也，又分別貨之貴賤、銷之暢滯，酌定等差，有每百抽二三十者，有每百抽十數者，故歲入較多. 中國初不知此例，爲西人所蒙，進·出口概定爲值百抽五. 條約旣定，至今一成不可易. 雖販運內地，加半稅二五，然喫虧實多. 貴國甫開通商，稅額必須加重，可以自主，否則各國援例而來，必有后悔.

卞答："出入口稅參酌輕重，實維石畫指教，敬當據以歸告. 思所以恤吾民利吾產，仰副德意之萬一."

問："吾去年七月，致李太師密函，與西國通商. 蓋稔知各國見日本開埠，必有繼往求索者. 貴國王意須早自定，若不得已而與各國通商，重加稅則，利可在我，妥定條約，害亦有限. 不圖貴國衆議不以爲然，而各國覬覦終無已時，兵力又恐不能自守，爲害甚大."

卞答："此國之大事，陪臣雖位下人微，亦有所聞矣. 非不知前秋密函下示，備極忠告，而特因與彼有怨，未便遽和. 謹將尊教一一歸告."

問："所謂與彼有怨，想指法、美兩國前事而言，聞法、美尚不欲遽加兵，但求通商而已. 俄界逼近，實欲在東海開拓口岸土地，目下兵船麕集海參崴、土們江一帶，與貴國擊柝相聞，貴國何以備之? 又聞貴國民人，在俄界貿易工作者甚多，彼得藉以偵察虛實. 貴國官府，向與有文書往來否?"

卞答："俄之爲虞，浮於法美，小邦之北陲，卽慶興、慶源等地，雖蠢逐末之類，種種越去，爲其雇傭，則偵探虛實，想亦必然之勢也. 但犯越者爲本國所獲，法不容貸，故輒一往不返. 邊民有爭桑之漸，邊臣或有文書開解云，非有按例往來."

問："德源永興海口，聞各國艷稱，形勢險固，爲東海之最. 俄人有意圖之，貴國於該口，有礮臺、兵船否? 吾於此甚爲焦愁[?]. 請以實告."

卞答："海口要害，雖有船礮，然船是木板，礮皆舊製，庸是憧憧 從前小邦之事，全仗中堂維持，今當艱危之秋，伏願加倍留念. 仰紓重宸東顧之憂，俯慰褊陬北拱之誠，無任祈懇願祝之至."
問："俄人詭詐異常，吾曾詢有此意否，答云無之，然各國從旁窺探，謂其實有是謀，但尚未發動. 明春必須謹防，若屆時彼之大隊兵船竟回，貴國須早留意."
卞答："武經云，知彼知己，百戰不殆，所以寡君憂深虜遠，另加偵刺. 來咨有強鄰窺覘之語，卽謂此事也. 苟非中堂視均一室，誰肯明教而代籌其將來耶? 伏乞連加詢探，而亦或有鎭壓、排解之道，更願隨機方便，保無他患，千萬至祝. 固知早蒙關垂，無待陪臣縷白，然情窮勢迫，安得不屑瀆乎? 庶可原其心而宥其罪矣."
問："鄙意永興口旣准日本通商，倘俄人遽以兵船闖入，或先禮后兵，貴國須派委員與之接應，相機酌允通商，議約如何議法，權仍在己，此卽排解之道. 若待動兵后議約，喫虧甚矣."
卞答："敬當一一歸告. 而鎭壓之要在乎中堂，伏願特垂終始之惠焉. 小邦鹹鏡道卽國祖康獻王肇基之地也，四世仙寢於是乎安，且五金之類於是乎產. 其民勇而無謀，習於騎射，堪稱北方之剛. 惟是德源元山爲陸海咽喉，所以小邦多年靳持，究竟萬不獲已，而許其開埠矣. 倘或有事於此地，則鹹鏡一道非我之有，何則? 扼其喉，則呼吸豈能通乎? 握管焦心，不知所裁."
告以中國陸軍尚可自立，水師仿造兵輪船多隻，僅能自護口岸，剿辦土寇，或與他小邦角勝. 若俄水軍強盛，目下吾力尚未足與馳逐大洋，其勢實未便遠顧東海，卽未敢云鎭壓貴土永興一帶也. 俟數年后鐵甲快船稍備，鄙意令其出巡，偶泊貴國海東各口，聊作聲援. 蓋本大臣北洋轄境，與貴邦海岸毗連，誼若一家，本無畛域，現今力量萬難兼營. 若俄意不測，貴國委蛇待之，羈縻勿絕，亟圖練兵、製器、自強之策，猶可爲善國也. 泰西通例，公法無無故稱兵奪人土地者. 若堅拒固閉，彼得有詞，不可不熟慮之.
卞答："先禮后兵，先兵后禮，固當商敵爲資，未可預料. 而德源埠頭之役，已自春間經始矣，今忽添築礮臺，多排大砲，則日本之人必將藉爲口實，若束手坐待，尤非禦侮之策. 伏乞明賜指教，俾有率從，千萬祈懇."
告以東西各國通商口，未有不堅築砲臺，以自防護者，日本似不能藉口. 果相詰問，答以此係我國自主，萬國通例，但須約束弁兵，不得滋事耳.
卞答："謹承明教，辭旨鄭重，披露無隱，忝在下風，曷任感激. 數年之后，轄境巡泊，威聲所被，想足震懾，而目下憂虞，靡所止居. 寡君智勇仁明，諒有以善后，而陪臣漆室之見，自不免憧憧. 竊有隣邦滋惑之事. 琉國爲日本侵奪，卽公法所不許也，天下各國，其將公議而興亡繼絕乎?"
告以日本之於琉球，自謂前明中葉，卽爲藩屬，併球后，以新聞紙徧告各國，各亦輕信之. 公法乃泰西所訂，東土未必照行. 但各國通商公共之口，一國不能獨佔，佔之則必羣起而爭. 故去秋密商貴國，酌允各大國通商，亦慮俄、日之將有事於朝鮮也.
卞答："無論鉅細，歸候寡君斟酌."
問："貴國所求派人學習製器、練兵各事，業令諸位道臺，與之妥議數日，昨呈略摺大端，已甚詳晰. 貴官能遵允否?"
卞答："此事係前古所未行，素意所不盡，乃敢咨請者. 仰恃大朝之於小邦有籲必從，無願不遂之德意，亦維我中堂眷庇之惠澤. 如有所敎，敢不奉遵?"
告以茲有『節略草槁』一本，望揭回細閱，條議具復，或有疑難，再與諸道酌商轉稟.
卞答："各條周密精核，無庸更議. 若有事時，乞從海道往來，前布告於諸位道員，諒蒙鑑燭."
告以朝貢信使來往，必須恪遵成憲，此係破例之舉. 若徑從海道，自更便捷，仍令諸道會商妥議章程、凴票等事，呈候具奏請旨定奪.
卞答："陪臣前日仰請，本自如此，而不必今日、明日，隨便裁處，惟圖濟事."

9월 28일, 北洋大臣 李鴻章이 다음과 같은 문서를 노냈습니다.

삼가 본 대신은 光緖 6년 9월 27일 天津의 行館에서 조선 자문전달관 卞元圭와 필담한 내용의 요약본 『筆談問答節略』을 삼가 附片으로 올렸는데, 마땅히 그 초록을 驛路를 통해 [귀 總理衙門에] 秘密咨文으로 보내야 할 것입니다. 이 때문에 다땅히 귀 아문에 咨文을 보내니, 삼가 살펴보고 참고해 주시기 바랍니다.

첨부문서 :

1. 「부편」 초록

조선과 서양인이 통상을 하는 일은 지금 국정에서 중요한 일 가운데 하나입니다. 臣은 전에 李裕元에게 답장을 할 때를 기다려 여전히 잘 권고하여 轉機가 있기를 바라야 할 것이라고 상주한 바 있습니다. 다만 李裕元이 은퇴하고 집에 머무르면서 비록 여전히 조정의 일을 알기는 하지만, 일체의 계획이나 시책은 결국 조선의 군주와 재상들이 주지합니다. 이번에 상주문 전달관[齎奏官] 卞元圭가 天津으로 와서 臣과 만나 오랫동안 필담을 나누었는데, 하나로부터 열을 알게 되듯이 서서히 나라를 지키는 대계를 깨닫게 하였습니다. 臣이 작년 7월 李裕元에게 보낸 서신을 그들 또한 忠告로 알고 있었기 때문에 흉금을 터놓고 이야기하면서 기회를 엿보아 좋게 권고하고 간절하고 상세하게 알려주었습니다. 듣기에 조선은 일본과 수년 동안 통상을 하면서 아직 세금을 거두지 않았으니, 세액의 경중에 대해 전혀 모르는 상황이었습니다. 臣이 서양 각국의 통례를 알려주어 일본으로부터 기만당하지 않도록 했으며, 또한 重稅가 國計에 도움이 됨을 알게 하였습니다. 조선은 프랑스 및 미국과 원한이 있어서 그 침범을 걱정합니다. 신은 프랑스와 미국의 뜻이 통상에 있으며 병사를 동원하여 강제할 뜻이 전혀 없다고 알려주었습니다. 그리고 러시아가 기회를 노리는 것은 심히 위급하며, 조선의 동북 海口가 러시아와 경계를 접하고 있는데 방어가 너무 소홀합니다. 신은 德源의 永興口에서 이미 일본과의 통상을 허가했으니, 만약 러시아가 군함으로 침입하거나 혹은 먼저 예를 지키고 나중에 무력을 행사하는 식으로 나온다면, 마땅히 사람을 파견하여 기회를 보아 대응하고 적절하게 통상 및 조약 논의를 허가함으로써 전쟁으로 지나친 피해를 입는 것을 피해야 할 것이라고 알려주었습니다. 조선은 德源 항구에 축대를 쌓고 포를 설치하기를 원하는데, 일본이 구실로 삼을까 두려워합니다. 臣이 동서양 각국의 통상 항구에 포대를 쌓아서 스스로 방어하지 않는 곳이 없으니, 곧 自主의 권리라고 알려주었습니다. 무릇 이와 같이 그 의혹을 풀어주고 자강을 하도록 하며 그 뜻을 열고 스스로 깨닫도록 하니, 이 사신이 들어보지 못한 일을 듣고 마음속으로 기쁘게 감탄하는 것 같았으며, 모든 것을 귀국한 이후 나라에 보고하고 적절하게 참작하여 마땅히 종전과 같은 고립에 이르지 않겠다고 하였습니다.

생각하건대 조선은 삼면이 바다로 둘러싸여 있고 그 형세는 실로 東北洋의 요충이며, 盛京·

吉林·直隸·山東 등 여러 성의 울타리가 됩니다. 그 백성은 능히 노고를 참아낼 수 있고 물산 또한 많이 부족하지 않으며 五金과 석탄·철 등의 광산은 아직 개발되지 않았습니다. 만약 러시아가 조선을 점거하게 되면 吉林·黑龍江과 러시아 영토의 형세가 마치 닭의 양 날개를 움켜쥔 것처럼 꼼짝 못하는 꼴이 될 것이고, 우리 동삼성과 京畿의 重地는 모두 아주 위태로워져서 스스로 안전을 누릴 수 없으니 관계된 바가 대단히 무겁습니다. 일본이 근래 항구를 열고 양으로는 각국을 잘 끌어들이는 것처럼 보이나 음으로는 조선에 굳게 저항하라고 꼬드기고 있어 그 의도 역시 몹시 추측하기 어렵습니다. 지금 러시아와 일본의 음모를 막고자 한다면, 다만 서양 각국과 일률적으로 통상하여 서로 견제할 수 있게 하는 방법뿐입니다. 오랫동안 조선은 고립되어 있었지만 경험이 쌓이면서 견문이 넓어지기 시작하고 권고와 제창을 통해 기풍이 점점 열리고 있습니다. 조선이 무기를 만들고 병사를 훈련시키는 것에 대해서는 이미 특별히 강구하고 있음을 알고 있지만, 商務에 대해서도 결국 확충하려는 바람을 가질 것입니다. 삼가 臣과 卞元圭와의 『筆談問答節略』을 초록해서 올리니 살펴주시기 바랍니다. 總理衙門에 秘密咨文을 보내 알리는 것 외에 奏片을 첨부하여 密陳하면서 엎드려서 살펴봐 주시기를 빕니다. 삼가 주를 올립니다.

2. 삼가 9월 22일에 조선 자문전달관 卞元圭를 접견하고 필담한 문답의 내용을 초록하여 올리니 살펴봐 주십시오

[이홍장이] 다음과 같이 물었습니다 : "조선의 재상은 지금 누구입니까?"

卞元圭가 대답하였습니다 : "영의정 李最應은 66세인데, 지금 왕의 숙부이며 종친으로서 君에 봉해졌는데, 처음에는 興寅君이었습니다."

다음과 같이 물었습니다 : "議政은 중국의 軍機大臣과 같은 것이고, 그들은 中外의 정무와 군사를 모두 잘 알고 있습니까?"

卞元圭가 대답하였습니다 : "議政은 곧 옛날의 丞相, 中書令, 平章事입니다. 中外의 여러 업무에 대해 모두 참여하고 사정을 압니다."

다음과 같이 물었습니다 : "일본과 통상을 하는 두 항구에는 稅關을 설치했습니까? 일 년에 세금은 얼마입니까?"

卞元圭가 대답하였습니다 : "東萊에 이미 稅關이 있고 德源에는 稅關을 설치하려 하나 아직 완성되지 않았으며, 세액은 아직 정해지지 않았습니다."

다음과 같이 물었습니다 : "東萊의 세관과 항구는 이미 수년이 지났는데 왜 세액이 아직 정해지지 않았습니까? 듣기에 일본의 윤선이 늘 온다는데, 어찌 징세할 화물이 없겠습니까?"

卞元圭가 대답하였습니다 : "두 항구에서 공사가 모두 끝나면 장차 함께 세금을 정할 것입니다."

다음과 같이 물었습니다 : "중국이 처음에 稅關[洋關]을 설치할 때 서양의 통례를 알지 못해서 화물의 가격에 따라서 5%를 거뒀는데, 귀국에서는 액수를 정할 때 몇 %를 거두려고 합니까?"

卞元圭가 대답하였습니다 : "이는 양국에서 논의해서 정할 것이고 의정부에서 필히 계획이 있을 것인데, 제 직위가 낮아서 미리 알지 못합니다. 감히 얼마를 거두어야 적절한지를 묻겠습니다."

다음과 같이 알려주었습니다 : "서양 각국은 대체로 수입세는 무겁게, 수출세는 가볍게 합니다. 土貨를 수출하는 데 세금을 가볍게 하는 것은 우리 백성의 이익을 고려하기 때문입니다. 우리에게 없는 물건은 또한 상품의 가격과 판매 상황을 분별하여 적절하게 등급을 정합니다. 20~30%를 징수하는 것도 있고, 10% 남짓을 징수하는 것도 있어서, 세입이 비교적 많습니다. 중국이 처음에는 이러한 예를 알지 못해서 서양인들에게 기만을 당해 수·출입 모두 5%로 정하였습니다. 조약이 이미 정해져서 지금까지 바꾸기 어렵습니다. 비록 내지에 운송할 때에는 半稅 2.5%를 더하지만 그래도 손해가 실로 많습니다. 귀국은 처음 통상을 시작할 때 세액을 반드시 높여야 自主를 할 수 있고, 그렇지 않으면 각국이 전례를 따라 들어오니 반드시 후회하게 될 것입니다."

卞元圭가 대답하였습니다 : "수·출입세의 경중을 참작하는 것은 실로 원대한 계획을 가르쳐 주신 것이니 삼가 마땅히 돌아가서 그대로 보고하겠습니다. 우리 백성의 이익과 우리 상품을 생각하시는 德意에 조금이라도 부합할 수 있기를 바랍니다."

다음과 같이 물었습니다 : "내가 작년 7월에 李裕元 太師에게 서양과 통상을 하라고 비밀서신을 보냈습니다. 대개 각국이 일본이 개항을 한 것을 보고 반드시 뒤를 따라 가서 요구하는 나라가 있을 것입니다. 귀국 왕의 뜻이 반드시 일찍 정해져야만, 만약 부득이하게 각국과 통상을 하더라도 稅則을 무겁게 함으로써 자신에게 이롭게 할 수 있고, 조약을 적절하게 맺음으로써 해로움 역시 제한할 수 있습니다. 그런데 의외로 귀국의 뭇 여론은 그렇지 않다고 생각하는데, 각국이 노리는 상황은 결코 끝날 때가 없고, 군사력 또한 아마도 스스로를 지킬 수 없을 것이니 그 피해는 대단히 클 것입니다."

卞元圭가 대답하였습니다 : "이는 나라의 대사인데, 제가 비록 지위가 낮지만 역시 들은 바가 있습니다. 지난 가을에 비밀서신으로 가르쳐 주신 것이 지극한 충고임을 모르는 바는 아닙니다. 그렇지만 특별히 그들과 원한이 있어서 갑자기 화해하는 것이 쉽지 않습니다. 삼가 존귀한 가르침을 하나하나 돌아가서 보고하겠습니다."

다음과 같이 물었습니다 : "그들과 원한이 있다고 말하는 것은 프랑스와 미국 두 나라와 있었던 일을 가리키는 것일 텐데, 듣기에 프랑스와 미국은 느닷없이 군대를 동원하기를 바라지 않으며, 다만 통상을 구할 뿐입니다. 러시아의 국경은 가깝고 실로 동해에서 항구용 토지를 개척하기를 바라며, 현재 군함이 블라디보스토크[海參崴]·두만강[土們江] 일대에 모여 있는데, 귀국과는 딱따기를 치는 소리가 서로 들릴 정도이니 귀국이 어떻게 이를 대비할수 있겠습니까? 또한 듣기에 귀국의 백성 가운데 러시아 국경에서 무역을 하는 사람이 매우 많다고 하니 그들을 통해 虛實을 偵察할 수 있을 것입니다. 귀국의 관부는 지금까지 그들과 문서 왕래가 있었습니까?"

卞元圭가 대답하였습니다 : "러시아가 근심거리가 되는 것은 프랑스나 미국보다 큽니다. 조선의 북쪽 변경은 곧 慶興·慶源 등지인데, 비록 末利를 추구하는 무리들이 있어서 종종 넘어가서 그들에게 고용되니 虛實을 偵察하는 일 역시 필연적인 추세라고 생각합니다. 다만 犯越한 사람들은 조선에서 체포하면 법으로써 용서하지 않는 까닭에 일단 넘어가면 돌아오지 않습니다. 邊民들끼리 분쟁이 있을 때 邊臣이 간혹 문서로서 해명하는 경우가 있지만, 정례에 따라서 왕래하는 일은 아닙니다."

다음과 같이 물었습니다 : "德源 永興口는 각국에서 칭찬하기를 형세의 험고함이 동해에서 가장 뛰어나다고 들었습니다. 러시아가 여기에 뜻이 있는데 귀국은 그 항구에 포대와 군함을 가지고 있습니까? 나는 이것이 심히 걱정스럽습니다. 실상을 알려주시기 바랍니다."

卞元圭가 대답하였습니다 : "海口의 요해에 비록 군함과 대포가 있지만 배는 목선이고, 포는 모두 구식이라서 덜컹덜컹합니다. 이전에 조선의 일은 모두 中堂께서 유지해주는 바에 의지하였는데, 지금 어렵고 위험한 때를 맞았으니 엎드려 바라건대 더욱 留念해 주십시오. 우러러 황상께서 동쪽을 돌아보고 근심하시는 바를 풀어주시고, 굽어보아 먼 북쪽 땅까지 돌보아 위로해주시는 정성에 대해 지극히 기권하고 간절히 바라마지 않을 수 없습니다."

다음과 같이 물었습니다 : "러시아인의 교활함이 보통이 아니어서 내가 일찍이 이러한 뜻이 있는지 물었으나 없다고 대답했지만, 각국은 옆에서 살펴보면서 실제로 그러한 음모가 있지만 아직 발동하지 않았다고 말합니다. 내년 봄은 반드시 조심해서 방비해야 하니, 만약 그때가 되어 그들의 큰 부대와 군함이 마침내 돌아올지에 대해 조선은 반드시 미리 유의해야 합니다."

卞元圭가 대답하였습니다 : "武經에 적을 알고 나를 알면 백 번을 싸워도 위태롭지 않다고 하였기 때문에, 저희 국왕께서는 깊이 염려하여 따로 정탐을 시키신 바 있습니다. 보내주신 咨文에 강한 이웃이 몰래 엿본다고 하신 말씀은 곧 이 일을 가리키는 것입니다. 진실로 中堂께서 같은 집안으로 보아주시지 않는다면 누가 분명히 가르쳐주고 그 장래를 대신 계획해 주겠습니까? 계속해서 살펴보아주시기를 엎드려 빌고 또한 혹시 진압하거나 화해하는 길이 있다면 기회를 보아 잘 처리해 주셔서 다른 근심이 없도록 해 주시기를 더욱 간절하게 축원합니다. 일찍 관심을 주셨음은 원래 알았지만, 제게 자세히 설명해 주시지 않았다면 정세가 급박한데 어찌 사소한 일로 허술히 여기지 않을 수 있었겠습니까! 그 마음을 살펴서 그 죄를 용서해주시기 바랍니다."

다음과 같이 물었습니다 : "제 생각에 永興은 이미 일본에 통상을 허가했으니 만약 러시아인이 갑자기 군함으로 침입하거나 혹은 먼저 예를 지키고 나중에 무력을 행사할 경우, 귀국이 반드시 委員을 파견하여 접응하고 기회를 엿보아 적절하게 통상을 허락한다면, 조약을 체결하면서 어떻게 논의할 것인지 조선에서 주도권을 잡을 수 있게 됩니다. 이것이 곧 화해의 방법입니다. 만약 전쟁을 치른 다음에 조약을 논의하게 되면 그 손해가 아주 심합니다."

卞元圭가 대답하였습니다 : "삼가 마땅히 하나하나 돌아가서 보고하겠습니다. 그리고 진압의 요체는 中堂께 있으니 특별히 시종일관 은혜를 베풀어 주시기를 엎드려 바랍니다. 조선의 함경도는 곧 國祖 康獻王이 토대를 쌓은 땅이고 四世의 능침이 여기에 자리 잡고 있으며, 또한 온갖 금속이 여기에서 생산됩니다. 그 백성은 용기는 있으나 지모가 없고, 말 타고 활 쏘는 일에 익숙하여 北方之剛이라 이를 만합니다. 德源과 元山은 육지와 바다의 인후인 까닭에 조선이 여러 해 동안 미루다가 결국 끝내 지킬 수 없어 그 개항을 허락한 것입니다. 만약 이 땅에서 일이 있어서 함경도가 우리 것이 아니게 된다면 어찌 되겠습니까? 목을 조르는데 어떻게 호흡이 통할 수 있겠습니까? 이런 말을 하면서도[39] 속이 타올라 어찌 할 바를 모르겠습니다."

---

39) 원문은 握管焦心이다. 握管은 글을 쓰거나 작문을 한다는 뜻이지만, 여기서는 문맥에 맞추기 위해 말을 한다고 해석하였다.

다음과 같이 알려주었습니다 : "중국의 육군은 자립할 수 있고, 해군[水師]은 兵輪船 여러 척을 仿造하여 간신히 해안을 스스로 지키고 土寇를 토벌하거나, 다른 작은 나라와 승부를 겨룰 수 있습니다. 러시아 해군은 강성한데다가 현재 우리의 힘이 아직 대양으로 나아가 쫓기에 부족하여 실로 멀리 東海를 돌보기에 편치 않은 형세이므로 감히 귀국의 땅 永興 일대를 진압할 수 있다고 할 수 없습니다. 몇 년 후에 철갑 쾌속선이 준비되면, 제 생각에는 밖으로 나가 순시하고 귀국의 동해 각 항구에도 정박하게 되면서 그럭저럭 멀리 지원할 수 있을 것입니다. 대개 본 대신의 북양 관할 지역은 귀국 해안과 인접해 있으니, 情誼가 마치 일가와 같고 본래 경계가 없지만, 지금 역량으로는 함께 운영하기에 매우 어렵습니다. 만약 러시아의 뜻을 헤아리기 어렵다면 귀국은 겉으로는 순종하는 모습으로 대하고 羈縻를 끊지 않으면서, 병사를 훈련시키고 무기를 제조하여 自強하는 방책을 시급히 도모하는 것이 가히 나라를 아끼는 것이라고 할 수 있습니다. 서양의 통례에는 公法에 이유 없이 군사를 일으켜 다른 나라의 토지를 빼앗는 일이 없습니다. 만약 굳게 거부하고 막혀있기를 고집하면 저들이 핑계로 삼을 수 있으니, 심사숙고하지 않으면 안 됩니다."

卞元圭가 대답하였습니다 : "먼저 예의를 갖추고 나중에 무력을 행사할지, 먼저 무력을 행사하고 나중에 예의를 갖출지를 아는 것은 본래 적과 협상할 때 도움이 되지만 예측할 수는 없습니다. 그리고 德源 부두의 공사는 이미 봄에 시작했는데, 지금 갑자기 포대를 건축하여 대포를 많이 배치한다면 일본인이 반드시 구실로 삼을 것이고, 만약 손을 묶고 앉아서 기다린다면 역시 침략을 막는 방책이 아닙니다. 엎드려 빌건대 분명하게 가르침을 내려주셔서 따를 수 있게 해 주시기를 간절히 바랍니다."

다음과 같이 알려주었습니다 : "동서 각국의 통상구에는 포대를 견고하게 건축하여 스스로를 보호하지 않는 곳이 없으니, 일본이 구실로 삼지는 못할 것입니다. 정말로 따져 묻는다면, 이것은 조선의 自主 권리이며 만국 통례라고 답하면 됩니다. 다만 반드시 장교·병사들을 단속하여 말썽을 일으키지 않도록 해야 합니다."

卞元圭가 대답하였습니다 : "삼가 밝은 가르침을 받으니 말의 뜻이 정중하고 숨김없이 드러내어 황송하게도 아랫사람으로서 어찌 감격하지 않을 수 있겠습니까? 몇 년 후에 [북양함대가] 관할 지역을 순시하고 정박하면서 위엄과 명성을 떨치게 되면 충분히 적을 두려워 떨게 만들 수 있겠지만, 당장 지금의 근심은 그칠 바가 없습니다. 조선 국왕께서 智勇仁明을 갖추셔서 진실로 뒤처리를 잘 하실 것이라고 생각하지만, 분수이 맞지 않은 제 소견은 갈팡질팡하는 것을 면치 못합니다. 생각하건대 이웃나라의 의혹스러운 일이 발생하였습니다만, 琉球를 일본이 침탈한 것은 公法이 불허하는 바인데, 천하 각국은 장차 公議로써 망한 것을 흥하게 하고 끊어진 것을 이을까요?"

다음과 같이 알려주었습니다 : "일본은 琉球에 대해서 스스로 明代 중엽에 藩屬이 되었다고 말하면서, 琉球를 합병한 이후에 신문을 통해서 각국에 널리 알리고 각국 또한 이를 가볍게 믿었습니다. 公法은 서양에서 정한 것이어서 東土에서는 아직 반드시 그대로 행해지지 않습니다. 다만 각국이 통상을 하는 공공 항구에서는 한 나라가 독점하지 못하며, 독점을 하면 곧 무리지어 일어나 싸우게 됩니다. 그래서 작년 가을 비밀을 상의하면서 각 大國에 적절하게 통상을 허가하라고 한 것 역시 러시아와 일본이 장래 조선에서 일을 만들까봐 걱정했기 때문입니다."

卞元圭가 대답하였습니다 : "크고 작은 것을 막론하고 귀국 이후에 국왕께 여쭈어 처리하겠습니다."

다음과 같이 물었습니다 : "귀국에서 사람을 파견해서 무기 제조와 군사 훈련을 학습하도록 요구한 일은 이미 여러 道臺에게 지시를 내려 며칠 동안 함께 협의하게 하였는데 어제 대강의 내용을 보고하였고, 그 내용은 이미 매우 상세하고 분명합니다. 귀관은 능히 이를 따를 수 있습니까?"

卞元圭가 대답하였습니다 : "이 일은 전에 해본 적이 없는 것으로, 평소에 말하지 못했던 바를 감히 咨文으로 요청한 것입니다. 조선이 요청하는 바가 있으면 반드시 따라주시고 원하면 모두 이루어주시는 大朝의 德意와 우리 中堂의 돌보아주시는 은혜를 우러러 따르는 바입니다. 가르침이 있는데, 어찌 받들어 따르지 않겠습니까?"

다음과 같이 알려 주었습니다 : "여기에 『節略』 초고 1부가 있으니 가지고 돌아가서 자세히 살피고 조항마다 논의하여 답장을 주십시오. 혹시 의문이나 난점이 있으면 다시 여러 道臺와 상의하여 그들이 전달하여 알릴 수 있게 해주십시오."

卞元圭가 대답하였습니다 : "각 조항이 주도면밀하고 다듬어진 것이라 다시 논의할 필요는 없을 것입니다. 만약 일이 있을 때에는 海道를 따라 왕래하기를 청하니 미리 여러 道員에게 포고해 주셔서 은혜를 입도록 해 주십시오."

다음과 같이 알려주었습니다 : "朝貢信使가 왕래할 때 반드시 기존 법도를 준수해야 하는데, 이런 요청은 전례를 깨뜨리는 일입니다. 만약 海道로 직접 다니면 자연히 보다 간편해질 터이지만 그래도 여러 道臺에게 지시하여 章程과 통행증(憑票) 등의 일을 함께 논의하도록 보고를 올리도록 하고, 그다음에 제가 황상께서 결정해주시도록 奏請하는 것을 기다려야 할 것입니다."

卞元圭가 대답하였습니다 : "제가 전날에 우러러 청한 것이 본래 이와 같았으니, 반드시 오늘·내일 할 필요 없이 마음대로 판단하여 처리해 주시되, 다만 성사될 수 있기를 바랄 뿐입니다."

(10) 문서번호 : 2-1-1-10 (342, 437a-447a)

사안 : 1. 중국과 러시아 사이에 만일 전쟁이 터지면 일본 여론은 정부가 중립을 엄수하도록 권할 것입니다.

2. 조선은 미국과 조약을 체결하여 통상을 할 뜻이 있는데, 대신 주선해도 될지 모르겠습니다(一. 中俄萬一有事, 日本輿論多勸其政府嚴守中立. 二. 朝鮮有意與美國結約通商, 可否代爲周全).

첨부문서 : 1. 「何如璋의 『主持朝鮮外交議』(何如璋『主持朝鮮外交議』)」.

2. 「조선 偵探委員 李東仁이 비밀리에 건네준 조선 국왕과 대신의 經筵자리에서의 협의 내용 필기(朝鮮偵探委員李東仁密交國王與大臣密議當筵筆記)」

3. 「李東仁이 비밀리에 건네준 『朝鮮政府會議節略』(李東仁密交朝鮮政府會議節略)」.

날짜 : 光緒六年十月十六日(1880년 11월 18일)

발신 : 出使大臣 何如璋

수신 : 總理衙門

十月十六日, 出使大臣何如璋等函稱 :

本月十四日, 肅呈第一百五號緘, 當邀垂鑒. 前聞俄海軍卿將來横濱. 續於十六探確, 日本駐劄琿春領事小林新有電報告外務稱 : "理疏富斯基尚無來濱準期." 又聞理君年既七十餘, 二十年前卽曾乘船來日本, 此次俟其到來, 日本擬待以賓禮云, 中俄萬一有事, 日本自然中立, 惟萬國公法中立有二, 一曰 : "嚴正中立," 則一切泊船買煤、買米之事, 盡行拒絕, 是也. 一曰 : "友誼中立," 則泊船買煤、買米亦准接濟, 是也. 此二中立, 隨其國形勝、時勢、利益而擇用之. 今日本自爲計, 自應守嚴正中立, 故新聞主筆多勸政府爲此, 然必須自行設備, 方能杜絕俄人之請, 不知日本力量做得到否耳. 惟近日傳聞伊犁之事既經妥結, 前奉堂憲來諭, 謂："俄國限議一月," 卽我九月底, 今既過期, 不聞有決之信. 妥結云云, 或是確音, 至以爲念. 日本近情如常. 肅此. 敬乞代面堂憲察核爲禱. 卽請勛安.

專啓者：

本月十七日下午, 有朝鮮人李東仁來館, 見參贊黃遵憲. 其人通日本語言, 亦解筆談. 坐定寒暄數語畢, 卽解衣襟取出紅綾包裹之一紙, 見有巨印三顆, 內云今爲嚴密探偵事, 特委李東仁前往航海云云. 又取出圓式如盒之木具一, 上有火印, 彼云此卽朝鮮國王密詔, 其圓木, 乃符驗也. 又云朝鮮朝議現今一變, 伊於九月初三日, 受命由漢城啓程, 在道六日, 至元山津, 駐十餘日, 得友人信稱："國主現命前修信使金宏集, 致書何公使, 勸令美國前來結好." 惟金使此函, 由驛遞寄來, 未知何日可到. 十八日早晨復來, 先出書函數件, 云係友人寄彼之書, 字畫各別, 內有一云, 自上命金信使致書何如璋, 而致書之意, 都在使何公勸美速送之(原文如此, 意謂速勸其來也), 從此我國庶幾開荒耳. 又有一云, 近日諸大臣會議, 與主上、世家幾處公論, 與年前迥異, 欲隨花房公使(按卽日本公使)所請看勢諒處, 且美國公使到日, 隨其所請, 隨勢答之云云. 又出筆記一紙, 謂係國主與首相密商當筵筆記. 又出其政府公議一紙. 檢其文意在防俄, 有待日本務盡誠信, 待美國臨時操處之語.

朝鮮國是果將一變矣. 先是朝鮮金使之將來, 如璋欲勸令外交. 荷承總署指示, 又素知北洋李爵相屢經致書勸諭, 而近來南洋峴莊制府亦主此議, 因於其來也. 危詞異語, 面爲開導, 渠頗覺悟, 復慮言語未通, 不能盡意, 中亦有如璋礙難盡言者, 因命參贊黃遵憲作一『朝鮮策畧』, 設爲問答、論難之辭, 先告以防俄, 而防俄在親中國、結日本、聯美國, 以圖自強, 卽今筆記中所謂冊子是也. 瀕行, 如璋復執其手告之曰："今俄海軍卿率兵船十五艘屯泊琿春, 若天寒南下來刼盟約, 云便抗拒, 慮遭剪滅." 又告之曰：

“美國差爲公平，若於無事時預與結好，他國依樣爲之，利益無窮，閣下歸國，廷議若變，幸惠緘告知，可代爲周旋.” 彼唯唯而去.

今觀李東仁所遞諸文件，則朝鮮欲與美國結好，自屬可信. 如璋於十九日申刻寄電請示遵行，寄電之后，於二十日下午，英署使堅尼迪來見稱：“現聞朝鮮既願外交，日來德、意、法諸使派船偕往之言，恐英國亦不能不往.” 如璋謂：“朝鮮卽願外交，若諸國偕往，操之太蹙，吾決其事必不成.” 英使無他言. 如璋伏思泰西諸國之欲通朝鮮久矣，而俄人虎視眈眈，包藏禍心，更不可測. 今俄師方屯琿春，若率而南下，雖朝鮮願與行成，幸可不至滅國，不至割地，而威逼勢刼，乞盟城下，恐屬國之名，中國不能復保. 正爲防俄之吞噬，憚泰西諸國之要挾，不得不擇一較爲公平之美國，早與結約，以圖結援，以圖舒禍. 今天氣日寒，俄船難於久泊，其旌麾所指，未知何逼. 如璋不揣冒昧，謹爲『主持朝鮮外交議』，別繕上呈，若以爲可採，切望迅速由禮部行文，以期補救. 至如璋此間，一面俟總署電示，一面俟金使來函，然后相機妥籌，務期著著穩實，著著有益. 雖彼國噬臍之悔，事既過遲，有無裨益皆敢知，惟求盡一分心力，圖一分補救而已. 玆事重大，如璋日夕惴惴，然慮失事機. 敬求代回堂憲，迅速察核訓示遵行，並求秘密，是所至禱. 再請勛安.

外呈『主持朝鮮外交議』一件，又附呈李東仁來二件. 查此係李東仁自行密交之件，若由禮部行文，又或由總署致函與朝鮮國，其中云云，皆未便提明. 謹附識於此. 本月十九日酉刻發電，錄呈查核.

玆有朝鮮委員李東仁，身帶國王密詔，謂：“現朝議一變，由國王命金使致書與璋，書意欲璋勸美來結約. 此事可否代爲周全，應請電示，以便收到金信后遵行.” 又現探實俄海軍卿，仍在琿春，尚無來濱日期. 餘詳后械.

照錄清摺：

1. 『主持朝鮮外交議』

朝鮮一國, 居亞細亞要衝, 其西北境與吉、奉毗連. 爲中國左臂. 朝鮮存, 則外捍大洋, 內擁黃海, 成山、釜山之間, 聲援聯絡, 津、滬數千裏, 海道直達. 斯神京門戶益固, 而北洋一帶, 無單寒梗阻之憂. 朝鮮若亡, 則我之左臂遂斷, 藩籬盡撤, 后患不可復言. 故泰西論者, 皆謂: "朝鮮之在亞細亞, 猶歐羅巴之土耳機, 爲形勝之所必爭." 自我大清興東土, 先定朝鮮, 而后伐明. 當康熙、乾隆朝, 無事不以上聞, 幾無異內地郡縣. 其與越南之疏遠, 緬甸之褊僻, 相去萬萬, 而二百餘年, 字小以德, 事大以禮. 朝鮮託庇宇下, 得以安全, 恩深誼固, 相安無事, 可謂幸矣

乃至於今日, 北有至強之俄羅斯, 與之爲鄰. 蓋俄自得樺太洲全島, 又經營黑龍江之東, 屯戍圖們江口, 高屋建瓴, 久有實逼處此之勢. 朝鮮危, 則中國之勢日亟. 故論中國今日之勢, 能於朝鮮設駐劄辦事大臣, 蒙古、西藏之例, 凡內國之政治, 及外國之條約, 皆由中國爲之主持, 庶外人不敢覬覦, 斯爲上策. 顧時方多事, 鞭長不及, 此策固未能遽行, 不得已而思其次. 莫取俄國一人欲佔之勢, 與天下萬國, 互均而維持之, 令朝鮮與美、德、英、法國通商之爲善也. 頻年以來, 我總署及南·北洋大臣, 合力同心, 共圖此舉, 徒以朝鮮僻處東隅, 風氣所囿, 聽我藐藐, 幾無如何. 逮乎今日, 形勢威逼, 彼乃幡然改圖, 此豈非天牖其衷, 爲該國危急存亡之一轉機乎? 雖然如璋嘗考, 泰西屬國, 皆主其政治, 每謂: "亞細亞貢獻之國, 不得以屬土論." 又考泰西通例, 屬國與半主之國, 與人結約, 多由其統轄之國主政. 又考泰西通例, 兩國爭戰, 局外之國, 中立其間, 不得偏助, 惟屬國乃不在此例. 今欲救朝鮮, 俄吞滅之急, 不得不藉他國之力, 以相維持. 然聽令朝鮮自行與人結約, 則他國皆認其自主, 而中國之屬國, 忽去其名. 救急在一時, 貽患在他日, 亦不可不預爲之計也. 如璋因又徧查萬國公法, 德意志聯邦, 向各有立約之權, 今中國許令朝鮮與人立約, 原無不可. 惟應請朝廷會議, 速遣一干練明白、能悉外交利害之員, 前往朝鮮, 代爲主持結約, 庶屬國之分, 因之益明. 他日或有外隙, 而操縱由我, 足以固北洋鎖鑰, 此至計也. 卽或不然, 應請由總署奏請諭旨, 飭令朝鮮國王, 與他國結約, 並飭其於條約開端聲明, 茲朝鮮國奉中國政府命, 願與某某國結約云云, 則大義既明, 屛藩自固. 如璋竊念, 朝鮮之於中國, 戴高履厚, 素稱恭順.

從前法國教士一案，我一言而卽釋拘囚，而朝鮮告於日本者，每曰：‘上國’，曰：‘天朝’. 彼近日本國，是稍破舊習，觀彼君臣上下，私相告誡之辭，曰：“清人之厚意，甚於日本.” 則由朝廷敎諭，彼自當唯命是聽，而泰西諸國，正當求成請盟，未可必得之時，由我主持，彼自欣感. 況又有德意志聯邦之例可援，則“奉中國命”云云，外國亦無辭可拒也. 若朝鮮既經開港之后，應飭令彼國，襲用中國龍旗，或圍繞以云，徵示區別，以崇體制. 應飭令朝鮮商人來中國貿易，亦令華商前往釜山、元山津等處通商，以通聲息. 又飭令彼國學生，來京師同文館，習泰西語言，來福州船政局、上海製造局，習造船、簡器，來直隸、江蘇等處練軍，習洋鎗，以修武備.

總之，今日時移事變，中國之待朝鮮，總須稍變舊章，方能補救. 如璋又念，現今俄海軍卿理疏富斯基，率兵船十數艘，屯泊琿春，天寒冰凍，必將南下. 若不幸而鯨呑蠶食，肆其毒惡，則朝鮮必將割地，以求自存. 臥榻鼾睡，后患滋深. 卽幸無此事，而俄之西比利亞，欲藉朝鮮之民以開拓，藉朝鮮之米以轉輸，蓄志既非一日. 苟盡率兵船，以刼盟約，朝鮮亦何敢不從? 朝鮮一土，今日鎖港，明日必開，明日鎖港，后日必開，萬不能閉關也必矣. 顧與其爲他人威逼勢刼，以成不公、不平、所損實多之條約，則何如自中國急圖之，以攬大權，以收后效? 夫亞細亞諸小國衰微久矣. 越南既割地與法，緬甸復受制於英，微天下幸，朝鮮僅能瓦全，而固守舊習，執迷不悟，屢勸不悛. 至於今日，悔於厥心，既有措手不及之嘆，而當此形迫勢切、間不容髮之際，幸有一線之生機. 時會不可再來，則安得不圖所以補救. 如璋實不勝憂悶，屛營之至，而發此議軍國大事，深恐無裨於萬一. 伏望迅賜裁奪，天下幸甚.

2.「朝鮮偵探委員李東仁密交朝鮮國王與大臣密議當筵筆記」

上曰：“修信使無事往還可幸.?

領相曰：“果無事往還矣.”

上曰：“萬裏滄海，雖極危險，一船往來，比中原容易矣.”

領相曰：“修信使氣質素弱，故始則爲慮，而克竣其事，誠萬幸矣.”

上曰：“聞修信使之言，則日本人極爲款曲云.”
領相曰：“臣亦聞之而丙子年金綺秀入去時，不能知其情實，今番則見待類異，信好意矣.”
上曰：“日本人問答中，俄羅斯國事不無可慮.”
領相曰：“俄羅斯國近頗強盛，中原亦不能制之，誠爲可慮.”
上曰：“中原猶如此，況我國乎!”
領相曰：“年前宮本小一燕饗時促坐語，乃俄羅斯國，此是眞情也，而我國人果疑之.今以修信使行中，清人所送冊子觀之，可驗其情實.”
上曰：“俄羅斯則雖爲慮，日本人則畢極盡之探矣.”
領相曰：“今番修信使之供具、行中譯官從人之優待，異於丙子.則此可見實情矣.”
上曰：“我國人空然不信而多浮言.”
領相曰：“教至當.”
上曰：“修信使行中所來冊子，清使所傳，而厚意甚於日本，其冊子大臣亦見之乎?”
領相曰：“日本猶此款曲，況清人乎! 必有耳聞，故俾我國備之.而我國人心本來多疑，將掩卷而不究矣.”
上曰：“見其冊子則畢何如乎?”
領相曰：“臣畢見之，而彼人之諸條論辯，相符我之心算，不可一見而束閣者也.大抵俄國僻在深北，惟不耐寒，每欲向南，而他國之事則不過興利而已.俄人所欲則在於土地、人民.而我國白頭山北卽俄境也.雖滄海之遠.一帆風猶可往來，況豆滿江之隔在兩境乎! 平時亦可呼吸相通，而成氷則雖徒步可也.方今俄人滿兵船十六隻，而每船可容三千人.若寒后則其勢必將向南矣.其意固不可測，則豈非殆哉汲汲乎!”
上曰：“見日本人之言，則似是渠之所畏在俄.而要朝鮮備之，其實非爲朝鮮，而實爲渠國也.”
領相曰：“其實似爲楚非爲趙.而朝鮮若不備，則渠國必危故也.雖然我國則豈可諉以俄人之意在日本，而視若尋常哉! 且以壬辰事觀之，稱以假道，空然而來，實非假道也.

安知俄人無假道之意乎? 今不聽人言, 而急必難防. 現今城郭、器械、軍卒、兵糧, 不及乎古, 而百無一恃, 終雖無事. 目前之備, 甯容少緩乎?"

上曰 : "防備之策何如乎?"

領相曰 : "防備之策, 自我豈無所講磨. 而清人冊子中論說, 若是備盡, 旣給於他國, 則深有所見而然也. 其中可信者, 則信之, 而可以採用. 然我國必不信之, 將爲休紙而已. 六月米利堅來東萊. 此本非讐國, 彼若以書契呈萊府, 則自萊府受之未爲不可, 呈禮曹則自禮曹受之亦可也. 而謂之洋國, 拒以不受, 仍爲播傳於新聞紙, 終爲羞恥見侮. 若言讐國, 則曰日本真世讐之國也. 米利堅有何聲聞之及, 而謂之讐國乎? 其在柔遠之意, 恐不可生釁也."

上曰 : "米利堅烏可謂讐國乎!"

領相曰 : "聖教誠然. 我國風習本來如此, 爲天下嘲笑. 雖以西洋國言之, 本無恩怨, 而初由我國愚人輩之招引, 以致江華、平壤事釁隙, 此是我國之自及處也. 年前洋人之入, 近因中原咨文, 將探內處矣. 大抵洋船入境, 輒以邪學爲藉口之說, 則洋人之入住中原, 未聞中原之人皆爲邪學也. 其所謂邪學, 當斥之而已, 於隙則不可矣. 今日筵席左相未出, 肅臣獨承教, 宜與諸宰講究. 而我國擧朝之人, 只貪好仕, 皆與自便之計, 臣獨有何策乎?"

上曰 : "諸宰則何如意."

汶庠等曰 : "大臣已爲備奏, 無容更達."

上曰 : "原任大臣俱見其冊, 而有何言乎?"

領相曰 : "姑未言之. 而諸宰則我國事本有廟堂, 有何別廟堂云爾, 而雖十人同坐無一言之可否矣. 然而人孰無恸. 爲父母保妻子, 固是所欲, 而無一講究, 退爲高談, 此非名節, 非義理也. 臣之計則宜思宗社、生靈之太平. 若一朝俄人渡江而來, 則想必曰內修外攘, 而修攘非一朝一夕可得也. 顧今人氣、國規、器機、材用不如古矣, 莫如以柔遠之義爲急務. 而以安宗社之策也. 於此於彼聖衷牢確, 然后可以無慮. 聖衷不決於疑信之間, 則釣名之人朋起, 不待俄人而必起內亂."

上曰："廟堂似有可否之論?"

領相曰："未知何時原任入侍. 而臣今登對, 每有未穩之語, 然含糊不告於君父之前, 則臣實有罪. 惟冀聖衷之牢定矣."

上曰："時原任終當有議, 而今非臨謁之時也."

領相曰："今日便是臨謁矣."

上曰："俄人將往山東云, 果然乎?"

領相曰："以若氣勢, 何處不往乎?"

上曰："三使臣聞見錄亦已見之, 而甯古塔侵奪之說, 未詳真假."

領相曰："未可知也."

上曰："天何生此類橫行於天下乎? 誠可痛忿矣."

領相曰："氣數然矣."

上曰："中國若道光之時, 則此類似不如是."

領相曰："雖道光之時, 至於氣數所關, 則亦無奈矣."

又曰:"外道之器械, 申飭何等切嚴, 而不善修繕, 無一可用. 且火藥、鳥銃每下吏輩乘間攫出城, 可痛矣."

上曰："然則國財不過虛費."

領相曰："聞花房義質不遠出來云, 觀其動靜, 又聞其議, 庶有操處之方. 然今日筵奏后, 外論似騷擾, 不勝悶然."

上曰："大臣就坐."

按, 據李東仁稱領相曰, 相卽朝鮮首輔, 名李最應. 觀其所論, 國主、首相, 皆願外交, 其所未願者, 惟原任大臣耳. 領相之言頗有諷議之意. 又東仁謂："原任大臣卽李裕元, 曾寄書與李爵相者." 又嘗聞之日本外務官宮本小一曰："李裕元卽今王之父, 朝鮮人爲大院君," 未知確否, 詢李東仁則云未悉也. 如璋附識.

又按, 內有壬辰事云云, 卽指平秀吉攻朝鮮事.

3. 「又李東仁密交『朝鮮政府會議節畧』」

俄羅斯國處在北, 虎視眈眈, 天下畏之如虎, 厥惟久矣. 近年以來, 每因中國及外各國文字, 常以是國爲憂. 朝鮮境界相接, 安知不受其弊乎? 今前修信使回還, 賫來中國人黃君冊子, 其所謂『朝鮮策略』, 自問自答, 設疑設難, 憂深慮遠者, 比前日所見各國文字, 益加詳密. 雖未知其言言皆當, 亦安知非大加講究於安不忘危之義乎? 其曰 : "親中國"者, 二百年來我國事大之誠, 未嘗一分或懈, 上國亦待之以內服, 至今曲庇覆, 更有何別般效親者乎! 其曰 : "結日本"者, 邇來講信修睦, 公使年年出來, 聽許其難行之請者, 在我國可謂靡不庸極. 而但我國習俗駭眼, 其於留館之際, 彼使不能無蓄憾之端, 由是而疑我之不信渠國, 此實出於我之誠信未洽也. 現今公使匪久出來, 先從在我道理務盡誠信, 毋或如前輕忽, 以示申好之義. 其出來也, 必有渠國受約者存, 自謂京城駐館也, 仁川開港也. 彼發難從之請, 豈可容易聽許乎? 駐京許之, 仁川不許, 京城之於仁川, 京城尤不得安. 雖或仁川許之, 駐京不許, 彼又從渠所欲, 強聒不已. 若一邊京城駐館, 一邊仁川開港, 聽我邈邈, 挽回不得. 若將之何? 此則公使公干時隨其所謂以爲究竟之如何矣.

其曰 : "聯美國"者, 方今天下各國無不合縱以阻俄國輕蔑之威, 而況我國處在海路要衝, 孤立無援. 其所聯好者, 非不良策, 而我國規模, 非徒自來不通外國, 相去數萬裏, 聲息不及之地. 今何以自我先通, 以爲聯交爲援乎? 泊船投書, 則見書而好言答之. 泛海告艱, 則隨力而以周恤接之, 不妨爲柔遠之道. 而如是, 然后其國必曰 : "善待," 而亦豈無此際相通者乎? 此在臨時操處之如何矣. 蓋此論以我國之安危, 有關於大淸、日本, 如是纖悉爲言, 在我國亦不可尋常看過. 而言語如是切直, 詎容玩歲愒日乎?

按, 以上二款, 李東仁行囊中所攜來者, 持出閱看. 彼初不肯留鈔, 強之乃可, 切望秘之.

10월 16일 出使大臣 何如璋 등이 다음과 같은 서신을 보냈습니다.

이번 달 14일, 제105호 서신을 삼가 올렸는데 이미 열람하셨을 줄 압니다. 전에 듣기에 러시아 해군경이 장치 요코하마에 온다고 하였습니다. 이어서 16일에 일본의 琿春주재 영사 小林[고바야시]이 전보로 외무성에 보고한 바에 따르면, 레소프스키(Lessovski, 理疏富斯基)[40]가 요코하마로 오는 정확한 날짜는 아직 정해지지 않았다고 합니다. 또한 듣기에 그는 나이가 이미 70여 세이고, 20년 전에 이미 배를 타고 일본에 온 적이 있다고 합니다. 이번에 그가 오기를 기다려 일본에서는 賓禮로써 대접할 예정이라고 합니다. 중국과 러시아 사이에 만일 일이 생긴다면, 일본은 당연히 중립입니다. 다만 만국공법에 중립은 두 가지가 있는데, 하나는 "엄정중립"이니, 곧 일체의 정박이나 석탄과 식량 구매 등의 일을 모두 다 거절하는 것입니다. 다른 하나는 "우의중립"이니 정박이나 석탄과 식량 구매도 모두 허락해주는 것입니다. 이 두 가지 중립은 그 국가의 우세나 시세, 이익 등에 따라 선택하는 것입니다. 지금 일본은 스스로 계획을 세우기를 응당 엄정중립을 지키는 것으로 했기 때문에, 신문 주필은 정부에 이렇게 하도록 많이 권하지만, 그러려면 반드시 스스로 준비를 해야만 러시아인의 청을 거절할 수 있는데 일본의 역량이 그 정도인지는 모르겠습니다. 최근에 듣기에 伊犁의 일이 이미 타결되었다고 하고, 전에 總理衙門의 지시에서는 러시아가 논의를 한 달로 제한했다고 하였으니 중국이 9월 말까지인데, 지금 이미 기한을 넘겼는데 결정이 이루어졌다는 소식을 듣지 못하였습니다. 타결되었다는 말이 확실한 소식인지 매우 걱정스럽습니다. 일본의 최근 사정은 평소와 같습니다. 삼가 이상의 서신을 보내니 總理衙門에서 검토해 주시기 바랍니다. 평안하시길 빕니다.

특별히 따로 알립니다 :

이번 달 17일 오후에 李東仁이라고 하는 조선인이 방문하여 參贊 黃遵憲을 만났습니다. 그는 일본 언어에도 통하였고, 필담도 나눌 수 있었습니다. 앉아서 인사말을 몇 마디 나눈 후에 곧 옷섶을 풀고 붉은 비단 보따리에서 종이 한 장을 꺼냈는데, 큰 도장 세 개가 찍혀 있었고, 안에는 "지금 엄밀하게 정탐하는 일을 특별히 李東仁에게 맡겨서 가서 항해하도록 한다"는 말이 있었습니다. 또한 원형 상자와 같은 木具 하나를 꺼냈는데, 위에는 火印이 있었고 그가 이것이 조선 국왕의 密詔이고 그 둥근 나무가 곧 符驗이라고 하였습니다. 또한 말하기를 조선

40) Stepan S. Lessovski(Лесовский, Степан Степанович, 1817~1884)는 러시아의 군인으로 1881년까지 해군 제독을 역임하고 그 해 전역하였다. https://fr.wikipedia.org/wiki/Stepan_Lessovski 참조.

조정의 논의가 지금 일변하여 최근 9월 3일에 지시를 받아서 漢城에서 출발한지 6일 만에 元山津에 도착하고 십여 일을 머물다가 友人의 서신을 받았는데, 國主가 지금 前 修信使 金宏集[41]으로 하여금 何如璋 公使에게 서신을 보내 미국과 조약을 체결하도록 지시하였다는 것입니다. 다만 金宏集의 이 서신이 驛遞를 통해 부쳐졌는데, 언제 도착할 수 있는지는 모른다고 합니다.

18일 아침에 그는 다시 와서 먼저 서신 몇 건을 꺼내고 友人이 그에게 부친 서신이라고 했는데, 字畫은 각각 달랐지만 내용은 모두 하나같이 上命에 따라 金宏集 修信使가 何如璋 公使에게 서신을 보냈고, 서신을 보낸 뜻은 모두 何公으로 하여금 미국에 빨리 와달라고 권해달라는 것입니다(원문은 이와 같고, 뜻은 미국에 빨리 와서 조약을 체결하라고 권해달라는 것입니다). 이렇게 되면 이후 조선은 새로운 상황의 개척[開荒]을 기대할 수 있다는 것입니다. 또 말하기를 최근에 여러 대신들의 회의에서 主上과 世家가 여러 가지를 公論하였는데 지난해와는 판이하게 달라서, 花房 公使(즉 일본 공사)가 요청한 것에 따라 형세를 보고 살펴서 처리하려 하며, 또한 미국 공사가 오면 그의 요청에 따라서 형세에 따라 답장을 하겠다고 합니다. 또 筆記 한 장을 꺼냈는데 이르기를 國主와 首相이 비밀리에 의논한 자리에서 적은 필기라고

41) 김홍집(金弘集, 1842~1896. 어릴 때의 이름은 金宏集)은 조선 말기의 관료, 정치가로 자가 경능(景能), 호가 도원(道園) 또는 이정학재(以政學齋)이며 시호는 충헌(忠獻)이다. 1867년 경과정시(慶科庭試) 문과에 급제한 다음 관직을 시작하여 지방관과 내직을 역임하였는데, 1880년 일본이 요구한 인천 개항, 공사 주재(公使駐箚)와 해관세칙(海關稅則) 등의 현안을 타결하기 위한 제2차 수신사(修信使)로 임명되어 58명의 수행원을 거느리고 일본에 다녀왔다. 일본 정부와의 협상에는 실패하였으나 황준헌(黃遵憲)의 『조선책략(朝鮮策略)』과 정관응(鄭觀應)의 『이언(易言)』을 가지고 돌아와, 고종을 비롯한 위정자들이 개화정책을 채택하는 데 직접적인 영향을 미쳤다. 1880년 말 그는 일본 변리공사(辨理公使) 하나부사(花房義質)와 인천 개항문제를 협의, 20개월 뒤에 인천을 개항하기로 합의하였다. 아울러 정부가 개화정책을 추진하기 위한 중추 기구로 통리기무아문(統理機務衙門)을 설치하자, 12월 통상관계를 전담하는 당상경리사(堂上經理事)에 발탁되었다. 1882년에 미국과 1883년에는 영국·독일과 차례로 수호통상조약을 체결할 때, 조약 체결을 담당한 전권대신들의 부관으로 임명되어 협상의 실무 책임을 맡았다. 또한 임오군란의 사후 수습책으로 정부에서 일본 및 청나라와 제물포조약(濟物浦條約) 및 조·청상민수륙무역장정(朝淸商民水陸貿易章程)을 체결할 때에도 전권 부관으로 임명되어 협상의 실무 책임을 맡았다. 1884년 9월에는 예조판서와 독판교섭통상사무(督辦交涉通商事務)를 겸임함으로써 대외 교섭의 최고 책임자가 되었다. 이후에도 온건 개화파로서 국정과 외교 분야에서 활발하게 활동하던 1896년 2월 아관파천으로 김홍집 내각이 붕괴되고 친러정권이 수립되자 '왜대신(倭大臣)'으로 지목되어 광화문 앞에서 군중들에 의하여 타살되었다.

하였습니다. 또한 그 政府公議 한 장을 꺼냈는데, 그 글의 뜻을 살펴보니 러시아를 방어하는 데 있고, 일본을 대할 때에는 誠信을 다하는 데 힘쓰고 미국을 대할 때는 때에 따라 操處한다는 말이 있었습니다. 조선국은 과연 장차 크게 변할 것입니다. 이전에 조선의 金宏集 修信使가 도착하기 전에 저는 외교를 권장하려 하였습니다. 總理衙門의 지시를 받았고, 또한 평소 北洋大臣 李鴻章이 여러 차례 서신을 보내 권유하였음을 알고 있고, 근래에 南洋大臣 劉坤一[42] 역시 이러한 주장을 내세웠기 때문에 그가 온 것을 알고, 위태롭고 특별한 시기임을 강조하는 말로 권고하여 그가 크게 깨닫도록 하였지만, 또한 언어가 제대로 통하지 않아 뜻이 제대로 전달되지 않았을까 염려가 되었고, 중간에 또한 제가 다 말하기 어려운 내용도 있었기 때문에 參贊 黃遵憲에게 지시하여 『朝鮮策略』을 쓰게 하였습니다. 이 책은 문답을 통해 논변하는 형식으로 구성하여, 먼저 러시아를 방어해야 함을 알려주고, 러시아를 방어하는 방법은 중국과 친하고 일본과 맺고 미국과 연락함으로써 自強을 도모하는 데 있다고 하였는데, 筆記 속에서 말한 册子가 바로 이것입니다. 金宏集이 떠날 때 제가 다시 그 손을 잡고 이르기를, "지금 러시아 해군경이 군함 15척을 이끌고 琿春에 주둔하고 있는데, 만약 날씨가 추워지면 남하해 와서 盟約을 강요하면 항거하기 쉽지 않으니 全滅을 당할까 염려 된다"고 하였습니다. 또한 이르기를 "미국은 비교적 공평하니 만약 일이 없을 때 미리 결연을 맺고 다른 나라도 모방하여 결연을 하게 되면 이익이 무궁하니 각하께서 귀국하여 조정의 논의에 변화가 있을 경우 서신을 보내 알려주시면 대신하여 주선할 수 있습니다"라고 하였더니 그는 예, 예라고 답하면서 떠나갔습니다.

지금 李東仁이 가져온 여러 문건을 보니 조선이 미국과 결연을 맺고자 하는 일은 확실히 믿을 만합니다. 제가 19일 申刻에 전보를 보내 지시를 청했는데 전보를 보낸 후 20일 오후에 영국 대리공사 케네디(J. G. Kennedy)[43]가 찾아와서 말하기를, "지금 듣기에 조선이 외교를 원하니 최근 독일·이탈리아·프랑스 등의 여러 외교관들이 선박을 파견하여 함께 가자는 말을 하는데, 아마 영국 역시 가지 않을 수 없을 것입니다"라고 하였습니다. 제가 "조선이

42) 유곤일(劉坤一, 1830~1902)은 자가 현장(峴莊)으로 호남성(湖南省) 신영현(新寧縣) 출신이다. 상군(湘軍) 출신의 청말 관료로 1874년 서리양강총독(署理兩江總督), 1875년 9월부터 양광총독(兩廣總督)으로 부임하였고, 다음해 남양통상대신(南洋通商大臣)을 겸임하였다. 제부(制府)는 명·청대에는 총독(總督)의 별칭으로 사용되었다.

43) 당시 병으로 귀국하였던 주일본 영국 공사 파크스(Parkes)를 대리하던 일본주재 대리공사 J. G. Kennedy 이다.

외교를 원한다고 하더라도 만약 각국이 함께 간다면 일이 너무 긴박하여 그 일이 반드시 이루어지지는 않을 것"이라고 하였는데, 영국 대리공사는 다른 말은 하지 않았습니다. 제가 엎드려 생각하건대 서양 각국이 조선과 통교하기를 원한 것이 오래되었고, 러시아인은 호시탐탐 노리면서 禍心을 숨겨서 더욱 예측하기 어렵습니다. 지금 러시아 군대가 琿春에 주둔하고 있으니 만약 이끌고 남하하면, 비록 조선이 화친을 청하여 다행히 멸망을 당하거나 땅을 넘겨주는 데 이르지 않는다 하더라도 위세로써 겁박하여 城下에서 乞盟하게 되면 屬國이라는 이름을 중국은 더 이상 보전할 수 없을 것입니다. 러시아의 병탄을 막고 서양 각국의 위협을 피하기 위해서는 부득불 비교적 공평한 미국을 선택하여 빨리 조약을 맺음으로써 結援을 도모하고 화를 늦추지 않을 수 없습니다. 지금 날씨가 나날이 추워져서 러시아의 선박이 오래 정박하기 어려우니 그 깃발이 어디로 향할지는 알 수 없습니다. 제가 어리석음을 무릅쓰고 작성한 『主持朝鮮外交議』를 삼가 따로 베껴서 올리니 만약 채택할 만한 것으로 여기신다면 신속하게 禮部를 통해 문서를 보내서 보완할 수 있게 해주시기 바랍니다. 저는 여기에서 한편으로는 總理衙門의 電示를 기다리고 한편으로는 金宏集 修信使가 보낸 서신이 오기를 기다린 후에 기회를 보아 적절하게 준비하여 착실히 안전하게 이익이 될 수 있도록 힘쓰겠습니다. 조선이 비록 때늦었음을 후회한다고 하더라도 일이 이미 너무 지체되어 도움이 될지 아닐지는 감히 알 수 없지만, 다만 제 마음을 다해 만회를 해보고자 도모할 뿐입니다. 이 일은 중대한 지라 제가 아침저녁으로 두려워하면서 시기를 놓칠까 염려하고 있습니다. 삼가 서신으로 總理衙門에 요청하니 신속하게 검토하고 訓示를 내려주시어 遵行할 수 있기를, 또한 이 일을 비밀로 해주시기를 간절히 바랍니다. 다시 한 번 평안하시기를 바랍니다.

따로 『主持朝鮮外交議』 한 권을 올리며, 또한 李東仁이 가져온 문서 2건을 첨부하여 올립니다. 이것은 李東仁이 스스로 비밀리에 넘겨준 것이니 만약 禮部를 통해 문서를 보내거나 혹은 總理衙門을 통해 조선에 서신을 보낼 때 언급한다면 모두 언급하기 불편할 것입니다. 삼가 이 점을 첨가합니다.

이번 달 19일 酉刻에 보낸 전보를 베껴서 올리니 검토해 주십시오. 여기에 조선 委員 李東仁이 직접 가지고온 國王의 密詔에 다르면 지금 조정의 논의가 일변하여 국왕의 지시로 金宏集 修信使가 제게 서신을 보냈고, 서신의 뜻은 제가 미국에 조속히 와서 조약을 맺도록 권해주기를 바라는 것입니다. 이 일을 대신하여 돌보아 성사시킬 것인지에 대해 응당 전보와 지시를 내려주실 것을 청하여, 이후 金의 서신을 받은 다음 遵行할 수 있도록 해야 할 것입니다.

또한 지금 사실을 탐색해 보니 러시아 해군경이 아직 琿春에 있고 여전히 요코하마로 오는 날짜는 분명하지 않습니다. 나머지 상세한 내용은 나중에 서신으로 다시 알리겠습니다.

첨부문서 : 淸摺 초록

1. 『主持朝鮮外交議』

조선은 아시아의 요충에 위치하고 그 서북은 吉林·奉天과 접해 있어서 중국의 왼팔이라고 할 수 있습니다. 조선이 있으면 밖으로 대양을 막고 안으로 황해를 끌어안아 成山과 釜山 사이에 서로 군사 지원이 이어질 수 있고, 天津과 上海 수천 리가 바닷길로 바로 연결됩니다. 이리하여 北京의 門戶가 더욱 튼튼해지고, 북양 일대가 옷이 얇아 추위를 느끼는 것처럼 고립되거나 길이 막힐 염려가 없어집니다. 조선이 망하면 우리의 왼팔이 잘리고 울타리가 모두 없어지니, 후환을 더이상 말할 필요도 없습니다. 그래서 서양의 논자들은 모두 "아시아에서 조선은 유럽에서의 터키와 같아서 반드시 서로 다투는 요충지"라고 말합니다. 우리 大淸이 동쪽 땅에서 일어날 때부터 먼저 조선을 평정하고, 그 이후에 明을 정벌하였습니다. 康熙와 乾隆 시기에는 조선이 위로 보고하지 않는 일이 없어서, 거의 내지의 郡縣과 다름이 없었습니다. 이는 越南의 소원함이나 버마의 편벽함과는 완전히 다른 것으로, 200여 년 동안 德으로 字小를 하고, 예로써 事大를 하는 관계를 유지해 왔던 것입니다. 조선이 처마 밑에 의탁하여 안전을 얻었으니, 은혜는 깊고 정의는 굳으며 서로 편안하고 무사하여 정말 다행스러운 일이었습니다.

그런데 지금에 이르러서는 북쪽에 매우 강한 러시아가 조선과 이웃하게 되었습니다. 러시아가 사할린 전체를 얻고 또 黑龍江의 동쪽을 경영하여 豆滿江 입구에 근사를 주둔시키면서부터, 높은 지붕에서 병에 든 물을 쏟는 것처럼 가까이서 핍박하는 형세가 나타난 지 오래되었습니다. 조선이 위태로우면 중국의 형세도 날로 급박해집니다. 그러므로 중국의 오늘날 형세를 논하자면, 蒙古나 西藏의 예처럼 조선에 駐劄辦事大臣을 두고 모든 국내의 정치 및 외국과의 조약을 모두 중국이 주지함으로써 외국인들이 감히 엿보지 못하도록 하는 것, 이것이 上策입니다. 다만 지금은 일이 많고 채찍의 길이가 미치지 못하듯이 역량이 부족하여 이 대책을 진실로 시행할 수 없으니, 부득이하게 그다음 방안을 생각해야 합니다. 러시아가 혼자 차지하려는 형세를 막고 天下萬國과 서로 고르게 하여 유지하도록, 조선으로 하여금 미국·독일·영국·프랑스와 통상하도록 하는 것이 좋은 방책입니다. 몇 년 동안 우리 總理衙門과 南洋·北洋大臣이 힘을 합쳐 같은 마음으로 함께 이러한 일을 도모하였지만, 조선은 동쪽 모퉁이에 치우쳐 있어 풍기가 얽매여 있기에 전혀 우리의 말을 들으려 하지 않아 어찌 해볼 방법이 없었습니다. 오늘에 이르러 형세가 위급해지자 조선은 완전히 방향을 바꾸게 되었는데, 이것은 어찌 하늘이 그 속마음을 인도하여 조선을 위해 위급존망의 전기로 삼는 것이 아니겠습니까?

그렇지만 제가 일찍이 조사해 보니 서양의 屬國은 모두 스스로 그 정치를 주관하여, 모두들 "아시아의 조공국[貢獻之國]은 속국[屬土]으로 볼 수 없다"고 말합니다. 또한 서양의 통례를 살펴보면, 屬國과 半主之國이 다른 나라와 조약을 맺을 때에는 대부분 통할하는 나라가 그것을 주관합니다. 또한 서양의 통례를 살펴보면 두 나라가 전쟁을 할 때 다른 나라는 그 사이에서 중립을 지키고 한 쪽을 도울 수 없지만 屬國만은 예외입니다. 지금 조선을 러시아가 삼키려하는 위급함에서 구하려면, 부득불 다른 나라의 힘을 빌려 서로 버틸 수 있게 해야 합니다. 그러나 조선이 스스로 다른 나라와 조약을 맺게 하면 다른 나라들은 모두 조선을 自主國으로 인식하여 중국의 屬國이라는 이름은 홀연히 사라질 것입니다. 이렇게 하면 일시적으로 다급한 일을 구하자고 근심을 뒷날까지 남기게 되니, 역시 이에 대한 대비책을 세우지 않을 수 없습니다. 저는 그래서 다시 萬國公法을 두루 살폈는데, 도이치 연방은 종래 각자 조약을 체결하는 권리를 가지고 있었으니, 지금 중국이 조선에 다른 나라와 조약을 맺는 것을 허락하여도 원래 안 될 것은 없는 것 같습니다. 다만 마땅히 조정에서 회의를 하여 속히 유능하고 숙련되고 총명하여 외교의 利害를 알 수 있는 사람을 조선에 파견하여 대신 조약 체결을 주지하게 하도록 청한다면, 속국의 명분은 이로 인해 더욱 분명해질 것이고, 나중에 혹시 외국과 문제가 생기더라도 우리가 조종한다면 충분히 북양의 거점을 공고하게 만들 수 있을 것이니, 이것이 아주 좋은 방책입니다. 혹시 그렇게 하지 못한다면 마땅히 總理衙門을 통해 諭旨를 주청하여 조선 국왕에게 지시를 내려 다른 나라와 조약을 맺고, 조약 앞부분에 "지금 조선은 중국 정부의 지시를 받들어 모모 국가와 조약을 체결하기를 원한다"고 밝히게 한다면, 대의가 분명해지고 변경의 울타리도 저절로 굳건해질 것입니다.

제가 삼가 생각하건대 조선은 중국과의 관계가 아주 원만하고 평소 공순한 것으로 알려져 있습니다. 예전에 프랑스 선교사 사건도 우리가 한 번 말하자 곧바로 그를 석방하였으며, 조선이 일본에 문서를 보낼 때에도 매번 '上國'이나 '天朝'라고 부릅니다. 그들이 일본과 가까

워진 것은 구습을 조금 깨뜨린 것이나, 그 군신 상하가 사사로이 서로 경계하여 하는 말을 보면 "淸人의 후의는 일본보다 더 하다"고 합니다. 다라서 조정을 통해 칙유한다면 그들은 스스로 당연히 지시에 그대로 따를 것이며, 서양의 여러 나라들도 조약을 원하지만 반드시 얻을 수 없는 시점에서 우리가 주지할 수 있다면 당연히 기뻐하게 될 것입니다. 하물며 도이치 연방의 전례를 끌어올 수 있기 때문에 "중국의 명을 받들어라"고 하는 문구를 외국에서도 거절할 명분이 없을 것입니다. 만약 조선이 개항을 하게 된다면, 마땅히 칙령을 내려 중국의 龍旗를 그대로 쓰도록 하거나 혹은 주위를 구름으로 둘러서 구별하는 뜻을 보이고 우리 체제를 존숭하도록 해야 합니다. 마땅히 조선에 칙령을 내려 상인들이 중국에 와서 무역하도록 하고, 중국 상인에게도 부산과 원산진 등에 가서 통상하도록 하여 서로 소식이 통하게 해야 합니다. 또한 조선 학생들에게 지시하여 京師同文館에 와서 서양 언어를 배우고, 福州船政局과 上海製造局에 와서 배 만드는 것과 간단한 기계를 익히고, 直隸나 江蘇의 練軍에 와서 서양 무기를 익힘으로써 武備를 갖추도록 해야 합니다.

요컨대 지금은 시세가 변하고 사정이 달라졌기 때문에 중국이 조선을 대하는 데에도 반드시 옛 제도를 조금 변통해야만 비로소 구제를 할 수 있는 것입니다. 제가 또한 생각하건대, 지금 러시아의 해군제독 레소프스키가 군함 10여 척을 거느리고 琿春 부근에 정박하고 있는데, 날이 추워지고 얼음이 얼면 반드시 남하할 것입니다. 만약 불행하게도 조선을 침범하여 차지하는 등 해악을 끼치려 한다면 조선은 반드시 땅을 나누어 주어 스스로를 지키고자 할 것입니다. 침대 옆에 남이 누워서 코를 골며 자도록 놔두어서는 후환이 더욱 심해질 것입니다. 만약 다행스럽게 이러한 일이 없더라도, 러시아는 시베리아를 조선 백성의 힘을 빌려 개척하고 조선의 쌀을 옮겨 나르고자 할 것이며, 이러한 뜻을 품은 것이 하루 이틀이 아닙니다. 만약 군함을 모두 이끌고 맹약을 강요한다면 조선 역시 어찌 따르지 않을 수 있겠습니까? 조선 땅은 오늘은 항구를 닫을 수 있어도 내일은 반드시 열지 않을 수 없으며, 내일 항구를 닫아도 다음 날에는 반드시 열지 않을 수 없으니, 결코 閉關할 수 없음은 필연적인 것입니다. 다른 나라의 위협을 통해 불공평하고 손해가 많은 조약을 맺는 것보다는 차라리 중국이 급히 도모하여 대권을 잡고 뒷날의 효과를 거두는 것이 어떻겠습니까? 무릇 아시아의 여러 소국은 쇠미한지 오래되었습니다. 越南은 이미 프랑스와 땅을 나누었고, 버마는 다시 영국의 통제를 받습니다. 천행으로 조선은 간신히 영토를 보전하고 있으나, 구습을 굳게 지키고 잘못을 고집하여 깨닫지 못하면서 여러 차례 권해도 바꾸지 않았습니다. 오늘에 이르러 마음속으로 후회하고 있지만 이미 손을 써도 미치지 못한다고 한탄할 지경인데, 지금의 형세가 절박하여 조금의 틈도 허락하지 않으나 다행히 한 줄기 살아날 기회가 있습니다. 시간과 기회는 다시 오지 않으니, 어찌 구제하기 위해 도모하지 않을 수 있겠습니까? 제가 실로 근심과 번민을 이기지 못하고 두려워하며 이러한 軍國大事를 논의하여 올리나, 전혀 도움이 되지 못할까 깊이 두렵습니다. 엎드려 바라건대 속히 고려하여 결정해 주신다면 천하에 다행한 일입니다.

2.「조선 偵探委員 李東仁이 비밀리에 건네준 조선 국왕과 대신이 경연 자리에서 비밀리에 협의한 내용의 필기」

임금 : "修信使가 무사히 다녀왔으니 다행입니다."

領相 : "과연 무사히 다녀왔습니다."

임금 : "萬里에 걸친 큰 바다는 비록 아주 위험하다고는 하나 한 척의 배로 왕래하니 中原에 다녀오는 것보다 수월한 것 같습니다."

領相 : "修信使의 氣質이 평소 허약하여 처음에는 우려되었지만 무사히 그 임무를 완수하였으니 정말 다행입니다."

임금 : "修信使의 말을 듣자하니 일본인들의 접대가 매우 정성스러웠다고 합니다."

領相 : "신 또한 들었습니다. 그리고 丙子年에 金綺秀가 갔을 때는 그 진심을 알 수 없었지만, 이번에는 대접부터 다르고 신뢰와 호의를 보여주었습니다."

임금 : "일본인들과의 회담 중에 러시아와 관련된 일이 매우 우려된다고 하였습니다."

領相 : "러시아는 근래에 자못 강성해져서 중국 또한 이를 제지할 수 없을 정도이니 정말 우려됩니다."

임금 : "중국도 이와 같은데 하물며 조선[44]은 어떻겠습니까!"

領相 : "몇 해 전 宮本小一[45]이 연회석상에서 가까이 앉아 이야기했던 것이 바로 러시아에 대한 것으로, 이것이 사실이었지만 저희는 과연 그러할까 의심했었습니다. 이번에 수신사 일행을 통해 淸國人이 보내온 책자를 보니 그것이 사실임을 확인할 수 있었습니다."

임금 : "러시아는 비록 우려스럽지만, 일본인들이 필경 극도로 살피고 있을 것입니다."

---

44) 원문은 我國인데 이후 편의상 모두 조선으로 통일하여 번역하였다.

45) 미야모토 고이치(宮本小一)는 강화도조약 체결 당시 이를 담당하였던 일본 외무성의 중견관료(外務大丞)로 그 실무자 가운데 한 사람이었다.

領相 : "이번 수신사 일행에 대한 접대나 일행 중의 통역관·하인에 대한 우대는 丙子年과 다르니, 이를 통해 그 진심을 알 수 있습니다."

임금 : "우리가 공연히 의심하여 뜬소리가 많습니다."

領相 : "지당하신 말씀입니다."

임금 : "수신사 일행이 가져온 책자는 청국 공사가 전해준 것으로, 그 두터운 뜻이 일본에 비해 훨씬 큽니다. 그 책자를 대신들 또한 보았습니까?"

領相 : "일본이 이처럼 정성을 보이는데 하물며 淸人들은 말할 필요가 있겠습니까? 필시 들은 바가 있었기 때문에 우리에게 대비하도록 한 것입니다. 그러나 우리 인심이 본래 의심이 많아 책을 덮어두고 더 이상 따지지 않을 것입니다."

임금 : "그 책자를 다 읽어보니 어떻습니까?"

領相 : "신이 완독해보니, 그 사람의 논변은 조목조목 제 마음속의 생각과 부합하여 한 번 보고 치워버릴 수는 없었습니다. 대저 러시아는 먼 북쪽에 치우쳐져 있어 다만 추위를 참지 못하고 매번 남쪽으로 옮기고자 하므로, 다른 나라들의 일은 단지 이익을 일으키는 것뿐입니다만, 러시아인이 원하는 바는 토지와 사람에 있습니다. 그리고 조선의 백두산 북쪽은 러시아 경내입니다. 비록 큰 바다로 떨어져 있더라도 돛단배 한 척으로도 바람을 타고 왕래할 수 있는데, 하물며 두만강을 사이에 두고 두 나라의 국경이 접해 있으니 어떻겠습니까! 평상시에는 또한 호흡이 서로 통할 수 있을 정도이며, 얼음이 얼면 비록 도보라도 통행이 가능합니다. 현재 병사를 가득 실은 러시아 군함은 16척에 이르고 배마다 3천 명을 실을 수 있습니다. 만일 추위가 끝나면 그 세력은 필시 남쪽으로 향할 것입니다. 그 뜻은 본디 예측할 수 없으니 어찌 위태로움에 급급하지 않을 수 있겠습니까?"

임금 : "일본인들의 말을 들어보니 그들이 두려워하는 바는 러시아에 있습니다. 그러므로 조선에서 대비하기를 바라는 것은 실로 조선을 위한 것이 아니라 자기를 위한 것입니다."

領相 : "그것은 마치 楚나라를 위한 것이지 趙나라를 위한 것이 아닌 것과 마찬가지입니다.[46]

46) 이 내용은 유명한 모수자천(毛遂自薦)의 고사에 나오는 것인데, 진(秦)이 조(趙)를 공격하자 조는 평원군(平原君)을 초(楚)에 보내 구원을 요청하게 되었다. 이대 문무를 겸비한 20명을 뽑아 동행시키고자 하였는데 마지막 스무 번째 사람은 스스로를 추천한 모수(毛遂)였다. 하지만 초에 이르러 구원을 요청하였는데 초가 주저하자, 모수가 나서서 군사를 내어 진을 공격하도록 요청하는 것은 실은 楚를 위한

만약 조선이 대비하지 않으면 일본이 필시 위험에 처하기 때문입니다. 그렇지만 우리가 어찌 러시아인의 뜻이 일본에 있다고 핑계를 대면서 아무렇지 않게 여길 수 있겠습니까? 또한 壬辰年의 일을 보면 '길을 빌린다'고 하면서 공연히 바다를 건너왔으나, 실제로는 길을 빌린 것이 아니었습니다. 러시아인에게 어찌 '길을 빌린다'는 뜻이 없음을 알 수 있겠습니까? 지금 남의 말을 듣지 않으면, 급한 일이 발생했을 때 필시 방어하기 어려울 것입니다. 현재 성곽, 무기, 군졸, 군량의 수준이 옛적에 미치지 못하여 백의 하나 믿을 것이 없으니, 결국 무사하기 어렵습니다. 눈앞의 대비를 어찌 조금이라도 늦출 수 있겠습니까?"

임금 : "방비책은 어떻습니까?"

領相 : "어찌 방비책을 저희가 강구하지 않았겠습니까? 그런데 청인의 책자 속 논설이 이와 같은 계획을 갖추어 다른 나라에 건네주었으니 심히 所見이 있어 그런 것입니다. 그 중 믿을 만한 것은 믿고, 채용할 수 있습니다. 그렇지만 조선에서는 필시 그것을 믿지 않아 장차 휴지 조각이 되게 할 것입니다. 6월에 미국인이 東萊에 왔습니다. 이 나라는 본디 원수의 나라가 아니기 때문에 그들이 만일 書契를 東萊府에 올렸다면 실로 東萊府에서 접수하지 못할 일도 없었고, 禮曹에 올렸다면 禮曹에서 접수할 수도 있었습니다. 그렇지만 서양 국가라고 거부하여 접수하지 않았는데, 이 사실이 그대로 신문을 통해 알려지면 결국에는 수치와 모욕을 받게 되어 있습니다. 만일 원수의 나라라고 한다면 사실은 일본이 대대로 원수의 나라입니다. 미국에 대해 어떤 평판이 있기에 원수의 나라라고 합니까? 먼 나라를 안무하는 뜻에서 그들과 분쟁을 낳아서는 안 될 것입니다."

임금 : "미국이 어찌 원수의 나라이겠습니까?"

領相 : "실로 전하의 말씀대로입니다. 조선 풍습이 본래 이와 같아 천하에 비웃음을 당합니다. 서양 국가는 본래 우리와 恩怨이 없었지만, 처음에 우리 어리석은 무리들이 그들을 끌어들여 강화도와 평양에서 말썽이 나게 하였으니 이는 조선이 자초한 것입니다. 몇 해 전 서양인들이 조선에 들어온 것도 중국의 咨文에 근거하여 내지를 살피려는 것이었습니다. 대저 서양 선박이 입경하면 느닷없이 邪學을 구실로 삼[아 그것을 배척하]는데,

---

것이지 趙를 위한 것이 아니라고 楚王을 설득하였다. 그 결과 귀국한 모수는 객경(客卿)으로 초빙되어 조의 군대를 이끌고 초와 연합하여 진의 공격을 물리쳤다.

서양인이 중국에 갔을 때 중국 사람들이 그들을 邪學이라고 배척하였다는 이야기는 들어보지 못하였습니다. 이른바 邪學이라 해도 배척하면 될 뿐, 분쟁을 일으킬 필요는 없습니다. 오늘 이 經筵 자리에 左相께서 나오지 않으셔서 신이 홀로 삼가 聖敎를 받들었습니다만, 마땅히 재상 모두와 함께 강구해야 할 것입니다. 하지만 우리 조정의 모든 사람들은 단지 좋은 관직만을 탐하고, 모두 자신의 이익만을 위한 계책을 내놓으니, 유독 신에게 무슨 대책이 있겠습니까?"

임금 : "재상들의 의사는 어떻습니까?"

汶庠 등 : "대신들이 이미 상주를 갖추었기 때문에, 다시 아뢸 필요가 없을 것입니다."

임금 : "原任大臣이 함께 그 책을 보았을 텐데, 무슨 말을 하였습니까?"

領相 : "한동안 아무 말이 없었습니다. 그리고 재상들 모두가 우리 국사는 본디 의정부에서 처리하는데 어찌 다른 의정부가 있겠느냐고 하였지만, 비록 열 사람이 한자리에 모였음에도 可否에 대해서는 한 마디도 없었습니다. 그렇지만 어느 누가 겁나지 않겠습니까? 부모가 되어 처자식을 지키려는 것은 본디 바라는 바이지만, 전혀 따지지 않고 뒤로 물러나 高談만 일삼고 있으니 이런 행동은 名節과 義理에 부합하지 않습니다. 신하라면 응당 종사와 백성의 안녕을 생각해야 합니다. 만일 어느 아침에 러시아인들이 강을 건너온다면 필시 "내정을 정비하고 외적은 물리쳐야 한다(內修外攘)"고 떠들겠지만, 이런 일은 하루아침에 이루어질 수 있는 것이 아닙니다. 돌아보건대 지금 사람들의 기백, 나라의 법도, 무기와 재정이 예전만 못하므로, 먼 나라를 안무하는 원칙을 급무로 삼아 종사를 편안케 하는 계책으로 삼는 편이 더 낫습니다. 이것이든 저것이든 전하의 마음이 확고해진 다음에야 걱정이 없을 수 있습니다. 전하의 마음이 의심과 신뢰 사이를 맴돌면서 결정하지 못하신다면, 거짓으로 명예를 탐하는 사람들이 떼 지어 일어나게 될 터이니 러시아인들을 기다리지 않더라도 반드시 안에서 분란이 일어날 것입니다."

임금 : "의정부에서 가부의 논의가 있는 것 같습니다."

領相 : "原任大臣이 언제 入侍할지는 알지 못합니다. 그리고 신이 오늘 전하의 질문에 대답하면서 매번 불확실한 말만 늘어놓고, 우물쭈물하며 전하 앞에서 제대로 말씀드리지 못하였으니, 신에게 실로 죄가 있습니다. 오로지 전하의 마음이 확고하게 결정되시기를 바랍니다."

임금 : "時·原任大臣들이 결국 논의해야 하겠지만, 오늘은 만나는 때가 아닙니다."

領相 : "오늘 바로 알현이 있을 것입니다."

임금 : "러시아인들이 앞으로 山東으로 갈 것이라 하는데 과연 그렇습니까?"

領相 : "기세로 보면 어딘들 가지 않겠습니까?"

임금 : "세 使臣들의 견문록 또한 이미 보았는데, 러시아가 甯古塔을 침탈했다는 이야기의 진위 여부가 상세하지 않습니다."

領相 : "아직 알 수 없습니다."

임금 : "하늘이 어찌하여 이러한 무리를 낳아 천하에 횡행하게 하는지 실로 분통스럽습니다."

領相 : "氣數가 그런 것입니다."

임금 : "만약 중국의 道光 연간이었다면 이 무리들이 이렇게 하지 못했을 것입니다."

領相 : "비록 道光 연간이었더라도 氣數와 관계된 바 역시 어쩔 수 없었을 것입니다."

領相 : "지방의 무기 정돈에 대한 지시가 그토록 엄격하였음에도 불구하고 제대로 수선하지 않아 사용할 수 있는 것이 하나도 없습니다. 또한 화약과 조총은 매번 하급 서리들이 기회를 틈타 바꿔치기 하여 성 밖으로 가져 나가니 정말로 분통이 터집니다."

임금 : "그렇다면 나랏돈을 허비한 것에 불과합니다".

領相 : "듣기로는 花房義質 공사가 머지않아 온다고 하니, 그 동정을 살피고 또 그 논의를 들어보면 아마 조처할 수 있는 방안이 있을 것입니다. 그런데 오늘 경연과 상주 이후 밖에서의 논의가 시끄러워질 것 같아 답답한 마음을 이길 수가 없습니다."

임금 : "大臣들은 자리에 앉으십시오."

[何如璋의 부가설명] : 李東仁에 따르면, 領相曰의 '相'은 조선의 首輔로 이름은 李最應입니다. 그 논한 바를 보면 임금과 수보 모두 외교를 원하며, 원하지 않는 자는 오로지 原任大臣뿐입니다. 領相의 말에는 자못 넌지시 간언하려는 뜻이 담겨 있습니다. 또한 李東仁이 말한 原任大臣은 李裕元이며, 일찍이 李 中堂大人께 서신을 보냈던 사람입니다. 또한 일찍이 일본 외교관 宮本小一이 "李裕元이 현재 조선왕의 부친으로 조선인들은 大院君이라 한다"고 했지만, 확실한지 여부는 알 수 없어 李東仁에게 물어보니 잘 알지 못한다고 하였습니다. 이렇게 첨부합니다.

추신 : 내용을 보면 壬辰年의 일 운운하였는데, 이는 豊臣秀吉이 조선을 공격한 일을 말합니다.

3. 「李東仁이 비밀리에 건네준 『朝鮮政府會議節略』」

러시아는 북쪽에 처해 있으면서 虎視眈眈 기회를 엿보니 천하가 그 나라를 호랑이처럼 두려워한 지 오래되었습니다. 근래 중국 및 각국의 언론[文字]이 항상 이 나라를 우려하고 있습니다. 조선은 러시아와 경계를 접하고 있으니 그 폐해를 입지 않을지 어찌 알겠습니까? 현재 前修信使가 돌아오면서 중국인 黃君의 책자를 가져왔는데, 그것은 이른바 『朝鮮策略』이라 하며, 스스로 묻고 답하면서 의심나고 어려운 점을 제기하고 있는데, 근심이 깊고 생각이 멀리 미치는 것이 이전에 보았던 각국 언론보다 훨씬 상세하고 치밀합니다. 비록 그 말이 모두 타당한지는 알 수 없으나 또한 어찌 편안한 가운데 위태로움을 잊지 않고 미리 크게 강구하는 의리가 아닌지 알 수 있겠습니까?

거기에서는 "중국과 친하라"고 하였는데, 2백년 동안 조선이 큰 나라를 섬기는 정성은 일찍이 조금도 나태해진 적이 없고, 上國 또한 우리를 內服[47]으로 대하고 지금까지 곡진히 비호해왔으니, 새삼 친해지기 위해 힘쓸 것이 뭐가 있겠습니까? "日本과 맺으라"고 한 것에 대해서 말하자면, 근래 신뢰있고 화목한 관계를 강구하면서 公使가 매년 오고 있고, 행하기 곤란한 요청을 들어주었으니 이는 조선이 마음과 힘을 다한 것이라 할 수 있습니다. 다만 조선의 습속이 그들을 놀란 눈으로 보아 공사관에 머무르고 있을 때 서운한 감정을 품게 하는 단서가 없지 않았고, 이 때문에 우리가 그들을 신뢰하지 않는다고 의심하는데, 이는 실로 우리의 誠信이 미흡한 일에서 비롯된 것입니다. 지금 공사가 머지않아 다시 온다고 하니 우선 우리 도리에 따라 힘써 성신을 다하고, 혹여나 이전과 같이 경시하고 홀대하지 않음으로써 和好의 의리를 보여주어야 합니다. 공사가 오게 되면 필시 본국에서 지시받은 바가 있을 터, 이른바 京城의 공사관 설치나 仁川 개항 같은 문제입니다. 그들이 들어주기 어려운 요청들을 내놓는다면 어찌 쉽사리 허용할 수 있겠습니까? 경성에 공사관 설치를 허용하고 인천 개항을 불허한다면, 경성과 인천의 관계로 보아 경성은 더욱 불안해질 것입니다. 혹은 인천 개항을 허가하고 경성의 공사관 설치를 불허한다면, 그들은 또한 원하는 바를 쉬지 않고 떠들어댈 것입니다. 만일 한편으로 경성 공사관 설치를 허용하고 다른 한편으로 인천 개항을 하게 되면 그들이

---

47) 내복(內服)은 천자가 직할하는 사방 천리의 지역을 말한다. 복(服)이란 천자의 일에 복무한다는 의미로써, 내복은 사방 천리의 왕기(王畿) 이내 지역이기 때문에 그렇게 지칭하고, 왕기 이외의 지역·제후는 외복(外服)이라 한다. 쉽게 말해 내복은 중국, 외복은 중국 밖의 제후국가를 가리키는 것이라고 할 수 있다.

우리를 건성으로 대하게 되도 만회할 수 없습니다. 장차 어찌해야 하겠습니까? 이는 公使가 공무를 처리할 때에 하는 말에 따라 결국 어떻게 해야 할지를 결정해야 할 것입니다. 한편 "美國과 연합하라"고 한 것에 대해서 말하자면, 현재 천하 각국은 서로 合縱하여 러시아가 다른 나라를 경멸하는 위세를 저지하고자 합니다. 하물며 조선은 바닷길의 요충지에 있으면서 孤立無援의 상태이므로, 연합하여 우호를 맺는다는 것은 좋은 계책이 아닌 것은 아닙니다. 하지만 우리 제도는 지금껏 외국과 교류하지 않았을 뿐만 아니라, 미국은 수만 리나 떨어져 있어 소식조차 미치지 못하는 곳입니다. 현재 우리가 무엇으로 먼저 교류하고 연합하여 우호를 맺어 원군으로 삼을 수 있겠습니까? [지금으로서는] 배를 정박시키고 문서를 전달해 오면 그 문서를 보고 좋은 말로 답장할 것입니다. 바다 위의 어려움을 호소하면 능력에 맞게 구제하고 대접할 것이니, 이는 먼 나라 사람들을 구휼하는 도리로 여겨도 무방합니다. 그리고 이렇게 한다면 이후에는 미국에서 반드시 '조선이 잘 대접한다'고 할 것이니, 이때에 또한 어찌 서로 통하지 않을 수 있겠습니까? 이것은 때에 따라서 어떻게 조처하는가에 달려 있습니다. 대개 여기에서의 논의는 조선의 안위가 청·일본에 관계되는 바이기에 이렇게 세심하게 빠짐없이 말하고 있으며, 우리 역시 예사로운 일로 넘겨서도 안됩니다. 더구나 그 말이 이렇게 절실하고 곧바른데, 어찌 안일함을 도모하면서 세월을 허비할 수 있겠습니까?

[何如璋의 부가설명] : 이상 두 가지는 李東仁이 行囊에 휴대하여 가져와서 꺼내주어 열람한 것인데, 그가 처음에는 抄錄을 남기려고 하지 않았으나 강요하여 가까스로 抄錄할 수 있었습니다. 절실히 바라건대, 비밀로 해 주십시오.

(11) 문서번호 : 2-1-1-11 (344, 449a-450b)

사안 : 1. 조선에 처음 태도 변화가 나타났지만, 서양 각국과 조약을 체결하도록 지시해달라는 諭旨를 청하는 上奏는 적절하지 않으며, 설령 諭旨에 따라 조약을 체결하게 되더라도 우리가 인원을 파견해 주지하기 불편하므로 오로지 비밀리에 보호하는 수밖에 없습니다(朝鮮初有轉機, 不宜奏明請旨飭與西洋訂約, 即令遵旨訂約, 我亦未便派員主持. 惟有密爲護持).

2. 러시아 군함은 나가사키로 향하였으며 아직 조선을 공격하거나 접근한 일은 없습니다. 마땅히 領事를 블라디보스토크에 파견하여 교민을 보호하고 消息을 정탐해야 합니다(俄兵船抵長崎, 尚無攻逼朝鮮之事. 中國宜派領事海蔘威, 護僑兼偵探消息).

날짜 : 光緒六年十一月二十二日(1880년 12월 23일)

발신 : 北洋大臣 李鴻章

수신 : 總理衙門

十一月二十二日, 北洋大臣李鴻章函稱 :

頃奉十一月十九日直字六百十八號鈞函. 鈔示何子峩函件, 商及朝鮮與美結約之事, 荩籌碩畫, 權衡至當, 欽服莫名. 敝處亦於十五日接子峩函件, 與上鈞署者相同. 其『外交議』, 一則揆度情勢, 慮遠思深, 洵有卓識. 惟欲請遣員前往, 代爲主持, 或奏請諭旨, 飭令朝鮮與他國結約, 並於條約內聲明"奉中國政府命, 願與某國結約"云云, 如果出自朝鮮國王逕行奏懇, 朝廷酌度, 或當相機操縱. 今該國朝議甫有幡然改變之意, 玩其『會議節略』, 不欲"自我先通, 泊船投書, 則好言答之. 泛海告艱, 則周恤接之, 此在臨時操處之如何"等語, 是其中情, 尚有權變. 若遽由我奏明, 飭與他國結約, 朝鮮轉生疑慮, 未必盡聽吾言. 各國若漸聞知, 必皆惟我是問, 誠有如尊處所慮者. 且該國前與日本立約, 中國不過從旁婉勸, 並未派員往彼主持. 其條約亦無奉中國政府命字樣. 今與西國結謂:"必奉我政府之命," 卽朝鮮肯遵, 西國未必肯受. 況我與西結約, 始由脅逼而成, 各款多違萬國通例, 正思逐漸挽回. 朝鮮於無事時結約, 亟應設法救弊. 一參以華員與議, 西人必援華約以相繩, 則亦不利於朝鮮. 子峩慮及聽朝鮮自行結約, 他國皆認其自主, 而中國之屬邦忽去其名, 固不爲無見. 但使朝鮮能聯絡外交, 以自固藩籬, 則奉、吉、東、直皆得屏蔽之益. 其恭順我朝禮節, 似不至因與西國結約遂卽變更. 中國修內攘外, 練兵防海, 日圖自強, 不獨朝鮮弱小, 未敢藐視, 卽歐西大國, 亦未嘗不敬而畏之. 若不圖自強之策, 終恐不能自立, 亦何在乎屬邦之從違. 再四籌度, 似只可如尊諭, 密爲維持保護而已.

本年七月間, 美國派朝鮮議約之水師総兵蕭佛爾來津密談, 求鴻章便中爲朝鮮解說. 渠卽於八月初四回國. 九月間威使過津面稱:"該國本無意與朝鮮通商, 惟因俄人志在侵奪朝鮮口岸, 各國密議均生覬覦, 英國不便坐視, 已緘商英外部酌辦." 仍屬鴻章從旁慫恿, 當皆唯唯. 但勸勿著急, 勿派兵船前往, 徐待機勢之轉. 玆鈞署旣電屬子峩接金使信后, 卽將書意轉達駐倭美使, 想必照辦, 嗣后惟有相機密與維持. 如明春朝鮮齎咨官卞元圭果帶學生來津, 鴻章再妥爲開導. 儻其與各國結約有質疑諮訪之件, 亦必隨時切實指示, 以盡忠告, 而副藎廑.

續接子峩電報, 俄海部尚書來沙福斯基已於十月二十九日到長崎. 又據長崎理事餘瑞函報, 該海部遇風, 折傷一足, 在崎醫調, 全幫兵船陸續由海蔘崴赴崎守凍, 是目前尚無攻偪朝鮮之事. 朝鮮儻見俄船南下, 與美結約之情, 或又少緩, 似係來年夏秋間事也. 餘瑞又函告, 六月間俄后軍提督特啓爾伯晤稱:"海蔘崴有華人二千餘, 中國儘可設領事於該埠, 以資保護." 聞日本派領事在該埠已久, 具有深心. 中國似應商派, 以保護華人爲名, 兼可偵探消息. 根本重地, 耳目宜週, 較各國領事尤關緊要, 望妥籌辦理, 與駐京俄使一商, 卽由北洋揀派亦可. 敝處久不與劼剛通電, 蒙抄示十三日電信, 代守費內添耗四百萬盧布，不提兵費名目，似有合攏之機. 續有電音，仍乞馳示. 專肅密復. 敬頌鈞祺.

11월 22일, 北洋大臣 李鴻章이 다음과 같은 내용의 서신을 보내왔다.

얼마 전 11월 19일 보내주신 直字 618號 서신을 받았습니다. 아울러 何如璋의 서신을 초록하여 보내 주시면서 朝鮮과 미국의 조약 체결문제를 논의하셨습니다. 무릇 준비한 계획이 원대하고 헤아림이 지당하여 감복하지 않을 수 없습니다. 저희 쪽에서도 15일에 何如璋의 문건을 받았는데 總理衙門에서 받은 것과 동일합니다. 그의 『外交議』는 하나같이 현재의 정세를 헤아려 살피고 있는데 사려가 원대하고 깊으니 실로 卓識이 있다고 하겠습니다.
다만, 관원을 조선에 보내 외교를 대신 주지할 것을 청하거나 혹은 諭旨로써 조선이 다른 나라와 조약을 체결하고 아울러 조약 내에 "중국정부의 명을 받아 某國과 조약 체결하기를 원한다"는 내용을 명시하도록 奏請한다고 하는데, 만약 조선 국왕 스스로 직접 상주하여 간청한다면 조정이 이를 적절하게 헤아려 혹은 기회를 엿보아 조정할 수는 있을 것입니다. 그렇지만 현재 조선 조정의 논의는 지금에 와서야 뚜렷한 전환의 뜻이 나타나고 있습니다. 그들의 『會議節略』을 살펴보면, "우리가 먼저 우호를 맺고자 하지 않는다. [지금으로서는] 배를 정박시키고 문서를 전달해 오면 그 문서를 보고 좋은 말로 답장할 것이다. 바다 위의 어려움을 호소하면 능력에 맞게 구제하고 대접할 것이다. 이것은 그 때를 맞이하여 어떻게 조치하느냐에 달려 있다"고 말하고 있으니, 이것이 그 속사정이며 그들은 여전히 임기응변의 뜻을 지니고 있는 것입니다. 만일 우리가 다른 나라와 조약을 체결하도록 유지를 내려달라는 상주를 한다면, 조선에서는 도리어 의심하고 우려하면서 반드시 우리말을 모두 듣지는 않을 것입니다. 만일 각국에서 이 소식을 차차 듣고 알게 된다면 반드시 모두들 오직 우리에게만 책임을 물을 터인데, 실로 總理衙門에서 우려하는 바와 같은 일이 있게 될 것입니다.
또한 조선이 전에 일본과 조약을 체결할 때, 중국은 곁에서 완곡히 권유한 데 지나지 않아, 결코 관원을 파견하여 주지하지 않았습니다. 조약문에서도 또한 "중국정부의 명을 받든다"라는 문구가 없습니다. 지금 조선이 서양 국가와 조약을 체결하면서 "반드시 중국정부의 명을 받들어야 한다"라고 한다면 조선은 기꺼이 따르겠지만 서양 국가가 반드시 기꺼이 따르지는 않을 것입니다. 하물며 우리가 서양 국가와 체결한 조약은 처음부터 협박으로 시작하여 이루어졌고, 각 조항이 대부분 萬國通例에 위배되어 현재 이를 차츰 만회하고자 하고 있습니다. 조선이 특별한 사건이 없는 때에 조약을 체결한다면 속히 방법을 마련하여 폐해를 구제해야 할 것입니다. 하지만 일단 중국 측 관원이 협의에 참가하면 서양인들은 반드시 중국과 체결한 조약을 끌어다가 기준으로 삼으려고 할 터이니 이 또한 조선에 불리합니다. 何如璋은 조선이 스스로 다른 나라와 조약을 체결하고 다른 나라들이 모두 그 自主를 인정하면 중국의 屬邦이라는 명분이 돌연 제거될 것이라 우려하는데, 본디 견식이 없는 것은 아닙니다. 다만 조선이 능히 다른 나라와 접촉하고 外交를 하여 스스로 울타리를 공고히 할 수 있다면 곧 奉天·吉林·山東·直隸가 모두 울타리의 보호라는 이익을 얻을 수 있습니다. 조선이 우리에게 공손히 대해온 예절을 보건데, 서양 국가와의 조약 체결 때문에 조선의 태도가 즉시 달라지지는 않을 것입니다.

중국이 내정을 정비하고 외적을 몰아내며, 군대를 조련하고 해안을 방어하여 나날이 自強을 도모하면 조선이 비록 약소하다고 감히 무시하지 않을 뿐 아니라, 서구 대국 또한 [중국을] 공경하고 두려워하지 않을 수 없습니다. 그렇지만 만일 自強의 對策을 도모하지 않는다면 끝내 자립을 할 수 없을까 우려되는데, 이 또한 어찌 屬邦이 우리말을 따르는지의 여부와 상관이 있겠습니까? 재삼 헤아려보면 總理衙門의 지시처럼 단지 은밀하게 도우며 보호하는 것만 가능할 듯합니다.

올해 7월, 美國에서 조선에 보내 조약 체결을 논의하게 한 해군준장 슈펠트(R. W. Shufeldt, 薛斐爾)[48]가 天津에 와서 비밀 회담을 가졌는데, 그는 제가 중간에서 조선에 중재해 줄 것을 요구하였습니다. 그는 8월 4일 미국으로 돌아갔습니다. 9월에 웨이드(Thomas Francis Wade,

---

48) 슈펠트(Robert W. Shufeldt, 薛斐爾 또는 蕭孚爾, 書斐路로도 표기된다, 1821~1895)는 미국의 해군제독(준장)으로 1867년 셔먼(The General Sherman)호사건을 조사하기 위하여 군함 워츄셋호를 이끌고 황해도 해안에 들어왔다가 아무 성과도 거두지 못하고 돌아갔다. 1879년에는 군함 티콘데로카(Ticonderoga)호로 세계 순항의 장도에 올라 아프리카 해안을 돌아, 1880년 부산항에 다시 들어왔다. 이때 미국정부의 훈령에 의해 한미 수호관계를 수립코자 일본 측 중개를 요청하였으나 뜻을 이루지 못하고, 이후 청의 이홍장(李鴻章)에게 중개를 요청하여 쾌히 승낙을 얻었다. 1882년 3월에 미국 전권대사의 자격으로 군함을 이끌고 인천항에 들어와 이홍장의 부하 마건충(馬建忠)·정여창(丁汝昌), 조선 측 전권대신 신헌(申櫶) 및 부관 김홍집(金宏集) 등과 함께 인천에서 朝美修好通商條約을 체결하였다. 이 조약은 조선이 유럽 국가와 맺은 최초 조약으로 세계에 문호를 개방하는 계기가 되었다. 조약 직후 슈펠트는 본국에 돌아갔는데 장기 여행의 노고로 병을 얻어 군에서 은퇴했다.

威妥瑪)[49] 공사가 天津을 지나다가 들러 면전에서 말하기를, "영국은 본디 조선과 통상하려는 뜻은 없었지만, 오직 러시아인들의 뜻이 조선의 항구를 침탈하는 데 있고 각국의 비밀 논의도 모두 기회를 엿보려는 의도가 생겨 영국에서 이를 좌시할 수 없기에 이미 外務省에 서신을 보내 처리를 협의하였다"고 하였습니다. 그러면서 제게 곁에서 조선을 종용해달라고 부탁하기에 그 자리에서 모두 수락하였습니다. 다만 너무 서두르거나 군함을 파견하지 말고, 천천히 형세의 변화를 기다리도록 권유하였습니다. 이에 總理衙門에서 이미 何如璋에게 전보를 보내 金宏集 前 修信使의 서신을 받은 후 즉시 서신의 뜻을 일본 주재 미국 公使에게 알리도록 하여, 반드시 그에 따라 처리하고 이후 오로지 기회를 이용하여 비밀리에 도와주려고 하였습니다. 만일 내년 봄 조선의 자문전달관 卞元圭가 과연 학생들을 이끌고 天津으로 온다면 제가 재차 적절히 깨우치고 지도하겠습니다. 만일 조선이 다른 나라와 조약을 체결하면서 질의하고 자문을 구하기 위해 방문하려는 경우가 있다면 또한 반드시 수시로 최선을 다해 지시하고 충고를 남기지 않음으로써 조선의 충성과 정성에 도움을 주도록 하겠습니다.

뒤이어 何如璋의 전보를 받았는데, 러시아 해군제독 레소프스키가 10월 29일 이미 長崎에 도착하였다고 합니다. 또한 長崎理事 餘瓗[50]의 보고에 따르면, 해당 제독이 풍랑을 만나 한쪽 다리에 골절상을 입어 나가사키에서 치료를 받고 있으며, 모든 군함들은 계속해서 블라디보스토크(海蔘崴)에서 長崎로 이동하여 월동하고 있으며, 현재까지 아직 조선을 공격한 일이 없다고 합니다. 조선이 만일 러시아 군함의 남하를 목격한다면 미국과 조약을 체결하는 사정이 혹 또한 조금 지체되어, 아마 내년 여름이나 가을쯤에 될 것 같습니다. 또 餘瓗가 보고하기를, 6월 러시아 后軍提督 터치르백작[特啓爾伯][51]과 만났으며, 그는 "블라디보스토크에 중국인 2천여 명이 있으므로 중국이 해당 항구에 領事를 설치하여 중국인을 충분히 보호할 수 있다"고 하였습니다. 듣기로는 일본은 영사를 그곳에 파견한 지 이미 오래고 깊은 마음을 지니고

49) 웨이드(Thomas Francis Wade, 威妥瑪)는 영국의 외교관이자 한학가(漢學家)로 육군 출신이었다. 아편전쟁에도 참여하였고 1847년 퇴역한 다음 중국에서 외교관으로 일하였으며, 1871~1882년 공사로 근무하였다. 1888년 귀국 후 케임브리지대학의 첫 번째 한문(漢文) 교수가 되었으며, 중국어의 알파벳 표기법을 만들어내기도 하였다.

50) 여휴(餘瓗, 1834~1914)의 자는 화개(和介), 호가 원미(元眉) 또는 건요(乾耀)로 광동성 대산(臺山) 출신이다. 청조가 파견한 초대 주일본 長崎領事(당시에는 理事로 칭하였다)로 이곳에서 6년 동안 근무하였다.

51) 표기법이 지금의 것과 달라 현재의 인명사전(이를테면 辛華 編, 1982,『俄語姓名譯名手册』, 商務印書館)으로는 정확한 사항을 파악하기 곤란한 것 같다.

있다고 합니다. 중국도 마땅히 상의하여 領事를 파견해야 할 듯하며, 중국인 보호를 명목으로 하면서 아울러 러시아 소식을 정탐할 수 있을 것입니다. 根本重地[인 滿洲]에 대해서는 耳目이 마땅히 두루 미쳐야 하므로 각국에 설치된 領事와 비교하였을 때 특히 그 관계가 긴요하므로 적절하게 처리해주시기를 바랍니다. 혹 북경주재 러시아 공사와 일단 협의하여 곧바로 北洋通商大臣衙門에서 사람을 골라 파견해도 될 것입니다. 저희 쪽에서는 오랫동안 曾紀澤[52]과 전보를 주고받지 않았지만, 13일 전보의 초록을 받아보니 代守費에 4백만 루블을 부가하였는데 군사비 항목을 들지 않았으니 통합해 볼 기회가 있을 듯합니다. 뒤이어 전보가 온다면 신속하게 지시해 주시기를 부탁드립니다. 삼가 공경하는 마음으로 비밀리에 답장을 보냅니다. 좋은 일이 있으시기를 삼가 바랍니다.

---

52) 증기택(曾紀澤, 1839~1890)은 자가 길강(劼剛)으로 유명한 증국번(曾國藩)의 둘째 아들이다. 동치(同治) 연간 영국·프랑스 공사로 주재하였으며 러시아 등에 외교사절로 파견되어 숭후(崇厚)가 맺은 리바디아조약을 파기하고 새로 이리(伊利)조약을 맺음으로써 상당한 외교적 성공을 확보한 것으로 유명하다.

(12) 문서번호 : 2-1-1-12 (345, 451a-453b)

사안 : 1. 러시아 해군제독은 여전히 나가사키에 머물며 요양하고 있으며, 러시아 군함을 밀탐한 결과 별다른 동정은 없습니다(俄海軍卿仍在長崎療養, 密探俄船別無動靜).

2. 조선 국왕과 조정 신료들은 이미 外交에 뜻을 지니고 있습니다. 金宏集·卓挺植이 보내온 서신을 초록하여 올립니다. 만일 조정에서 서신을 보내 勸諭한다면 반드시 성과가 있을 것입니다(朝鮮國王及廷臣已有意外交. 鈔呈金宏集、卓挺植來信. 若得朝廷寄信勸諭, 事必有成).

첨부문서 : 1. 「日本 公使 何如璋이 前 修信使 金宏集에게 받은 서신(出使日本大臣何如璋收前修信使金宏集函)」: 조선의 대외문제에 대한 여론은 예전과 다르니, 外交와 조약 체결에 대해 가르침을 내려 주기를 요청합니다(朝鮮對外衆論已異往昔, 外交立約事, 祈賜教誨).[53)]

2. 「일본 공사 何如璋이 조선密探委員 卓挺植에게 받은 서신(出使日本大臣何如璋收朝鮮密探委員卓挺植稟)」: (1) 만일 미국이 다시 와서 공평한 조약 체결을 요구한다면, 조선은 반드시 진정으로 상대할 것입니다(若美國復來求訂公平之約, 朝鮮必眞情相接). (2) 이번 (밀탐위원의 파견)은 국왕의 명을 받은 것으로, 신속히 美國과 연합할 수 있는 대책을 요청하기 위함입니다(此次係奉君命, 轉請速行結連美國之策).

날짜 : 光緖七年正月三日(1881년 2월 1일)

발신 : 何如璋

수신 : 總理衙門

53) 이 서신은 여기에는 그 전반부만 실려 있고 다음의 (17) 문서번호 : 2-1-1-17(353, 461a-480a)의 2. 「부건 1의 부건 (2) 「修信使 金宏集이 何如璋에게 보낸 서신」에 후반부가 추가된 전문이 인용되어 있다.

正月初三日，出使日本大臣何如璋函稱：

上月二十七日肅陳第一百十一號函，當邀垂鑒. 二十九日奉到堂憲本字第四十八號賜諭，敬謹讀悉. 琉球一案，此間傳聞謂："未經畫押蓋印，猶未定議." 茲承縷示，一一祇悉. 俄海軍卿仍在長崎療養，尚無動靜，迭經函飭駐崎理事餘瓗，俄船若有往中國、往朝鮮各信，由電告知，現在並無他信也. 西歷正值新年，此數日中亦無甚新聞. 如璋等自去歲十一月起，至本年十月止，又屆第三次報銷之期，謹備公牘呈達氷案. 開除以外所存一萬七千餘兩，計到七年正月約畧告罄. 各員續支薪水，及歸國應領辦裝銀兩，求飭江海關道匯寄以資應用. 聞許竹篔侍禦開凍以后方能東駛. 所有署中一切公文函件及各國交涉文件，業隨時料理鈔存檔案. 其各處來往函件有關公事者，亦旣陸續摘鈔，屆時自當彙入交代也. 此肅. 敬乞代面堂憲察核是禱.54) 順請勛安.

十二月初二日午后九點鐘四十五分，奉到來電：

鈔呈查核來緘竝鈔單，所議極正，朝鮮能連絡外交，誠於大局有益. 但由中國代爲主持，恐生疑慮，且多關礙. 閣下答金信，仍望迎機以導，立約一層，聽其自主，中國不爲干預，只可密爲維持調護. 北洋所見亦同，先行電聞.

專再啓者：

朝鮮外交一事，本初三日晚戌刻奉到電示，譯讀祇悉. 查此事以金使函遲久來到，礙難發端. 續因朝鮮密探委員卓挺植來東，有密奉君命之稟，曾與美使一商，均作從旁聯絡之詞，未著痕跡. 至如何結約，因李東仁、卓挺植詳細探問，曾將利害各節告知，俾其轉達該國，有所依據，經詳前函，諒邀洞鑒. 前函所云卓挺植歸國因誤船期，一時未及啓程. 旋接到金使來函，其中不過云："朝鮮現在衆論雖未通晤，殊不比往時，仍望賜教"等語. 於聯美一事，未經提及，仍未能將書意達美使，勸之前往也. 卓挺植於本初二日附英國公司船往長崎回國. 如璋仍告以俟朝鮮有願交美國之函，美使方能前往. 惟卓挺植屢稱：“國主與領相二三大臣決意外交，以憚李裕元之故，未能遽發，若得中國勸諭之力，事必有成”云云. 觀金使函亦有此意. 可否請仍由總署寄書朝鮮勸令外交，庶可以決其疑，而豎其信，仍望鈞裁. 現在朝鮮情形未敢必其能成. 若有回信，謹當遵照電示，密爲維持調護. 此事理應秘密，如璋在此均係不露聲色，格外嚴密，並再三叮囑李、卓諸人，不得少有疏漏矣. 專此. 再乞代面堂憲察核訓示，耑請勛安.

照錄抄單：

1. 照錄「朝鮮前修信使金宏集來函」(六年十一月二十九日收到)

子峩欽使大人閣下：

自賦河梁，月已再圓，寤寐德音，心焉如痗. 伏譪體祺清旺，勛猷茂著，額手溯頌，不任棻錆. 魯生夫子暨黃、楊兩公，諸度綏和，重爲之馳系. 宏集前月旬一泊釜山，廿八復使命. 家國一切托芘順平，差堪告慰耳. 嚮也猥附還往，厚蒙閣下盛眷，體中朝字小之恩，不以宏集檮昧，引而教之，將中外時事，剖示無蘊. 又黃公所贈『策略』一通，代爲籌畫，靡不用極，謹已一一歸稟，敝廷莫不感誦大德，異聲同歎. 現衆論雖未可曰“通悟，” 殊不比往時矣. 然敝邦規模，自來拙澁. 況又憂虞傾動，臨事茫然，計不知所出. 茲敢飛函仰告，幸憐其愚，而鑒其誠，重賜之大誨焉，則敝廷忝如著蔡，用以稽疑，獲受終始之惠矣. 惟閣下裁之. 言短意長，不能悉暴 統希匀照. 不莊.

庚辰九月十六日 朝鮮金宏集 再拜

2. 照錄「朝鮮密探委員卓挺植來稟」(六年十一月二十一日收到)

切愛護之隆眷，而敝邦之不能奉教者，果爲習見之所結，有難於一朝頓釋也. 今於信使之歸，復蒙懇懃指教，方覺時事之急務有所先機. 而況上國之所親經歷鑑照無遺者乎! 然敝邦臣民，素無海外眼目，誠難勇敢發起也. 若彼美國復來求和，而所約公平，則斷當真情相接，必無冷卻之理. 然事之大者，豈可謀於衆而后方欲成之乎? 是所以小生之密奉君命而轉達也. 又如昨日所囑結連美國, 實爲保國良策, 則伏望急速商議, 毋違積年庇護之宏圖焉.
欽差大臣 閣下.
卓挺植 再拜.

1월 3일, 日本 公使 何如璋이 다음과 같은 내용의 서신을 보내왔다.

지난 달 27일 삼가 올린 제 111호 서신은 이미 받아보셨을 것입니다. 9일 總理衙門에서 내려준 本字 48호 지시를 받들어 삼가 모두 읽어보았습니다. 琉球와 관련된 사안에 대해서는, 근래의 傳聞에 따르면 "아직 조약문에 서명을 하고 도장을 찍지 않았다고 하니 아직 논의가 결정된 것은 아닌 듯하다"고 합니다. 현재 상세한 지시를 받들어 하나하나 삼가 숙지하고 있습니다. 러시아 해군제독은 여전히 長崎에서 요양 중이며 아직 특별한 동정은 없습니다. 누차 長崎理事 餘瓗에게 서신으로 지시하여 만일 러시아 군함이 중국이나 조선으로 간다는 소식이 있으면 전보로 보고하도록 하였으나 현재까지 별다른 소식은 없습니다. 현재는 西曆의 新年에 해당하여 앞으로 며칠 동안 또한 어떠한 새로운 소식도 없을 것입니다.
저희들은 작년 11월부터 올해 10월까지, 또한 제3차 회계보고[報銷] 기한을 맞이하여 삼가 공문을 갖추어 보고 드렸습니다.[55] 지출한 경비 이외에 남은 1만 7천여 량은 光緖 7년 1월까지 대략 모두 사용되었습니다. 각 인원들에게 계속 지급해야 할 급료 및 귀국 시 응당 수령해야 하는 行裝 비용은 江海關道가 모아서 보내 저희가 사용할 수 있도록 지시해주시기를 요청합니다. 듣자하니 侍講學士 許景澄[56]은 얼음이 녹은 이후에나 동쪽으로 올 수 있다고 합니다.

54) 이 책에서 여러 차례 나오지만 원문이 代面인지 代回인지 판명하기 어렵다. 代回는 정확한 뜻을 찾기 어렵지만 代面은 남에게 편지를 보내 면담을 대체한다는 뜻이므로 아마 이것이 맞지 않을까 생각된다. 따라서 본문에서는 일단 모두 代面으로 통일하여 표기하였다.

55) 원문의 빙안(冰案)은 관방 공문서·서신을 수신하는 기관을 가리켜서 부르는 명칭이다. 여기서는 總理衙門을 가리키는 것으로 보인다.

56) 허경징(許景澄, 1845~1900)은 자가 죽균(竹筠)으로 절강성(浙江省) 가흥현(嘉興縣) 출신이며 동치 연간의 진사이다. 1880년부터 외교관으로서의 생애를 시작하여 프랑스·독일·오스트리아·네덜란드 4국 공사로 부임하였다.

저희 관청의 모든 공문·서신 및 각국과의 교섭과 관련된 문건 또한 이미 수시로 처리하고 초록한 뒤 보관하고 있습니다. 각 기관과 왕래한 문서 가운데 公事와 관련된 것 또한 이미 지속적으로 요점을 초록해 두었으니, 임기가 끝날 때 모아서 인계하겠습니다. 이에 공손히 서신을 올리니 總理衙門에서는 검토해 주시기를 바랍니다. 편안하십시오.

12월 2일 오후 9시 45분 다음과 같은 내용의 전보를 받았습니다 :

초록을 올려 검토한 서신과 부록[清單]에서의 논의는 매우 올바릅니다. 조선이 다른 나라와 연락하여 외교를 할 수 있다면 실로 大局에 도움이 될 것입니다. 다만 중국이 그 일을 대신 주지하게 되면 아마도 의심이 생겨나고 방해 또한 많을 것입니다. 귀하께서 金宏集의 서신에 답하실 때 여전히 기회를 봐서 권도하시기를 바랍니다. 조약 체결에서는 그 自主를 허용하되 중국은 간여하지 않고 단지 은밀히 유지하며 보호하는 일만이 가능할 것입니다. 北洋大臣의 所見 또한 동일합니다. 우선 전보로써 알립니다.

삼가 다시 아룁니다 :

조선의 외교문제에 대해서는 이번 달 3일 저녁 戌刻에 전보로 보내신 지시를 받아 모두 읽어보았습니다. 생각하건대 이 일은 金宏集 前 修信使의 서신이 오랫동안 지체된 후 도착하였기 때문에 일 처리를 시작하기 어려웠습니다. 뒤이어 조선 밀탐위원 卓挺植이 일본에 와서 비밀리에 조선 국왕의 지시를 받았으니 미국 공사와의 협상에 대해 옆에서 돕고 연락해 달라고 요청하였지만, 아무런 흔적도 남기지 않았습니다. 어떻게 조약을 체결할지에 대해서는, 李東仁·卓挺植이 상세하게 탐문하기에 일찍이 이로움과 해로움에 대해 알려주어 조선에 전달할 때 의거할 바가 있게 하였는데, 이에 대해서는 이미 이전의 서신에서 상세히 아뢰었으니 통찰하셨을 줄 압니다.

이전의 서신에서 卓挺植의 귀국은 선박 일정의 착오로 잠시 동안 출발하지 못하였다고 말씀드렸는데, 곧바로 金宏集 수신사의 서신을 받았습니다만, 그 내용은 "현재 조선의 여론이 비록 아직 통달하여 깨우친 것은 아니지만 특히 이전과는 비교할 수 없으니 여전히 가르침을 주시기 바란다"는데 불과하였습니다. 미국과의 연합에 대해서는 전혀 언급이 없어 여전히 서신의 뜻을 미국 공사에게 전달하여 그가 조선에 가도록 권할 수 없었습니다. 卓挺植은 이번 달 2일 영국 회사의 선박을 타고 長崎로 출발하여 귀국하였습니다. 저는 그래도 조선이 미국과 수교하기를 원한다는 내용의 서신이 있어야만 미국 공사가 바야흐로 조선에 갈 수 있다는 점을 알려 주었습니다. 다만 卓挺植은 누차 말하기를, "국왕과 領相, 두세 명의 대신은 외교의 뜻을 결정하였으나 李裕元을 두려워하기 때문에 서둘러 시작할 수 없으며, 만일 중국의 권유로 힘을 얻게 된다면 일이 반드시 이루어질 것"이라고 하였습니다. 金宏集 수신사의 서신 또한 이러한 뜻을 담고 있습니다. 따라서 總理衙門에서 조선에 서신을 보내 외교를 권유함으로써 그 의심을 해소하고 믿음을 견고히 해 주시도록 청해도 될지, 결정을 기다리고 있습니다. 현재 조선의 상황은 감히 반드시 성공할 수 있다고 말할 수는 없습니다. 만일 조선에서 회신이 온다면, 삼가 응당 전보 지시에 따라 비밀리에 유지하고 보호하겠습니다. 이 사안은 이치상 마땅히 비밀에 부쳐야 할 것입니다. 저는 이 사안에 있어서 어떠한 기색도 내비치지 않고 각별히 엄밀히 주의할 터이며, 아울러 李東仁·卓挺植에게도 조금이라도 누설하지 말도록 누차 촉구하였습니다. 삼가 서신을 올립니다. 재차 總理衙門에서 검토하여 훈시해 주시기를 엎드려 바랍니다. 편안하십시오.

첨부문서 :

1. 「前 修信使 金宏集이 보내온 서신」(光緖 6년 11월 29일 수신)

송별[57]한 다음 시간이 흘러 달이 다시 차올랐습니다. 밤낮으로 귀하의 勸言을 생각하다보니 정말 안타깝습니다. 엎드려 귀하의 신체가 맑고 왕성하시기를 빌면서, 그 뛰어난 가르침에 대해 손을 이마에 대면서[58] 깊이 탄복하지 않을 수 없습니다. 張斯桂[59] 부자 및 黃遵憲[60],

57) 원문의 하량(河梁)은 송별의 장소를 가리키는 말이다.

58) 원문의 액수(額手)는 두 손을 합장하여 이마에 댄다는 것으로 경의나 축하를 표시한다는 뜻이다.

59) 장사규(張斯桂, 1817~1888)는 자가 경안(景顔), 호가 노생(魯生)인데, 절강성(浙江省) 자계현(慈溪縣) 출신이다. 아편전쟁 이후 장사규는 서양인 선교사 윌리엄 마틴(William Alexander Parsons Martin, 丁韙良, 1827~1916) 등과 밀접한 교제가 있어 마틴이 번역한 『만국공법(萬國公法)』의 서문을 쓰기도 하였다. 1854년에는 근대 중국에서 최초로 민간이 도입한 윤선 보순륜(寶順輪)의 선장으로 초빙되기도 하였으며, 이후에는 이홍장을 도와 회군(淮軍)의 훈련을 돕기도 하였다. 또한 증국 번을 도와 안경내군계소(安慶內軍械所)의 창설을 도왔으며, 심보정(沈葆楨)의 복주선정국(福州船政局) 창설에도 간여하였다. 1876년에는 심보정의 추천으로 초대 주일 부사(副使)로 임명되었다. 1882년 귀국하여 직예성(直隸省) 광평부(廣平府) 지부로 일하다가 1888년 사망하였다.

楊樞[61] 두 분께서는 모든 몸가짐이 차분하고 온화하셨는데, 다시 그리워집니다.

저는 지난 달 말 부산에 머물렀다가 28일 復命하였습니다. 나라와 관련된 모든 일이 上國의 보호에 의지해 순조롭고 평온하여 맡은 직무에 위안을 받을 수 있었습니다. 지난번 외람되이 왕복하면서 귀하의 성대한 보살핌을 두텁게 받았으니, 中國이 작은 나라를 어여삐 여기는 은혜를 체현해주시면서, 제가 우매하다고 생각지 않고 이끌어 가르쳐주시고 안팎의 時事를 남김없이 알려주셨습니다. 또한 黃遵憲公께서 주신『朝鮮策略』한 권은 조선을 대신해 계획하심에 마음과 힘을 다하셨기에 돌아와 삼가 이미 국왕께 하나하나 보고를 올렸고, 조정에서는 이구동성으로 탄복하면서 크나큰 은덕을 칭송하지 않는 사람이 없습니다. 비록 현재의 여론이 아직은 "통하여 깨우쳤다"고 할 수는 없으나, 특히 이전과는 전혀 비교가 되지 않는 상황입니다. 그렇지만 조선의 법도는 지금껏 서투르고 껄끄러웠습니다. 하물며 또한 근심·걱정으로 동요하며, 사건이 닥치면 아예 멍해져서 아무런 계책도 내놓지 못합니다. 지금 감히 서신을 올려 알리오니, 조선의 우매함을 가엽게 여기시고 그 성의를 살펴 다시금 큰 가르침을 내려주신다면 조정에서는 이를 신령의 지시처럼 받들고 이를 통해 의심을 풀어 한결같은 은혜를 받을 수 있을 것입니다. 오로지 귀하께서 결정해주시면 됩니다. 짧은 글로써 저의 긴 생각을 모두 드러낼 수는 없었으니, 전체적으로 두루 살펴 주시기를 바랍니다. 언사가 공손하지 못해 송구스럽습니다.

庚辰年 9월 16일

조선 金宏集이 다시 인사드립니다.

60) 황준헌(黃遵憲. 1848~1905)은 자가 공도(公度)이고 별호는 인경려주인(人境廬主人)으로 청대의 시인이자 외교관, 개혁가로 이름이 높다. 광동성 가응주(嘉應州) 출신으로 1876년 거인(擧人)으로 합격하여 주일본 참찬(參贊), 로스앤젤레스 총영사, 주영국 참찬, 싱가포르 총영사를 지냈으며, 무술개혁기에는 서호남안찰사(署湖南按察使)로 순무(巡撫) 진보잠(陳寶箴)을 도와 개혁을 추진하였다.

61) 양추(楊樞, 1844~1917)는 자가 성원(星垣)으로 광동성 출신의 회족(回族) 무슬림으로 1870년 광주동문관(廣州同文館)을 졸업한 다음 양광총독의 아문에서 14년간 통역으로 일하였고, 1884년 이후에는 양광총독으로 부임한 장지동(張之洞)의 인정을 받아 양무국(洋務局)을 맡으면서 이 지역 양무운동의 추진에 큰 역할을 하였다. 장지동의 추천으로 1891~1902년 동안 長崎領事로 근무하였으며, 1903년에는 주일본 공사로 부임하다가 1907년에 귀국하였다.

2. 「일본 공사 何如璋이 조선 밀탐위원 卓挺植에게 받은 서신」(光緖 6년 11월 21일 수신)

간절하게 애호해 주시는 큰 보살핌에도 불구하고, 조선에서 가르침을 받들 수 없는 것은 확실히 습속과 견문이 엉켜있어 하루아침에 갑자기 풀리기는 어렵습니다. 현재 수신사가 돌아와 다시금 간절하고 은근한 가르침을 받고서야 비로소 현재 처리해야 할 급무에서 유리한 시기를 선점해야 함을 깨닫게 되었습니다. 하물며 상국에서 친히 오랫동안 겪어온 일을 남김없이 비추어주시지 않았습니까! 그런데 조선 신민들은 평소 해외에 대한 안목이 없어 실로 용감하게 일어서기 어렵습니다. 만일 미국에서 다시 와서 화친을 요구하고 약속하는 바가 공평하다면 곧 단연코 진정으로 응대해야 하며 굳이 냉정하게 물리칠 이유는 없습니다. 그러나 중대한 일이 어찌 모든 사람들과 함께 논의한 다음에야 비로소 성사되기를 바랄 수 있겠습니까? 이것이 제가 국왕의 명령을 비밀리에 받들어 전달하는 까닭입니다. 또한 지난번 부탁하신 미국과의 연합은 실로 나라를 지키는 좋은 계책이니, 엎드려 빌건데 시급히 상의하여 오랫동안 비호해 주셨던 원대한 뜻을 거스르지 않게 해주십시오.

欽差大臣 귀하

卓挺植 다시 인사드립니다.

(13) 문서번호 : 2-1-1-13 (346, 454a)

사안 : 영국이 조선과의 통상을 원하는데, 처리에 단서가 마련되면 서신으로 알려드리겠습니다(英欲與朝鮮通商事, 俟辦有端緒函告).

날짜 : 光緖七年正月十二日(1881년 2월 10일)

발신 : 總理衙門

수신 : 英國 公使 웨이드

正月十二日, 致英國公使威妥瑪函.

本月初八日、初九日, 貴大臣來署談及朝鮮通商一事, 本大臣等已將一切情形與王爺詳細述知. 刻下正在上緊籌辦, 一俟辦有端緒, 卽當奉聞, 知關廑懷, 先此佈復.

1월 12일, 웨이드 영국 공사에게 다음과 같은 내용의 서신을 보냈다.

이번 달 8일과 9일, 귀하께서 저희 아문에 오셔서 조선과의 통상문제를 말씀하셨는데, 본대신은 그것과 관련된 일체의 사정을 이미 恭親王께 상세히 말씀드렸습니다. 현재는 마침 바쁘게 준비 중이니, 처리에 단서가 마련되면 즉시 알려드리도록 하겠습니다. 간절하게 마음에 품고 계시는 바에 관계된 것임을 아는지라, 먼저 이와 같이 답장을 보냅니다.

(14) 문서번호 : 2-1-1-14 (349, 456a-458a)

사안 : 1. 井上馨과 橫濱에 정박 중인 미 해군제독이 熱海에 갔는데, 전해지기로는 借款 사무를 협의한다고 합니다(井上與泊橫濱之美船提督赴熱海, 傳會商借債事).

2. 일본에 파견된 각 수행원에 대한 표창을 요청합니다(請恩獎出使日本各隨員).

3. 조선이 외국과 조약을 체결하더라도 외국인들이 조선을 더 이상 자주국가로 인식하지 못하게 하면, 여전히 그들 스스로 처리하게 해도 될 것입니다(朝鮮對外立約, 使外人不再認爲自主之邦, 仍可由其自行辦理).

날짜 : 光緖七年正月二十三日(1881년 2월 21일)

발신 : 何如璋

수신 : 總理衙門

正月二十三日, 出使日本大臣何如璋等函稱 :

本月十五日肅呈第一百十三號緘, 當邀垂鑒. 伊犁一案, 自前次英倫來電稱 : "中俄事旣了結," 以后未有續電. 俄海軍卿理疏富斯基, 仍在長崎. 據長崎理事餘瑞函稱 : "曾往見一面, 尚坐而握手, 步履猶未便也." 現泊橫濱之阿美[非?]利加船提督某, 曾來東京見外務卿井上馨, 井上答拜, 次日復坐其船, 偕往熱海(在伊豆之近海地方, 去東京約二百裏, 有溫泉, 日本高官巨室時時往遊之所也). 昨有外務書記官來坐談及此, 彼謂 : "井上偕其夫人及女答拜提督, 言及溫泉之遊, 提督強邀之同往"云(到后, 船卽歸泊橫濱). 惟有無他項詭謀, 須再密探. 又此月中先后往熱海, 有參議大隈重信、伊籐博文、黑田淸隆, 現皆未歸, 或云帶有太政書記官及大藏省翻譯之書記官, 恐係會商借債事. 則井上之往, 仍爲此事, 亦未可知也. 肅此, 敬乞代面堂憲察核爲禱, 卽請勛安.

專再啓者：

如璋現居三年期滿，所有隨帶之參贊、理事、繙譯、隨員等員，不無微勞，現旣援案籲請恩奬. 此摺仍由輪船寄到上海文報局，轉遞到日 求鈞署代爲遞進. 如璋等從前摺件，係求代遞，曾奉賜諭，謂："以后可照此辦理，此次仍備奏事處咨文." 又謹鈔原摺片，繕文呈達鈞案，統求察核辦理.

附片中之丁憂任敬和等五員，除任敬和一員留差旣滿三年外，神戶理事官劉壽鏗，雖到差未久，而神戶·大阪之華商，閩、廣、三江分幫不睦，該員創辦之初，盤根錯節，苦心調護，甚爲出力. 至隨員吳廣霈、何定求等，草創之始，事屬繁難，而該員當差，旣過二年，毫無貽誤. 其時旣有『奏定丁憂人員章程』，本可留差，皆以堅請守制，未便強留. 其立心制行，似可嘉尚. 又念該員離鄕井別父母，而遠役海外，忽以中道丁艱，上未霑朝廷之隆恩，下不免家庭之隱痛. 其情亦未免向隅. 如璋等本欲分別酌量開奬，繼以未滿三年，保奬未有章程，恐經部駁，再四籌思. 所以叩請恩旨交鈞署核議，是否有當，伏候鈞裁. 再乞代面堂憲察核訓示爲禱，再請勛安.

再，如璋等到東以后，所有公事摺件，均係會銜具奏，與出使美、英各國單銜陳奏者，微有不同. 此次保奬人員，因摺內之隨員張鴻淇係斯桂之子，斯桂年過六旬，遠涉重洋，飭令隨侍來東，經如璋商派充作隨員，現居差滿. 張鴻淇自應一律保奬，是以斯桂未便會銜. 謹此附陳，務希於摺到之日，卽回堂憲察核 均不勝翹禱之至. 再請勛安.

再，正在等待輪船，未及發函間，接奉大文並堂憲本字第四十九號賜諭，敬謹捧讀，祇悉一切. 朝鮮外交一事，如璋前呈『主持朝鮮外交議』，院旣經繕呈之后，再四籌思，所議派員前往代爲主持及奏請諭旨飭令立約，一時皆未便行. 惟念朝鮮前與日本立約，約中有"朝鮮爲自主之邦"一語. 嗣以朝鮮禮曹行文日本外務中，有"上國指揮"等字，擡頭繕寫，而日本公使花房義質竟無理取鬧，行文駁詰. 如璋私心竊冀除立約仍由朝鮮外，但使其能於約中，不觸不背，順便露出中國屬國影子，則外人不認爲自主之邦. 庶幾將來無事時，可互相聯絡，以壯聲援，有事時，可互相策應，無須中立. 而朝鮮外交，一切仍係由彼自行辦理也，但不知能辦得到否. 又堂諭命如璋措詞之間，作爲如璋意，尤覺泯然無跡. 如璋前晤美使, 卽係作爲如璋意, 與之妥商, 與鈞旨正同. 所陳一百十號十一號函, 旣經詳陳. 又李伯相 : "仿照華約, 不利朝鮮," 如璋所亟亟然欲先與美國結約者, 正爲此事. 伯相又謂 : "他國相率偕往朝鮮, 反恐中阻." 前英署使堅尼迪言及此事, 如璋亦經以婉言辭之. 所有辦法均幸不至乖謬.
現在俄師仍泊長崎, 新聞傳説, 亦時有遣船前往之言, 究難保其無事. 朝鮮前次之委員李東仁, 早旣抵國, 后次之委員卓挺植, 近亦當到釜山. 苟使朝鮮自此開悟, 決意外交, 誠於亞洲大局大有裨益. 事機至逼, 間不容髮. 如璋日夕傍皇, 惟禱祝朝鮮破除舊見, 妥速辦理而已. 肅此. 敬再乞代面堂憲察核訓示是禱. 再請勛安.

1월 23일, 日本 公使 何如璋 등이 다음과 같은 내용의 서신을 보내왔다.

이번 달 15일 삼가 올린 제113호 서신은 이미 살펴보셨을 것입니다. 이리문제에 대해서는, 앞서 "중국과 러시아 간의 사안이 이미 종결되었다"고 한 영국 런던발 전보 이후, 뒤를 이은 전보가 아직 없었습니다. 러시아 해군제독 레소프스키는 여전히 長崎[나가사키]에 있습니다. 長崎理事 餘瓗가 보낸 서신에 따르면, "일찍이 찾아가 한 번 만나보았는데, 여전히 앉아서 악수를 하고 걷는 것도 불편한 것 같다"고 하였습니다. 현재 橫濱에 정박 중인 미국 해군제독은 東京에 와서 外務卿 井上馨[이노우에 가오루][62]을 만났고, 이에 井上이 답방을 하였는데, 다음날 다시 그 배를 타고 함께 熱海[아다미]로 갔습니다(그곳은 伊豆[이즈]의 근해지방으로 東京에서 약 200리 떨어져 있고, 온천이 있어서 일본의 고관과 명문가 사람들이 때때로 가서 유람하는 곳입니다). 어제 외무성 서기관이 와서 이를 언급하였는데, "井上馨이 그 부인 및 딸과 함께 제독을 답방하였고 온천 유람 이야기가 나오자 제독이 강하게 요청하여 동행하였

62) 이노우에 가오루(井上馨, 1836~1915)는 죠슈번(長州藩) 출신의 무사로 메이지유신에 참여, 메이지유신의 원훈(元勳)이자 구원로(九元老) 가운데 한 사람이 되었다. 정치가이자 실업가로 메이지시대에 외무경(外務卿)·참의(參議)·농상무대신(農商務大臣)·내무대신(內務大臣) 등의 요직을 역임하였는데, 1876년에는 부사(副使)로 강화도조약의 체결에 참여하였고, 1879년부터 외무경(外務卿)으로 일하면서 임오군란·갑신정변과 관련된 조선과의 외교 사무를 처리하였으며 1885~1887년까지는 외무대신을 지냈다. 1894년 제2차 이토 내각의 내무대신, 주중국 공사, 제3차 이토 내각의 대장대신(大藏大臣) 등을 지냈다. 근대 일본의 '탈아입구(脫亞入歐)' 전략의 주도자 가운데 한 명이기도 하다.

다"고 합니다(도착 직후 배는 橫濱으로 돌아가 정박하였습니다). 다만 다른 음모가 있는지는 반드시 다시 알아 봐야 할 것입니다. 또한 이번 달에 차례로 熱海로 갔던 參議 大隈重信[오쿠마 시게노부][63], 伊藤博文[이토 히로부미][64], 黑田淸隆[쿠로다 키요타카][65]는 모두 아직 東京으로 돌아오지 않았습니다. 혹은 太政書記官 및 大藏省의 飜譯書記官을 대동한 것으로 보아 아마도 함께 모여 借款문제를 협의할 것이라 하기도 합니다. 따라서 井上이 熱海로 간 것이 여전히 이 일 때문인지는 아직 알 수 없습니다. 공손히 이 서신을 올립니다. 삼가 서신을 보내니 總理衙門에서 검토하고 지시를 내려주시기 바랍니다. 편안하십시오.

삼가 다시 아뢰니다 :

저희는 현재 3년 임기의 만료가 도래하였습니다. 대동했던 參贊·理事·繙譯·隨行員 등 모든 인원은 미약한 노력을 하지 않은 경우가 없기에 현재 이전 사안을 근거로 표창을 간청하고자 합니다. 이것을 간청하는 주접은 上海의 文報局(電信局)에 보냈으니, 도착하면 總理衙門에서 대신 올려 주시기를 청합니다. 저희가 종전에 올린 주접은 總理衙門에 대신 올려주실 것을 요청하였는데, 이에 관해 이미 "이후 이 방법에 따라 처리해도 좋습니다. 이번은 종전대로 奏事處로 자문을 보내십시오"라는 지시를 받은 바 있습니다. 또한 삼가 원건 주접 및 附片을 초록하여 올리오니 검토하시고 처리해 주십시오.

附片 가운데 丁憂[66] 중인 任敬和 등 5명 가운데, 任敬和는 현지에 머무르며 업무를 담당한지 3년이 되어 임기가 만료된 것 외에, 神戶理事官 劉壽鏗은 비록 업무를 담당한 지 오래되지

---

63) 오쿠마 시게노부(大隈重信, 1838~1922)는 히젠(肥前) 번의 무사 출신으로 메이지유신의 志士 가운데 한 사람이다. 메이지시대의 정치가이자 재정개혁가로 입헌개진당(立憲改進黨)을 세워 총재가 되었고, 일본의 제8대·17대 내각 總理大臣을 지냈으며 와세다(早稻田)대학의 창립자이기도 하다.

64) 이토 히로부미(伊藤博文, 1841~1909)는 죠슈(長州)의 번사(藩士) 출신으로 메이지유신의 원로 가운데 한 사람이다. 일본 제1대 내각의 총리대신, 樞密院 의원, 貴族院 원장 등을 지냈으며, 제1대 조선통감을 맡기도 하였다. 메이지 헌법의 아버지로 불리고 입헌정우회(立憲政友會)의 창시자로 네 차례나 내각을 조직하기도 하였으나 1909년 10월 26일 하얼빈에서 안중근 의사에게 살해되었다.

65) 쿠로다 키요타카(黑田淸隆, 1840~1900)는 사쓰마(薩摩) 번 출신으로 메이지유신에 적극 참가하였고, 메이지정부에서 병부대승(兵部大丞)·개척사차관(開拓使次官) 및 長官, 참의(參議) 등을 지냈다. 1876년 일본정부를 대표하여 강화도조약을 체결하였고, 홋카이도(北海道) 개발에도 기여하였으며, 일본의 제2대 내각 총리대신을 지낸 원로이기도 하다.

66) 정우(丁憂)는 직계 존속의 상(喪)을 당해 3년상을 치르는 동안 현직에서 이탈하는 것을 말한다.

않았으나, 神戶·大阪 중국 상인들이 福建·廣東·三江 출신 집단끼리 반목하여 그가 업무를 시작하던 초창기에 사정이 매우 복잡하고 어려웠지만 고심하여 이들을 타이르고 돕는 일에 크게 힘을 썼습니다. 수행원 吳廣霈·何定求 등은 업무를 시작할 때 아주 번잡하고 어려웠으나 업무를 담당한 지 이미 2년이 지났지만 조금도 그르침이 없었습니다. 그때 이미『奏定丁憂人員章程』이 있었으므로 본래 그대로 남아 업무를 맡을 수 있지만, 이들 모두 居喪의 의례를 지키게 해 줄 것을 단호히 요청하였기에 억지로 남게 할 수는 없습니다. 그들의 결심과 행실은 가상하다고 할 수 있습니다. 또한 그들이 고향을 떠나 부모와 이별하고 멀리 떨어진 해외에서 업무를 담당하다가 홀연히 중도에 丁憂를 만났음을 고려한다면, 위로는 조정의 두터운 은혜를 입지 못할 뿐 아니라 아래로는 가정의 숨겨진 아픔을 피하지 못하는 것이니, 또한 그 감정 또한 실의에 빠지는 것을 피할 수 없습니다. 저는 본디 이들을 각기 나누어 가늠하고 표창을 상신하고자 하였으나, 모두 3년 임기를 채우지 못하였고 장려와 표창에 관한 장정이 없어 吏部의 반박을 받지 않을까 우려하여 여러 차례 다시 생각하였습니다. 따라서 고개 숙여 황상의 자애로운 유지를 청하는 문제에 대해 總理衙門에 넘겨 검토를 받고 타당한지 아닌지 결정을 기다리고자 합니다. 삼가 서신을 보내니 검토하고 훈시해주시기를 엎드려 바랍니다. 다시 한 번 편안하시기를 빕니다.

첨부합니다 :

제가 일본으로 건너온 이후 모든 공무와 관련된 주접은 모두 聯名으로 上奏하였는데, 美國·英國 등 각국에 파견된 公使가 단독으로 上奏하는 경우와 약간은 다른 점이 있습니다. 이번에 표창을 추천한 인원 가운데 주접에서 아뢴 隨行員 張鴻淇는 張斯桂의 아들로서 張斯桂가 60세가 넘었고 대양을 건너 멀리 와야 했기 때문에 일본으로 수행하도록 하였습니다. 이미 그를 상의하여 수행원으로 충당하였고 현재 임기가 만료되었습니다. 張鴻淇도 실로 응당 일률적으로 표창을 추천해야 하지만, 이 경우 아버지인 張斯桂와 함께 연명하여 상주하기 곤란합니다. 삼가 이에 대해서 추가적으로 진술하오니 주접이 도착하면 곧 검토해주시기를 지극히 바라마지 않습니다. 재차 평안하시기를 바랍니다.

첨부합니다 :

현재 輪船을 기다리면서 서신을 발송하지 않았던 차에 보내주신 문서와 本字 49호 지시를 받아 삼가 공손히 모두 읽었습니다. 조선의 외교와 관련하여 제가 이전에 올린 『主持朝鮮外交議』는 總理衙門67)에서 다듬어 올린 다음 다시 여러 차례 생각해 보니, 제가 제안한 관원을 조선에 파견하여 대신 외교를 주지하는 일과 조선으르 하여금 조약을 체결케 하도록 諭旨를 청하는 일은 지금으로서는 바로 실행하기 곤란한 것 같습니다. 다만 생각하건대, 조선이 전에 일본과 조약을 체결하였고, 조약 내에 "조선은 自主之邦이다"라는 文句가 있었습니다. 이후 조선 禮曹에서 일본 外務省에 보낸 문서에서 "上國이 指揮한다"라는 문구가 있고 이를 擡頭하여 올려 썼기 때문에 일본 공사 花房義質이 시끄럽게 소란을 피우고 공문을 보내 반박·힐책하였습니다. 저의 개인적인 바람은 조약 체결 자체는 그대로 조선이 주지하되, 다만 그들로 하여금 조약문 가운데 저촉되거나 어긋나지 않게 중국의 屬國이라는 그림자가 자연스럽게 드러나게 함으로써 외국인들이 조선을 自主之邦으로 인정하지 않게 하는 것입니다. 이렇게 한다면 향후 아무 일이 없을 때는 서로 연락하면서 크게 응원할 수 있고, 일이 있을 때는 서로 策應하면서 中立의 입장을 취할 필요가 없습니다. 그리고 조선의 외교와 관련된 모든 사무는 여전히 그들 스스로 처리하도록 합니다만, 그들이 능히 처리할 수 있을지 여부는 아직 알 수 없습니다.

또한 總理衙門에서는 제가 뜻을 전달하는 과정에서 그것이 [중국정부의 공식적인 입장이 아니라] 제 개인적인 의견인 것처럼 하라고 지시하였는데, 이것은 특히 아무런 흔적도 남기지 않는 방법입니다. 제가 이전에 미국 공사와 만났을 때에도 제 의견인 것처럼 가장하여 그와 협상을 하였는데, 이것도 總理衙門에서 지시한 취지와 똑같은 일이었습니다. 이 점에 대해서는 올린 제110·111호 서신에서 이미 자세하게 진술하였습니다. 또한 李 中堂大人은 "중국과의 조약을 모방하게 되면 조선에 불리할 것"이라 하셨는데, 제가 그토록 서둘러 조선이 우선 미국과 조약을 체결해야 한다고 한 것이 바로 이 때문이었습니다. 李 中堂大人은 또한 "다른 나라들이 잇따라 모두 조선에 가게 되면 오히려 중간이 장애가 있을 것"이라 우려하셨습니다. 전 영국 대리공사 케네디도 이 일을 언급하였으나 제가 또한 이미 완곡한 말로 사절하였습니다. 현재까지 모든 처리 방법이 다행히 어긋나거나 잘못되지 않았습니다.

현재 러시아 군함은 여전히 長崎에 정박해 있지만, 新聞에서 전하는 바에 의하면 또한 때로 러시아가 군함을 파견한다는 이야기가 있으므로 결국 조선이 무사하리라 보장하기는 어렵습

67) 원문의 원(院)은 중앙정부의 관청이나 그 장관을 가리키지만, 여기서는 어디를 가리키는지 분명하지 않다. 일단 總理衙門으로 간주하여 번역하였다.

니다. 조선에서 앞서 파견했던 委員 李東仁은 이미 조선에 돌아갔고, 나중에 파견한 委員 卓挺植 또한 가까운 시일 내에 응당 釜山에 도착할 것입니다. 진실로 조선으로 하여금 이제부터라도 각성하게 하여 外交에 대한 뜻을 결심하게 한다면 실로 아시아 대국에 크고 유익한 도움이 될 것입니다. 시세가 절박하여 조금이라도 지체할 수 없습니다. 저는 밤낮으로 방황하면서 오로지 조선이 낡은 견해를 깨뜨리고 신속하게 처리하기만을 바랄 뿐입니다. 공손히 이 서신을 올립니다. 재차 삼가 서신으로 전하니 總理衙門에서 검토하여 훈시를 내려주시기 바랍니다. 편안하시길 다시 청합니다.

(15) 문서번호 : 2-1-1-15 (350, 458b)

사안 : 조선의 근래 정세에 대해 비밀 상주를 올려 옛 제도를 변경하는 유지를 주청합니다
(密奏朝鮮近日情形, 請旨變通舊制).

날짜 : 光緒七年正月二十五日(1881년 2월 23일)

발신 : 總理衙門

수신 : 光緒帝

正月二十五日, 本衙門遞正摺[詳見密奏].

浮籤 :「密奏朝鮮近日情形, 可否變通舊制, 請旨遵行由」.

1월 25일, 본 아문에서 주접을 상주하였다[상세한 것은 비밀 奏摺 참조].

첨부내용 : 조선의 근래 정세에 대해 비밀 상주를 올려 옛 제도를 변경해도 좋을지 아닐지 황상의 諭旨를 청해 그에 따라 遵行하고자 합니다.

(16) 문서번호 : 2-1-1-16 (351, 359a)

사안 : 조선 외교문제는 總理衙門에서 이미 상주하여 옛 제도를 변통하는 유지를 주청하였습니다(朝鮮外交一事, 本處已具奏, 請旨變通舊章).

날짜 : 光緒七年正月二十八日(1881년 2월 26일)

발신 : 總理衙門

수신 : 李鴻章

正月二十八日, 致北洋大臣李鴻章函[詳見密啓].

浮籤 :「函述朝鮮外交一事, 現由本處具奏變通舊章由」.

1월 28일, 北洋大臣 李鴻章에게 다음과 같은 내용의 서신을 보냈다[상세한 내용은 密啓에 보인다].

첨부내용 : 조선의 외교에 대해서 현재 옛 제도를 변통하는 일에 대해 上奏를 올렸다는 사실을 서신으로 알리는 바입니다.

(17) 문서번호 : 2-1-1-17 (353, 461a-480a)

사안 : 조선의 委員 李容肅이 天津을 방문하여 직접 간나 사정을 이야기하였는데, 이미 조선이 서양과 조약을 맺고 통상을 하도록 권고하였습니다(朝鮮委員李容肅來津稟謁, 已開導該國與西洋立約通商各事).

첨부문서 : 1. 「조선 中樞府知事 李容肅이 가져와 올린 『節略』(朝鮮中樞府知事李容肅帶呈節略)」: (1) 각국과 조약을 체결하고 통상하는 일에 대해 조정의 논의는 이미 깨우침이 있었으므로, 중국이 각국과 체결한 通商章程과 稅則 등을 내려주어 참고할 수 있게 해주시고, 아울러 중국 상인이 각 개항장에 와서 무역을 함으로써 일본 상인들의 압박을 막을 수 있기를 바랍니다(與各國結約通商事, 廷議已有回悟, 請檢賜中國與各國通商章程、稅則等參照, 並祈籌使華商來開港各口貿易以杜日商欺壓). (2) 일본의 승임공사 花房義質이 國書를 직접 제출하고, 仁川 開港 및 조선 수도에의 주재를 요청하였습니다. 일본 국서에 답장을 할 때의 호칭 등에 대한 지도를 바랍니다(日陞任公使花房義質面呈國書, 請開港仁川及駐紮韓京. 希指敎答日本國書稱謂等).

2. 「부건 1의 부건(附件一之附件)」: (1) 「領議政 李最應의 啓本」: 작년 미국에서 온 사신을 거부한 것은 실로 잘못된 방책이었습니다. 조선이 당장 힘써야 하는 일은 먼 나라에서 온 사람들을 회유하여 사직을 편안하게 하는 것 만한 일이 없습니다(「領議政李最應啓本 : 上年拒美來使, 實爲非計. 朝鮮當務之急, 莫如懷遠人而安社稷」). (2) 「修信使 金宏集이 何如璋에게 보낸 서신」: 세계대세에 대한 가르침과 黃遵憲參贊이 건네 준 『朝鮮策略』은 이미 돌아가서 조정에 아뢰었고, 조정의 의견은 이미 이전과 비교할 수 없습니다(「修信使金宏集致何侍講書 : 蒙剖示中外時事及黃參贊所贈『策略』, 已歸稟朝廷, 廷論已不比往時」). (3) 「日本國書의 漢譯文」: 花房義質를 파견하여 公使로 삼고 조선 수도에 주재시켜 양국 간의 교제를 돈독하게 하고자 합니다(「日本國書漢譯文」: 簡派花房義質爲公使駐紮韓京, 以睦邦交) (4) 「花房義質이 國書를 직접 올린 다

음의 발언 초록」: 國書를 바쳐 더욱 친목을 도모하고 주재 사절을 처음 두고자 합니다(「花房義質面進國書后致詞謄本」: 捧呈國書, 更期親睦, 創置駐留使員).

(5) 「何如璋이 花房義質에게 넘겨 金宏集에게 보내는 서신」: 花房義質이 조선에 파견되면 禮遇를 더하고 誠信으로 접대하여. 일본·조선의 교섭이 나날이 원만하기를 희망합니다(「何侍講交花房義質致金宏集書」: 花房使韓. 望加禮遇, 推誠相待, 俾日韓交涉日益協洽).

3. 「조선 委員 李容肅과의 『問答節略』(與朝鮮委員李容肅『問答節略』)」: 朝·日 교섭 상황을 탐문하고 아울러 조선 조정에 조속히 각국과 조약을 체결하여 통상을 하고, 하급 문·무관원을 天津에 보내 武備관련 학습을 하도록 권유하였습니다(探詢韓日交涉情形, 並勸導韓廷, 早與各國立約通商及派弁來津學習武備).

4. 「조선 原任太師 李裕元으로부터 온 서신 및 禮單(朝鮮原任太師李裕元來函, 附禮單)」: 하급 문·무관원을 천진에 파견하여 武備 학습을 시키는 일에 대해 국왕께서는 은덕을 내려주신 뜻에 깊이 감사를 표시합니다. 다만 준비하는데 아직 약간 시간이 필요합니다(派員弁赴津武備事, 國君深感玉成德意. 惟備辦尙稍需時日).

5. 「조선 原任太師 李裕元에게 보내는 답신(覆朝鮮致任太師李裕元函)」: 武備 진흥이 진실로 당장 힘써야 할 급무이지만, 나아가 선입견을 제거하고 원대한 계획을 확충하여 조속히 각국과 조약을 체결하고 통상하기를 바랍니다(振興武備, 誠爲當務之急, 更希蠲成見, 擴宏規, 早與各國議約通商)」.

6. 「(조선을) 대신하여 기초한 조선과 각국 사이의 통상조약(代擬朝鮮與各國通商約章)」: 馬建忠이 朝鮮과 각국 사이의 通商章程 초안 10개 조항을 대신 기초하였습니다(馬建忠代擬朝鮮與各國通商章程底稿十款).

7. 「北洋大臣이 조선이 자문한 사안에 대해 각각 답변한 내용(北洋大臣酌覆朝鮮詢問各條)」: 중국 상인이 조선의 각 개항장에 가서 무역을 하고, 부산·원산에 세관을 설치하고 관세를 정하며, 武備 학습을 할 하급 문·무관원이 바닷길로 천진으로 올 때의 증명서 검사 및 일본 국서에 답할 때의 호칭 등의 사안에 대해 검토하여 답변하였습니다(核覆華商赴朝鮮各口貿易, 釜山、元山設關定稅, 學習武備員弁海道來津之領照稽査及答日本國書稱謂各事).

날짜 : 光緒七年二月三日(1881년 3월 2일)
발신 : 李鴻章
수신 : 總理衙門

二月初三日, 北洋大臣李鴻章函稱 :

正月二十九日奉二十八日公函並鈔奏一件, 以"朝鮮外交遇有關係緊要之件, 由敝處及出使日本大臣通遞文函"等因. 仰見籌度機宜, 權衡至當, 欽佩曷勝? 適有朝鮮國王委員李容肅隨本居貢使來京, 於正月二十日赴津稟謁. 謂 : "專爲奉辦武備學習事," 並賫呈該國『請示節畧』書冊一本, 及原任太師李裕元函. 鴻章查閱『節畧』所開各條, 內有領議政李最應啓本, 頗悔去年六月堅拒米利堅來使爲非計, 末則歸重於"及今之務, 莫如懷遠人而安社稷"等語. 另條又問他日不得已與各國相交, 先后早晚之策. 又索中國與各國修好立約通商章程、稅則, 帶回援照. 是子峩函述該國廷議漸有回悟, 願與美國立約, 已有明證. 惟李裕元函仍隱寓不欲外交之意.
鴻章因其『節畧』諮商事件繁瑣, 先令津海關道鄭藻如等會同傳詢一切, 擬議大概. 旋於二十八日傳見李容肅, 與之筆談良久, 詢及各國若派使議約, 當無拒絕. 該員答以"寡君之意已屬於此, 廷臣亦有回悟者, 若有美意來請, 不當如前堅拒"等語. 該國於外交情事生疏, 『節畧』內既有披露腹心, "願一一開誨碩畫"之語, 自須乘機切實指示, 導引迷途. 因屬前在西洋學習交涉事宜之道員馬建忠與鄭藻如等, 代擬朝鮮與各國通商章程草底, 參酌目今時勢及東西各國交涉通例, 預爲取益防損之計, 俾該國有所依據, 不至多受洋人蒙蔽. 仍緘覆李裕元, 婉切開導, 冀其勿再從中作梗. 至其所詢日本國書稱謂一節, 在我頗難措詞, 亦難保彼非意存嘗試. 因查西洋各國稱帝稱王, 本非一律, 要皆平等相交, 畧無軒輊. 該國王久受冊封, 其有報答日本及他國之書, 自應仍用封號, 國政雖由其自主, 仍不失中國屬邦之名, 庶爲兩得.
謹將李容肅帶呈『節畧』一本, 敝處酌覆朝鮮詢問各條, 代擬朝鮮與各國通商約章與李容肅『問對節畧』，李裕元來往函稿，照鈔六摺，奉呈電核．除撮要敍摺具奏外，專肅密覆．祇頌鈞祺．

照錄鈔摺：

1. 朝鮮中樞府知事李容肅帶呈『節畧』

光緒七年正月，武備學習諸條，向蒙妥籌，欽奉恩准，一國君臣不勝感惶．今將資裝起送，自費時日，敢告緣由，以備諒燭．大人前后書教，無非爲敝邦指示迷昧，俾知宇內大勢，竊不勝感激無涯．而敝邦壤僻人拙，常多歧貳之論．曩者信使之回，獲見何侍講『筆談』、黃參贊『策略』，節節竅要，於是乎廷議回悟，大臣有奏於前席．信使寄書於何公，可見二三廷臣之協贊，而猶有持論之不合者矣．大人之於敝邦，憂念懇至，安得不披露腹心，仰質高明乎! 惟願一一開誨碩畫，終始受賜．

2-(1).「領議政李最應啓本」

臣見上國公使諸條論辨，與我之心算相符，不可一見而束之高閣者也．防禦之策，自我豈無所講磨? 而公使冊子論說若是備盡，旣給於我國，則深有所見而然也．固可以採用，然我國人必不信之，將爲休紙矣．且今年六月米利堅之來東萊也．彼若以書契呈萊府，則自萊府受之，未爲不可，呈禮曹則自禮曹受之亦可也．而該府使自以謂讐國，拒而不受，仍爲傳播於新聞紙，爲天下嘲笑．其在柔遠之義，不當若是．我國風習本來如此，每所悶歎．雖以西洋各國言之，本無恩怨，而初由我國憸人輩之招引，以致釁隙．大抵洋船一來，則人皆以邪學爲藉口之端．而洋人之來往中國久矣，未聞中國之人染爲邪學也．所謂：‘邪學’，當斥之而已，至於生釁則不可矣．且諸宰之安軀保家，同是所欲，而進無一策，退有后言．臣以爲俄人一朝渡來，則人必曰：“內修外攘”，然修攘非一朝一夕之可爲也．顧今器械財用不及於他國之萬一，而及今之務，莫如懷遠人而安社稷也．

2-(2).「修信使金宏集致何侍講書」

子峩欽使大人閣下：

自賦河梁，月已再圓. 寤寐德音，心焉如瘼. 伏諗體祺清旺，勳猷茂著，額手溯頌，不任棻鋪. 魯生夫子暨黃、楊兩公，諸度綏和，重爲之馳系. 宏集前月旬一泊釜山，廿八復使命. 家國一切，托芘順平，差堪告慰耳. 嚮也猥紨還往，厚蒙閣下盛眷. 體中朝字小之恩，不以宏集檮昧，引而教之，將中外時事，剖示無蘊. 又黃公所贈『策略』一通，代爲籌畫，靡不用極，謹已一一歸稟，敝廷莫不感誦大德，異聲同歎. 現衆論雖未可曰："通悟"，殊不比往時矣. 然敝邦規模，自來拙澁. 况又憂虞傾動，臨事茫然，計不知所出. 玆敢飛函仰告，幸憐其愚，而鑒其誠，重賜之大誨焉，則敝廷奉如蓍蔡，用以稽疑，獲受終始之惠矣. 惟閣下裁之. 言短意長，不能悉暴，統希勻照.

小邦今與日本開港通商. 然小邦素昧商規，恐被欺壓. 上下胥願儻邀上國商人來會開港諸處，互相交易，情志旣孚，依賴必大云. 而又有黃參贊『策略』，卽"奏請推廣鳳凰廳貿易，令華商乘船來開港各口通商，以防日人壟斷"之句語. 此論恐未知如何，伏候亮教，具咨仰請. 而措詞主何妥當乎，並望訓示. 敢問小邦他日有不得已與各國相交之際，自主自強，利權在我，不爲他要挾，且不失先后早晚之策. 小邦釜山、元山兩港定稅，旣蒙大人訓示，敢不卽速議定. 第伊言非全權委員，不可擧擬. 若值全權之來議，值百抽幾，當恪遵指津，隨機圖之. 北洋咨式似依禮部咨式書呈，而內書北洋督署大臣，外書一體繕寫，恐未知如何? 各國修好立約通商章程、稅則·稅額條款、稅關設官凡例，伏想已有印行文字，願蒙賜下各一件，謹當帶回援照. 伏見禮部咨示中有"委員、弁兵，學徒、通事人等，北洋大臣衙門給發空白憑票，交該國按名塡給"之語. 空白憑票許令此次帶回，以爲隨用之地. 伏望學習人徒來往，旣蒙"徑從海道，自更便捷"之教. 恐是賃乘汽船吉利涉海，當自何處賃船，可以無礙，亦蒙公文，不致盤詰. 小邦船舶本無旗標，今將議造. 而黃參贊有奏請襲用中國龍旗之論. 敢問中國船上旗身畫樣，而小邦則用某色某畫是否有當乎?

卑職未渡鴨綠，聞日本使花房義質賫其國書而來. 該朝以爲條約中曾有我禮曹與伊外務省書契往來而已, 無國書往來之規, 今何遽變條約乎? 以此難之. 彼云見陞辨理公使, 不可持外務書契, 且各國皆有國書, 然后益加親睦, 力懇不已. 國王特念隣誼, 親臨便殿, 召接彼使而受之. 書辭"敬白"等句, 頗恭非慢. 至若皇帝字、朕字, 極涉礙眼, 上下俱爲不安. 且書中所請駐紮, 最難應從. 彼言仁川開港, 亦不可輕許. 廷議仁川開港強許, 以遷就幾年. 駐紮則欲仁川事彌縫, 然彼之從否, 姑未可知. 國書不可不答, 而稱他曰 : '帝', 實所不願. 至於自稱, 又無援照, 往復之際, 如何選措, 庶不失國體而免笑於各國乎? 彼之意望又在專價修答, 非徒事力不敷, 隨請隨行, 豈不損弱乎? 大人旣垂厚念, 視均一室. 故茲敢謄上彼之國書與口奏, 伏乞俯鑑, 指示良策, 使我東藩得以固圉全安焉.

2-(3). 「日本國書 譯漢文」

大日本國大皇帝敬白大朝鮮大王 :

曩爲敦兩國交誼, 商當行事務, 簡派代理公使花房義質. 義質往來貴國, 已有年所, 能賛兩國之好. 朕器重之, 乃陞任辨理公使, 駐紮貴國京城, 以掌辦交涉事宜. 義質爲人志篤精敏, 黽勉從事, 朕克知其堪任. 冀大王幸垂寵眷, 時賜謁見, 朕之所命陳述, 善爲聽納, 以盡其職. 茲祈大王多福.

神武天皇卽位紀元二千五百四十年, 明治十三年十一月八日

於東京宮中親署名鈐璽, 睦仁.

奉敕外務卿正四位勳一等井上馨 外封國書

2-(4). 「花房義質面進國書后致詞」謄本

使臣花房義質敬面奏 :

金石之約久彌堅, 乃創置駐留使員. 茲捧國書謹進呈, 更期親睦永延. 並頌寶祚無疆.

2-(5). 「何侍講交花房義質致修信使金宏集書」

道園先生閣下：

前者旋卽東來，藉聞讜論，溯行執事復殷殷相期各努力報國，稍補時艱.『詩』不云乎?: "中心藏之，何日忘之?" 仰藉王靈，海路無恙，安抵漢城，至以爲慰. 往臺從之來日本，以輔車之勢，唇齒相依，自張旜入境，凡供張、飮食皆有加禮，悉出至情. 玆花房公使前來貴國，所望推誠相待，使彼此交際日益協洽爲禱. 寒氣日逼，寄因北風速惠德音，棒笭西望. 不盡願言.

十月二十日.

3. 「與朝鮮委員李容肅『問對節略』」

朝鮮委員李容肅對，鴻臚寺出身，陞任郎中，曾經中樞府知事，見無所帶職名.

[李鴻章]問："由科甲出身否?"

李對："中漢文科."

問："貴國科名亦有舉人進士翰林否?"

李對："有進士科文科."

問："足下此來專爲赴津請示，抑兼辦貢差. 另有貢使何人?"

李對："卑職此來專爲奉辦武備學習事，而順差於貢使行中. 正使任應準，副使鄭稷朝書狀官洪鐘永."

問："從前屢次來京係爲何事? 往日本又爲何事?"

李對："或差貢行，或賫咨之行. 兩次赴日本，隨修信使之行."

問："金宏集自日本回后，又派何人赴倭，晤中國何公使，究爲何事?"

李對："去年金宏集回后，無派送人. 金宏集去時，匡國命同往拜何公使."

問："我接何公使去年十月來書，云貴國派有人去賫閱『廷議節略』."

李對："呈鑑黃遵憲『策畧』，卽去年金宏集帶來."

問："黃參贊『策略』係交金宏集帶回. 嗣后又有人往日本，將貴國廷議漸有回悟大略告知閣下知其人否?"

李對:"金宏集回還后, 有送何公使書, 畧言敝廷議而已. 嗣后更無送人送書之處. 然卑職起身以后事, 未得聞知, 不敢仰對其有無."

問:"你看以后若有西洋各國, 派使往朝鮮商議結約, 當無拒絕否? 我斷不肯爲西洋作說客. 但慮貴國再三堅拒, 或釀釁端."

李對:"寡君之意已屬於此, 廷臣亦有回悟者, 若有美意來請, 恐不當如前堅拒."

問:"日本花房義質見在王京, 貴國如何款待, 亦適館授餐否?"

李對:"今此款待之節, 雖未獲聞, 前此已爲優待, 今亦如前優待."

問:"如何優待之處, 詳細告之?"

李對:"住館務要干淨華麗, 伺候人等亦加操飭, 委派二品官住偏近處, 隨事周察. 寡君種種遣官問其安否, 時或餽餼. 而小邦貧乏自如, 不敢以恰滿其心仰對."

問:"聞金使等在東京, 日人款待至周. 花房之蒞王京, 自應有以酬之. 嗣后若常住京, 或西國有公使至各口岸, 向例皆只派員應接, 似無須代備公館夥食, 以免煩費."

李對:"謹當一一歸告敝廷, 以爲恪遵訓教."

問:"貴國弁兵派人來津學操否. 卞元圭帶去洋槍已試驗否. 較舊用鳥槍若何?"

李對:"弁兵派送學操, 係是遵咨舉行之事. 而小邦仰藉累百年黃靈無外侮, 自致恬嬉, 軍額多虛, 事力亦多不敷, 故今方以此逡巡. 若蒙終始輸念, 稍俟紓力, 更請來操, 伏未知如何? 卞元圭帶去洋槍, 當抵達於卑職離發后, 未聞已試與否."

問:"稔知琉球平日無兵無器, 故日本唾手得之. 貴國軍額旣虛, 器械不利, 日本現與通商, 必多輕視. 若再與他國結約, 易啓窺伺. 是擴充源, 脩整武備, 最爲要政."

李對:"訓下詞旨, 亦當詳細歸告於敝廷."

問:"國用每歲約若干. 稅入若干."

李對:"國稅每歲所入, 以銅錢計之僅爲五百萬吊. 所用之外, 別無羡餘. 每萬僅合中國制錢一千文."

問:"稅入太少, 無怪如此艱難. 若與各國開口通商, 重立稅則, 歲入必可倍加. 無政事則財用不足, 無財不足以養人. 歸告執政, 須亟變計."

李對："謹遵命."

問："日本來朝鮮貿易用銀錢否."

李對："每以物換易, 而小邦人或給銅錢, 亦受之, 以爲他日貿資."

問："用銀及買賣銀兩之禁, 須設法速開, 庶便於流通."

李對："謹又歸告."

問："帶來冊子係朝廷意旨, 抑執政大臣之意."

李對："寡君之意, 執政亦已知悉."

問："我已將所詢事件逐條酌覆, 並給空白憑票十紙. 又派員代擬朝鮮與各國通商章程, 屆時自行參酌妥辦. 然取益防損之大要, 固不出此."

李對："蒙賜酌覆及憑票十張, 謹並帶歸呈告國王. 代擬通商章程, 一時詳告呈納."

問："橘山予告后尚預聞朝政否. 現年歲何. 精力健否."

李對："橘山休退后不預國事, 而有詢咨, 不敢不遵. 今年六十七, 精力尚好."

問："玆有覆書, 望帶交. 何日由津起程? 回國后, 國王及執政大臣, 均代道意."

李對："下覆書函, 謹當帶回面呈. 起程伏計來月初二日發向北京, 一同貢使歸國. 下教道意, 亦謹奉遵."

光緖七年正月二十八日

4. 照錄「朝鮮原任太師李裕元來函」

文華殿大學士、直隷總督、肅毅伯爺爵前：

本年冬至月初伏奉下答書, 乃九月二十八日出下元圭賫來者也. 伏維爵前威惠日隆, 天下仰望. 而小邦偏蒙厚眷, 有擧必顧, 有呼必應. 雖難從難副之事, 上達天陛, 下收廷議, 有若家人之愛護, 尊師之敎導. 軍情至愼也. 而一質而開牖, 局勢莫測也, 而屢運而代籌, 孰不慕德廣河海, 量恢山藪? 而小邦之大小倚靠, 非比尋常. 不爲遠交, 而爵前之彈壓愈重, 不爲近攻, 而爵前之維持斯在. 然則何待乎層溟以外之國, 何憂乎隔江至逼之敵也哉!

料以爵前曲念, 則如鯫生之賤, 久不遐棄, 如費官之微, 猶賜容接, 推以知爵前之於小邦視同骨肉, 費其心膂, 實由小生託契下風, 貽憂彌大, 罪悚之至, 無望厚贖. 但所欽誦者, 國王深感德意, 命小生恭作復函, 下寄禮物二十四種, 亦爲收納, 與榮之忱, 曷有其極? 至於入學事, 不圖若是之順成, 固當不留晷刻, 而辦備之間自致月日, 非漫也, 實事勢然也, 容俟更白. 惟冀惠念之終始統垂也.

伏請鈞體度對時萬康. 小生蒙恩休致, 永歸鄉裏, 從此棲息有暇, 感鏤腑肺, 無以形達. 玆因貢使修緘, 敢呈肅毅伯爵前.

嘉梧退生 李裕元 再拜

庚辰十一月十一日

禮單 :

『論語』一帙, 『孟子』一帙, 『中庸』一帙, 『大學』一帙, 『詩傳』一帙, 『書傳』一帙, 『周易』一帙, 『春秋』一帙, 頂上山參四本, 鹿茸二對, 上上製山稛清新元一百丸, 苔紙二十卷 計 : 十二種

5. 照錄「復朝鮮致仕太師李裕元函」

橘山尊兄太師閣下 :

頃李君容肅到津, 接展客冬十一月十一日惠書. 過承獎飾, 祗增漸悳. 嘉貺十二種, 情文稠疊, 籍尤潔緻精良, 琳琅滿目, 拜登之餘, 愧謝無已. 比諗道履康愉, 林泉養望, 遠猷入告, 宏濟時難, 至爲企頌.

貴國爲中土東方藩蔽, 唇齒相依已數百年. 適者西洋各國航海東來, 地球大勢爲之一變. 吾輩不幸值此時局, 必創非常之原, 然后可以禦非常之變. 客歲貴國王深惟大計, 以講戎執[?]械爲兢兢. 鄙人以爲當務之急, 欣慰實深. 因是不分畛域, 亟思竭力襄助. 甚願貴國振興武備, 風氣日開, 庶有以禦外侮而固東陲. 前與卞君議定各條, 原不拘定

成數, 亦不限以歲月, 在貴國量力行之, 積久冀有成效. 李君容肅攜來另冊, 所詢八事已逐條答覆, 自必藉邀鑒詧. 至論貴國目前形勢, 誰不必近攻, 而不可不遠交. 我中國駐倭參贊黃遵憲所擬貴國『策略』一本, 想已早達臺覽. 此策揆時度勢, 實爲貴國固圉之圖, 亦卽異日富強之本. 執事老成謀國, 識略閎通, 尙望蠲拘墟之成見, 擴久遠之宏規. 貴國王及執政大臣, 僕尙未通書, 不便貿然相聒. 惟執事千裏神交, 相契已非一日. 故不憚煩數之嫌, 再三瀆告, 諒高明當鑒其苦衷也. 刻下與俄合約雖成, 而俄之重兵久駐東瀛, 貴國東北海口多與毘連, 靜念輔車, 隱憂何極.

李君往返匆促, 未及具不腆之物. 一報雅貺, 姑待异日. 歉念無似. 貴國王及執政大臣, 希爲代致拳. 春寒惟千萬珍重. 書不盡意.

辛巳正月二十八日.

6.「代擬朝鮮與各國通商約章」(代擬朝鮮與各國通商約章節略, 道員馬建忠擬呈)

朝鮮與[某]國共訂和好通商條約, 朝鮮國與[某]國敦崇和好, 惠顧商民. 各派全權大臣某, 將所奉議約之諭較閱后, 議定條款, 臚列於左：

第一款. 朝鮮國與[某]國兩國民人永存和好, 永敦友誼. 彼此得往約內准開口岸僑居. 各獲保護身家財產, 並一體與別國人民同享利益.

第二款. 此次立約通好, [某]國可派一總領事於某口駐劄, 其餘通商各口可派領事料理. 本國商民遇有交涉重大事件不能就近妥商者, 可由該總領事詳達其駐劄中國北京之公使設法籌辦. 惟所派領事官必須正直官員, 不得以商人兼充, 亦不得兼作貿易. 凡在任內與地方官俱以平行之禮相見. 所獲種種恩施, 與待最優之國領事官無異.

第三款. 朝鮮國現將某某口定爲通商口岸, 准某國商民前往貿易. 開口之先, 須由兩國另派官員, 勘定口岸某處爲該商民寄居界地, 有違約出界者, 卽由本地官拏交就近領事官懲戒. 其界地仍屬本國版宇, 該商民止能納價租用, 得視同永業. 至租界內管轄地方之事, 仍歸本地官辦理.

第四款. 凡某某國官員、商民在某某口通商駐劄, 僱請各色人等勤執分內工藝, 本地方官不得借端阻抑. 惟各色人等遇犯本國例禁, 僱主亦不得庇匿, 致礙本地官照例拏究.
第五款. 凡通商口岸, 某國兵·商船隻皆可駛入買取食物、薪煤、甜水, 以及修理船身, 毫無阻礙. 惟兵船進·出口, 無庸輸納稅鈔. 至未開通上口岸, 除遭風外, 無論兵·商船隻, 不得駛往, 違者截留罰辦.
第六款. 凡某國商民在通商口岸貿易, 進·出貨物均應納稅. 惟各色貨物銷滯不得預知, 稅則亦難預定. 玆擬於各色進口貨估價值百抽十, 出口貨估價值百抽五, 一切自用食物未滿十件者, 概行豁徵. 惟鴉片不准販賣絲毫, 違者, 充公議罰. 每船進口須納鈔稅, 每噸約銀五錢, 每季抽納一次. 商船進·出口之程, 與商民在通商口岸開行棧之則例, 皆於開口時由兩國派員會商妥定.
第七款. 凡在通商口岸, 兩國人民遇有交涉財產及各罪案, 俱由被告所屬官原審斷, 各照本國律例定罪. 惟竊盜、逋欠等案, 兩國官員祇能拏追, 不能代償. 儻案內原告有來[不?]甘服者, 應聽其所屬官員照會被告所署官員復訊, 以昭公允.
第八款. 此次初開口岸, 一切稅務交涉事件, 均屬試行未定. 兩國祇應查照約內所有者辦理. 從開口之日起, 五年后再行酌量更改, 以期因制宜, 俾兩國人民有益無損.
第九款. 此次所定條約, 係用中國文、朝鮮文、某國文各四紙, 業經公同譯校各相符合, 毫無訛誤. 如有彼此不明之處, 除用本國文字外, 專以中國文爲正.
第十款. 今將以上議定條約, 由兩國所派全權大臣先行畫押蓋印, 用昭憑信. 一俟兩國國主批准后, 彼此約定一處互換, 然后刊刻通行, 使兩國官民鹹知遵守.

7.「酌覆朝鮮詢問各條」(正月二十八日)

[(金宏集)問] : "小邦今與日本開港通商. 然小邦素昧商規, 恐被欺壓. 上下胥願儻邀上國商人來會開港諸處, 互相交易, 情志旣孚, 依賴必大云. 而又有黃參贊『策畧』, 卽'奏請推廣鳳凰廳貿易, 令華商乘船來開港各口通商, 以防日人壟斷'之句語. 此論恐未知如何. 伏候亮教, 具咨仰請. 而措詞主何妥當乎? 並望訓示."
[(李鴻章)答] : "朝鮮向無海道貿易之例. 現旣擬與外國通商, 則華商前往貿易亦所不

禁. 至於黃參贊『策畧』防日人壟斷, 將來如願華商前往貿易, 應由國王將寔在情形咨請核奏辦理."

[問] : "敢問小邦他日有不得已與各國相交之際, 自主自強, 利權在我, 不爲他要挾, 且不失先后早晚之策."

[答] : "此條已於上年九月二十二日曾與賫奏官卞元圭詳晰言之. 當必於回國時面陳. 總宜先事預防, 自主之權操之在我. 玆有馬道臺所擬『與外洋通商約章節畧』一冊, 交付帶回, 以資採擇."

[問] : "小邦釜山、元山兩港定稅, 旣蒙大人訓示, 敢不卽速議定. 第伊言非全權委任, 不可擧擬. 若值全權之來議, 值百抽幾, 當恪遵指津, 隨機圖之. 各國修好立約通商章程、稅則·[稅]額條款、稅關設官凡例, 伏想已有印行文字, 願蒙賜下各一件, 謹當帶回援."

[答] : "釜山、元山兩港定稅, 宜責[由?]國委員予以議稅全權字樣[爲]據, 俾與彼國使臣互換觀看, 以資取信. 此乃各國遣使議事之通例也. 至稅則值百抽幾, 不必援中國所定通商稅則爲例. 緣前者中國於外國情形尙未深知, 僅爲體恤商民而設, 進·出口各貨皆係值百抽五. 若運入內地, 再抽二五子口稅, 其實未可執一而論. 上年亦面告賫咨官卞元圭矣. 若外洋抽稅, 皆視貨物之暢滯, 以定稅則之多寡, 竟有值百抽三十以至值百抽百者. 若以各物統扯論之, 大約不在值百抽十五以下. 今朝鮮國擬與外洋通商, 儻各貨暢滯未能預知, 則值百抽幾亦難預定, 不若定一試辦統例, 進口貨估價值百抽十, 出口貨估價值百抽五. 至食用等物數滿十件者, 亦照則抽稅. 如此試行三五年, 貨物之暢滯可知, 卽則例之多寡可定. 然后與外洋各國重定稅則, 洋人決無不從之理. 蓋和約與商約有異. 在我不背和約, 決無開釁之端. 在我欲修商約, 斷無興戎之擧. 不然甌洲瑞士、比利時蕞爾彈丸, 介於諸大國之間, 將商約不修, 稅則不[不?]加, 國不足爲國矣. 至中國各口稅關, 或設監督專管, 或飭巡道兼管. 從前初開通商口岸, 華人罕諳洋文、洋語, 收稅事件僱用洋人司理, 仍歸監督、巡道節制. 今朝鮮擬與各國通商, 日本窺知朝鮮未諳西洋語言、文字及稅務事宜, 難保不以管稅一職自薦充當. 但日本、朝鮮僅

隔一水，往來商貨必多. 且聞通商五年尚未收稅，喫虧已甚，儻僱日人司理稅務，尤恐滋弊. 祇有暫僱西人之明白稅務兼通漢文者，令其隨同朝鮮所派管關官員料理收稅，較爲妥當. 並一面速選聰穎子弟，從所僱西人學習語言、文字、稅務事宜，學成之后，自無容再用西人矣. 日本初與各國通商，於暫僱西人料理稅務兼司教習一節，辦理甚妥. 是以該國現在稅務辭退西人，已能自行管理. 茲將中國所有通商章程、稅則、稅額條款，飭津海關道檢交該員帶回，以資考證."

[問]："北洋咨式似依禮部咨式書呈. 而內書'北洋督署大臣,' 外書一體繕寫，恐未知如何?

[答]："北洋咨式應咨禮部相同. 外銜稱應書'欽差北洋通商大臣衙門'字樣."

[問]："伏見禮部咨示中有'委員、弁兵、學徒、通事人等，由北洋大臣衙門給發空白憑票，交該國按名填給'之語. 空白憑票許令此次帶回，以爲隨用之地."

[答]："據關道等面詢稱：'係先派學藝人來,' 業由該道等詳請給發憑票十張，交該員具領帶回呈收. 如學藝人分起前來，應按每起填用一張交管領之員執持，以憑查驗. 學習人徒來往，旣蒙徑從海道自便捷之教. 恐是賃乘汽船吉利涉海，當自何處賃船，可以無礙，亦蒙公文，不致盤詰. 據關道等面詢稱：'由朝鮮進鳳凰廳邊門計程一千一百餘裏，再到牛莊、營口約三百餘裏,' 卽從營口或附輪船或附帆船來津較爲便捷. 應於進邊門時，將憑票呈東邊道衙門查驗. 於到營口時，將憑票呈奉錦山海關道衙門查驗，均候加戳放行. 若遇有交涉事件，仍由地方官約束訊斷."

[問]："小邦船舶本無旗標，今將議造. 而黃參贊有奏請襲用中國龍旗之論. 敢問中國船上旗身畫樣，而小邦則用某色某畫是否有當乎?"

[答]："凡西國商船旗式，皆係國主之旗. 因海上往來俾知爲某國船隻. 今貴國王自用之旗，謂是畫龍方旗，亦與中國龍旗相彷. 自可以畫龍旗爲國旗，卽作爲船舶旗標. 應於定用之先，將龍旗尺寸、顏色、繪具圖式，咨明本大臣衙門，以憑核奏咨行."

[問]："卑職未渡鴨綠，聞日本使花房義質賫其國書而來. 敝朝以爲條約中曾有'禮曹與伊外務省書契往來'而已，無國書往來之規，今何遽變條約乎? 以此難之. 彼云：'見陛

辨理公使不可持外務書契，且各國皆有國書然后益加親睦，' 力懇不已. 國王特念隣誼，親臨便殿，召接彼使而受之. 書辭敬白等句，頗恭非慢. 至若皇帝字、朕字極涉礙眼，上下俱爲不安. 且書中所請駐劄，最難應從. 彼言仁川開港，亦不可輕許. 廷議仁川開港強許，以遷就幾年，駐劄則欲仁川事彌縫. 然彼之從否姑未可知. 國書不可不答，而稱他曰：'帝,' 實所不願. 至於自稱又無援照，往復之際，如何撰措，庶不失國體而免笑於各國乎? 彼之意望又在專價修答，非徒事力不敷，隨請隨行，豈不損弱乎? 大人旣垂厚念，視均一室. 故玆敢謄上彼之國書與口奏. 伏乞俯鑑指賜良策，使我東藩得以固圉全安焉."

[答]："使臣駐京，西洋各國皆同. 蓋旣通商，必有交涉事件. 公使之駐京，猶之領事之駐口岸. 非此不能遇事互酌，以聯兩國之誼，以平兩國之爭，實有益而無損也. 特東西風氣相殊，猝議駐京，鮮不意存顧慮. 中國從前初與西國通商開口時，情形亦然. 揣度事勢，旣經立約通商，斷難始終拒絕. 與其勉從於后日，似不如慨允於目前. 況日本使臣駐京一節，查光緖二年貴國與日本立約，業於第二款載明. 現彼據約而求，儻不允許，卽爲背約. 其曲在己，未免授人以隙. 至仁川一港，係由海道達王京必由之路. 如已允開，卽踐守前諾，似亦無礙. 至所云：'自稱又無援照，往復之際，如何撰措，庶不失國體而免笑於各國'等語. 玆日本遣使賫奉國書，將來貴國答以國書，乃兩國禮尚往來之義. 答書如何措詞，想貴國自有討論而潤色之者. 至於國書內所稱名號，歷查西洋各國書籍內所載，聘問國書譯其稱謂，本非一律. 如德意志、俄羅斯、奧斯馬加等國主，皆有稱爲帝，意大利、日斯巴尼亞、瑞典等國主，皆自稱爲王，間有譯漢文爲君主及君王者. 英吉利國主男則稱王，女則稱后，迨前六年始加印度皇后之號. 如稱王之國，致書於外洋稱帝之國，彼此亦各從其本稱，未嘗以稱帝爲尊，稱王爲小也. 貴國久受中朝冊封，如有報答日本之書，理應仍用封號. 將來傳聞各國，衡以西洋通例，當無笑貴國爲失禮者."

2월 3일, 北洋大臣 李鴻章이 다음과 같은 내용의 서신을 보내왔다.

정월 29일에 28일 보낸 공문 및 초록 주접 한 건을 받았습니다. (여기에서는) 조선 외교에 긴요한 관계가 있는 사안은 北洋衙門과 出使日本大臣에서 관련 문서를 전달하라는 내용이 있었습니다. 상황에 맞추어 적절하게 조치하신 것을 우러러 보면 정말로 헤아려보신 바가 지극히 타당하니, 어찌 이보다 더 경탄스럽겠습니까? 때마침 조선 국왕이 파견한 위원 李容肅[68]이 이번 조공사절을 따라 京師에 왔다가 1월 20일 天津으로 와서 저를 만나 "오로지 武備 학습 관련 사무를 처리하기 위해 왔다"고 이야기하면서, 아울러 [조선에 대한 훈시를 요청하는] 『請示節略』 한 부와 原任太師 李裕元의 서신을 바쳤습니다. 『節略』에서 나열한 각 조목들을 살펴보니 그 안에는 領議政 李最應의 啓本이 있는데, 작년 6월 미국에서 온 사신을 완강하게 거부한 일이 잘못된 것이었다고 자못 후회하고 있으며, 말미에는 "현재의 급무로서 먼 나라 사람들을 회유하여 사직을 편안케 하는 것 만한 일이 없다"는 점을 강조하는 구절이 있었습니다. 다른 조항은 또한 훗날 부득이하게 각국과 교류하게 될 때 선후로 그리고 조만간에 취해야 할 대책에 대해 문의하는 것이었습니다. 또한 중국이 각국과 수교하고 체결한 通商章程과 稅則을 요청하여 돌아가는 길에 가져가 참고할 것이라 하였습니다. 이는 何如璋의 서신에서 조선 조정의 논의가 점차 깨우치고 있으며 미국과의 조약 체결을 원한다고 한 것이 이미 명확한 증거가 있음을 보여줍니다. 다만 李裕元의 서신에서는 여전히 외교를 원치 않는다는 뜻을 은연중에 드러내고 있었습니다.

저는 『節略』에서 자문을 요청한 사안이 너무 복잡하여 우선 津海關道 鄭藻如 등에게 그와 만나 모든 것을 물어보고 대체적인 윤곽을 논의해보도록 지시하였습니다. 곧이어 28일 李容肅

---

68) 이용숙(李容肅, 1818~?)은 자가 경지(敬之)로 조선후기의 역관(譯官)이다. 1866년 미국 상선 제너럴 셔먼호(General Sherman號)가 대동강을 거슬러 올라와 정박하자, 역관으로 황주목사를 수행하여 접견하였고, 1876년 4월 수신사(修信使) 김기수(金綺秀)를 수행, 20일간 일본에 머물며 일본의 신식기관과 시설을 돌아보고 돌아왔다. 1879년 7월 무비자강(武備自強)을 위한 학도(學徒) 파견을 교섭하기 위해 헌서재자관(憲書賫咨官)으로 청에 파견되어, 이유원(李裕元)의 밀서를 유지개(遊智開)를 통해 이홍장(李鴻章)에게 전달하고, 병기제조와 군사훈련 등 무비자강 문제에 대한 자문과 지원을 요청하여 그 약속을 받아냈다. 1880년에는 제2차 수신사 김홍집(金宏集)을 수행하여 한 달 동안 동경에 머물었고, 주일청국 공사(駐日清國公使) 하여장(何如璋)과 6차에 걸쳐 회담하는 데 참여하였다. 1881년 1월 자문전달관(賫咨官)으로 재차 청에 파견되어 이홍장에게 지원 약속을 받아내는 데 성공하였다. 1882년 임오군란 후 대원군이 청에 납치되어 갈 때 대원군을 수행하였으며, 대원군이 체포되어 천진(天津)에 호송되고, 민비정권에서 사은 겸 진주사(謝恩兼陳奏使) 조영하(趙寧夏)가 청에 파견될 때도 김홍집과 함께 수행하여, 변원규(卞元圭)와 더불어 대원군을 방문하였다.

을 불러 만나 오랫동안 필담을 나누었습니다. 만일 각국에서 사신을 파견하여 조약 체결을 의논한다면 당연히 거절하지 않을 것인지를 물어보았습니다. 그는 "저희 국왕께서 이미 여기에 뜻을 두고 있고, 조정 신료 가운데도 또한 깨우친 사람들이 있습니다. 만약 미국에서 와서 청할 뜻이 있다면 당연히 이전처럼 완강하게 거절하지는 않을 것입니다"라고 하였습니다. 조선은 외교 상황에 대해 생소한데, 『節略』에서 이미 그 속마음을 털어놓아 "하나하나 깨우쳐 주시고 크게 謀劃해주시기를 원합니다"라는 구절이 있으니, 정말 반드시 이 기회를 이용하여 적절하게 지시하여 잘못된 길에서부터 이끌어내야 할 것입니다. 이전에 서양에서 交涉事務를 학습한 道員 馬建忠과 鄭藻如 등이 조선을 대신하여 기초한 각국과의 통상장정 초안은 현재 시세와 동·서양 각국의 교섭 통례를 참작하여 미리 이익을 취하고 손실을 방지하는 방책으로 삼았기 때문에 조선이 이에 의거하도록 한다면 서양인들에게 속임을 당하는 일이 많지 않을 것입니다. 李裕元에게는 이전처럼 답장을 보내 완곡하게 권도하여 더 이상 중간에서 방해하지 않도록 하였습니다.

日本國書에 쓸 호칭에 대한 자문문제는 우리 쪽에서 이에 대해 뭐라고 하기 자못 어렵거니와, 또한 조선이 우리를 시험해보는 뜻이 아니라고 보장하기도 어렵습니다. 생각하건대, 서양 각국에서 황제나 왕을 칭하는 일은 본디 한결같지 않으며, 중요한 것은 모두 평등하게 서로 교제하는 것이며, 고하경중의 구분은 전혀 없습니다. 조선 국왕은 오랫동안 책봉을 받았으니 그가 일본 및 다른 나라의 국서에 답할 때에는 응당 이전처럼 封號를 사용해야 하며, 이렇게 해서 國政은 비록 그들이 自主로서 행하지만 중국의 屬邦이란 명분은 상실되지 않게 하는 것이 一擧兩得의 효과를 기대할 수 있을 것입니다.

삼가 李容肅이 가져와 올린 『節略』 1부와 저희 쪽에서 조선 자문에 대해 각각 답변한 항목, 조선을 대신하여 입안한 조선과 각국의 통상조약 초안, [朝鮮委員] 李容肅과의 『問答節略』, 李裕元과의 왕래 서신 등 총 6건의 문서를 초록하여 올리오니 밝게 헤아려 검토해 주십시오. 가장 중요한 내용을 발췌해 서술하여 상주하는 것 외에 특별히 공경하는 마음으로 [總理衙門에] 비밀 답장을 드립니다. 평안하시기를 바랍니다.

첨부문서 : 抄摺 초록

1. 「조선 中樞府知事 李容肅이 가져와 올린 『節略』」

光緖 7년 정월, 武備學習과 관련된 조항에 대해 적절한 안배를 해주셨고, 이에 대한 황상의 비준도 있었기에 온 나라의 군신들이 감동하고 황송함을 이길 수가 없었습니다. 지금은 바로 [武備學習을 위한] 여행 준비를 하느라 당연히 시간이 걸리고 있으므로 감히 이런 연유를 고하여 헤아려 살펴주심에 대비코자 합니다. 대인께서 전후하여 서신으로 가르쳐주신 바는 조선을 위하여 그 우매함을 지적하면서 조선으로 하여금 세계 대세를 알게 해주는 것이 아님이 없으니, 정말 감격해 마지않을 수 없습니다. 그렇지만 조선의 땅은 궁벽지고 사람은 졸렬한 데다가 항상 서로 다른 의견으로 갈라지는 경우가 많습니다. 이전에 수신사가 돌아온 다음 何如璋 公使와 나눈 필담, 黃遵憲參贊의 『策略』을 볼 수 있었는데, 구구절절 핵심을 찌르고 있어 조정의 논의가 크게 깨우침을 갖게 되었고, 대신들 가운데에는 앞쪽에 나아가 아뢰는 사람도 있었습니다. 修信使가 何如璋 公使에게 서신을 보냈으니, 두세 명의 조정 신료들이 협력하고 있음을 알 수 있지만, 여전히 동의하지 않는 持論을 가진 사람들이 있습니다. 조선을 걱정하시는 마음이 간절하고 또한 지극하신 데 어찌 속마음을 털어놓지 않고 대인의 뜻에 부응하지 않을 수 있겠습니까! 오로지 하나하나 깨우쳐 주시고 크게 謀劃해주셔서 시종일관 도움을 받을 수 있기를 원합니다.

2-(1). 「領議政 李最應[69]의 啓本」

上國 公使께서 여러 조목으로 논변하신 바를 보니 저의 心算과 잘 부합하여 한 번 보고 치워버릴 내용으로 삼을 게 아니었습니다. 나라를 방어하는 대책을 실로 저희가 어찌 강구하지 않았겠습니까? 그렇지만 公使의 책자 속 논설이 이처럼 상세하고 주도면밀한데다가 이를

69) 이최응(李最應, 1815~1882)은 자가 양백(良伯), 호는 산향(山響)으로 흥선대원군 하응(昰應)의 형이다. 흥인군(興寅君)에 봉해졌으며, 대원군 정권에서는 요직에 등용되지 못하다가, 1873년 대원군이 실각한 뒤에 비로소 같은 해 12월 좌의정, 1878년 영의정이 되어 민씨정권의 주요 인물이 되었다. 1880년 12월 統理機務衙門의 설치로 영의정이 총리대신으로 바뀜에 따라 총리대신이 되었으나, 1881년 유림들의 반대로 사직하고 한직인 영돈녕부사를 지냈다. 1882년 잠시 광주부유수를 지낸 뒤 다시 영돈녕부사가 되었다. 그러나 그해 6월 10일 임오군란 때 폭동 군인들에 의해 살해되었다.

조선에 건네주었으니 깊은 소견이 있어 그러하신 것입니다. [따라서] 본디 그 권고를 채용할 수도 있는데, 조선 사람들이 반드시 이를 믿지 않을 터이니, 그러면 결국 휴지나 마찬가지가 되어버릴 것입니다.

또 올해 6월 미국 선박이 東萊에 왔을 때, 그들이 東萊府에 문서를 제출하였다면 東萊府에서 접수하는 것이 불가능한 일은 아니었으며, 禮曹에 올렸다면 禮曹에서 접수하는 것도 역시 괜찮았습니다. 그렇지만 東萊府使는 스스로 미국을 원수 나라라고 지칭하면서 거절하고 문서를 접수하지 않았으며, 이런 사실이 그대로 신문지를 통해 전파되어 천하의 비웃음을 당하게 되었습니다. 먼 나라를 안무하는 의리에서 보자면 이렇게 해서는 안됩니다. 조선의 풍습이 본래 이와 같아 매번 번민하고 탄식하는 바입니다.

그렇지만 서양 각국으로 보자면 본디 이들과 恩怨이 없었고, 단지 처음에 조선의 간사한 무리들이 이들을 끌어들여 분쟁이 생기게 되었습니다. 대저 서양 선박이 도래하면 사람들은 모두 邪學을 [이를 거절할] 구실로 삼았습니다. 그런데 서양인들이 중국에 내왕한 지 오래되었으나 아직까지 중국 사람들이 邪學에 물들었다는 이야기를 들어보지 못하였습니다. 이른바 '邪學'이라면 배척하면 될 뿐이지 분쟁을 일으킬 필요는 없습니다. 또한 조선 조정의 재상들은 모두가 똑같이 자기 일신과 집안을 편안히 지키려는 것만을 원해, 어느 계책 하나 진언하지 않고 물러나서 뒷공론만 합니다.

제 생각으로는 러시아인들이 어느 아침에 도래하게 되면 사람들은 필시 "안으로는 內政을 정비하여 밖으로 외적을 물리쳐야 한다"고 떠들겠지만, 이는 하루아침, 하루저녁에 할 수 있는 것이 아닙니다. 현재의 상황을 돌이켜보면 무기나 재정이 다른 나라의 만분의 일에도 미치지 못하니, 현재의 급무는 먼 나라 사람들을 안무하여 사직을 편안케 하는 것 만한 것이 없습니다.

2-(2). 「修信使 金宏集이 何如璋에게 보낸 서신」

何如璋 公使께 :

송별한 다음 시간이 흘러 달이 다시 차올랐습니다. 밤낮으로 귀하의 勸言을 생각하다보니 정말 안타깝습니다. 엎드려 귀하의 신체가 맑고 왕성하시기를 빌면서, 그 뛰어난 가르침에 대해 손을 이마에 대면서 깊이 탄복하지 않을 수 없습니다. 張斯桂 父子 및 黃遵憲·楊樞 두

분께서는 모든 몸가짐이 차분하고 온화하셨는데, 다시 그리워집니다.

저는 지난 달 말 부산에 머물렀다가 28일 復命하였습니다. 나라와 관련된 모든 일이 上國의 보호에 의지해 순조롭고 평온하여 맡은 직무에 위안을 받을 수 있었습니다. 지난번 외람되이 왕복하면서 귀하의 성대한 보살핌을 두텁게 받았으니, 中國이 작은 나라를 어여삐 여기는 은혜를 체현해주시면서, 제가 우매하다고 생각지 않고 이끌어 가르쳐주시고 안팎의 時事를 남김없이 알려주셨습니다. 또한 黃遵憲公께서 주신『朝鮮策略』한 권은 조선을 대신해 계획하심에 마음과 힘을 다하셨기에 돌아와 삼가 이미 국왕께 하나하나 보고를 올렸고, 조정에서는 이구동성으로 탄복하면서 크나큰 은덕을 칭송하지 않는 사람이 없습니다. 비록 현재의 여론이 아직은 "통하여 깨우쳤다"고 할 수는 없으나, 특히 이전과는 전혀 비교가 되지 않는 상황입니다. 그렇지만 조선의 법도는 지금껏 서투르고 껄끄러웠습니다. 하물며 또한 근심·걱정으로 동요하며, 사건이 닥치면 아예 멍해져서 아무런 계책도 내놓지 못합니다. 지금 감히 서신을 올려 알리오니, 조선의 우매함을 가엽게 여기시고 그 성의를 살펴 다시금 큰 가르침을 내려주신다면 조정에서는 이를 신령의 지시처럼 받들고 이를 통해 의심을 풀어 한결같은 은혜를 받을 수 있을 것입니다. 오로지 귀하께서 결정해주시면 됩니다. 짧은 글로써 저의 긴 생각을 모두 드러낼 수는 없었으니, 전체적으로 두루 살펴 주시기를 바랍니다.[70)]

조선은 지금 일본에 개항하여 통상을 하고 있습니다. 그러나 조선이 평소에 통상규칙에 어두워 기만과 억압을 당할까 두렵습니다. 君民 상하 모두 중국 상인을 여러 개항장으로 불러들여 서로 교역하게 하는 것을 바라는데, 이렇게 되면 의기투합하여 서로 의뢰함이 반드시 커질 것입니다. 또 黃參贊의『策略』에 "鳳凰廳 무역을 확대하여 중국 상인들이 배를 타고 개항한 각 항구로 와서 통상하게 함으로써 일본인들의 독점을 막아야 한다고 奏請한다"는 구절이 있었습니다. 이 논의가 어떻게 될지 알지 못하겠사오니, 삼가 엎드려 밝은 가르침을 기다렸다가 咨文을 갖추어 청하겠습니다. 그리고 문서의 주체는 어떻게 표기해야 타당할지에 대해서도 아울러 훈시를 바랍니다.

조선이 훗날 부득이하게 각국과 교류하게 될 때 자주·자강으로 利權을 우리가 장악하여 타국의 강요를 받지 않고 선후로 조만간 취해야 할 대책에 대해서도 감히 여쭙겠습니다. 조선의

---

70) 여기까지는 앞의 (12) 문서번호 : 2-1-1-12(345, 451a-453b)에 실린 첨부문서 1.「日本 公使 何如璋이 前 修信使 金宏集에게 받은 서신」과 같은 내용이다. 여기서는 다음 구절부터 후반부가 시작되어 전문이 수록되어 있다.

부산·원산, 두 항구의 關稅 설정에 대해서는 이미 대인의 훈시를 받아 감히 성급하게 의논하여 결정하지는 않겠습니다. 그런데 저들이 말하기를, 全權委任이 아니면 이 문제를 논의하여 결정할 수 없다고 합니다. 만일 全權委員이 와서 몇 %를 거둘지 논의하게 되면 응당 지도해 주신 바에 따라 기회를 봐서 도모하겠습니다. 北洋大臣衙門에 보내는 咨文 형식은 禮部에 보내는 咨文 형식에 따라 흡사하게 작성해 올리되, 안쪽에는 北洋督署大臣이라 쓰고 바깥쪽에도 동일하게 써도 괜찮을지 모르겠습니다. 중국이 각국과 수교하고 체결한 通商章程과 稅則·稅額條例, 稅關官制의 凡例에 대해서는 엎드려 생각하건대 이미 간행된 문서가 있을 터이니 각각 1건씩을 하사해 주시면 삼가 가지고 돌아가 참고할 수 있기를 바랍니다. 엎드려 살펴보니 禮部咨文 가운데 "委員, 하급 무관·병사, 學徒, 通事는 北洋大臣衙門에서 빈 통행증을 발급하여 조선에 교부하고, 조선에서 이름을 기입한다"는 내용이 있었습니다. 빈 통행증은 이번에 가지고 돌아가 필요에 따라 사용할 수 있도록 허용해 주십시오. 또한 엎드려 살피건대 "학습할 사람들이 왕래할 때 이미 곧장 해로를 이용하면 스스로 편리하고 빠를 것"이라는 하교를 받았습니다. 아마도 기선을 빌려 타면 순조롭게 바다를 건널 수 있을 터인데, 마땅히 어디에서 배를 빌려야 문제가 없고, 또한 공문을 주셔야 의문이 생기지 않을 것 같습니다. 조선 선박은 본디 깃발 표시[旗標]가 없어, 현재 만들기 위해 논의하고 있습니다. 그런데 黃參贊은 중국의 龍旗를 그대로 받아쓰겠다고 奏請하라고 하였습니다. 감히 여쭙건대, 중국 선박의 깃발은 무늬가 어떻고, 조선은 어떤 색깔과 무늬를 써야 타당하겠습니까?

제가 압록강을 건너기 전에 일본사신 花房義質이 國書를 가져왔다고 들었습니다. 저희 조정에서는 조약 내용 중에 일찍이 "우리 禮曹와 일본 外務省은 書契로 왕래한다"는 조항만 있을 뿐 國書로 왕래한다는 조항이 없는데 지금에 와서 어찌 갑자기 조약을 바꿀 수 있는가 하면서 이것으로 그를 責難하였습니다. 그는 "현재 辨理公使로 승임하였기에 외무성 문서를 지참할 수 없고, 또 각국 모두 國書 교환이 있은 다음에야 더욱 친목을 다질 수 있다"고 하면서, 힘을 다해 간청해마지 않았습니다. 국왕께서는 특별히 이웃나라와의 우의를 고려하여 便殿에 친히 임하시어 저들 사신을 불러 접견하고 國書를 접수하였습니다. 國書에서 "공손히 알린다[敬白]"는 구절은 자못 공손하고 오만하지 않았습니다. 하지만 '皇帝'와 '朕'을 칭하는 글자는 몹시 눈에 매우 거슬려 상하 모두가 불편하게 여겼습니다. 또 國書에서 요청한 公使의 주재는 가장 응하여 따르기 어려운 것이었습니다. 그들이 말한 인천 개항 역시 가볍게 허락할 수 없습니다. 조정의 의견은 인천 개항은 억지로 허락하는 것으로 몇 년 시간을 끌자는 것이었고,

주재문제는 인천 개항으로 미봉하려 하였습니다. 그러나 저들이 따를지 여부는 아직 알 수 없습니다.

國書에 답하지 않을 수 없으나 저들을 '帝'라고 칭하는 일은 실로 원하지 않는 바입니다. 우리 쪽의 호칭에 대해서도 또한 참고할 만한 전례가 없으니, 國書를 주고받을 때 어떻게 골라 써야 國體를 손상시키지 않고 각국의 비웃음을 피할 수 있겠습니까? 저들의 바람은 또한 전담 인원을 통한 회답에 있는데, 저희 능력이 미치지 못할 뿐 아니라, 청할 때마다 들어준다면 어찌 손해가 되지 않겠습니까? 대인께서는 이미 도탑게 마음을 쓰시고 한 집안처럼 봐주셨습니다. 그러므로 이에 감히 저들의 國書와 口奏 내용을 베껴서 올리오니, 굽어보시고 좋은 방책을 내려주시어 동쪽 울타리인 조선이 나라를 안전하고 편안하게 할 수 있도록 해주시기 바랍니다.

2-(3). 「日本國書 漢譯文」

大日本國 大皇帝가 大朝鮮 대왕께 공손히 알립니다.

이전에 양국 사이의 우애를 돈독하게 하고 마땅히 실행해야 할 사무를 상의하기 위해 代理公使 花房義質을 뽑아 파견하였습니다. 花房義質은 귀국과 왕래한 지 이미 몇 년이 된 바, 양국의 우호를 도울 수 있습니다. 朕은 그의 자질을 무겁게 여겨 이에 辨理公使로 승임시키고 귀국 수도에 주재하면서 교섭 관련 사무를 관장시키고자 합니다. 花房義質의 됨됨이는 의지가 돈독하고 기민하며 맡은 일에 최선을 다하기 때문에, 朕은 그가 직임을 능히 감당할 수 있을 것이라 알고 있습니다. 大王께서 다행히 총애와 관심을 기울이시고 때때로 알현의 기회를 내려 주셔서 朕이 아뢰도록 지시한 바를 잘 알려드림으로써 그 직무를 완수할 수 있기를 바랍니다. 대왕께 많은 복이 있기를 빌겠습니다.

神武天皇 卽位紀年 2540年, 明治 13년 11월 8일.

東京 궁중에서 친히 서명하고 옥새를 찍음. 睦仁.

奉勅外務卿正四位勳一等 井上馨이 國書를 封함.

2-(4). 「국서를 올린 다음 花房義質의 진술」 초록

使臣 花房義質가 공손히 면전에서 아뢰닙니다.

金石과 같은 맹약이 오랫동안 굳건하여 주재사절을 처음 설치하게 되었습니다. 이에 국서를 받들어 삼가 올리오니, 양국 사이의 친목이 더욱 영원히 지속되기를 바랍니다. 아울러 보배로운 國運의 無疆을 송축 드립니다.

2-(5). 「何如璋이 花房義質에게 넘겨 金宏集에게 보낸 서신」

道園先生께 부칩니다.

앞서 곧장 일본으로 오실 기회가 있어 곧바른 말씀을 들을 수 있었고, 떠나가면서 귀하께서는 다시금 간절하게 각자가 報國을 위해 꾸준히 노력하여 조금이나마 현재의 어려움을 만회하자고 하셨습니다. 『詩經』에 이런 구절이 있지 않습니까? "마음 가운데 그것을 묻어두니 언제 잊겠습니까?"[71] 국왕의 영험에 우러러 의지하여 海路로 왕래함에 무사히 편안하게 漢城에 도착하셨다니 지극히 위안이 됩니다. 지난번 修信使 일행[72]이 일본에 왔을 때, 조선과 일본은 광대뼈와 턱처럼 서로 의지하는 관계이기 때문에,[73] 일행께서 깃발을 펼치고 입국하면서부터 일본 측에서는 모든 연회와 음식 제공에 넘치는 성의를 보였는데, 이것은 모두 지극한 정성에서 나온 것입니다. 지금 花房義質 公使가 귀국으로 향하니 바라건대 성심으로써 접대하여 피차간의 교제가 나날이 조화롭고 화목해지기를 빌겠습니다. 추위가 나날이 거세지고 있는데, 北風을 타고 속히 德音을 전해주시기를 榛苓[74]의 마음으로 서쪽을 바라보면서 기대하면서 부칩니다. 그럼 이만 줄입니다. 10월 20일.

---

71) 『시경(詩經)』 「소아(小雅) 어조지십(魚藻之什)」에 나오는 구절이다(隰桑有阿, 其葉有難, 既見君子, 其樂如何. 隰桑有阿, 其葉有沃, 既見君子, 云何不樂. 隰桑有阿, 其葉有幽, 既見君子, 德音孔膠. 心乎愛矣, 遐不謂矣, 中心藏之, 何日忘之).

72) 원문의 대종(臺從)은 가마와 그 수행원을 가리키는데, 아마 修信使 일행을 말하는 것으로 보인다.

73) 원문의 보거(輔車)는 수레 덧방나무와 수레바퀴, 또는 광대뼈와 턱을 가리키는 것으로 해석된다. 즉 서로 밀접한 의존관계를 비유하는 것이다.

74) 진령(榛苓)은 개암나무와 씀바귀를 말하는데, 원전은 『시경(詩經)』 「패풍(邶風) 간혜(簡兮)」에 나온다("山有榛, 隰有苓, 云誰之思? 西方美人"). 賢者가 각기 그 뜻을 얻는 盛世를 빗대는 말로 여겨진다.

3. 조선 委員 李容肅과의『問答節略』: (조선 委員 李容肅은 鴻臚寺出身으로 陞任郎中이며, 일찍이 中樞府知事를 지냈으나, 지금은 가진 職名이 없다)

[이홍장 – 이하 동일. 생략] 질문 : "(귀하는) 科擧 출신입니까?"

[이용숙 – 이하 동일. 생략] 답변 : "漢文科 합격자 출신입니다."

질문 : "귀국의 科名에도 擧人· 進士· 翰林 등의 항목이 있습니까?"

답변 : "進士科·文科가 있습니다."

질문 : "이번에 오신 것은 오로지 天津에 가서 武備 學習을 처리하기 위한 것입니까? 아니면 조공사절을 겸한 것입니까? 조공사절이 따로 있다면 어떤 사람들입니까?"

답변 : "제가 이번에 온 것은 오로지 명을 받들어 武備 學習과 관련된 일을 처리하기 위함으로, 조공사절단 일행을 따라온 것입니다. 正使는 任應準, 副使는 鄭稷朝, 書狀官은 洪鐘永입니다."

질문 : "종전에 여러 차례 京師에 왔던 것은 무슨 일 때문입니까? 일본에 갔던 것은 또한 무슨 일 때문입니까?"

답변 : "혹 조공사절로 파견되었거나 혹은 咨文을 가져온 일이었습니다. 일본에 두 번 갔던 것은 修信使를 따라 갔던 것입니다."

질문 : "金宏集이 일본에서 돌아온 후 또 어떤 사람이 일본에 파견되었습니까? 중국의 何 公使를 만난 것은 도대체 무슨 일 때문입니까?"

답변 : "작년 金宏集이 돌아온 후 다른 사람을 파견해 보낸 적은 없습니다. 金宏集이 일본에 갔을 때는 國命에 따라 함께 何 公使께 가서 인사를 드린 것입니다."

질문 : "우리는 작년 10월에 何 公使가 보낸 서신을 받았는데, 거기에서는 귀국이 어떤 사람을 일본에 파견해 보냈고, 그가『조정의 논의 절략(廷議節略)』을 가져 와서 이를 보았다고 하였습니다."

답변 : 국왕께 黃遵憲의『策略』을 올려서 살펴보셨는데, 이는 작년 金宏集이 가져온 것입니다.

질문 : 黃參贊의『策略』은 金宏集에게 주어 가지고 돌아가도록 한 것입니다. 이후에 또한 어떤 사람이 일본에 가서 귀국 조정의 논의가 점차 깨우치고 있다는 대략을 알렸는데, 귀하는 그 사람을 압니까?"

답변 : "金宏集이 돌아온 후, 何 公使께 서신을 보내었는데 거기서 저희 조정의 논의에 대해

대략적으로 언급했습니다. 그 후에 다시 사람이나 서신을 보낸 적은 없습니다. 그렇지만 제가 출발한 이후의 일은 아직 들어 알지 못하기 때문에, 감히 그 유무를 대답할 수가 없습니다."

질문 : "귀하가 보기에 이후 만일 서양 각국에서 사신을 조선에 파견하여 조약 체결을 논의하려고 한다면 거절할 것인지 어떨지? 나는 단연코 서양인들을 위한 중매자가 될 생각은 아닙니다. 다만 귀국이 여러 차례 거부한다면 혹 말썽이 생길까 우려합니다."

답변 : "저희 임금의 뜻이 이미 여기에 있고, 조정 신료 가운데에도 또한 깨우친 사람이 있으니 만일 미국에서 뜻을 품고 다시 찾아와 요청한다면 아마도 이전처럼 완강히 거부하지는 않을 것입니다."

질문 : "일본의 花房義質이 현재 서울에 있다고 하는데, 귀국에서는 어떻게 접대하였습니까? 또한 숙소와 식사도 제공하셨습니까?"

답변 : "이번 접대에 대해서는 비록 듣지 못하였으나, 이전에 이미 우대하였으므로 이번에도 그때처럼 우대하였을 것입니다."

질문 : "어떻게 우대하였는지에 대해서 상세하게 알려주십시오."

답변 : "숙소는 힘써 깨끗하고 화려하게 하였고, 시종 또한 더욱 조심하고 삼가도록 하였으며, 二品官員을 보내 근처에 거주하면서 사안에 따라 세심히 살피도록 하였습니다. 저희 임금께서는 종종 관원을 파견하여 그 안부를 묻고 때때로 혹 음식을 보내시기도 하였습니다. 그렇지만 조선은 여전히 빈곤하기 때문에 그 마음을 흡족하게 했다고 감히 대답드릴 수는 없습니다."

질문 : "듣자하니 金宏集 修信使가 東京에 있을 때 일본의 대접이 매우 주밀했다고 합니다. 花房義質이 서울에 도착하면 실로 응당 그에 상응하는 접대를 해야 할 것입니다. 이후 만일 그가 서울에 상주하거나, 혹 서양 각국 공사가 각 개항장에 이르게 될 경우 통례에 따라 모두 단지 관원을 파견하여 응접하면 될 뿐이니 그들을 대신하여 公館이나 식사를 대신 준비할 필요가 없어 쓸데없는 지출을 줄일 수 있을 것입니다."

답변 : "삼가 (이상의 가르침을) 하나하나 저희 조정에 돌아가 알리고 준수해야 하는 가르침으로 삼겠습니다."

질문 : "귀국의 하급 무관·병사를 天津으로 파견하여 훈련을 받고 있습니까? 卞元圭가 가지고 간 총은 이미 시험해 보았습니까? 이전에 쓰던 조총과 비교하면 어떻습니까?"

답변 : "하급 무관·병사가 파견되어 훈련을 받는 것은 咨文에 의거하여 거행하는 일입니다. 그리고 조선은 수백 년 동안 중국의 은덕을 우러러 받은 덕분에 외적의 수모를 받은 일이 없었습니다만, 이 때문에 자연스럽게 느슨해지고 게을러져서 군대의 인원 정액은 대부분 비어 있고 재정 또한 대부분 감당할 수 없는 상황에 이르게 되어, 지금 바야흐로 이처럼 우물쭈물하게 되었습니다. 만일 줄곧 돌보아주는 관심을 받아 조금이나마 힘에 여유가 생긴다면 그때 가서 다시 훈련을 청하는 것이 어떨지 모르겠습니다. 卞元圭가 가져간 총에 대해서는 응당 제가 출발한 이후에 도착하였을 터, 시험 여부에 대해서는 듣지 못하였습니다."

질문 : "琉球가 평소 군대와 무기를 준비해 두지 않아 일본이 매우 손쉽게 얻을 수 있었다는 것을 익히 아실 것입니다. 조선의 군대 정액은 비어있고 무기는 날카롭지 않으니 일본이 지금 조선과 통상을 하면서 반드시 경시하는 바가 많을 것입니다. 만일 또다시 다른 나라와 조약을 체결하게 되면 쉽사리 엿볼 기회를 만들어주게 될 것입니다. 따라서 財源을 확충하고 武備를 정돈하는 것이 가장 중요한 업무가 될 것입니다."

답변 : "훈시해 주신 말씀과 뜻은 또한 마땅히 저희 조정에 돌아가 상세히 고하도록 하겠습니다."

질문 : "국가 재정은 매년 대략 얼마 정도입니까? 세입은 얼마입니까?"

답변 : "國稅로 매년 들어오는 바는 銅錢으로 계산하면 단지 500만 吊에 불과합니다. 지출 이외에 별달리 남는 것이 없습니다. 1만 吊은 단지 중국 制錢 1천 文에 해당합니다."

질문 : "세입이 매우 적으니 이처럼 힘든 것이 전혀 이상하지 않습니다. 만일 각국에 개항하여 통상하고 稅則을 다시 정한다면, 세입이 필시 배로 늘 것입니다. 政事가 없으면 재정이 부족하고, 재정이 없으면 사람을 기르기에 부족합니다. 돌아가 귀국 집정에게 고하시어 반드시 시급히 방침을 바꾸어야 할 것입니다."

답변 : "삼가 명을 받들겠습니다."

질문 : "일본인들이 조선에 와서 무역을 할 때에 銀錢을 사용합니까?"

답변 : "매번 화물로 교환하지만 조선 사람들은 혹 銅錢을 주면 그 또한 받기도 하며, 장래의 무역 밑천으로 삼습니다."

질문 : "은의 사용과 매매를 금지하는 법령은 반드시 방법을 마련하여 풀어준다면 유통에 편리함을 기대할 수 있을 것입니다."

답변 : "삼가 또한 돌아가 아뢰도록 하겠습니다."

질문 : "가져온 책자는 조정의 뜻입니까, 아니면 집정대신의 뜻입니까?"

답변 : "저희 임금의 뜻이며 집정 또한 이미 모두 알고 있습니다."

질문 : "이미 질문한 사안에 대해 하나하나 헤아려 답을 하였고, 아울러 빈 통행증 10장을 넘깁니다. 또한 관원을 보내 조선이 각국과 체결할 通商章程을 대신 기초함으로써, 때가 되었을 때 스스로 참고하여 적절히 처리할 수 있도록 하였습니다. 그런데 이익을 취하고 손해를 방지하는 가장 중요한 요점들은 본디 여기에서 벗어나지는 않을 것입니다."

답변 : "하사해주신 답변과 빈 통행증 10장은 삼가 모두 가져가 국왕께 올리고 아뢰도록 하겠습니다. 대신 기초해 주신 통상장정도 함께 상세히 알리고 바치겠습니다."

질문 : "原任太師 李裕元은 퇴직 이후에도 여전히 조정에 간여합니까? 올해 몇 세입니까? 정력은 강건합니까?"

답변 : "李裕元은 퇴직 이후 국사에 간여하지 않습니다만, 자문을 하시면 이를 따르지 않을 수 없습니다. 올해 67세로 정력은 여전히 좋습니다."

질문 : "여기에 답장이 있으니 가져가 건네주시기를 바랍니다. 언제 天津에서 출발하십니까? 귀국하신 후 국왕 및 집정대신 모두에게 제 뜻을 대신 전해 주십시오."

답변 : "내려주신 답장은 삼가 마땅히 가지고 돌아가 직접 건네도록 하겠습니다. 출발 일정에 대해 계산해보면 이번 달 2일에 북경으로 출발하여 조공사절과 함께 귀국할 것입니다. 하교하신 뜻 또한 삼가 받들어 준행하도록 하겠습니다."

광서 7년 1월 28일

4. 「조선 原任太師 李裕元으로부터 온 서신 및 禮单」

李 中堂大人께 올립니다.

올해 12월 초에 내려주신 답신을 받았으니, 이는 9월 28일에 중국에 간 卞元圭가 가지고 온 것입니다. 엎드려 생각하건대 李 中堂大人의 위엄과 은혜로움은 나날이 융성하여 천하가 仰望하는 바입니다. 또한 조선은 후한 보살핌을 특별히 받아 움직임이 있으면 반드시 돌아봐 주셨고, 부르짖음이 있으면 반드시 응해주셨습니다. 비록 따르고 도와주기 어려운 일이라도 위로는 황상께 아뢰어 주셨고 아래로는 조정 논의를 수렴해 주셨으니, 마치 가족을 애호하고 스승이 가르치는 것과도 같았습니다. 군사적 문제는 지극히 신중히 다루어야 할 터이지만 하나라도 물어보면 바로 문을 열어 가르침을 주셨고, 정세가 예측할 수 없으면 누차 움직여 대신 조치해 주셨으니, 바다나 숲처럼 넓은 大人의 德量을 누가 敬慕하지 않을 수 있겠습니까? 또한 조선에서 큰 일이든 작은 일이든 의지하는 바가 보통의 경우와 비교할 수 없습니다. 먼 나라와 교제하지 않으면 大人의 압박이 점점 무거워질 것이고, 가까운 나라를 공격하지 않는 것이 大人께서 유지하고자 하는 바입니다. 그러니 어찌 여러 개의 큰 바다 밖에 있는 나라를 기다리고, 어찌 강을 사이에 둔 것처럼 가까운 적을 근심하겠습니까!

생각하건대 大人께서는 절실한 마음으로 돌봐주셔서 미꾸라지처럼 미천한 존재도 오랫동안 멀리 버려두지 않으셨고, 서신을 가져간 관원이 미미함에도 우대하여 접대해 주셨으니, 이를 통해 大人께서 조선을 마치 골육처럼 보시고 그 마음과 정력을 쓰고 계신다는 것을 미루어 알 수 있습니다. 실로 소생이 교우를 나눔에 있어 大人께 미치지 못하고, 걱정을 끼쳐 드리는 바가 점점 커져 지극히 죄송함에 후한 용서를 바랄 수도 없을 정도입니다. 다만 삼가 말씀드릴 수 있는 바는 국왕께서 각하의 德意에 깊이 감명 받으셔서 소생으로 하여금 공손히 답장을 쓰게 하시고 禮物 24종을 보내시니, 역시 받아주시면 정말 이보다 극진한 영광이 어디 있겠습니까? 入學과 관련된 일은 의외로 이와 같이 순조롭게 성사되었으니 본디 마땅히 짧은 시간조차 남기지 말아야 하지만, 준비하노라면 자연히 시간이 걸리는 것이지, 저희가 굼떠서 그런 것이 아니라 실제 사정 때문에 그런 것으로 조금 지나면 더욱 명백해질 것입니다. 오로지 은혜로운 보살핌이 시종일관 두루 드리워지기만을 바랍니다.

신체가 언제나 萬康하시기를 엎드려 바랍니다. 소생은 은혜를 입어 퇴직하고 영원히 고향으로 돌아가, 이제부터 여유있게 은거하게 되었습니다만, 감사함은 마음속에 깊이 새겨져 형언하여 아뢸 수 없을 정도입니다. 이에 서신을 써서 조공 사절을 통해 감히 大人께 올립니다.

嘉梧退生 李裕元 올림. 庚辰年 11월 11일.

禮單 :

『논어』 한 질, 『맹자』 한 질, 『중용』 한 질, 『대학』 한 질, 『시전』 한 질, 『서전』 한 질, 『주역』 한 질, 『춘추』 한 질, 頂上山參 네 뿌리, 鹿茸 두 쌍, 上上製 山稜淸新元 1백 개, 苔紙 20권. 총 12종.

5. 「조선 致任太師 李裕元에게 보내는 답신」

致任太師 李裕元께 보냅니다.

근자에 李容肅 군이 天津에 도착하여 작년 겨울 11월 11일에 보내신 서신을 받아 펼쳐 보았습니다. 칭찬으로 지나치게 장식하여 오로지 부끄러움이 늘어날 뿐입니다. 12종의 예물을 후하게 보내주셨는데 글의 감정과 문채는 촘촘하게 포개져 있으며, 서적은 특히 깨끗하고 정성스러워 그 아름다움이 눈을 가득 채우니, 주신 것을 받으면서 송구함과 감사함을 금할 수가 없었습니다. 근래 듣기로는 행복하시고 건강하고 유쾌하게 山水에서 은거하신다고 하는데, 원대한 계획을 알려주시면서 시세의 어려움을 널리 구하고자 하시니 지극히 우러러 송축하게 됩니다.

조선은 중국 동방의 울타리로 입술과 이처럼 서로 의지한 지 이미 수백 년이 되었습니다. 근래 서양 각국이 동쪽으로 항해하여 오면서, 지구의 대세는 그 때문에 일변하였습니다. 우리는 불행히 이러한 시국을 맞이하여 반드시 非常한 근본을 만들어 낸 다음에야 非常한 변화를 감당할 수 있습니다. 지난 해 귀국 왕께서는 大計를 깊이 생각하시어 군대 훈련과 무기 마련에 열심이셨습니다. 제가 생각하기로는 이런 것들이 마땅히 힘써야 하는 급무이기 때문에, 실로 매우 깊이 기쁘고 위안이 되었습니다. 이 때문에 서토 간의 경계를 가리지 않고 힘을 다해 도우려고 급하게 생각하고 있습니다. 저는 조선에서 武備가 진흥되고 風氣가 나날이 개화되어, 외국의 모욕을 막아내고 동쪽 변방이 공고히 될 수 있기를 간절히 바라고 있습니다. 이전에 卞元圭 군과 논의하여 정한 각 조항은 원래 정해진 숫자에 구애되지 않고 또한 시간에도 한정하지 않는 것으로써, 귀국에서 역량을 헤아려 실행하여 상당한 시간 동안 쌓여야 비로소 성과를 기대할 수 있습니다. 李容肅군이 휴대해 가져온 別冊에서 자문한 여덟 가지 사무에 대해서는 이미 하나하나 답변하였으니 이것을 보시면 될 것입니다.

조선의 목전 형세를 논한다면, 비록 가까운 나라를 공격할 필요는 없으나 먼 나라와 교제하지 않을 수 없습니다. 우리 중국의 일본주재 黃參贊이 기초한 『朝鮮策略』은 이미 일찍이 살펴보셨을 줄 압니다. 이 책략은 실로 시세를 살펴 조선의 안정을 도모하기 위한 것으로, 또한 장래 부강의 근본이기도 합니다. 귀하께서는 노련하게 국가 이익을 도모하시고, 견식과 모략이 넓고 두루 통하시니, 옛것에 얽매이는 편견에 구애받지 않고 장기적이고 원대한 계획을 확충해 주시기를 바라고 있습니다. 조선 국왕과 집정 대신들께서는 지금까지 서신을 교환하지 않았기 때문에 느닷없이 큰 소리로 이야기할 수는 없습니다. 오로지 귀하와는 천리나 떨어져 정신적으로 교감을 나눈 것이 이미 하루 이틀이 아닙니다. 그러므로 너무 빈번하다는 혐의를 무릅쓰고 재삼 말씀드리는 것이니, 진실로 귀하께서 그 고충을 알아주셨으면 합니다. 현재 러시아와의 조약 체결에 대한 합의가 비록 이루어졌으나, 러시아의 대군(海軍)이 오랫동안 일본에 머무르고 있으며, 귀국의 동북쪽 항구는 대부분 러시아와 인접해 있으니, 광대뼈와 턱과 같은 조선·中國의 밀접한 관계를 생각한다면, 감춰져 있는 근심이 얼마나 크겠습니까? 李容肅 군이 오가는 데 바빠 그리 많지 않은 예물도 갖출 겨를이 없었습니다. 제가 받은 귀한 예물에 하나라도 보답하는 것은 잠시 후일을 기다리겠습니다. 송구스러운 마음은 비할 데가 없습니다. 귀 국왕과 집정 대신들께 대신 誠意를 전달해 주십시오. 봄바람이 차가우니 오로지 건강에 유의하십시오. 서신으로는 저의 뜻을 모두 담지 못하였습니다.

辛巳年 정월 28일

6. 「대신 기초한 조선과 각국 간의 통상조약」(道員 馬建忠[75])이 기초하여 올림)

朝鮮과 某國이 함께 수호통상조약을 체결하여 朝鮮國과 某國은 화목을 돈독하게 높이고 商民을 은혜로써 돌본다. 각기 全權大臣 某를 파견하여 조약 체결에 관한 지시를 서로 비교하며 열람한 다음, 논의하여 결정한 조항을 다음에 열거한다.

제1조. 朝鮮國과 某國 양국 民人들은 영구히 화목을 유지하고 영구히 우의를 돈독히 한다. 피차 조약 내에서 개방을 허용한 항구에서 僑居할 수 있다. 각기 신체·가정과 재산을 보호받고, 모든 사항에서 다른 나라 사람들과 동일한 이익을 누릴 수 있다.

제2조. 이번에 조약을 맺어 우호관계를 맺으면 某國에서는 某通商港口에 1명의 총영사를 파견

75) 마건충(馬建忠, 1845~1900)은 강소성(江蘇省) 단도(丹徒) 출신으로 자는 미숙(眉叔)이다. 1876년 이홍장에 의해 유학생으로 프랑스에 파견되어 변호사 등의 자격을 얻어 귀국하였다. 이홍장의 지휘 아래 인도와 조선에서 외교 교섭에 종사하였고 1882년 조선에서 임오군란 때에는 대원군(大院君)을 중국에 연행하는 일 등을 맡았으며, 조선이 미국·영국·프랑스·독일 등과 조약을 맺는 일에도 관여하였으나, 관직은 도원(道員)에 그쳤다. 그는 철도 부설, 이금(釐金) 감면에 의한 상공업 발전을 주창한 양무파 관료로도 잘 알려져 있다. 저서에 『적가재기언기행(適可齋記言記行)』, 『동행삼록(東行三錄)』, 『마씨문통(馬氏文通)』 등이 있다.

하여 주재시킬 수 있고, 그 나머지 通商港口에는 領事를 파견하여 사무를 처리할 수 있다. 본국 商民이 交涉에 관련된 중대 사건을 당하였으나 가까운 곳에서 적절히 상의할 수 없는 경우, 해당 總領事가 中國 北京에 주재하는 公使에게 그것을 상세하게 보고하면, 방법을 마련해 조치를 취할 수 있다. 다만 파견되는 領事官은 반드시 정직(正直)한 관원이어야 하며, 상인이 겸직할 수 없고, 또한 무역을 겸하여 종사할 수도 없다. 무릇 재임하는 동안 그곳 지방관과는 모두 평행한 예절로써 상대한다. 이들이 얻는 다양한 혜택은 가장 우대를 받는 국가의 영사관과 다름이 없다.

제3조. 朝鮮國은 현재 某港을 通商港口로 정하여 某國 商民이 가서 무역하는 것을 허용한다. 개항에 앞서 반드시 양국에서 따로 관원을 파견하고 해당 港口의 모처를 답사하여 해당 商民이 거주하는 구역으로 정하며, 조약을 어기고 그 구역을 벗어나는 사람은 즉시 본지 지방관이 체포하여 가까운 곳에 있는 領事館으로 이송하여 징계하도록 한다. 그 구역은 여전히 본국의 영토에 속하며, 해당 상민은 단지 값을 치르고 임대하여 사용하되, 영구적인 재산처럼 간주할 수 있다. 이러한 租界[76] 내의 지방 관할문제는 여전히 본지의 지방관이 처리한다.

제4조. 무릇 某國 관원과 商民은 某某港口에서 통상을 하거나 주재하면서 각 직종의 인원을 고용·초청하여 직무상 기술 작업을 돕거나 처리하게 할 수 있으며, 본지 지방관은 트집을 잡아 이를 막아서는 안된다. 다만 각종 직업의 사람들이 본국의 법을 어기면, 고용주는 또한 이들을 비호·은닉하여 본지 지방관이 定例에 따라 이들을 체포·심문하는 것을 방해해서는 안된다.

제5조. 무릇 通商港口에서 某國 군함·상선은 모두 입항하여 식량·땔감·식수를 사들이고, 船體를 수리할 수 있으며, 이에 대해서는 조금의 방해도 있을 수 없다. 군함은 항구를 들어오고 나갈 때 선박세[稅鈔][77]를 납부할 필요가 없다. 개방하지 않은 항구는 풍랑을 만나 조난을 당한 경우 외에 군함과 상선이 입항할 수 없으며, 위반할 경우 억류하여 처벌한다.

제6조. 무릇 某國 商民이 通商港口에서 무역을 할 때, 나가고 들어오는 화물에 대해 모두

76) 앞에서는 界地('구역'으로 번역)라고 쓰고 있으나 여기서는 갑자기 조계(租界)라고 쓰고 있다.

77) 이 선박세는 톤세(tonnage dues)를 가리키는 것으로 보인다. 톤세는 외국 무역선이 입항할 때 등록된 배의 톤수를 기준으로 부과하는 세금을 가리킨다.

關稅를 내야 한다. 다만 각종 화물의 물동량은 예측할 수 없으므로 稅則 또한 미리 정하기 어렵다. 이에 각종 수입품의 세율은 예상가의 10%, 수출품은 예상가의 5%로 정하며, 스스로 사용하는 식량 모두는 수량이 총 10건이 되지 않는 경우 모두 면제한다. 다만 鴉片은 조금이라도 판매할 수 없으며, 위반한 경우 몰수하고 처벌을 논의·결정한다. 모든 선박은 입항할 때 반드시 선박세를 납부해야 하며, 톤 당 대략 銀 5錢으로 하고, 매 계절마다 한 차례 납부한다. 商船의 入·出港에 대한 규정, 商民이 通商港口에서 화물 창고를 개설하는 것에 대한 定例는 모두 개항할 때 양국에서 관원을 파견하여 함께 상의하여 적절하게 결정한다.

제7조. 무릇 通商港口에서 양국 인민이 재산 및 각 범죄와 관련하여 교섭해야 하는 사건을 만나면 모두 피고가 속한 나라의 官員이 原審을 맡아 판결하고, 각기 本國의 律例에 비추어 定罪한다. 다만 절도·채무 등의 사안은 양국 관원이 단지 체포하여 추궁할 수 있을 뿐 대신 배상할 수 없다. 만일 사건 원고가 달게 승복하지 않으면 응당 그가 소속된 쪽의 관원이 피고가 속한 관원에게 照會를 보내 다시 조사하도록 허용함으로써 공정함을 보인다.

제8조. 이번에 처음 개방하는 항구에서 모든 세무와 관련된 사무는 모두 試行하는 것으로 아직 확정된 것이 아니다. 양국은 단지 오로지 조약의 내용에 있는 바에 따라 처리해야 한다. 개항하는 날부터 5년 후에 다시 적당하게 헤아리고 수정함으로써 적절하게 바꾸어 양국 인민이 손해보지 않고 이익만 보도록 한다.

제9조. 이번에 議定한 조약은 中國語·朝鮮語·某國語를 사용하여 각각 4장씩 작성하여, 이미 공동으로 번역·교감하여 각각이 서로 부합하여 조금이라도 잘못된 곳이 없다. 만일 피차간에 명확하지 않은 부분이 있다면 본국어 판본을 사용하는 것 외에는 오로지 중국어 판본을 정본으로 삼는다.

제10조. 현재 이상에서 의정한 조약은 양국에서 파견한 전권대신이 우선 서명하고 도장을 찍어 신뢰를 분명히 나타낸다. 양국 군주가 비준하기를 기다려 서로 약정한 곳에서 [조약문서를] 교환한 다음, 간행하여 널리 알림으로써 양국 관민이 모두 알고 준수하도록 한다.

7. 「조선의 咨文에 대한 北洋大臣의 답변 항목」(二월 28일)[78]

[(金宏集) 질문] : “조선은 지금 일본에 개항하여 통상을 하고 있습니다. 그러나 조선이 평소에 통상규칙에 어두워 기만과 억압을 당할까 두렵습니다. 君民 상하 모두 중국 상인을 여러 개항장으로 불러들여 서로 교역하게 하는 것을 바라는데, 이렇게 되면 의기투합하여 서로 의뢰함이 반드시 커질 것입니다. 또 黃參贊의 『策略』에 ‘鳳凰廳 무역을 확대하여 중국 상인들이 배를 타고 개항한 각 항구로 와서 통상하게 함으로써 일본인들의 독점을 막아야 한다고 奏請한다’는 구절이 있었습니다. 이 논의가 어떻게 될지 알지 못하겠사오니, 삼가 엎드려 밝은 가르침을 기다렸다가 咨文을 갖추어 청하겠습니다. 그리고 문서의 주체는 어떻게 표기해야 타당할지에 대해서도 아울러 훈시를 바랍니다.”

[(李鴻章) 답변] : “조선은 지금까지 해상 무역을 한 전례가 없습니다. 현재 외국과 통상하려고 하는 이상 중국 상인이 조선에 가서 무역하는 일 또한 금지할 수 없습니다. 黃參贊의 策略에서 일본인의 독점을 막아야 한다고 한 내용과 관련해서 장래에 만일 중국 상인이 조선에 가서 무역하기를 원한다면 응당 국왕께서 실제 상황을 咨文으로 보내면, 이를 검토하고 上奏하여 처리할 것입니다.”

[질문] : “조선이 훗날 부득이하게 각국과 교류하게 될 때 자주·자강으로 利權을 우리가 장악하여 타국의 강요를 받지 않고 선후로 조만간에 취해야 할 대책에 대해서도 감히 여쭙겠습니다.”

[李鴻章] : “이 조항은 이미 작년 9월 22일 상주문 전달관 卞元圭에게 일찍이 상세하고 분명하게 언질을 주었으니, 귀국하면 응당 필시 직접 아뢸 것입니다. 요컨대, 마땅히 일이 생기기 전에 예방해야 자주의 권리가 우리에게 있다는 것입니다. 이에 馬建忠 道臺가 기초한 『외국과의 통상약장 절략(與外洋通商約章節畧)』 한 책을 넘겨드리니 가져가 참고하여 채택하십시오.”

[질문] : “조선의 부산·원산, 두 항구의 關稅 設定에 대해서는 이미 대인의 훈시를 받아 감히 성급하게 의논하여 결정하지는 않겠습니다. 그런데 저들이 말하기를, 全權委任이 아

78) 여기서 질문 부분은 위에 나오는 「부건 1의 부건」 (2) 「修信使 金宏集이 何如璋에게 보낸 서신」의 후반부에서 나오는 내용이고, 이홍장은 이에 대해 조목조목 답변을 해주고 있다.

니면 이 문제를 논의하여 결정할 수 없다고 합니다. 만일 全權委員이 와서 몇 %를 거둘지 논의하게 되면 응당 지도해 주신 바에 따라 기회를 봐서 도모하겠습니다. 北洋大臣衙門에 보내는 咨文 형식은 禮部에 보내는 咨文 형식에 따라 흡사하게 작성해 올리되, 안쪽에는 北洋督署大臣이라 쓰고 바깥쪽에도 동일하게 써도 괜찮은지 모르겠습니다. 중국이 각국과 수교하고 체결한 通商章程과 稅則·稅額條例, 稅關官制의 凡例에 대해서는 엎드려 생각하건대 이미 간행된 문서가 있을 터이니 각각 1건씩을 하사해 주시면 삼가 가지고 돌아가 참고할 수 있기를 바랍니다."

[李鴻章] : "부산·원산 두 항구의 關稅를 정할 때에는, 마땅히 귀국에서 관원을 파견할 때 '議稅全權'이라는 권한이 쓰인 증서를 근거로 삼아 저 나라 사신과 서로 교환해 확인보고 믿음을 얻어야 합니다. 이는 각국에서 사신을 보내 사안을 논의할 때의 통례입니다. 화물 가격의 몇 %를 稅則으로 할지에 대해서는 중국에서 정한 通商稅則을 끌어들여 기준으로 삼을 필요 없습니다. 이전에 중국이 외국의 상황에 대해서 아직 깊이 알지 못하고 단지 상인들을 體恤하기 위해 설정한 것이었기 때문에, 항구를 출입하는 각 화물의 稅律을 모두 5%로 했던 것입니다. 만일 서양 화물이 내지로 운송되면 다시 2.5%의 부가관세[子口稅]를 거두지만, 실제 한결같다고 말할 수는 없습니다. 이 내용은 작년에 자문전달관 卞元圭에게 직접 알려준 바 있습니다. 외국에서 關稅를 거둘 때는 모두 화물의 물동량[暢滯]을 보고 稅則 기준을 정하며, 놀랍게도 30~100%를 징수하는 경우도 있습니다. 각각의 화물을 총체적으로 논한다면 대략 15% 이하가 없습니다. 지금 조선에서 외국과 통상하려고 하는데, 만약 각 화물의 물동량을 미리 알지 못한다면 몇 %를 거둘지 또한 미리 정하기 어려우므로, 차라리 시험적인 총괄세칙을 정해 수입품 예상가의 10%, 수출품 예상가의 5%를 거두는 편이 더 낫습니다. 식품 등 화물의 수가 10건 이상이 되면 역시 세칙에 따라 관세를 거둡니다. 이렇게 시험 삼아 3~5년을 시행하면 화물의 물동량을 알 수 있으며, 곧 세칙의 높낮이도 정할 수 있을 것입니다. 그런 다음에 외국과 稅則을 다시 정한다면 서양인들도 결코 따르지 않을 리가 없습니다. 대개 수호조약과 통상조약은 차이가 있습니다. 우리 쪽에서 수호조약을 위배하지 않으면 결코 전쟁의 발단은 없을 것입니다. 우리 쪽에서 통상조약을 수정하자고 한다면 단연코 전쟁이 일어날 일은 없습니다. 그렇지 않다면, 유럽의 스위스·벨기에는 총알처럼 작은

나라로서 여러 대국 사이에 끼어 있으면서 통상조약도 맺지 못하고 세율도 올리지 못해 나라다운 나라가 될 수 없었을 것입니다.

중국 각 항구의 세관에는 혹 監督을 두어 전담하여 관리하게 하거나 혹 巡道에게 겸하여 관할하게 합니다. 종전에 처음으로 通商港口를 열었을 때 중국인 가운데 서양의 문자와 말을 아는 사람이 드물었기에 關稅 징수업무는 서양인을 고용해 처리하게 하되 監督·巡道의 통제 아래 두었습니다. 지금 조선이 각국과 통상하려고 하는데, 일본은 조선이 서양 언어·문자 및 稅關 사무에 대해 잘 알지 못하다는 것을 탐지하고 있으므로, 관세 담당 직무를 그들이 추천해 충당하지 않으리라 보장하기 어렵습니다. 그러나 일본은 조선과 겨우 바다 하나만을 두고 떨어져 있어 왕래하는 상품이 필시 많을 것입니다. 또한 통상을 시작한 후 5년 동안 아직 關稅를 징수하지 못하여 손해가 이미 심하다고 하였는데, 만일 일본인을 고용해 稅務를 담당케 한다면 더욱 폐해가 생길까 우려됩니다. 삼가 서양인 중에 세무를 잘 알면서 한문에 능통한 사람을 잠시 고용하고, 그가 조선에서 파견한 稅關 관원과 함께 관세 징수업무를 처리토록 하는 것이 비교적 타당할 것입니다. 아울러 다른 한편으로는 총명한 자제들을 속히 선발하여 고용한 서양인에게 언어·문자 및 稅務를 배우게 한다면, 학습이 완료된 다음 실로 다시는 서양인을 고용하지 않아도 될 것입니다. 일본이 처음 각국과 통상할 때, 서양인을 잠시 고용하여 稅務를 처리하게 하고 敎習을 겸하도록 맡긴 것은 매우 적절한 방안이었습니다. 이 때문에 일본은 현재 稅務에서 서양인을 퇴출시키고 이미 스스로 관리할 수 있게 되었습니다. 현재 중국의 모든 通商章程의 稅則, 稅額項目을 津海關道로 하여금 검토하여 조선 委員에게 교부하고, 그가 가지고 돌아가 살펴 참고하도록 하였습니다."

[질문] : "北洋大臣衙門에 보내는 咨文 형식은 禮部에 보내는 咨文 형식에 따라 흡사하게 작성해 올리되, 안쪽에는 北洋督署大臣이라 쓰고 바깥쪽에도 동일하게 써도 괜찮지 모르겠습니다."

[李鴻章] : "北洋大臣衙門에 보내는 咨文 형식은 마땅히 禮部에 보내는 자문과 동일해야 합니다. 안쪽과 바깥쪽의 직함은 응당 欽差北洋通商大臣衙門이라고 써야합니다."

[질문] : "엎드려 살펴보니 禮部咨文 가운데 "委員, 하급 무관·병사, 學徒, 通事는 北洋大臣衙門에서 빈 통행증을 발급하여 조선에 교부하고, 조선에서 이름을 기입한다"는 내용이

있었습니다. 빈 통행증은 이번에 가지고 돌아가 필요에 따라 사용할 수 있도록 허용해 주십시오."

[李鴻章] : "關道 등의 면담 내용 보고에 따르면, '먼저 기예를 배울 學徒들이 파견되어 오므로' 이미 해당 道員 등이 詳文을 올려 빈 통행증 10장을 발급해 줄 것을 청하였고, 이를 조선 관원에게 교부하여 그들이 문서를 갖추어 수령해 가지고 돌아가 올리도록 하였습니다. 만약 기예를 학습할 學徒들이 반을 나누어 따로따로 온다면, 응당 각 반마다 한 장의 통행증에 기입하여 통솔 관원이 소지하도록 하여 검사를 받을 수 있도록 해야 할 것입니다."

[질문] : "學徒들이 왕래할 때 이미 곧장 해로를 이용하면 스스로 편리하고 빠를 것"이라는 하교를 받았습니다. 아마도 기선을 빌려 타면 순조롭게 바다를 건널 수 있을 터인데, 마땅히 어디에서 배를 빌려야 문제가 없고, 또한 공문을 주셔야 의문이 생기지 않을 것 같습니다."

[李鴻章] : "關道 등의 면담 보고에 따르면, 조선에서 鳳凰廳 邊門까지의 거리는 1,100여 리이고, 다시 牛莊、營口까지는 약 300리이니, 곧 營口에서 輪船이나 혹 帆船을 타고 天津으로 오는 것이 비교적 편리하고 빠를 것입니다. 邊門에 들어설 때는 통행증을 東邊道의 衙門에 올려 검사를 받고, 營口에 도착하면 奉錦山海關道의 衙門에 올려 검사를 받는데, 모두 직인을 찍은 다음 통과시킬 것입니다. 만일 교섭해야 할 사안이 생기면, 이전처럼 지방관이 통제하고 심문·판정합니다."

[질문] : "조선 선박은 본디 깃발 표시[旗標]가 없어, 현재 만들기 위해 논의하고 있습니다. 그런데 黃參贊은 중국의 龍旗를 그대로 받아쓰겠다고 奏請하라고 하였습니다. 감히 여쭙건대, 중국 선박의 깃발은 무늬가 어떻고, 조선은 어떤 색깔과 무늬를 써야 타당하겠습니까?"

[李鴻章] : "무릇 서양 상선의 깃발 표시는 모두 군주의 깃발입니다. 이 때문에 해상에서 왕래할 때 어떤 나라의 선박인지 알 수 있습니다. 지금 귀 국왕이 스스로 사용할 깃발에 대해 말한 바에 따르면 용을 그린 네모난 깃발인데, 이는 또한 중국의 龍旗와 서로 비슷합니다. 실로 용을 그린 깃발을 國旗로 삼고 아울러 선박의 깃발 표시로 삼아도 좋습니다. 응당 정해서 사용하기에 앞서 龍旗의 길이·색깔·그림양식 등을 본 대신 아문에 자문으로 보내주어 검토하여 상주하고 (그 결과를) 자문으로 보낼 수 있도

록 해야 할 것입니다."

[질문] : "제가 압록강을 건너기 전에 일본사신 花房義質이 國書를 가져왔다고 들었습니다. 저희 조정에서는 조약 내용 중에 일찍이 "우리 禮曹와 일본 外務省은 書契로 왕래한다"는 조항만 있을 뿐 國書로 왕래한다는 조항이 없는데 지금에 와서 어찌 갑자기 조약을 바꿀 수 있는가 하면서 이것으로 그를 責難하였습니다. 그는 "현재 辨理公使로 승임하였기에 외무성 문서를 지참할 수 없고, 또 각국 모두 國書 교환이 있은 다음에야 더욱 친목을 다질 수 있다"고 하면서, 힘을 다해 간청해마지 않았습니다. 국왕께서는 특별히 이웃나라와의 우의를 고려하여 便殿에 친히 임하시어 저들 사신을 불러 접견하고 國書를 접수하였습니다. 國書에서 '공손히 알린다[敬白]"는 구절은 자못 공손하고 오만하지 않았습니다. 하지만 '皇帝'와 '朕'을 칭하는 글자는 몹시 눈에 매우 거슬려 상하 모두가 불편하게 여겼습니다. 또 國書에서 요청한 公使의 주재는 가장 응하여 따르기 어려운 것이었습니다. 그들이 말한 인천 개항 역시 가볍게 허락할 수 없습니다. 조정의 의견은 인천 개항은 억지로 허락하는 것으로 몇 년 시간을 끌자는 것이었고, 주재문제는 인천 개항으로 미봉하려 하였습니다. 그러나 저들이 따를지 여부는 아직 알 수 없습니다. 國書에 답하지 않을 수 없으나 저들을 '帝'라고 칭하는 일은 실로 원하지 않는 바입니다. 우리 쪽의 호칭에 대해서도 또한 참고할 만한 전례가 없으니, 國書를 주고받을 때 어떻게 골라 써야 國體를 손상시키지 않고 각국의 비웃음을 피할 수 있겠습니까? 저들의 바람은 또한 전담 인원을 통한 회답에 있는데, 저희 능력이 미치지 못할 뿐 아니라, 청할 때마다 들어준다면 어찌 손해가 되지 않겠습니까? 대인께서는 이미 도탑게 마음을 쓰시고 한 집안처럼 봐주셨습니다. 그러므로 이에 감히 저들의 國書와 口奏 내용을 베껴서 올리오니, 굽어보시고 좋은 방책을 내려주시어 동쪽 울타리인 조선이 나라를 안전하고 편안하게 할 수 있도록 해주시기 바랍니다."

[李鴻章] : "사신이 수도에 주재하는 것은 서양 각국이 모두 같습니다. 이미 통상을 하고 있다면 반드시 교섭해야 하는 사안이 있으니, 公使가 수도에 주재하는 것은 領事가 통상항구에 주재하는 것과 같습니다. 이렇게 해야만 사안이 생겼을 때 서로 상황을 참작하여 양국의 우의를 지속하고 다툼을 수습할 수 있으니, 실로 이익은 있되 손해는 없습니다. 특히 동·서양의 풍속은 서로 달라 갑작스레 사신의 수도 주재를

논의하게 되면 우려가 생기지 않는 경우가 드뭅니다. 중국도 종전에 처음 서양과 통상하고 개항했을 때의 상황 역시 그러하였습니다. 事勢를 헤아려보면 이미 조약을 맺고 통상을 하고 있으니 계속 거절하기란 매우 어렵습니다. 나중에 억지로 그들의 요구에 따르기 보다는 개탄스럽더라도 지금 허락하는 편이 나을 것입니다. 하물며 일본 사신의 수도 주재문제는, 살피건대 光緖 2년 귀국과 일본이 체결한 조약의 제2항에 이미 실려 있습니다. 현재 저들은 조약에 근거하여 요구하고 있으므로, 만일 허락하지 않는다면 조약 위반이 됩니다. 그 잘못은 우리 쪽에 있으므로 다른 사람들에게 빈틈을 주게 되는 것을 면할 수 없습니다. 인천항은 해로를 통해 서울에 이를 때 반드시 거쳐야 하는 길입니다. 만일 이미 개항을 허락했다면, 그 승낙을 이행하고 준수해야 문제가 생기지 않을 듯합니다. '우리 쪽의 호칭에 대해서도 또한 참고할 만한 전례가 없으니, 國書를 주고받을 때 어떻게 골라 써야 國體를 손상시키지 않고 각국의 비웃음을 피할 수 있겠습니까?'라고 하였습니다. 이번에 일본에서 보낸 사신이 국서를 받들어 가져 왔으니, 장래 귀국에서 국서로써 답하는 것이 양국이 서로 왕래함을 예로서 귀중히 여기는 의리일 것입니다. 답서에서 용어와 어구를 어떻게 가려 쓸지는, 귀국에서 자체적으로 논의하여 윤색해야 할 것이라 생각합니다. 國書에서의 호칭에 대해서는 서양 각국 서적에 기재되어 있는 바를 두루 조사해보니 사신이 방문하여 제출한 국서에서 그 호칭을 번역한 것이 본래 한결같지 않았습니다. 예를 들어 독일·러시아·오스트리아-헝가리제국 등의 군주는 모두 '帝'라고 칭하였고, 이탈리아·에스파냐·스웨덴 등의 군주는 모두 '王'이라 자칭하였으며, 그동안 한문으로는 군주 및 군왕이라고 번역하였습니다. 영국 군주가 남자일 경우 곧 王으로 칭하고, 여자일 경우 后라고 칭했으며 6년 전에 비로소 印度皇后라는 호칭을 더하였습니다. 가령 王을 칭하는 나라가 帝를 칭하는 외국으로 국서를 보낼 때 양쪽 모두 또한 각기 본래의 호칭을 따르며, 帝를 칭한다고 해서 존귀하고 王을 칭한다고 해서 약소하다고 여긴 적이 없습니다. 귀국에서는 오랫동안 중국의 책봉을 받아 왔기 때문에, 만일 일본의 국서에 답할 때에는 이치상 마땅히 封號를 그대로 사용해야 합니다. 장래 이 소식이 각국에 전해져 서양의 통례로 따지더라도 귀국이 실례하였다고 비웃음을 사는 경우는 당연히 없을 것입니다."

(18) 문서번호 : 2-1-1-18 (354, 480b-482b)

사안 : 조선의 委員이 천진에 와서 지시를 요청한 것에 대해 상황을 헤아려 답변하고 기회를 이용하여 권고한 일을 알린 奏摺을 咨文으로 알리고 上奏합니다(咨送具奏朝鮮委員來津請示, 斟酌答覆, 相機開導摺).

첨부문서 : 「北洋大臣 李鴻章의 奏摺(北洋大臣李鴻章奏摺) : 근래 조선 군주·재상이 점차 이전 방침을 변경해야 함을 깨닫게 되었으므로, 이 기회를 틈타 조속히 서양 각국과 조약을 체결하고 통상할 것을 권유하였습니다(近日朝鮮君相漸知變計, 已乘機勸導早與西洋各國立約通商)」.

날짜 : 光緒七年二月三日(1881년 3월 2일)

발신 : 李鴻章

수신 : 總理衙門

二月初三日, 北洋通商大臣李鴻章文稱：

竊照朝鮮委員來津請示斟酌答覆相機開導一案, 現經本大臣於二月初二日, 恭摺由驛具奏, 並將酌覆朝鮮詢問各條, 先已函達貴衙門查核在案, 相應鈔錄摺稿咨送. 爲此合咨貴衙門, 謹請查核施行.

1. 照錄「摺稿」

奏爲朝鮮委員來津請示斟酌答覆相機開導, 恭摺仰祈聖鑒事. 竊上年九月間, 朝鮮賫奏官卞元圭來津, 奉旨令臣妥籌該國學習製造、練兵各事, 業經詳晰覆陳在案. 嗣接出使日本大臣何如璋函稱：“朝鮮外交一事, 近日廷議漸知變計.” 又准總理衙門函商“隨時設法維持調護, 並奏請嗣后遇有關係洋務緊要之件, 由臣與該國通遞文函, 相機開導”

等因. 奉旨：

依議.

欽此. 欽遵密行知照前來. 適有朝鮮國王委員李容肅隨今居貢使來京, 於正月二十日赴津稟謁, 謂："專爲奉辦武備學習事," 並賫呈該國『請示節畧』一本. 內載有領議政李最應奏章, 頗悔去年六月堅拒美國來使爲非計. 末則歸重於"及今之務莫如懷遠人而安社稷"等語. 又問他日不得已與各國相交, 先后早晚之策. 又索中國與各國修好立約通商章程、稅則帶回援照. 是何如璋所稱："朝鮮國王與執政大臣決意外交而未敢遽發," 固已確有明證.

臣因其『節畧』諮商事件繁瑣, 先令津海關道鄭藻如等傳詢一切, 擬議大概. 旋准李容肅進見, 與之筆談良久. 該國軍額極虛, 餉力極絀, 誠慮無以自立. 而所據形勢實爲我東三省屏蔽, 關係甚重. 現其君相雖幡然變計, 有聯絡外邦之意, 國人議論分歧, 尚難遽決, 自應乘機開誠曉諭, 冀可破其成見, 固我藩籬. 惟該國於外交情事生疏, 卽如與日本通商五年尚未設關收稅, 並不知稅額重輕. 設再與西國結約, 勢必被其欺蒙, 無益有損. 臣因其來牘有披露腹心, "願一一開誨碩畫"之語, 出於至誠, 遂令前在西洋學習交涉事宜之道員馬建忠與鄭藻如等, 參酌目今時勢及東西洋通例, 代擬『朝鮮與各國通商章程底稿』, 豫爲取益防損之計, 交李容肅賫回, 俾該國遇事有所依據, 不至多受蒙蔽.

又聞該國君相已漸回悟, 惟原任太師李裕元等不無異議. 臣於光緒五年七月間曾遵密諭, 轉致李裕元, 詳切開導. 嗣接覆書, 尚未信從. 此次李裕元來書似仍有不欲遠交之意, 臣復函又加敦勸, 使不至從中作梗. 此后無論何國再派人往朝鮮議約, 當無堅拒之理. 但未便由中國強爲驅迫耳. 至其『節略』所詢各條內, 惟答復日本國書稱謂一節, 儻稍涉含混, 卽於屬邦體例有礙. 臣查西洋各國稱帝稱王, 本非一律, 要皆平等相交. 該國王久受我朝冊封, 其有報答日本及他國之書, 應令仍用封號. 國政雖由其自主, 庶不失中國屬邦之名. 除將朝鮮寄呈『節畧』及代擬『通商約章』, 李裕元來往函稿鈔送總理衙門查核外, 謹將酌覆朝鮮詢問各條, 照繕清單, 恭呈御覽, 是否有當, 理合恭摺, 由驛密陳, 伏乞皇太后、皇上聖鑒訓示. 謹奏.

2월 3일, 北洋通商大臣 李鴻章이 다음과 같은 내용의 문서를 보내왔다.

조선의 委員이 天津에 와서 지시를 청한 것에 대해 상황을 헤아려 답하였으며, 기회를 틈타 조약을 체결하도록 권고한 일은 이미 제가 2월 2일 공손히 주접을 갖추어 驛路를 통해 상주한 바 있고, 아울러 조선이 자문을 요청한 내용에 대해 각각 답변한 조항은 이미 우선 서신으로 귀 아문에 보내 검토한 적이 있는데, 마땅히 주접 초고를 초록하여 咨文으로 보내야 할 것입니다. 이에 응당 귀 아문에 자문을 보냅니다. 삼가 조사하고 검토하고 참고해 주시기를 바랍니다.

첨부문서 :

1. 「北洋大臣 李鴻章의 奏摺」 초록

조선의 委員이 天津에 와서 지시를 청한 것에 대해 상황을 헤아려 답하였으며 그 기회를 이용하여 조약을 체결하도록 지도하겠다는 안건을 공손히 주접으로 아뢰오니 살펴봐 주십시오. 작년 9월, 조선의 상주문전달관[賫奏官] 卞元圭가 天津에 왔을 때, 제가 조선의 무기 제조 및 군대 조련문제에 관한 사무를 적절히 처리하라는 諭旨를 받았고, 이에 관해 이미 상세하고 분명하게 아뢴 바 있습니다. 이후 出使日本大臣 何如璋이 서신을 보내 "外交문제에 대해 조선 조정의 최근 논의에서는 점차 이전의 방침을 변경해야 함을 알게 되었다"고 알려 왔습니다. 또한 總理衙門의 논의 서신을 받았는데 "수시로 방법을 마련해 조선을 유지하고 보호하며, 아울러 이후 洋務와 관계된 긴요한 안건이 있을 경우 제가 조선과 문서를 주고받으며 기회를 보아 권고하도록 奏請하겠다"는 내용이었습니다. 이에 대해서는 다음과 같은 諭旨를 받았습니다.

논의한 바에 따라 처리하라.

이상. 이상의 내용이 비밀리에 제게 전달되었습니다. 때마침 조선 국왕이 파견한 위원 李容肅이 이번 조공사절을 따라 京師에 왔다가 1월 20일 天津으로 와서 저를 만나 "오로지 武備 학습 관련 사무를 처리하기 위해 왔다"고 이야기하면서, 아울러 [조선에 대한 훈시를 요청하는] 『請示節略』 한 부를 바쳤습니다. 그 안에는 領議政 李最應의 奏章이 있는데, 작년 6월 미국에서 온 사신을 완강하게 거부한 일이 잘못된 것이었다고 자못 후회하고 있으며, 말미에는 "현재의 급무로서 먼 나라 사람들을 회유하여 사직을 편안케 하는 것 만한 일이 없다"는 점을 강조하는 구절이 있었습니다. 다른 조항은 또한 훗날 부득이하게 각국과 교류하게 될 때 선후로 그리고 조만간에 취해야 할 대책에 대해 문의하는 것이었습니다. 또한 중국이 각국과 수교하고 체결한 通商章程과 稅則을 요청하여 돌아가는 길에 가져가 참고할 것이라고 하였습니다. 이는 何如璋의 서신에서 조선 조정의 논의가 점차 깨우치고 있으며 미국과의 조약 체결을 원한다고 한 것이 이미 명확한 증거가 있음을 보여줍니다.

저는 『節略』에서 자문을 요청한 사안이 너무 복잡하여 우선 津海關道 鄭藻如 등에게 그와 만나 모든 것을 물어보고 대체적인 윤곽을 논의해보도록 지시하였습니다. 곧이어 28일 李容肅을 불러 만나 오랫동안 필담을 나누었습니다. 조선 군대의 인원 정액은 극도로 적고 군량은 매우 부족하여 정말로 자립할 수 없을까 우려됩니다. 그런데 조선이 의거하는 형세는 실로 우리 東三省의 울타리로써, 매우 중요한 것에 관계됩니다. 현재 조선의 국왕과 재상들이 비록 뚜렷하게 이전의 방침을 변경하여 외국과 연락하려는 뜻을 가졌다고 해도, 나라 사람들의 의론이 갈라져 있어 아직은 서둘러 결정하기 곤란합니다. 실로 응당 기회를 봐서 성의로 깨우친다면, 그들의 선입견을 타파하고 우리의 울타리를 공고히 할 수 있으리라 기대할 수 있을 것입니다.

그런데 조선은 外交 사정에 대해 생소합니다. 즉 예컨대, 일본과 통상한 지가 5년이 되었는데도 아직도 稅關을 설치하여 關稅를 징수하지 않았고, 아울러 稅額의 輕重에 대해서도 모를 정도입니다. 설령 서양 국가들과 다시 조약을 맺는다면, 형세상 반드시 그들에게 속임을 당해 이익은 없고 손해만 있을 것입니다. 저는 조선에서 온 서신에서 속마음을 털어놓아 "하나하나 깨우쳐 주시고 크게 謀劃해주시기" 바란다고 한 구절은 지극한 정성에서 나온 것이었기 때문에, 마침내 이전에 서양에서 교섭사무를 배운 道員 馬建忠과 鄭藻如 등에게 현재의 時勢와 동·서양의 通例를 참작하여 『朝鮮과 各國의 通商章程草稿(朝鮮與各國通商章程底稿)』를 대신 기초하여 이익을 취하고 손해를 방지할 수 있는 사전 계책으로 삼도록 하고, 이를 李容肅에게 교부하여 가지고 돌아가 조선으로 하여금 일이 있을 때 의거하여 바로 삼아 크게 기만당하는 일이 없도록 하였습니다.

또 듣건대, 조선 국왕과 재상들은 이미 점차 깨우치고 있지만, 오로지 原任太師 李裕元 등은 다른 의견이 없는 것은 아니라고 합니다. 저는 光緖 5년 7월에 일찍이 비밀유지[密諭]를 받아 이를 이유원에게 전달하면서 상세하고 간절하게 권고한 바 있었습니다. 이후 답장을 받아보았지만 여전히 믿고 따르지는 않았습니다. 이번에 李裕元이 보낸 서신에서도 마찬가지로 먼 나라와의 교제를 원하지 않는다는 의사가 있는 듯해서 저는 다시금 서신을 보내 다시 두텁게 권유하면서 그가 중간에서 방해를 하지 않도록 하였습니다. 앞으로 어떤 나라를 막론하고 재차 조선에 사람을 보내 조약 체결을 논의한다면 응당 완강히 거부할 리는 없을 것입니다. 다만 중국이 강제로 이렇게 몰아갈 수는 없습니다.

『節略』에서 자문한 각 조항 가운데 오직 일본의 국서에 답할 때의 호칭문제는 만일 조금이라도 모호하다면 즉시 屬邦의 體例에 지장이 생길 수 있는 문제입니다. 제가 살펴보건대 서양 각국에서 帝나 王을 칭하는 일은 본래 한결같지 않으며, 중요한 것은 모두 평등하게 교제한다는 것입니다. 조선 국왕은 오랫동안 우리 조정으로부터 책봉을 받았으니, 일본 및 다른 나라의 국서에 답할 때에는 실로 마땅히 이전처럼 封號를 사용해야 합니다. 國政은 비록 그들이 自主하게 하더라도 중국의 屬邦이라는 명분을 잃게 해서는 안 될 것입니다. 조선에서 올린 『節略』 및 대신해서 기초한 『通商章程草稿』, 李裕元이 보낸 서신 등을 초록하여 總理衙門에 보내 검토하게 하는 것 외에, 삼가 조선의 咨文에 각기 답변한 항목을 清單으로 마련하여 공손히 올리오니 타당한지 여부를 살펴봐 주십시오. 마땅히 공손히 주접을 갖추어 驛路를 통해 비밀리에 아뢰니, 皇太后·皇上께서 살펴보시고 훈시를 내려주시기를 엎드려 바랍니다. 이에 삼가 주를 올립니다.

(19) 문서번호 : 2-1-1-19 (355, 483a-490a)

사안 : 기회를 보아 각국과 조약을 논의하고 통상을 하도록 조선에 권고하였습니다(相機開導朝鮮與各國議約通商).

첨부문서 : 1. 「조선에서 문의한 각 조항에 대한 北洋大臣의 회답(北洋大臣酌覆朝鮮詢問各條) : 중국 상인이 각 통상항구로 가서 무역을 하는 문제, 부산·원산에서 세관을 설치하고 세율을 정하는 문제, 천진에 가서 武備를 학습할 문·무 관원의 증명서 수령 및 일본의 國書에 답장하는 명칭의 문제 등(華商赴各口貿易, 釜山元山設關定稅赴津習武備員弁領照及答日本國書稱謂等事)」.

날짜 : 光緖七年二月初五日(1881년 3월 4일)

발신 : 軍機處

수신 : 總理衙門

二月初五日, 軍機處交出李鴻章抄摺稱 : [79]

[中略]

光緒七年二月初四日, 軍機大臣奉旨 :

該衙門知道, 單併發.

欽此.

1. 照錄「淸單」: 謹將酌覆朝鮮詢問各條, 照繕淸單, 恭呈禦覽[80]

[中略]

光緖七年二月初四日，軍機大臣奉旨：

覽.

欽此.

2월 5일, 軍機處에서 다음과 같은 李鴻章의 奏摺을 초록하여 보내왔다.

[중략]

光緖 7년 2월 4일 군기대신이 다음과 같은 유지를 받았다.

해당 아문에 알려라. 첨부문서도 아울러 발송하라.

이상.

1. 첨부문서 초록 : 조선의 자문에 답한 각 조항을 첨부문서로 만들어 삼가 살펴보시도록 올립니다

[중략]

光緖 7년 2월 4일 군기대신이 다음과 같은 유지를 받들었다.

열람하였다.

이상.

---

79) 이하의 내용은 바로 앞의 (18) 문서번호 : 2-1-1-18(354, 480b-482b)의 첨부문서 : 「北洋大臣 李鴻章의 奏摺(北洋大臣李鴻章奏摺)」과 같은 것이라 생략한다.

80) 이 내용은 앞서 나온 (17) 문서번호 : 2-1-1-17(353, 461a-480a)의 첨부문서 2. 「부건 1의 부건」 7. 「北洋大臣이 조선이 자문한 사안에 대해 각각 답변한 내용(北洋大臣酌覆朝鮮詢問各條)」과 완전히 일치하므로 생략한다.

(20) 문서번호 : 2-1-1-20 (356, 490b)

사안 : 조선의 상황을 참작하여 처리하겠다고 상주하고, 아울러 비밀 자문으로 알립니다(密咨具奏朝鮮情形酌擬辦理一摺).

날짜 : 光緒七年二月十五日(1881년 3월 14일)

발신 : 總理衙門

수신 : 禮部

二月十五日, 行禮部文稱 :

光緒七年正月二十五日, 本衙門密奏朝鮮情形酌擬辦理一摺, 奉旨 :
　依議.
欽此. 相應抄錄原奏, 恭錄諭旨, 密咨貴部查照可也.

2월 15일, 禮部로 다음과 같은 문서를 보냈다.

光緒 7년 1월 25일, 본 아문에서는 조선의 상황을 참작하여 처리하겠다는 주접을 비밀리에 상주하였습니다. 이에 대해 다음과 같은 유지를 받았습니다.
　논의한 대로 하라.
따라서 마땅히 原奏를 초록하고 유지를 공경히 베껴서 귀 禮部에 비밀 자문을 보내니 참고해 주십시오.

(21) 문서번호 : 2-1-1-21 (357, 491a-498a)

사안 : 조선의 委員이 천진에 와서 자문을 요청하기에 상황을 고려하여 답변을 하고 기회를 틈타 권고하였다고 상주한 北洋大臣의 奏摺을 자문으로 보냅니다(咨呈北洋大臣具奏朝鮮委員來津請示斟酌答覆相機開導摺).

첨부문서 : 1. 「北洋大臣 李鴻章의 주접(北洋大臣李鴻章奏摺)」: 기회를 보아 각국과 조약을 논의하고 통상을 하도록 조선에 권고하였습니다(相機開導朝鮮與西洋各國議約通商事).[81] [省略]

2. 「조선에서 문의한 각 조항에 대한 北洋大臣의 회답(北洋大臣李鴻章酌覆朝鮮詢問各條)」: 중국 상인이 각 통상항구로 가서 무역을 하는 문제, 부산·원산에서 세관을 설치하고 세율을 정하는 문제, 천진에 가서 武備를 학습할 문·무관원의 증명서 수령문제 및 일본의 國書에 답장하는 명칭의 문제 등 조선이 물어온 내용에 대해 검토하여 답변하였습니다(核覆朝鮮詢問關於華商赴各口貿易釜山·元山、設關定稅、赴津習武備員弁領照及答日本國書稱謂等事).[82] [省略]

날짜 : 光緒七年三月初二日(1881년 3월 31일)

발신 : 盛京將軍 岐元

수신 : 總理衙門

---

81) 이하의 내용은 바로 앞의 (18) 문서번호 : 2-1-1-18(354, 480b-482b)의 첨부문서 : 「北洋大臣 李鴻章의 奏摺」과 같은 것이고, 따라서 (19) 문서번호 : 2-1-1-19(355, 483a-490a)의 문서와도 같은 내용이라 여기서 생략한다.

82) 이 내용은 앞서 나온 (17) 문서번호 : 2-1-1-17(353, 461a-480a)의 첨부문서 2. 「부건 1의 부건」 7. 「조선에서 문의한 각 조항에 대한 北洋大臣의 회답」과 같은 것이고, 따라서 (19) 문서번호 : 2-1-1-19(355, 483a-490a)의 첨부문서 : 1. 「조선에서 문의한 각 조항에 대한 北洋大臣의 회답」 문서와도 같은 것이라 여기서 생략하였다.

三月初二日，盛京將軍岐元文稱：

會辦通商處案呈:

光緒七年二月十五日，准奉天督部堂咨開：

為密咨事．光緒七年二月初十日，准北洋大臣李咨開：

為照本大臣於光緒七年二月初二日，在天津行館，由驛密奏朝鮮委員來津請示斟酌答覆相機開導一摺．除俟奉到諭旨，再行恭錄咨行外，相應鈔摺並酌覆詢問各條密咨查照．

等因．到本軍督部堂．准此．除分行外，相應粘鈔原摺並酌覆詢問各條密咨．為此合咨，請煩查照施行．

等因前來．除分行外，相應[照鈔]原摺各條粘單，咨呈貴衙門查照可也．

計：照鈔原摺、各條粘單一紙．

照錄「鈔摺」：

1.「奏為朝鮮委員來津，斟酌答覆，相機開導，恭摺仰祈聖鑒事」．[省略]

2.「謹將酌覆朝鮮詢問各條照繕清單，恭呈御覽」．[省略]

3월 2일, 盛京將軍 岐元이 다음과 같은 문서를 보냈다.

會辦通商處에서 다음과 같은 기안 문서를 올렸습니다.

光緖 7년 2월 15일 奉天督部堂의 다음과 같은 咨文을 받았습니다.

秘密咨文을 보냅니다. 光緖 7년 2월 10일 北洋大臣 李鴻章의 다음과 같은 자문을 받았습니다.

본 대신은 光緖 7년 2월 2일에 天津行館에서 역로를 통해, '조선의 委員이 天津에 와서 자문을 요청하기에 상황을 고려하여 답변을 하고 기회를 틈타 권고하였다'라는 密奏를 올렸습니다. 諭旨가 내려지기를 기다렸다가 다시금 삼가 초록하여 자문으로 보내는 것 외에, 마땅히 우선 原摺을 초록하고 아울러 자문에 답한 각 조항을 秘密咨文으로 보내 참고하게 해야 할 것입니다.

이상의 내용이 본 軍督部堂[盛京將軍]에게 도착하였습니다. 이를 받았으니 각기 나누어서 발송하는 것 외에, 마땅히 原摺과 아울러 자문에 답한 각 조항을 秘密咨文으로 보내야 합니다. 이에 자문을 보내니 번거롭겠지만 참고해주십시오.

이상의 자문을 받았으므로, 각기 나누어 발송하는 것 외에, 마땅히 原摺과 자문에 답한 각 조항을 초록하여 귀 아문[總理衙門]에 자문으로 올리니 참고해주십시오.

첨부문서 : 原摺 및 자문에 답한 각 조항 첨부문서 1장

「鈔摺」 초록 :

1. 조선의 委員이 天津에 와서 자문을 요청하기에 상황을 고려하여 답변을 하고 기회를 틈타 권고하였다는 점을 삼가 주접으로 올리니 살펴봐주십시오 : [생략]

2. 조선의 자문에 답한 각 조항을 삼가 살펴보시도록 목록[淸單]으로 만들어 올립니다 : [생략]

(22) 문서번호 : 2-1-1-22 (358, 498b)

사안 : 北洋大臣이 조선이 각국과 통상을 하도록 권고하였다는 주접을 올렸는데, 이에 대해 내려진 유지를 자문으로 보냅니다(咨北洋大臣具奏開導朝鮮與各國通商一摺, 所奉諭旨).[83]

날짜 : 光緖七年三月初二日(1881년 3월 31일)

발신 : 盛京將軍 岐元

수신 : 總理衙門

三月初二日, 盛京將軍岐元等文稱 :

會辦通商處案呈 :

光緖七年二月十六日, 准奉天督部堂咨開 :

爲密咨事. 光緖七年二月十三日, 准欽差北洋大臣直隷爵閣督部堂李咨開 :

爲恭錄密咨事. 爲照本大臣於光緖七年二月初二日, 在天津行館, 由驛密奏朝鮮委員來津請示斟酌答覆相機開導一摺, 當經抄稿咨行在案. 玆於二月初五日, 准兵部火票遞回原摺, 后開軍機大臣奉旨 :

該衙門知道. 單併發.

欽此. 相應恭錄密咨, 查照欽遵.

等因. 到本軍督部堂, 准此. 除分行外, 相應密咨. 爲此合咨, 請煩查照, 欽遵施行.

等因前來. 除分行外, 相應咨呈貴衙門查照可也.

83) 바로 앞의 문서와 거의 같은 내용이지만 皇帝의 諭旨가 내려져 첨가된 부분만 약간 다르다.

3월 2일, 盛京將軍 岐元 등이 다음과 같은 문서를 보냈다.

會辦通商處에서 다음과 같은 기안 문서를 올렸습니다.

光緖 7년 2월 15일 奉天督部堂의 다음과 같은 咨文을 받았습니다.

비밀자문을 보냅니다. 光緖 7년 2월 10일 北洋大臣 李鴻章의 다음과 같은 자문을 받았습니다.

본 대신은 光緖 7년 2월 2일에 天津行館에서 驛路를 통해, '조선의 委員이 天津에 와서 자문을 요청하기에 상황을 고려하여 답변을 하고 기회를 틈타 권고하였다'라는 密奏를 올렸습니다. 이번에 2월 5일 兵部의 火票[84]를 통해 原摺을 돌려받았는데 뒤에는 군기대신으로부터 다음과 같은 유지를 받았습니다.

해당 아문에 알려라. 첨부문서도 아울러 발송하라.

이상. 이에 따라 비밀자문을 삼가 초록하여 보내니 참고해주십시오.

이상의 내용이 본 軍督部堂[盛京將軍]에게 도착하였습니다. 이를 받았으니 각기 나누어서 발송하는 것 외에, 마땅히 原摺과 아울러 자문에 답한 각 조항을 秘密咨文으로 보내야 합니다. 이에 자문을 보내니 번거롭겠지만 참고해주십시오.

이상의 자문을 받았으므로, 각기 나누어 발송하는 것 외에, 마땅히 原摺과 자문에 답한 각 조항을 초록하여 귀 아문[總理衙門]에 자문으로 올리니 참고해주십시오.

---

84) 화표(火票)는 보통 긴급하게 공문을 전송할 때 사용되는 증명서로 驛站을 관리하는 兵部에서 발행한다. 따라서 긴급공문 내지는 지시를 가리키기도 한다.

(23) 문서번호 : 2-1-1-23 (361, 504a-505b)

사안 : 1. 慈安皇太后의 서거에 대해 각 개항지 商民 및 각국 사절이 모두 애도를 표시하고 있습니다(慈安皇太后之喪, 各口商民及各國使領均表哀悼).

2. 조선 君臣들은 몹시 외교관계의 개선을 원하지만 민간에서는 이견이 아주 심합니다(朝鮮君臣極願外交, 惟民間甚有異議).

첨부문서 : 1. 「조선 김홍집이 보낸 서신(朝鮮金宏集來函) : 지시해주신 사무와 조약 관련 책자는 이미 조정에 전달하였지만, 백성의 생각은 돌리기는 어려우니, 미국과의 조약·통상은 아직은 즉각 결단하기 어렵습니다(指示機事及條約册頁已傳達韓廷, 惟民志難回, 與美結約通商事, 尙難立卽裁斷)」.

날짜 : 光緖七年四月初二十三日(1881년 5월 20일)

발신 : 何如璋

수신 : 總理衙門

四月二十三日, 出使日本國大臣何如璋等函稱 :

上月二十八日肅呈第一百二十五號函, 當邀垂鑒. 本初一日奉到三月初十一日所發核銷經費、隨員酌獎等事大文共四件. 又奉到本字第五十三號堂憲鈞諭. 敬謹捧讀, 祇聆一是. 此次大行慈安皇太后大喪, 據橫濱、神戶、長崎各口理事稟稱 : "哀聞到日, 凡我商民異口同聲無不哀慕. 紳董等皆服喪服, 各鋪店皆撤去綵飾. 典制所關, 一一恪遵," 亦足見海外流廒之民心甚忠愛也. 各口領事及外國兵船, 皆是二十日起半下國旗三日. 此間各長官鹹來吊喪, 無一遺者. 外務人員則自書記官以上皆來, 前駐中國公使伊達宗城現已罷官亦來. 惟宍戶公使不至, 殊爲闕禮, 或人云彼自中國歸, 多爲人責備,甚爲失意，現尙杜門不出云．如璋等尙未見面，此語或足信也．外務卿井上馨仍未歸，計此月中旬方滿假期．

朝鮮君相皆極願外交，惟國民異議紛起．上月有安東進士李應接等，率鄕間老儒數百人伏闕上書，請禁外交，幷譏責前使日本之金宏集及其國外戚閔泳翔等．國王震怒，將行懲辦，后乃勸令解散．此次所遣來東委員，聞只令覲風問政，不預他事．卓挺植者本日到此來謁，據云："朝中諸臣願外交者已有十之七，唯民間則十無一人．" 帶有金宏集寄[如璋]密函內稱：

> 朝論雖已差殊，民心甚屬難回，則一時自未能辦到．從古中葉之世，改革政體勢處至難．況以朝鮮之向來閉關，謝絕外人，又因戕殺教士，曾受法蘭西攻擊，其怨恨西人，已非一日．驟聞和戎之議，異議沸騰，本無足怪．祇好徐待可乘之機，相時而動耳．

聞國王與執政大臣皆甚英明，方發奮有爲，力圖振作．幸而俄人無事．彼遂次講求，漸悉外情，我國又隨事勸導，不厭煩數，數年之間，終可收效也．竹簣奉諱歸裏，新任黎蒓齊到東，尙需時日．自當照章俟其到日當面交代．肅此．敬乞代面堂憲察核爲禱．敬請勛安．

1. 照錄鈔單：鈔錄「朝鮮前使日本金宏集來函」(光緖七年四月初三日到)

子峩欽使大人閣下：

卓姓人自東還，獲拜下函．夢因不到，若從天降，且驚且喜，曷可名狀？信后歲籥載新，伏諗體履萬禧，引領東望，不任勞禱．玆奉大教，洋洋千言，指示機事，靡有底蘊．兼以修約冊頁，多方周旋，尤出望外．卽將右件轉達[敝]廷．具紉眷庇，迥出尋常，萬萬感服，銘肌鏤髓，誠不知何以塞報也．第以來教參究敝邦事勢，則朝論雖或差殊，民志尙屬難回，恐無以卽地裁斷，用是爲悶，非敢有負於盛念也．惟閣下鑒原，千萬幸甚．爲此敬謝悃．不莊．

辛巳二月三日

朝鮮金宏集 再拜啓．

4월 23일, 出使日本大臣 何如璋 등이 다음과 같은 서신을 보내왔다.

지난 달 28일 제125호 서신을 삼가 올렸으니, 이미 받아보셨을 줄 압니다. 이번 달 1일, 3월 11일에 발송하신 경비의 會計報告 처리, 수행원 표창 등에 관한 문서 4건,[85] 그리고 本字 제53호 總理衙門의 지시를 받았습니다. 공경히 읽어보고는 모두 확인하였습니다.

이번 大行慈安皇太后[86] 大喪에 대해 橫濱·神戶[고베]·長崎 등의 理事官으로부터 보고를 받았는데, "슬픈 소식이 도착하자 모든 우리 商民은 한 목소리로 애도하지 않음이 없었습니다. 紳董들은 모두 상복을 입었고, 각 상점에서는 모두 비단장식을 제거하였습니다. 典制와 관계되는 일이라 모두 삼가 따르고 있습니다"라고 하였으니, 해외 거주 백성의 마음 또한 매우 충성스럽다는 것을 알 수 있습니다. 각 항의 영사 및 외국 군함도 모두 20일부터 3일 동안 국기를 절반쯤 내릴 예정입니다. 이 기간에 각 장관 모두 한 사람도 빠짐없이 조문을 왔습니다. 외무성 관원은 서기관 이상이 모두 왔고 전 중국주재 공사 伊達宗城[다테 무네나리][87]는 현재 파직되었지만 찾아왔습니다. 다만 宍戶[시시도][88] 공사는 방문하지 않아 크게 결례를 범했는데, 혹자는 그가 중국에서 귀국한 후 비난을 많이 받아 매우 상심한 나머지 지금까지도 출입을 삼가고 있다고 합니다. 저희들도 아직까지 만나지 못했으니 이러한 말들은 아마도 믿을 만한 것 같습니다. 外務卿 井上馨은 아직 돌아오지 않았고 이달 중순이면 휴가가 끝납니다. 조선의 君相은 외교를 몹시 원하지만 다만 백성들 중에는 다른 의견이 분분히 일어나고 있습

85) 이 문제는 (12) 문서번호 : 2-1-1-12(345, 451a-453b), (14) 문서번호 : 2-1-1-14(349, 456a-458a)에서 언급되고 있다.

86) 자안황태후(慈安皇太后, 1837~1881)는 뉴호록(鈕祜祿) 씨(氏) 출신으로 만주양황기인(滿洲鑲黃旗人)이며, 함풍제(鹹豐帝)의 황후였다. 1852년 입궁하여 10월에 황후가 됐지만, 1861년 함풍제가 사망하자, 모후황태후(母后皇太后) 또는 동태후(東太后)가 되었다. 공친왕(恭親王) 혁흔(奕訢)이 일으킨 신유정변(辛酉政變)으로 자희태후(慈禧太后, 西太后)와 함께 동치제(同治帝)를 위해 수렴청정(垂簾聽政)을 하였다. 1875년 동치제가 사망하자 다시 순친왕(醇親王)의 아들 재첨(載湉)을 광서제(光緖帝)로 삼아 황제의 뒤를 잇게 하였으며 양궁태후(兩宮太后)는 다시 수렴청정을 시행하였다. 그러다가 1881년 4월 자안황태후는 갑작스레 사망하였다. 원문의 대행(大行)은 방금 사망하여 아직 시호(諡號)가 정해지지 않은 황제나 황후를 가리킬 때 쓰는 용어이다.

87) 다테 무네나리(伊達宗城, 1818~1892)는 막부 말기의 다이묘(大名) 출신으로 메이지유신기의 정치가이기도 하다. 1871년 중국에 파견되어 중일수호조규(中日修好條規)를 체결하였다.

88) 시시도 다시키(宍戶璣, 1829~1901)는 죠슈(長州) 번 번사(藩士) 출신 정치가로 1879년 주중국 공사가 되어 琉球문제를 둘러싸고 청조 측과 여러 차례의 교섭을 가진 다음 1881년 귀국하였다.

니다. 지난 달 安東進士 李應捿 등이 지방의 老儒 수백 명을 이끌고 대궐 앞에서 글을 올리며 외교 금지와 더불어 전에 일본에 간 金宏集 및 국왕의 외척 閔泳翊 등의 견책을 요청하였습니다. 조선 국왕은 진노하여 처벌하려고 했다가 나중에는 해산하도록 권유하였습니다. 이번에 東京에 온 조선 委員들은 풍속을 관찰하고 정치를 문의하며 다른 일에는 간여하지 말라는 지시를 받았다고 합니다. 卓挺植이란 사람이 오늘 이곳으로 와서 인사를 올리고는 "조정의 신료 가운데 외교를 원하는 사람은 열에 일곱이지만, 민간에서는 열에 한 사람도 없습니다"라고 하였습니다. 그리고 金宏集이 제게 보낸 다음과 같은 비밀서신을 가지고 왔습니다.

> 조정의 논의는 약간의 차이만 있지만 민심은 아주 되돌리기가 매우 어려우므로 당분간은 물론 제대로 진행할 수 없습니다. 古中世로부터 政體의 개혁은 지극히 어려운 시세에 처하였습니다. 하물며 조선은 지금까지 문을 걸고 외국인을 거부해 왔고, 또한 기독교도들을 죽였다가 프랑스의 공격을 받은 적이 있기 때문에 서양인에 대한 원한이 하루아침에 이루어진 것이 아닙니다. 따라서 통상수호에 관한 논의를 듣고 반대의견이 들끓는 것은 본래 괴이할 것도 없습니다. 다만 차분히 틈탈 수 있는 기회를 기다렸다가 시기에 맞추어 움직여야할 따름입니다.

제가 듣기에 국왕과 집정대신이 모두 매우 영명하여 현재 분발하여 힘써 개혁을 도모하고 있습니다. 다행히 러시아인들도 문제를 일으키지 않고 있습니다. 저들이 차츰 방법을 찾아보며 점차 외국 정세를 파악하고, 우리 또한 사안에 따라 권고하면서 번거로움을 피하지 않으면, 수년 내에 끝내 효과를 볼 수 있을 것입니다.

許景澄은 喪禮 때문에 고향으로 돌아갔고 새로 임명된 黎庶昌[89]이 일본에 도착하려면 아직 시간이 필요합니다. 응당 장정에 따라 그가 도착하는 날에 직접 교대를 해야 할 것입니다. 이상입니다. 삼가 서신을 보내니 總理衙門에서 검토해주시기 바랍니다. 편안하십시오.

---

89) 여서창(黎庶昌, 1837~1898)은 자가 순재(純齋)로 귀주성(貴州省) 준의(遵義) 출신이며, 청말의 저명한 외교관·학자이다. 태평천국의 반란 때에는 증국번의 휘하에서 일하였으며, 1876년 이후 약 5년 동안 영국·프랑스·독일·스페인 등에서 參贊 등으로 근무하였고 1881년 일본에 공사로 파견되었다가 3년 동안 근무한 후 丁憂로 귀국하였고, 3년 후 다시 일본에 파견되어 전후하여 모두 6년간 일본에서 근무하였다.

첨부문서 : 鈔單 照錄

1. 「日本에 파견되었던 조선의 前 修信使 金宏集이 보낸 서신」(光緖 7년 4월 3일에 도착)

何如璋 公使께 올립니다.

卓挺植이 東京에서 돌아와 보내주신 서신을 받을 수 있었습니다. 꿈에서조차 생각하지 못하고 있다가 마치 하늘에서 내려 온 것과 같았으니 놀라움과 기쁨을 어찌 말로 다 표현할 수 있겠습니까? 서신을 보낸 뒤 해가 바뀌었는데, 건강하실 것이라 생각하며 목을 늘어뜨리고 동쪽을 바라보며 힘써 기도해마지 않습니다. 지금 훌륭한 가르침을 받아보니 방대한 분량의 글로 機務를 알려주시면서 속마음을 조금도 남기지 않으셨습니다. 겸하여 조약 관련 책자들을 다방면으로 구해주신 것은 더욱 기대 밖의 일이었습니다. 즉시 이상의 책들을 저희 조정에 전달하겠습니다. 진심으로 돌봐주시는 마음이 이렇게 보통을 훨씬 넘기시니, 너무나도 감복하며 몸과 마음에 새겨 잊지 않겠지만, 정말 어찌 보답해야할지를 모르겠습니다.

다만 보내주신 하교를 통해 조선의 상황을 분석해보면, 조정 안에서의 논의는 비록 약간의 차이가 있을 뿐이지만 백성의 뜻은 여전히 아직도 돌리기 어렵습니다. 따라서 즉각 결정하는 것은 어려울 터인데, 이것은 걱정하는 것이지 감히 훌륭하신 마음을 저버리려는 뜻이 아닙니다. 귀하께서 살펴보시고 본심을 헤아려주신다면 정말 다행이겠습니다. 이에 삼가 감사하는 마음을 전합니다. 이만 줄이겠습니다.

辛巳年 2월 3일 조선 金宏集이 再拜하며 올립니다.

(24) 문서번호 : 2-1-1-24 (363, 507a-507b)

사안 : 1. 長崎에 정박하였던 러시아 군함은 잇달아 서쪽으로 돌아갔습니다(泊長崎俄兵船已陸續西還).

2. 東京에 온 조선의 委員 朴定陽 등이 찾아와서 이번 행차는 오로지 政治, 세관[海關] 설립, 課稅 등의 사안만 살피고자 하는 것이며, 7~8월쯤에 金宏集이 일본으로 와서 다시 상의할 것이라고 하였습니다(朝鮮來東委員朴定陽等來見, 此行專爲考察政治、設關、課稅事, 七八月間金宏集將來日本就商).

날짜 : 光緒七年五月初二十八日(1881년 6월 24일)

발신 : 何如璋

수신 : 總理衙門

五月二十八日, 出使大臣何如璋等函稱:

上月二十七日肅寄第一百二十九號緘, 當邀垂鑒. 本初一日奉到四月九日所發第五十四號賜諭, 敬謹讀悉. 外務卿井上馨仍未出省辦事. 近遣人往其家問疾, 並告以"久未見面, 若病體稍愈, 當卽往其家相見, 請其訂期," 彼仍以疾辭. 謂:'腦痛,' 醫師告以不宜見客, 俟痊愈再訂." 俄海軍卿理疏富斯基, 於昨日乘歐羅巴兵船, 由長崎到濱, 卽來東京. 日本館以客舍, 彼去歲跌傷, 以年老未得復原, 上下馬車, 仍須人扶掖. 聞在此少爲勾當歸國, 其所帶兵船, 皆陸續遣還, 停泊南洋等處. 或謂:"俟伊犁條約中國畫押以后, 皆卽西返." 惟琿春尚留步兵甚多, 未知信否.

朝鮮所遣來東委員趙準永、朴定陽等旣到東京, 均經相見. 伊等此行係奉命察看日本一切政治. 問其國中情形, 亦云:"君相皆喜外交, 惟民心猶屬不願." 與金宏集來函之言相同. 復稱 : "國中尚屬安靖, 惟三月中有安東老儒某二三百人伏闕上書, 力諫外交, 一時頗爲鼓動." 前來之委員李東仁本擬同來, 啟行之始, 忽不知所之, 杳無縱跡. 或云懼禍他逃, 或云爲人戕害, 究未的確. 至『申報』、『香港報』所稱 : "朝鮮國內亂, 請援日本," 均無稽之譚也. 至與日本交涉仁川一港, 旣許以十五月開口. 朝鮮擬設關課稅, 進口取十, 出口百取五. 曾送草案與日本花房公使商権, 彼以未有此權辭. 聞七八月間金宏集當再來就商於外務也. 肅此. 敬乞代面堂憲察核爲禱. 請勛安.

5월 28일, 出使大臣 何如璋 등이 다음과 같은 서신을 보내왔다.

지난 달 27일 제129호 서신을 보냈으니, 이미 받아보셨을 줄 압니다. 이번 달 1일에 4월 9일 발송한 제54호 지시를 받고 공경히 모두 확인하였습니다. 外務卿 井上馨은 여전히 省에 나와서 일 처리를 하지 않고 있습니다. 최근 그 집으로 사람을 보내 문병하고 아울러 "오랫동안 만나지 못했으니 병이 조금 나으면 즉시 그쪽 집으로 가서 만나고자 하며, 만날 날짜를 정하고 싶습니다"라고 하였지만, 그는 여전히 질병을 이유로 사양하였습니다. '두통'이라고 하는데 의사가 손님을 만나서는 안된다고 하였으므로 병이 낫기를 기다려 다시 날짜를 정하겠습니다.
러시아 해군제독 레소프스키는 어제 유럽 군함을 타고서 長崎를 거쳐 橫濱을 거쳐 바로 東京에 왔습니다. 日本館을 객사로 사용하고 있는데, 작년에 입은 부상이 나이 때문에 회복되지 않아 마차에 오르내릴 때마다 사람들의 부축이 필요합니다. 이곳에서 잠시 동안 일처리를 한 다음 귀국을 하며, 그가 대동한 군함은 모두 잇달아 돌려보내 南洋 등에 정박한다고 합니다. 혹은 "伊犁조약에 중국이 서명하기를 기다렸다가 서쪽으로 돌아갈 것"이라고도 합니다. 다만 琿春 부근에는 아직 보병이 많이 남아 있다고 하는데 믿을 만한 내용인지는 불확실합니다. 東京에 파견된 조선 委員 趙準永·朴定陽 등은 이미 도착했고 모두 만나 보았습니다. 그들은 이번 행차가 국왕의 지시를 받들어 일본의 정치를 살피는 것이라고 하였습니다. 국내 상황을 물어보니 "국왕·재상은 모두 외교를 기꺼워하지만 민심은 여전히 원하지 않는다"고 하는데, 김홍집이 보낸 서신의 내용과 서로 같습니다. 또 말하길, "나라는 여전히 평화로우나, 다만 3월 무렵 安東 老儒 모씨를 비롯해 2~3백 명이 대궐 앞에 엎드려 서신을 올리며 외교에 대해 극력 간언한 일로 한때 자못 동요가 있었다"고 합니다. 예전에 왔던 委員 이동인은 원래 함께 오려고 했다가 출발할 즈음에 홀연히 어디로 갔는지 알 수가 없고 행적이 묘연합니다. 혹자는 화를 두려워해 도망갔다고 하고, 혹자는 남에게 피살되었다고 하는데 확실하지 않습니다. 『申報』·『香港報』에서 "조선에 내란이 일어나 일본에 원병을 요청했다"고 했는데 모두 근거 없는 이야기입니다. 일본과의 교섭 및 인천항에 대한 문제에 대해서는 이미 15개월 이후 개항하기로 허락하였습니다. 조선에서는 稅關을 설치하여 과세하려고 하는데 수입품 세율은 10%이며 수출품은 5%입니다. 예전에 초안을 보내 일본의 花房 공사와 논의하였지만 그는 권한이 없다며 거절하였습니다. 7월 즈음에 金宏集이 다시 와서 외무성과 상의할 것이라고 합니다. 이만 줄입니다. 삼가 서신을 보내니 총리아문에서 검토해주시기 바랍니다. 평안하시길 바랍니다.

(25) 문서번호 : 2-1-1-25 (365, 509a-514b)

사안 : 1. 보도에 따르면 宍戶 공사가 전 外務卿 寺島宗를 방문하여 琉球 사안을 세 시간 동안 논의했다고 합니다(報載宍戶訪前外務寺島宗, 則商球案達三小時之久).

2. 東京에 온 조선의 委員 朴定陽 등이 찾아와서 이번 행차는 오로지 政治, 稅關 설립, 課稅 등의 사안만 살피고자 하는 것이며, 7~8월쯤에 金宏集이 일본으로 와서 다시 상의할 것이라고 하였습니다(朝鮮來東委員朴定陽等來見, 此行專爲考察政治設關課稅事, 七八月間金宏集將來日本就商).

첨부문서 : 「『橫濱西報』 논설 번역문(『橫濱西報』譯文)」: 일본은 사면이 바다에 임해 있으므로 해군을 만들지 않을 수 없지만, 포대를 짓는 것은 砲艦을 건조하는 것만 못하며, 나라가 오랫동안 평화를 누리려면 오로지 전쟁에 대비해야 할 뿐이다(日本四面臨海, 不可不立水師, 建築礮臺不如建置砲船, 欲國長久治安, 惟有備戰).

날짜 : 光緖七年七月初三日(1881년 7월 28일)

발신 : 何如璋

수신 : 總理衙門

七月初三日, 出使日本國大臣何如璋等函稱：

本月三日肅呈第一百三十二號緘, 當邀垂鑒. 此間近況仍常聞. 據新聞紙稱：“宍戶公使於數日前, 往前外務卿寺島宗則家商外交事, 厝三時之久乃歸, 自宍戶公使歸國之后, 多杜門不出, 惟此次之往前外務卿家, 或仍爲球案也.” 本月初九日[西曆七月四日]外務接到華盛頻電報云：“美國大統領於西曆七月二日爲刺客銃傷甚重.” 如璋等因往美國使館慰問, 日昨接美使知會稱：“現得電報統領漸愈”云. 聞此刺客爲律師, 係爲政事抱不平者. 統領自今年卽位以后, 因用一鈕育關稅長事, 其國會議員指爲不公, 有因是辭職者, 美國議論甚屬囂囂. 此事在兩月前, 據所傳聞謂: "此次之變, 當必爲此也." 朝鮮東來委員屢屢見面. 同行數十人於軍事、稅務、鑛務、工業各項, 分門考究. 中有洪英植、魚允中二人, 人甚開明, 極願外交. 日昨筆談, 彼謂: "伊奉國王命, 專係探問外交利害, 現在美國若再來叩關, 如前日之卻書不受, 斷保其必無是理"云云. 諒將來收其效也.

近有西人論日本海軍事宜, 布之新報者, 其所陳情形, 甚爲精確. 而所論辦法, 中國整頓海軍, 亦大有可採其意而用之者. 今特譯錄上呈鈞覽. 再, 近日所見彗星, 日本亦見之. 據其海軍觀象臺推測稱: "此彗星光如天狼, 尾長大概七度, 方向在恒星十五度之西, 距赤道北緯七十九度三十四分四十三秒"云. 並以附陳. 肅此. 敬乞代面堂憲察核爲禱. 卽請勛安.

1. 照錄「鈔單」:「西人論水師事宜」, 照譯『橫濱西字日報』

餘前日由東京搭輪車往橫濱. 車中遇二客論『郵便新聞』及『朝野新聞』近日所刻之日本水師策畧. 餘亦在座, 因謂二客曰: "『郵便新聞』及『朝野新聞』所論皆非, 然兩家比較, 則『朝野新聞』似近乎是." 二客聞之, 請申餘說. 餘辭曰: "外國人不識貴邦之地理、史記、國俗、外交、商務、政務, 豈可妄談貴邦重大之事." 二客再三固請, 餘先告罪而后論之. 其論如左:

"今之人言及日本, 則曰: '日本、日本, 奚用水師?', 爲者甚多, 此皆不識時勢之輩, 何可與言? 夫水師之爲用也有三, 一曰: "守邊," 二曰: "擾敵." 三曰: "戰時保護屬土及本國商務." 其擾敵與保護屬土商務兩事, 姑且勿論, 吾與子言守邊. 貴國有四大島, 其餘小島不可勝數. 四面臨海, 處處受敵, 宜防宜堵者, 不可以裏數計. 故不得不立水師, 不可無堅勁水師也. 英、法水師天下莫強焉. 彼貴乎有大巡邏船, 船堅而捷, 可能攻擊, 可耐久. 且不惜煤費往來洋面者, 誠以新闢之地以及付屬之[之]埠, 徧於五部. 不如是則不足以捍衛, 不足以聯絡, 不足以護商耳. 可見法、英之有大巡邏船者，原爲係保屬土護商務也．法、英之購備邊有大銕甲戰艦，其數甚多．船中有極大之砲，極熟之兵，平時如虎如豹，若臨大敵，其所以然者，兩大妬忌，此國恐彼國來犯也．此種情形，歸國無有．誠使法、英兩國皆用木船，砲小兵弱，自無爭雄之心，更無猜疑之念．而今諸大國，擧凡破敵之具，莫不購置．若不出而爭雄，迨有事變，始調兵整械，則有不及之勢矣．方今萬國往來，互相遣使，名爲遣使，實則需索．苟無需索之力，則惟求說和．俗云：'強則有理，弱則走避之，'卽今日之謂矣．今貴國無邦外屬土，其相離較遠者若千島，若小笠原島，皆非要地，敵人亦所不取．如是則不必以有用之財，置買銕甲巡邏船鎭守此土也．貴國專爲守邊計足矣．

二客問曰："予謂我國現時水師船隻若何？足自守否？

餘答曰："貴國水師船隻，統計二十五號．若如與中國之國開釁，可用者不過十號，扶桑、全剛、比叡、東艦、龍驤、築波、日進、清輝、天城、磐城是也．餘十五號，皆不中用，若不待中國來而先往，則兵船十號，將作何用？且中國各處要口，皆有可怕之炮臺，足力之炮船．船堅炮大，縱無炮，水雷尙難闖入，而況或水雷乎？若論貴國自守之具，則餘有開罪之言，請勿我責，幸甚幸甚．貴國兵船止有十號．此外雖有所餘之十五號，以及水雷船從中襄助，亦不濟事．若與外[不拘何國，但有水師者]開釁，用以鎭守東京海灣，猶嫌不足，況全國哉！或謂：'日本之民，好勇輕生，或可拒敵.' 夫貴國之民勇則勇矣，能敵巨艦乎？能勝大礮乎？能勝曉格致之人，造精良之器者乎？東京海灣不能保守，則大阪、長崎、箱館以及各處要隘，其誰曰：'能'?"

二客曰："君所言各處不可以砲臺守乎?"

餘答曰："未嘗不可．惟是建築堅固砲臺，其費甚鉅．貴國應防之處甚多，倘處處建立，則較比置買一隊小炮船更費，反不如炮船之得用也．且有砲臺，則須有兵，以防陸攻．增兵戍臺，徒覺糜費．夫砲船非較比砲臺得用，以船能運動，不似砲臺之不可移也．又況砲臺之砲，不能任意施放，必俟敵船行至某角始能轟擊．船過彼角，則砲臺歸於無用．總之，船爲動物，宜以動物治之．故以砲臺之砲攻船，不若以船上之砲攻船之爲美也．貴國現有之船，不必改變式樣，宜留爲水師之本，籍以成就官兵之學業．擇數船爲旂船

[謂水師提督坐船], 分鎭各處. 數號爲行船, 往來別國, 數號爲港船, 分布海口. 數號爲護船, 遇美加多[謂國主]航海, 則用以從行. 數號爲練船, 訓練水師后備兵以及守邊之義勇. 餘則存乎船塢, 任憑塢用."

二客憮然曰 : "據爾所言, 則需費過钜奈何?"

餘答曰 : "不然, 較比建築砲臺, 購買銕甲, 廣造大船更省, 夫木船不足以供戰陣之用也, 固矣. 將來兵船最得用者, 卽輕捷行遠之巡邏船, 與內空外實之極快銕或鋼船. 船中安置巨砲, 多藏煤炭, 船上不用桅帆. 如斯而已矣, 若論貴國, 則此種船二三十年后仍可無需也. 故不如專自守可也. 貴國水師宜分五鎭. 一曰 : '北', 二曰 : '東北', 三曰 : '中', 四曰 : '西南', 五曰 : '西北'. 北路則鎭箱館, 包括北海道與久米島. 東北則鎭東京, 包括全股與附近地方, 東北至仙臺, 西至鳥羽. 中路則鎭大阪, 包括全股與附近地方, 西至逸見峽與富島, 東至若山, 南至四國, 包括海內與備后, 北至下之關海峽. 西南則振長崎, 包括九洲, 與對馬島, 及沖繩. 西北則鎭那那阿, 包括全岸則與安藝佐渡兩島, 自依鵜那海灣[阿布喇尼港. 山口縣海岸], 以至亞烏木慮海灣.

每鎭設塢, 以備修船. 除貴國現有之船外, 類乎中國之守邊之砲船者, 置買五十號, 每號裝亞木斯著朗新式三十五噸重后膛砲一門, 亞木斯著朗新式十二噸重后膛砲兩門, 加德林或挪丹非次砲二門. 此外則多置新式軍器. 已上所言之大砲, 距三十町, 卽日本一裏餘[當中國七裏餘], 可穿八英寸之銕甲. 船亦靈便, 前行每點鐘可行十英裏, 后行每點鐘可行九英裏半, 前行后行其功相等. 船之兩端有活舵, 用則安置, 不用則脫落. 具安置脫落亦不甚難, 一經聞報, 不過片時之久卽可完工也. 砲爲實定之物, 而船卽駕砲之輪車也. 乘砲之板在乎堅勁有活機, 以可進可退者爲妙. 每船有官兵五十人足敷應用, 則是砲船五十號, 只需二千五百人耳.

號東京曰 : "第一鎭," 以扶桑戰艦爲總統旂船, 鎭守該處. 別撥現有之船數, 以供差遣, 以練后備兵及守邊之義勇. 再添已上所言之砲船十二號, 用以守岸, 此外則佈置水雷可也. 號大阪亦曰 : "第一鎭," 以金剛艦爲旗船, 鎭守該處. 別撥現有之船, 以供差遣, 亦如東京鎭之用. 再添炮船十二號用以守岸, 此外布置水雷. 號箱館曰 : "第二鎭," 以龍驤艦爲旗船, 鎭守該處. 別撥現有之船一二號, 砲船十號, 此外布置水雷. 號長崎曰: "第三鎭," 以比叡艦爲旗船, 鎭守該處. 別添現有之船一二號, 砲船八號, 此外布置水雷. 號那那阿, 亦曰: "第三鎭," 以築波艦爲旗船, 鎭守該處. 別撥現有之船數號, 砲船八號. 第一鎭與第二鎭各置二等提督一員, 第三鎭則置老成船長可也. 砲船較巨艦得用, 乃不磨之論. 第恐不信, 特擧一二事證之. 譬如有敵船欲進東京灣, 貴國有砲船十二號, 將此十二號與水雷好好布置, 悉聽提督指揮. 幷有后路, 應進則進, 應退則退, 操縱在我. 而巨艦無此靈便也. 砲船小而矮, 敵船之砲未易遽中. 敵船大而高, 司砲之人稍有準頭卽中其船耳. 再者, 砲船一多, 則敵船無法. 能擊其一, 而不能擊其二. 又況砲船靈捷, 退回灣內, 其船中小砲亦敷應用. 一經入灣, 則敵船不能前進, 而敵人水雷亦無計可施. 縱使砲船沈一二號, 所失不過百人, 易於補救. 而敵船動則三五百人, 若失一二號, 卽強敵亦將退走也."

客問曰: "君所言之砲船, 需銀幾何?"

徐答曰: "非勸貴國一時購辦. 每年置十號, 五年之內可購齊. 砲船十號之値, 連砲火一切計算, 較比扶桑艦[査扶桑艦價値洋銀九十六萬七千五百元], 所多無幾. 約六號扶桑之價, 可置砲船五十號也[意謂每砲船一隻有十一萬五千元可購也]. 以砲船四號用以守邊, 可抵扶桑一號而論, 則是砲船五十號可抵扶桑十二號也. 以扶桑六號之値, 可得如扶桑之船十二號, 亦何樂而不爲哉!"

客曰: "我國無人無錢, 安能試練."

徐答曰: "貴國不可謂無人. 苟練習純熟, 自可與五部水師相等耳. 至於錢財, 則專賴地土, 格致之學旣精, 耕種、百工、貿易之事旣熟, 則西國金銀必將流入. 金銀流入, 則砲船水雷以及破敵之具皆可購辦. 斯時也, 天下海面, 皆有貴國船旂, 各處市廛, 皆有貴國商旅矣. 貴國誠能有已上所言之船, 可稱爲天下第一自守之邦. 內亂不興, 外侮不來, 大日本之威, 從此振矣. 夫國之有亂, 亦猶海之有波. 亂畢則治, 治極則亂. 各國史書皆如是也. 總之, 欲長治久安者, 惟有備戰而已."

7월 3일, 出使日本國大臣 何如璋이 다음과 같은 서신을 보내왔다.

이번 달 3일 제132호 서신을 올렸으니, 이미 받아보셨을 줄 압니다. 최근 근황은 모두 평범한 소식뿐입니다. 신문에 따르면, "宍戶 공사가 며칠 전에 外務卿 (寺島宗則의 집을 방문해서 외교문제를 논의하였는데, 세 시간이 지난 후에야 돌아갔습니다. 宍戶 공사가 귀국한 이후 대체로 출입을 삼가고 있었는데 이번에 외무경의 집에 간 것은 아마도 琉球문제 때문인 것 같다"고 합니다. 이번 달 9일(西曆 7월 4일), 外務省은 워싱턴[華盛頓]으로부터 "미국 대통령(James A. Garfield)이 西曆 7월 2일 자객의 총탄에 맞아 위중하다"는 전보를 받았습니다. 저희들은 미국공사관으로 가서 위문을 하였는데, 어제 미국 공사가 "지금 전보를 받았는데 대통령이 점차 회복하고 있다"고 하였습니다. 이 암살범은 변호사로서 정치에 불만을 품은 사람이라고 합니다. 대통령이 올해 취임한 다음 뉴욕의 어떤 關稅長을 임명한 일 때문에, 그곳 국회의원이 불공정하다고 지목하였고 이로 인해 사직한 사람도 생겨 미국에서 여론이 매우 시끄러웠습니다. 이 일은 두 달 전에 있었는데, 들리는 말에 따르면 "이번 변고는 필시 이 일 때문"이라고 한답니다.

東京에 온 조선의 委員들을 누차 만났습니다. 동행한 수십 명은 군사·세무·광업·공업 등의 각 분야를 나누어 연구하고 있습니다. 그 중에 洪英植[90]과 魚允中[91] 두 사람은 매우 개명하였

---

90) 홍영식(洪英植, 1855~1884)은 자는 중육(仲育), 호는 금석(琴石)으로 서울 출신이다. 박규수(朴珪壽)의 문하에서 김옥균(金玉均)·박영효(朴泳孝)·서광범(徐光范) 등과 함께 개화사상에 눈을 떴다. 1873년 식년문과에 병과로 급제, 관리생활을 시작하였으며, 1881년 신사유람단(紳士遊覽團)에 선발되어 주로 일본 육군을 시찰하였다. 귀국 후 통리기무아문(統理機務衙門)의 군무사부경리사(軍務司副經理事)가 되었으며, 임오군란의 수습에도 활약하였다. 1883년 6월에는 그 전해에 체결된 조·미수호조약(朝·美修好條約)에 따른 보빙사(報聘使) 전권대신 민영익을 수행, 미국을 다녀와 11월에 그 결과를 보고하였다. 1884년 3월 27일에는 우정국총판(郵政局總辦)을 겸임하여 우정국을 세우는 데 전력하였지만, 정변 도중 박영교(朴泳敎)와 함께 국왕을 호위하다 청군에게 살해되었다.

91) 어윤중(魚允中, 1848~1896)은 자는 성집(聖執), 호는 일재(一齋)로 충북 보은 출신이다. 20세에 칠석제(七夕製)에서 장원급제하고, 이듬해인 문과에 병과로 급제한 뒤 관리생활을 시작하였다. 1877년 전라우도 암행어사로 임명되어 파격적인 개혁안을 내놓았으며, 1881년에 일본 국정시찰단인 조사시찰단(朝士視察團)에 선발되어 박정양(朴定陽)·홍영식(洪英植) 등과 함께 이 시찰단의 중심인물이 되었다. 어윤중은 1881년 1월 유길준(兪吉濬)·윤치호(尹致昊) 등과 신사유람단으로 일본을 방문하여 약 3개월간 일본 메이지유신의 시설·문물·제도 등 모든 부분을 시찰하였는데, 이후 어윤중은 천진(天津)에 가 있는 영선사 김윤식(金允植)과 합류하기 위해 청으로 갔다. 북양대신 이홍장과 회담한 다음 이 해 12월

고 외교를 몹시 원하고 있습니다. 어제 필담을 했는데 그들에 따르면 "그들은 국왕의 지시를 받아 오로지 外交의 利害를 探問하기 위해 왔으며, 지금 미국이 다시 외교를 요청한다면 예전처럼 국서를 거부하며 받지 않는 일은 결단코 있을 리가 없다"고 하였습니다. 정말 앞으로 효과가 나타날 것 같습니다.
근래 서양인이 일본의 해군문제를 논하면서 『新報』에 실은 내용이 있는데, 서술한 내용이 매우 정확합니다. 논의한 방법 가운데에는 중국이 해군을 정비할 때 채택해서 쓸 만한 내용이 상당 부분 있습니다. 지금 특별히 번역해서 올려 보내니 살펴보십시오.
첨부합니다. 최근 관측된 혜성은 일본에서도 역시 나타났습니다. 해군 관상대의 추측에 따르면, "이 혜성의 빛은 天狼과 같으며 꼬리 길이는 7도입니다. 방향은 恒星 서쪽 15도이며 적도와의 거리는 북위 70도 34분 43초"라고 합니다. 아울러 아룁니다. 이만 줄입니다. 삼가 서신을 보내니 總理衙門에서 검토해 주시기 바랍니다. 편안하십시오.

첨부문서 :「鈔單」 초록

1.「서양인이 본 일본의 海軍문제」(『橫濱日報』 영문판[橫濱西字日報]의 논설을 번역함)

나는 전에 東京에서 기차를 타고 橫濱에 갔는데, 기차에서 두 명의 승객이 『郵便新聞』 및 『朝野新聞』에서 일본 해군 책략에 대해 쓴 내용을 토론하고 있었다. 나 또한 자리에 앉고는 두 승객에게, "『郵便新聞』과 『朝野新聞』에서 논의한 내용은 모두 틀리지만, 둘을 비교하면 『朝野新聞』이 좀 더 나은 편입니다"라고 이야기하였다. 두 승객은 이를 듣고 내 견해를 청하였다. 나는 사양하면서 "외국인으로서 귀국의 지리·역사·풍속·외교·상무·정무를 알지 못하

귀국하였고, 귀국한 지 두 달 뒤에 문의관(問議官)에 임명되어 청에 다시 파견되었다. 청의 이홍장이 조·미수호조약의 체결을 강력히 권고하고 그 초안까지 준비하고 있었으므로 그에 대해 문의하기 위해서였다. 천진에 머무는 동안 임오군란이 일어났으므로 청군과 함께 귀국했다가 난이 평정된 뒤 다시 청에 파견되었다. 이때 이홍장 등이 이미 초안해 놓은 조·청상민수륙무역장정(朝淸商民水陸貿易章程)에 조인하는 역할을 맡았고, 1883년에는 서북경략사(西北經略使)로 임명되어, 1883년 3월에 청 측과 중강무역장정(中江貿易章程)을 협정하였다. 1894년에는 갑오경장 내각이 수립되자 탁지부대신(度支部大臣)이 되어 재정·경제 부문의 대개혁을 단행하였으나, 1896년 2월 아관파천으로 갑오경장 내각이 붕괴되자 고향인 보은으로 피신하다가 경기도 용인에서 피살되었다. 저서로 『간독요초(簡牘要抄)』, 『종정연표(從政年表)』 등이 있다.

는데 어찌 귀국의 중대한 일을 멋대로 논의할 수 있겠습니까?"라고 하였다. 하지만 두 승객은 재삼 간청하기에 나는 우선 사죄하고, 다음과 같은 이야기를 하였다.

"지금 사람들이 일본을 언급할 때 '일본, 일본은 어떻게 해군을 사용해야 하는가?'라는 사람이 매우 많은데, 이들은 모두 시세를 모르는 무리이니 어찌 더불어 같이 이야기할 수 있습니까? 무릇 해군의 용도는 세 가지입니다. 첫째는 "변경 방어[守邊]"입니다. 두 번째는 "적을 괴롭히는 것[擾敵]"입니다. 세 번째는 "전쟁 중 식민지 및 본국의 상업을 보호하는 일"입니다. 적을 괴롭히고 식민지 상업을 보호하는 일은 지금 말할 필요가 없으니, 그대와 변경 방어만 가지고 이야기 하겠습니다. 일본에는 네 개의 큰 섬이 있고 나머지 작은 섬은 이루 헤아릴 수 없습니다. 사면이 바다와 접하고 있어 곳곳에서 적의 공격을 받을 수 있으니 방어해야 하는 지역을 도저히 거리 수로 계산할 수 없습니다. 따라서 부득이 해군을 창설하여 강하게 훈련시키지 않으면 안 됩니다.

영국·프랑스의 해군은 천하 최강입니다. 그들이 가장 중시하는 것은 大巡邏船이며 그 배는 견고하고도 빨라 공격도 할 수 있고 장기간 운행할 수도 있습니다. 한편 연료를 아끼지 않고 大洋을 왕래하는 이유는 새로 개척한 지역과 부속된 항구가 전 세계에 걸쳐 있기 때문입니다. 이렇게 하지 않으면 방어할 수 없고 연락하기 힘들며 상업을 보호하기에 부족합니다. 따라서 프랑스와 영국에 大巡邏船이 있는 것은 애초에 식민지와 상업을 보호하기 위해서임을 알 수 있습니다. 프랑스와 영국은 변경에 大鋏甲戰艦을 준비해 놓았는데 그 수가 매우 많습니다. 배 가운데에는 거대한 포와 잘 숙련된 병사가 있고, 평소에도 범·표범처럼 마치 大敵을 만난 듯이 경계하는데, 그 이유는 서로 매우 경계하며 이 나라가 저 나라를 침범할까 걱정하기 때문입니다.

이러한 상황이 귀국에는 없습니다. 가령 프랑스·영국 두 나라가 모두 木船을 사용하며 포는 작고 병사가 약하다면 자연히 다투려는 마음이 없어지고 다른 나라를 시기하는 생각도 없어질 것입니다. 그러나 지금 여러 大國들은 대개 공격 무기들을 구비하지 않는 경우가 없습니다. 가령 나와서 다투지 않더라도, 사태가 벌어진 다음에야 병사를 훈련하고 무기를 갖춘다면 제때 대처하지 못하는 상황이 생기기 때문입니다.

바야흐로 지금은 만국이 왕래하며 서로 사신을 파견하는데, 명목은 사신을 파견한다고 하지만 실제로는 재물을 요구하는 것입니다. 만일 재물을 요구할 힘이 없다면 다만 외교적 평화를 구할 뿐입니다. 속담에 '강하면 도리를 내세우고, 약하면 달아나 피해야 한다'고

했는데 바로 오늘날을 가리킵니다. 지금 일본에게는 나라 밖에 식민지가 없고, 비교적 멀리 떨어진 곳으로 千島[치시마]와 小笠原島[오가사와라시마] 등이 있는데 모두 요지가 아니므로 적국도 또한 취하지 않을 것입니다. 이와 같다면 반드시 유용한 재물을 가지고 鋏甲巡邏船을 사서 이곳을 지킬 필요가 없습니다. 귀국은 오로지 변경을 방어하는 전략으로도 충분합니다."

두 승객이 물었습니다 : "일본의 현재 해군 군함은 어떻다고 생각합니까? 충분히 스스로를 지킬 수 있겠습니까?"

나는 답하였습니다 : "일본 해군의 군함은 모두 25척입니다. 가령 중국과 같은 나라와 전쟁을 벌인다면 가용한 것은 10척을 넘지 않을 것이며, 扶桑·金剛·比叡·東艦·龍驤·築波·日進·清輝·天城·磐城이 바로 이 10척입니다. 나머지 15척은 모두 쓸모없습니다. 중국이 오기를 기다리지 않고 먼저 중국으로 간다면 군함 10척을 어떤 용도로 쓰겠습니까? 또 중국의 각 주요 항구에는 모두 가공할 포대와 매우 강한 炮船이 있습니다. 배는 견고하고 포는 거대하니 설령 포대와 수뢰가 없다고 해도 여전히 쳐들어가기가 어려운데 혹시라도 수뢰까지 있다면 어떻게 하겠습니까? 만약 귀국의 방어 무기를 논한다면 죄를 짓게 될 말을 할 것이니, 저를 책하지 않으신다면 정말 다행이겠습니다. 귀국의 군함은 10척만 있습니다. 이외에 나머지 15척과 수뢰선이 중간에서 돕는다고 하더라도 역시 목적을 이룰 수 없습니다. 가령 외국[어떤 나라인지 관계없이 수군을 보유한 나라]과 전쟁을 벌인다면 東京灣을 방어하는 것도 부족할까 의심되는데 하물며 全國은 어떻겠습니까? 혹자는 일본 백성이 용맹하여 생명을 가볍게 여기므로 아마도 적을 막을 수 있을 것이라고 생각합니다. 그러나 귀국 백성이 용감하다면 용감하다고 하겠지만 巨艦을 막을 수 있습니까? 大砲를 이길 수 있겠습니까? 전략에 밝은 사람과 정밀한 기기를 이길 수 있겠습니까? 東京灣을 방어할 수 없다면 大阪[오오사카]·長崎·箱館[하코다테] 및 각지의 요지는 그 누가 방어할 수 있다고 하겠습니까?"

두 승객이 말하였습니다 : "그대가 말한 각 지역은 포대로는 지킬 수 없습니까?"

나는 말하였습니다 : "불가능하지는 않습니다. 다만 견고한 포대를 건축하는 일은 그 비용이 매우 많이 듭니다. 귀국은 방어해야 하는 지역이 매우 많은데 곳곳마다 짓는다면 小炮船 부대를 사서 배치하는 것과 비교해 더욱 많은 비용이 소요되므로 오히려 炮船을 사용하는 편이 낫습니다. 또 포대가 있으면 일반적으로 병사를 두어서 육지 공격을 방어해야 합니다. 따라서 병력을 증강하여 포대를 방어하는 일은 쓸데없는 소비라는 것을 알 수 있습니다. 무릇 砲艦은

포대의 운용과 비할 바가 아니니, 배를 가지고 움직일 수 있어 움직이지 못하는 포대와는 다릅니다. 또 포대의 포는 임의대로 발사할 수 없고 반드시 적선이 특정 각도에 이르러야만 비로소 공격할 수 있습니다. 배가 포대의 각도를 벗어나면 포대는 쓸모가 없습니다. 정리해보면, 배는 움직이는 물건이므로 움직이는 물건으로 다스려야 합니다. 때문에 포대의 포로 배를 공격하는 일은 선상의 포로 배를 공격하는 효과만 못합니다. 귀국이 현재 소유한 배는 양식을 바꿀 필요는 없고, 해군의 근간으로 만든 다음 官兵의 학습을 성취하는 바탕으로 삼아야 합니다. 배 몇 척을 골라 기함[旂船, 해군제독이 승선하는 배]으로 삼고 각지로 나누어 방어하게 합니다. 몇 척은 行船이라고 이름을 짓고 다른 나라를 왕래하게 하고, 몇 척은 港船이라고 명명한 후 항구에 나누어 배치합니다. 몇 척은 護船이라고 이름 지은 다음 美加多[國主를 가리킨다]가 항해하는 경우 이 배들이 따라가도록 합니다. 몇 척은 練船이라고 이름을 지어 해군 예비군 및 변방 방어용 의용군을 훈련시킵니다. 남은 배들은 선창[船塢]에 두고서 그곳에서 임의로 사용하도록 합니다."

두 승객이 허탈해 하면서 말하였습니다 : "당신 말에 따르면 들어가는 비용이 너무 많은 것이 아닙니까?"

나는 말하였습니다 : "그렇지 않습니다. 포대를 짓는 것과 비교하면 철갑선을 사고 木船을 많이 건조하는 것이 훨씬 저렴합니다. 다만 木船은 전쟁무기로 쓰기에 부족하다는 것은 사실입니다. 앞으로 군함 가운데 가장 쓸모 있는 것은 바로 가볍고 빠르며 원거리를 항해할 수 있는 巡邏船과 안은 비어 있고 밖이 튼튼하며 극히 빠른 鐵船 혹은 鋼船입니다. 배 안에는 거포를 배치하고 석탄을 다수 저장하며 선상에서는 돛을 쓰지 않습니다. 이러한 것들 뿐인데, 귀국의 입장에서 보면 이러한 종류의 배는 20~30년 지나면 더 이상 필요 없을 것입니다. 따라서 전적으로 스스로를 지키는 전략만 못합니다.

일본 해군은 마땅히 다섯 곳으로 나누어 방어해야 합니다. 첫 번째는 북쪽이고 두 번째는 동북쪽이며 세 번째는 가운데이며, 네 번째는 서남쪽, 다섯 번째는 북쪽입니다. 북쪽은 箱館을 방어하며 北海道[홋카이도] 및 久米島[쿠메지마]를 포함합니다. 동북쪽은 東京을 방어하는데 중심부와 그 부근 지역을 포괄하고, (東京에서) 동북으르 仙臺[센다이]에 이르고 서쪽은 鳥羽[도바]에 이릅니다. 가운데는 大阪[오사카]를 방어하며 중심부와 그 부근 지역을 포괄하며, 서쪽으로는 逸見峽[헨미쿄]과 富島[도시마]까지 동쪽으로는 若山[와카야마]까지 남쪽으로는 四國[시코쿠]에 이르며, 海內와 備后[빈고]을 포괄하고 북으로는 下之關[시모노세키] 海峽까지 이르도록 합니다. 서남은 長崎를 방어하며 九洲[규슈]와 對馬島[쓰시마] 및 沖繩[오키나와]을 포함합니다. 서북은 那那阿[나나오]를 방어하고 全岸와 安藝[아키]·佐渡[사도가] 두 섬을 포함하며, 依鴉那海灣(阿布喇尼港, 山口縣의 해안)에서 亞烏木慮[아오모리] 灣에 이르도록 합니다.

각 鎭마다 선창을 설치해서 배의 정비에 대비합니다. 일본이 현재 소유한 배 이외에, 중국에서 변방을 방어하는 砲艦類 50척을 사서 배치하고, 각 배에다가 암스트롱(Amstrong, 亞木斯著朗)의 신식 35톤 후당포(后膛砲) 1문과 암스트롱의 신식 12톤 후당포 2문, 개틀링(Gatling, 加德林) 또는 노던펠트(Nordenfelt, 挪丹非次) 포 2문을 설치합니다. 이외에는 대체로 신식 무기를 설치합니다. 위에서 말한 포는 30조(町), 즉 일본의 약 1리[중국의 약 7리에 해당] 떨어진 곳에서 8인치 철갑을 뚫을 수 있습니다. 배는 또한 쾌속으로 앞으로 가면 1시간에 10마일을 갈 수 있고 뒤로 가면 1시간에 9마일 반을 갈 수 있으니, 전·후방의 속도가 서로 비슷합니다. 배의 양단에는 活舵가 있어 사용할 땐 장착하고 그렇지 않을 때는 분리시키니 장착과 분리가 그렇게 어렵지 않아, 일단 소식을 들은 다음이면 순식간에 다시 장착 공정을 완료할 수 있습니다. 포는 고정된 물건이고 배는 바로 포를 싣고 이동하는 수레입니다. 대포를 싣는 갑판이 견고하고 활기 있는 곳에 있어 진퇴 모두가 자유롭습니다. 각 배마다 관병 50인을 두면 응용하기 충분하므로 砲艦 50척에는 2,500명만 필요할 뿐입니다.

東京을 '제1鎭'으로 부르고 扶桑戰艦을 總統旗艦으로 삼아 각지를 방어합니다. 현재 소유하고 있는 배들을 별도로 보내 파견 임무에 보태거나 예비군 및 변경 방어용 의용군을 훈련시킵니다. 위에서 언급한 신식 砲艦 12척을 추가하여 해안 방어에 사용하고 이외에는 水雷를 배치해야 합니다. 大阪 또한 '제1鎭'으로 부르고, 金剛艦을 기함으로 삼아 각지를 방어합니다. 현재 소유하고 있는 배들을 별도로 보내 파견 임무에 보태는 일은 東京鎭의 용도와 같습니다. 신식 砲艦 12척을 추가하여 해안 방어에 사용하고 이외에는 水雷를 배치합니다. 箱館을 '제2鎭'으로 부르고 龍驤艦을 기함으로 삼아 각지를 방어합니다. 현재 소유하고 있는 배 1~2척과 砲艦 10척을 별도로 보냅니다. 이외에는 수뢰를 배치합니다. 長崎를 '제3鎭'으로 부르고, 比叡를 기함으로 삼아 각지를 방어합니다. 현재 소유한 배 1~2척과 砲艦 8척을 별도로 추가합니다. 이외에는 수뢰를 배치합니다. 那那阿를 또한 '제3鎭'으로 부르고, 築波를 기함으로 삼아 각지를 방어합니다. 현재 소유한 배 몇 척과 砲艦 8척을 별도로 보냅니다. 제1·2鎭에는 각각 2등 제독 1명을 배치하고 제3진에는 경험이 많은 선장을 배치해야 합니다. 砲艦이 거함보다 쓸모있다는 것은 말할 필요가 없습니다.

다만 믿지 못할까 염려되니 특별히 한두 가지 사안을 거론하여 증명하겠습니다. 예를 들어 敵艦이 東京灣으로 들어오려고 한다면 일본에는 砲艦 12척이 있으니 이 12척을 수뢰와 함께 잘 배치한 다음 제독의 지휘를 받습니다. 아울러 퇴로가 있으므로 전진해야 하면 전진하고 퇴각하려면 퇴각하며 주도권이 내게 있게 됩니다. 그러나 巨艦은 이렇게 민첩하지 못합니다. 砲艦은 작고 낮으니 적함의 포로 적중시키기가 어렵습니다. 적함은 크고 높으니 포를 담당하는 이가 조금만 머리에 조준하면 그 배를 맞출 수 였습니다. 또 하나 砲艦이 일단 많으면 敵艦은 방법이 없습니다. 한 척을 공격할 수 있어도 둘은 불가능합니다. 더구나 砲艦은 쾌속하니 만 안쪽으로 되돌아가면서 포선에 있는 小砲도 사용합니다. 일단 만으로 들어가면 적함은 전진할 수 없으며 적군의 수뢰 또한 사용할 방법이 없습니다. 설령 砲艦이 한두 척 침몰해도 손해가 100명에 지나지 않아 쉽게 보충할 수 있습니다. 그러나 敵艦은 움직이면 300~500인이 탑승하므로 만일 한두 척을 잃는다면 강력한 적군도 물러날 수밖에 없습니다."

승객이 물었습니다 : "그대가 말하는 砲艦은 비용이 얼마나 듭니까?"

나는 답하였습니다 : "귀국에게 한꺼번에 사라고 하는 것이 아닙니다. 매년 10척을 배치하면 5년 안에 모두 구매할 수 있습니다. 砲艦 10척의 가격과 砲·彈藥까지 함께 계산하면 扶桑艦[扶桑艦은 洋銀 967,500元이다]과 비교하여 비싸지 않습니다. 대략 扶桑艦 6척의 가격이면 炮船 50척을 배치할 수 있습니다[砲艦 1척은 115,000元이면 구매할 수 있다]. 砲艦 4척으로 변방 방어에 쓰는 것이 扶桑艦 1척에 해당한다고 할 수 있다면, 砲艦 50척은 扶桑 12척과 맞먹습니다. 扶桑 6척의 가격으로 扶桑艦 12척을 얻을 수 있다면 또한 즐겁게 하지 않을 수 있겠습니까?"

승객은 말하였습니다 : "일본에는 사람과 돈이 없는데 어떻게 시험해 볼 수 있겠습니까?"

나는 답하였습니다 : "일본은 사람이 없다고 해서는 안됩니다. 가령 훈련이 숙련되면 자연히 세계 해군과 서로 비슷해질 것입니다. 재정에 대해서는 전적으로 토지에 의존하고 있는데, 과학기술이 정교해지고 농업·기술·무역이 활성화되면 서양의 金銀이 반드시 유입될 것입니다. 金銀이 유입되면 砲艦과 수뢰 및 적을 공격할 도구를 모두 사서 마련할 수 있습니다. 지금 천하의 바다에는 모두 일본 선박이 있고 각지 시장에는 모두 일본 상인들이 있습니다. 귀국에서 진실로 앞서 말한 배를 갖춘다면 천하제일의 自守之邦이라고 할 수 있을 것입니다. 내란이 일어나지 않으며 외침을 받지 않으니 대일본의 위세는 이에 따라 떨쳐질 것입니다.

무릇 나라에 혼란이 있는 것은 바다에 파도가 있는 것과 같습니다. 혼란이 끝나면 치세가 시작되고 치세가 극에 달하면 혼란스러워집니다. 각국의 역사서는 모두 이렇게 기록하고 있습니다. 정리하자면, 장기간 치세가 유지되고 오래도록 평화롭게 지내고자 하는 방법은 오직 전쟁을 대비하는 데 있을 뿐인 것입니다."

(26) 문서번호 : 2-1-1-26 (370, 518a-518b)

사안 : 1. 일본의 각 參議들이 모두 당파를 만들어 서로 다투고 있는데, 장래 정국에 큰 관련이 있을 것입니다(日本各參議皆樹黨相爭, 與將來朝局大有關繫).

2. 琉球문제에 대해 지시를 요청하여 그에 따라 처리하도록 하겠습니다(琉球案件請指示以便辦理).

3. 조선은 최근 몇 년 동안 조금씩 분발하여 새롭게 거듭나고 있으니, 정말로 장차 효과를 거둘 수 있을 것입니다(朝鮮年來稍覺奮發自新, 諒將來終可收效).

날짜 : 光緒七年九月六日(1881년 10월 28일)

발신 : 何如璋

수신 : 總理衙門

九月初六日, 出使日本國大臣何如璋等函稱 :

本月初八日肅呈第一百四十號函, 當邀垂鑒, 十六日奉到堂憲本字第五十八號賜諭, 又奉到中俄新約一件, 敬謹一一讀悉. 日本國皇北巡, 於本日回鑾. 開拓使官物一事, 聞俟國主歸后, 再行決議. 現在薩長肥各參議皆樹黨相爭. 將來勝負所在, 朝局當或有變遷. 據所傳聞, 均謂此案大有關繫云. 琉球一案, 經詳前函, 是否有當, 敬候指示辦理. 朝鮮外交利害, 前洪英植歸國時, 謂 : "當歸告政府, 詳陳一切." 計洪英植此時到國未久, 其政府能否樂從, 俟有來函卽當馳達. 如果美國總兵官書斐路一時尚無必去之意, 朝鮮年來舉動稍覺奮發自新, 俟其聞見日開, 諒將來終可收效. 前次日人在九浦擾騷一案, 續聞東萊府拿九浦土人共十五名, 分別責罰, 日本小民亦由領事責飭, 彼此均已了案矣. 另承鈔示曾大臣往來電信二件讀悉. 謹當密存. 不敢露洩. 肅此. 敬乞代面堂憲察核爲禱. 敬請勛安.

9월 6일, 出使日本國大臣 何如璋 등이 다음과 같은 서신을 보내왔다.

이번 달 8일 제140호 서신을 보냈으니, 이미 받아보셨을 줄 압니다. 總理衙門에서 발송한 제58호 지시를 16일에 받았고, 또한 中俄新約[92]을 받고 삼가 하나하나 모두 읽어 확인하였습니다. 일본 천황[國皇]은 북쪽으로 순행을 갔다가 오늘 돌아왔습니다. 開拓使의 官物문제[93]는 천황이 돌아온 다음 다시 결의한다고 합니다. 현재 薩摩·長州·肥前의 각 參議들은 모두 당파를 만들어 서로 다투고 있습니다. 장차 승부의 소재에 따라 정국에는 혹시 변화가 생길 수도 있습니다. 소문에 따르면 모두 "이 사안이 매우 중요하다"고 이야기합니다. 琉球문제에 대해서는 전에 서신으로 보고하였는데 타당한지 아닌지 삼가 지시를 기다렸다가 처리하도록 하겠습니다. 조선 外交의 利害문제는 洪英植이 귀국할 때 말하길, "정부에 돌아가 보고할 때 모든 사항을 상세하게 아뢰겠습니다"라고 하였습니다. 홍영식이 지금 귀국한 지 얼마 되지 않았으므로, 조선정부가 기꺼이 따를지 거절할지는 서신이 오면 곧바로 신속하게 알리겠습니다.
미국 해군준장 슈펠트(Robert W. Shufeldt, 書斐路[앞에서는 薛斐爾로 표기되었다])가 당장 떠나려는 의사가 없다면, 조선은 최근 몇 년 간 조금씩 분발하여 스스로를 새롭게 하려는 움직임이 있으니, 그들의 견문이 점차 열리기를 기다린다면 장차 마침내 효과를 거둘 수 있을 것입니다. 전에 일본인이 九浦에서 소요를 일으킨 사건과 관련하여 東萊府에서 九浦의 현지인 15명을 체포한 다음 처벌하였고, 일본 小民들도 또한 領事로부터 경고를 받은 다음

92) 1864년 신장(新疆)에서 발발한 이슬람교도의 반란을 이용하여 야쿠브 벡(阿古柏伯克)이 카슈가르를 점령하고 영국 및 오스만 터키제국과 제휴하려 하였다. 이때 러시아가 병력을 동원해 이리(伊利)지방을 점령하고 반환하지 않자 청은 숭후(崇厚)를 러시아에 파견하여 1879년 리바디아조약을 체결하였다. 그러나 이 조약은 청에 매우 불리하여 청은 영국 ·프랑스의 중개로 이 조약의 수정을 꾀하여 1881년 증기택(曾紀澤)을 파견해 (상트)페테르부르크조약(中俄改訂條約, 통칭 이리조약)을 체결하였다. 中俄新約은 바로 이 조약을 가리킨다. 이 조약으로 러시아는 이리지방의 대부분을 청에 반환하고, 청은 그 일부와 자이산노르지방을 러시아에 할양하였으며 배상금 90만 루블을 지불하였다. 중국과 러시아의 이리 국경선의 기본적인 선은 이때 결정되었다.

93) 1881년 7월에 발생한 開拓使 官有物 불하사건을 가리킨다. 당시 일본정부가 개척사 사업을 사쓰마번 출신의 상인에게 불하하기로 비밀리에 결정했다가 폭로된 사건이다.

피차간에 사건을 모두 마무리시켰다고 합니다. [러시아와의 새로운 조약 체결을 맡았던] 曾紀澤 大臣과 주고받은 전보 2건을 따로 초록하여 보나주셨는데 모두 읽어 보았습니다. 삼가 비밀리에 보관하고 감히 발설하지 않겠습니다. 이상입니다. 삼가 서신으로 알리니 總理衙門에서 검토해주시기 바랍니다. 평안하시기 바랍니다.

(27) 문서번호 : 2-1-1-27 (380, 535b)

사안 : 주영 세무사 제임스 캠벨에게 2品銜을 수여할 것을 청합니다(請旨更正駐英稅務司金登干加給二品銜).

날짜 : 光緖七年十一月二十九日(1882년 1월 18일)

발신 : 로버트 하트(Sir Robert Hart. 赫德)

수신 : 總理衙門

十一月二十九日, 總稅務司赫德函稱 :

奉到十一月十三日鈞函, 以副司葛雷森等加銜一事已蒙行查.

係照軍營勞積之章, 其駐英稅務司金登干之三品銜, 係屬重復. 應再請旨更正, 加給二品銜, 以示平允.

等因. 【總稅務司】除先此轉飭該員等遵知, 一俟奉旨后, 再爲飭行遵照外, 特此佈覆, 卽祈鑒垂. 幷候升祉.

11월 29일, 總稅務司 로버트 하트(Sir Robert Hart, 赫德)[94]가 다음과 같은 서신을 보냈다.

11월 13일에 서신을 받고서 副司 클레이슨(Clayson, 葛雷森)[95] 등에게 加銜하는 일을 검토

---

94) 로버트 하트(Sir Robert Hart, 赫德, 1835~1911)는 영국인으로 북아일랜드에서 태어났으며, 1853년 외무성에 들어갔다가 다음해 중국에 파견되었다. 1863년부터 중국해관의 총세무사로 일하기 시작하면서 외국인에 의한 중국해관 관리제도를 확립시켰으며, 죽을 때까지 40여 년 동안 중국해관의 총세무사로 일하였다.

95) 클레이슨(F. Clayson, 葛雷森, 葛云森)은 로버트 하트의 중요한 조수로서 1870년부터 중국해관에서 일하기 시작하였다. 하트는 그를 이홍장에게 추천하여 북양해군의 총교습으로 중용되게 하였다. 하지만 그는 직무에 충실하여 하트가 캠벨을 시켜 구입한 군함들의 결함을 지적하자 하트는 그가 이홍장에게

하였습니다. 그 결과,

> 軍功 표창 기준에 비추어 볼 때 주영 세무사 제임스 캠벨(James Campbell, 金登干)[96]에게 三品銜을 주는 일은 중복이 됩니다. 응당 다시 諭旨를 청하여 바꿈으로써 2品銜을 지급하여 공정함을 보여야 할 것입니다.

라는 결론이 나왔습니다. 저는 우선 이 사항을 먼저 해당 관원에게 알리고, 諭旨가 내려오면 다시 지시를 내려 따르도록 하는 것 외에, 이렇게 답신을 보내오니 살펴봐주시기 바랍니다. 아울러 더욱 편안하시길 빕니다.

충성을 하느라 자신을 배신하였다고 여기고, 이홍장에게 다른 사람을 추천하였고, 클레이슨은 영국으로 귀국하였다가 다시 중국해관에 돌아왔으나 여전히 하트와의 관계는 개선되지 않았다.

96) 제임스 캠벨(James Campbell, 金登干, 1833~1907)은 영국인으로 1862년 중국해관에 들어가 일하기 시작하였고, 1873년부터는 총세무사 로버트 하트가 조직하기로 결정한 중국해관 런던사무소를 주지하기 시작하여 1907년까지 이 일을 맡았다.

(28) 문서번호 : 2-1-1-28 (382, 537a)

사안 : 조선이 미국과 조약을 맺고 통상을 하는 일은 大局에 관계된 것이므로, 李鴻章에게 기회를 보아 적절하게 처리하도록 하라(朝鮮與美國訂約通商, 關係大局, 著李鴻章相機妥辦).

날짜 : 光緒七年十二月初四日(1882년 1월 23일)

발신 : 光緒帝

수신 : 總理衙門

十二月初四日, 奉上諭一道[詳見密檔].

草目 : 朝鮮與美國訂約通商, 關係大局, 著李鴻章相機妥辦.

12월 4일, 다음과 같은 上諭를 받았습니다[상세한 내용은 密檔에 보인다].

내용 요약 : 조선이 미국과 조약을 맺고 통상을 하는 일은 大局에 관계된 것이므로, 李鴻章에게 기회를 보아 적절하게 처리하도록 하라.

(29) 문서번호 : 2-1-1-29 (383, 537b)

사안 : 조선 陪臣 金允植[97]이 조선의 외교 논의 상황을 비밀리에 알려온 것에 대해 상주합니다(具奏朝鮮陪臣金允植密陳該國議商外交情形).

날짜 : 光緒七年十二月初四日(1882년 1월 23일)

발신 : 李鴻章

수신 : 總理衙門

十二月初四日, 北洋通商大臣李鴻章文[詳見密檔].

97) 김윤식(金允植, 1835~1922)의 자는 순경(洵卿), 호는 운양(云養)으로 서울 출신이다. 1865년 출사하고, 1874년 문과에 급제한 뒤 황해도 암행어사 등직을 역임하다 1880년 순천부사에 임명되었다. 정부의 개항 정책에 따라 영선사(領選使)로서 학도와 공장(工匠) 38명을 인솔하고 중국으로 건너가, 그들을 기기국(機器局)에 배치하여 일하도록 하였다. 한편, 미국과의 조약 체결을 위하여 북양대신 이홍장과 7차에 걸친 회담을 하고, 그 결과 조·미수호통상조약(朝·美修好通商條約)이 체결되었다. 김윤식은 청에 체류 중이던 이때 임오군란이 일어나자 문의관(問議官) 어윤중(魚允中)과 상의하여 청에 파병을 요청하였던 것으로 알려지고 있다. 그 결과 오장경(吳長慶) 마건충(馬建忠)이 이끄는 청군과 함께 귀국하였다. 임오군란이 수습된 다음 그해 9월 재차 청으로 가서 학도·공장들을 본국으로 철수시켰지만, 또한 각종 기기를 도입, 기기창(機器廠)을 설치할 수 있는 기반을 마련하였다. 1884년 갑신정변이 일어나자 김홍집(金宏集)·김만식(金晩植)과 함께 원세개(袁世凱)에게 구원을 요청, 그 결과 청군이 창덕궁을 점거하고 있던 일본군을 공격, 정변을 끝냈다. 정변 이후 원세개가 새로 주차조선총리교섭통상사의(駐箚朝鮮總理交涉通商事宜)로 부임하자 그의 친청노선(親淸路線)은 한층 굳어졌다. 1886년 4월부터 반대파의 공격으로 어려운 입장에 처하다, 1887년 5월 면천(沔川)으로 유배되어 5년 6개월을 지냈고, 1894년 석방되어 갑오개혁에 간여하였고 독판교섭통상사무, 뒤이어 외무아문대신(外務衙門大臣)에 임명되었으나, 1896년 아관파천사건이 일어나자 면직되고, 을미사변과 관련해 탄핵을 받고 제주목(濟州牧)으로 다시 유배되었다. 1907년 10년 만에 해금되어 서울에 돌아왔다. 저서로는 『운양집』을 비롯해 『천진담초(天津談草)』, 『음청사(陰晴史)』, 『속음청사(續陰晴史)』 등이 있다.

草目：具奏朝鮮陪臣密陳該國議商外交情形，相機開導.

12월 4일, 北洋通商大臣 李鴻章의 문서[상세한 내용은 密檔에 보인다].

내용 요약 : 조선 陪臣이 조선의 외교 논의 상황을 비밀리에 알려왔는데, 기회를 보아 권고할 것임을 상주합니다.

(30) 문서번호 : 2-1-1-30 (384, 538a)

사안 : 조선 陪臣이 조선의 외교 논의 상황을 비밀리에 알려왔는데 이를 상주합니다(具奏朝鮮陪臣密陳該國議商外交情形).

날짜 : 光緖七年十二月初四日(1882년 1월 23일)

발신 : 軍機處

수신 : 總理衙門

十二月初四日, 軍機處交出李鴻章抄摺[詳見密檔].

草目 : 具奏朝鮮陪臣密陳該國議商外交情形, 相機開導.

12월 4일, 군기처에서 다음과 같은 李鴻章의 奏摺을 보내왔다[자세한 내용은 密檔에 보인다].

내용 요약 : 조선 陪臣이 조선의 외교 논의 상황을 비밀리에 알려왔는데, 기회를 보아 권고할 것임을 상주합니다.

(31) 문서번호 : 2-1-1-31 (387, 543b-547a)

사안 : 兩江總督 劉坤一을 만났는데 琉球문제 때문에 일본과 싸움을 벌이는 것은 가치 없다고 주장하였습니다. 12월 1일에 수행원들을 이끌고 일본으로 건너가 새 임무를 시작하였는데, 아울러 上海에서 조선의 魚允中과 『筆談節略』을 초록하여 올립니다(謁南洋劉制軍, 諄囑以琉案不值與日本肇釁, 十二月初一日卽率隨員東渡履新, 並錄呈在滬與韓魚允中筆談節略).

첨부문서 : 1. 「出使日本大臣 黎庶昌과 조선 魚允中의 필담(出使日本大臣黎庶昌與韓魚允中筆談)」: 조선이 응당 각국과 통상하여 부강을 도모해야 한다는 점과 현재 일본과 關稅 협상을 하고 있다는 내용입니다(朝鮮應與各國通商, 以圖富強, 及現與日本議商關稅等事).

날짜 : 光緒七年十二月初八日(1882년 1월 27일)

발신 : 黎庶昌

수신 : 總理衙門

十二月初八日, 出使大臣黎庶昌函稱 :

十一月抄肅泐寸緘, 謹將奏帶隨員各摺件附入公牘, 由文報局轉寄, 計早入鑒. 旋於十一月初四日, 附長江輪船往金陵, 謁見南洋劉制軍, 晤商一切. 制軍諄諄以中國若因球案與日本肇啟兵端, 殊屬不值爲言. 勾留數日, 仍附輪舟遄返, 於望前回滬.

初擬二十左右成行, 嗣因馭遠兵輪喫水較深, 十八以后, 潮汎漸退, 難以出口. 現定十二月朔日率同隨帶各員, 放洋東渡, 卽於日內繕摺奏報. 除備公牘循案咨呈冰案外, 所有前項摺件, 仍係露封. 敬求核閱后代爲封固呈遞. 所須夾板幷懇轉飭供事代備. 此次奏調隨員內, 有擬派參贊之郭守慶藩, 頃因母病, 暫假兩月. 又黎令汝謙、馬中書建常, 均未到滬, 尚須開歲后始能出洋. 敬乞代面堂憲爲禱. 又有高麗人魚允中來公所會晤, 寫有『筆談』一紙, 一併錄呈臺覽. 肅此. 祇請均安.

1. 照錄『筆談』: 辛巳十月二十八日, 高麗翰林院魚允中來公所謁見, 與之筆談

魚云: "久仰大名, 今始獲見."

答: "前日聞[天津]機器局李大人說及閣下, 甚願一見."

魚云: "允中曾往遊日本, 與何欽憲大人、黃參贊陪晤多度. 顧今東洋時事, 與前不同, 可相與綢繆. 今次來謁大人, 非欲紓私心仰慕, 抑公也. 望於日后事事認眞見教. 大人在外洋多年, 已著威望, 如允中愚蒙, 從此可蒙厚庇."

答: "東洋改效西法, 閣下意思以爲何如, 貴國人意中又以爲何如?"

魚云: "爲彼計則可謂善變. 其間或有失當者, 可論大體而畧其小失. 隣國之強, 非我之福, 從可力求富強乃已."

答: "尊見頗是. 日本變法稍嫌太驟, 且有不必變者而亦變之. 然其大段總是振作有爲. 貴國與彼爲隣, 亦以力求富強爲第一義. 富強何在? 此不能不稍稍參用西法. 而目前急務又似以與各國通商爲要著."

魚云: "謹受教矣. 通萬國而后富強可論. 不然徒虛言而已."

答: "富強二字, 須圖之一二十年, 始可見效. 通商各國, 先使戢其戎心, 然后在已乃可施圖富強之術."

魚云: "大教亦然. 但辦法隨時而異. 乘外人搆釁之際, 不可不先使戢其戎心, 講求武備. 不然則可力求內政, 以定根基, 兼治戎備, 可免耗費之害. 軍火、槍砲之具, 皆耗財之源也. 徒務於此, 不求內政, 亦如今之土耳機矣. 故范蠡用計然之策, 先富其國, 而后用以沼吳."

答: "所論亦然. 通商所以應外, 講求武備所以治內. 以今日時勢而論, 二者皆當兼之, 不可偏廢. 西洋何嘗不是兵商幷營. 兵商之本卽是內政. 未有內政不修而外能自立者."

魚云：“時人皆知武備之可以制外，不知商務之可以制外．善營商務可不勞而制之．彼以通商來，我以商務對，彼無所售，我可專制．大人有此言，深可欽仰．現本邦信使在日欲與定稅約．而嘗托之何大人，未知果已出抄也，如或未竣，望勞大算.”

答：“善營商務可不勞而制外．累年以來，中國所望貴國與日本及別國通商者，正是此意．惟稅約似應由貴國酌定．不知所託何大人者果係何件.”

魚云：“果畧有所定，以未諳外務之故多不稱．或彼不願准者，可設法妥定故耳.”

答：“貴國與日本通商已有數年，曾有定約否?”

魚云：“未有定約．曾與日人通商，自皇明萬曆間，行之前，反給餼料而無稅矣．在丙子改定條約以后，當如法徵稅．彼以港務未完，乞於三年后議稅，故亦許之，尚未徵稅．而前次不知外國事狀，欲只從彼國現行抽五之稅，更爲察看，則抽五乃極不平不公之稅．所以欲抽十抽二十，恐彼必靳持.”

答：“兩國旣經通商，必須早爲議定．稅約方有依據，值百抽五最不平允．貴國初次通商，正好因勢利導．與之另議，縱不能抽十抽二十，然一概值百抽五則不可行也.”

魚云：“誠然．欲以抽十爲通常之額，酒類則三十五，鐘表等物二十五，洋織類則二十，金珠、寶玉、珍玩之類抽五十，汽機類抽五也.”

答：“此事亦如買賣貨物，先高其價，與之商議，因貨價定等級，斯爲平允.”

魚云：“然而物價未定．故姑先如此，待稅務稍就緒，而后再商量計耳．英、美各國稅款之漢譯者願見之.”

答：“所見甚是．英、美各國稅則，容覓一部奉贈．然中國初定條約之時，亦因未能深知外國情事，所定稅則，頗有吃虧之處，異日尚須議改.”

魚云：“中國現行約款已見之．願見者，英美所行之約款也.”

答：“英、美稅則漢譯者尚未見專書.”

魚云：“本邦與日本交涉，多用彼之舌人及商賈之徒，深有不便．故允中嘗率往二三人士族子弟，方在彼學他文字語言．而本邦無使臣之駐彼者，大人可視爲一國人，而時賜顧念指敎.”

答："敝國與貴國誼屬一家，理宜照應."
魚云："感激，感激."
答："閣下此次來遊敝國，到過幾處，現欲何往？曾見過李中堂否?"
魚云："只到滬及津. 而嘗上謁李中堂數度，方欲歸航."
答："何時再到日本?"
魚云："今欲付東洋船到長崎，直向本國. 而更到日本，未可質對. 日本各港理事諸大人皆歸華云，未知何公分駐於彼乎?"
答："日本各港理事，餘到后應有更換. 然繼任者與前任無異."
魚云："琉球之案，從何以妥帖?
答："琉球之案，中國所以未肯遽結者，正爲防后患耳."
魚云："彼之有此事極無理，大失著."
答："原是如此. 問貴寓在何處?"
魚云："金利源帳房樓上."
答："容再謝步."
魚云："明晩可付輪船東走，恐不必勞光臨. 更拜當考其日. 謹此造退. 乞保重."
答："將來到東洋，一定可以叨教."
羅星垣鈔.

12월 8일, 出使大臣 黎庶昌이 다음과 같은 서신을 보내왔다.

11월에 삼가 서신을 초록하고, 동행할 수행원에 대해 상주하는 각 奏摺을 공문에 첨부한 후 文報局을 통해 발신했으니, 아마도 진작 받아 보셨을 것입니다. 곧이어 11월 4일에 長江輪船을 타고 南京에 가서 兩江總督 劉坤一[98]을 만난 다음 전체 사안을 상의하였습니다. 劉坤一

98) 유곤일(劉坤一, 1830~1902)은 상군(湘軍)의 지휘관으로 활동하면서 출세한 청말의 관료이다. 자는 현장(峴莊)으로 호남성(湖南省) 신녕(新寧) 출신이다. 1855년부터 상군에 참여하여 태평천국군과 싸웠고, 1862년 광서포정사(廣西布政使), 1864년 강서순무(江西巡撫)가 되었다. 1875~1879년까지 양광총독(兩廣總督), 이후 양강총독(兩江總督) 겸 남양통상대신(南洋通商大臣)으로 일하게 되었으며, 1881년

總督은 중국이 만일 琉球문제 때문에 일본과 전쟁을 벌인다면 정말 가치가 없을 일이라고 강력하게 주장하였습니다. 며칠을 머문 후 輪船을 타고 서둘러 돌아와 15일 전에 上海로 귀환하였습니다.

처음에는 20일쯤 출발하려고 했었지만, 군함 馭遠號의 흘수가 비교적 깊고 18일 이후에는 조수가 점차 물러나 항구를 떠나기 어려웠습니다. 현재 12월 1일 수행원들과 함께 출항하여 일본으로 건너가기로 정하였으므로 곧장 당일에 奏摺을 갖추어 이점을 보고하도록 하겠습니다. 공문을 갖추어 안건에 따라 總理衙門에 갖추어 올리는 것 외에도, 앞서 든 모든 奏摺은 현재 밀봉하지 않는 상태이므로, 삼가 살펴보신 후 봉인해서 대신 올려주시기를 바랍니다. 필요한 협판선[夾板]에 대해서도 마찬가지로 제공하는 쪽에 대신 준비하도록 지시를 전달해 주셨으면 합니다.

이번에 수행원으로 선발하겠다고 아뢴 인원 중에 參贊 郭慶藩[99]은 지난번 모친의 병환 때문에 2개월 간 휴가를 냈습니다. 또 黎汝謙[100]과 馬建常[101]은 아직 상해에 도착하지 않았으니,

---

탄핵을 당한 이후 1891년에 가서야 다시 양강총독에 복귀하였다. 원문의 제군(制軍)은 총독(總督)의 별칭이다.

99) 곽경번(郭慶藩, 1844~1896)은 호남성 상음(湘陰) 출신으로 원명은 입훈(立埙), 자는 맹순(孟純), 호는 자정(子瀞)·호첨(岵瞻) 등으로 청말의 관료 곽숭도(郭嵩燾)의 조카이기도 하다. 1881년 黎庶昌이 일본공사로 갈 때 洋務參贊官으로 선발되었으나 모친의 병으로 가지 못하고 다음해 7월에 출발하였으나 이번에는 본인의 병으로 일본에 가지 못하고 귀가하여 관직을 벗어났다. 그는 청대『장자(莊子)』연구의 대가로도 잘 알려져 있다. 원문의 수(守)는 진대 군(郡)의 장관, 한대의 태수(太守)를 말하는데, 나중에는 지주(知州)·지부(知府) 등 지방장관을 가리키는 줄임말(省稱)로 쓰이게 되었다. 곽경번은 절강성(浙江省)에서 지부로 일한 적이 있으며, 당시 도원(道員) 직함을 받기 위해 대기 중이었다.

100) 여여겸(黎汝謙)의 자는 수생(受生)으로 귀주성(貴州省) 준의(遵義) 출신이다. 여서창(黎庶昌)의 조카이기도 한데, 1875년 거인(擧人)이 되었고, 1882년 여서창을 따라 고베영사(神戶領事)로 2년간 일하였으며, 1887년 다시 여서창을 따라 일본에 가서 橫濱領事로 3년간 근무하기도 하였다. 이후 무술개혁운동의 고취자이자 참여자로 활동하기도 하였다. 원문의 령(令)은 마찬가지로 현급(縣級)의 지방장관, 즉 청대의 경우 知縣)을 가리키는 줄임말이다. 즉 이것은 해당 관원이 지현(知縣)의 직함·품급(정7품)을 가지고 있음을 뜻한다.

101) 마건상(馬建常, 1840~1939)은 청말의 문관으로 원명은 마지덕(馬志德)이고 약슬(若瑟)·흠선(欽善)·건상(建常)·량(良)이란 이름도 사용하였다. 자는 사장(斯藏) 또는 상백(相伯) 등인데, 마상백 또는 마량이란 이름으로 더 잘 알려져 있다. 청말의 저명한 외교관 마건충(馬建忠)의 형이기도 하다. 주일 영사를 지낸 다음 1882년에 정부 기구가 개편된 후 이홍장의 추천으로 조선에 와 통리군국사무아문의 참의(參議)가 되고, 후에 참찬으로 승진하여 나라의 기무(機務)와 권리를 장악하고 내정을 간여하였다. 이후에

신년 이후에야 출항할 수 있을 것 같습니다. 삼가 이상의 내용을 서신으로 알립니다. 또한 조선인 魚允中이 공소에 찾아왔기에 만났습니다. 필담한 종이를 베껴서 아울러 살펴보시도록 올립니다. 이만 마치겠습니다. 삼가 평안하시길 빕니다.

첨부문서 :

1. 『필담』 초록 : 辛巳 10월 28일 조선 翰林院 魚允中이 공소에 찾아와서 만나고 그와 필담을 나누었습니다

魚允中 : "오래도록 명성을 우러러 보았는데 지금에야 뵙게 되었습니다."

黎庶昌 : "예전에 機器局의 李 大人(李鴻章)께서 귀하께 대해 언급하신 이후 한 번 뵙기를 몹시 바랐습니다."

어윤중 : "제가 예전에 일본에 갔었을 때 何如璋 大人 및 黃遵憲 參贊과 여러 차례 만나 뵌 적이 있습니다. 지금 일본[東洋]의 時事는 예전과 달라, 서로 긴밀하게 뒤엉키게 되었습니다. 이번에 大人을 알현한 것은 사적으로 앙모하는 마음을 풀뿐만 아니라 공적인 이유도 있습니다. 바라건대 앞으로 모든 일마다 진심으로 가르침을 주시기 바랍니다. 대인께서는 외국에서 오랫동안 지내시면서 이미 명성이 높으니, 저처럼 몽매한 사람은 앞으로 두터운 도움을 받을 수 있을 것입니다."

[黎庶昌. 이하 동일] 답변 : "일본이 西法을 본받는 것에 대해 귀하의 생각은 어떻고, 조선 사람들의 의중은 또한 어떻습니까?"

어윤중 : "저들을 위해서는 잘 바꾸었다고 하겠습니다. 그 사이에 때로는 부적절한 경우도 있지만, 큰 윤곽만을 따지고 작은 실수는 넘어갈 수도 있습니다. 그렇지만 이웃나라의 강성함은 우리의 복이 아니니, 앞으로 힘써 부강을 추구해야 할 따름입니다."

답변 : "귀하의 견해는 정말 옳습니다. 일본의 變法은 너무 빠른 것이 조금 문제이고, 또한 반드시 바꾸지 않아도 되는 것까지 바꾸었습니다. 그러나 전체적으로 보면 결국은 상당

는 복단대학(復旦大學) 등의 창시자 등 교육가로 이름을 떨쳤으며 천주회 신부이자 신학박사로도 잘 알려져 있다. 한편 중서(中書)는 중서사인(中書舍人)이란 관명을 말한다. 원래 선진시대부터 시작된 관명으로 군주의 가까운 속관으로 조명(詔命)의 전달을 관장하였지만, 시대에 따라 역할이나 비중은 크게 다르다. 청대에는 종칠품(從七品)이었다.

히 훌륭한 내용입니다. 조선은 저들과 이웃이므로 또한 힘써 부강을 추구하는 일을 첫째 목표로 삼아야 합니다. 富強은 어디에 있겠습니까? 이를 위해서는 얼마간 西法을 참고하여 쓰지 않을 수 없습니다. 그리고 목전의 급무는 아마도 각국과의 통상을 핵심으로 삼아야 할 것입니다."

어윤중 : "삼가 가르침을 받겠습니다. 만국과 교류한 이후에 부강을 논의할 수 있습니다. 그렇게 하지 않는다면 한갓 빈말일 뿐입니다."

답변 : "富強이라는 두 글자는 모름지기 10~20년을 도모한 다음에야 비로소 효과를 볼 수 있습니다. 각국과 통상을 하여 우선 싸우려는 마음을 멈추게 한 다음에야 부강의 방법을 시도할 수 있습니다."

어윤중 : "좋은 말씀입니다. 그러나 방법은 때에 따라 다를 것입니다. 外人과 전쟁을 하고 있을 때는 먼저 싸우려는 마음을 진정시키고 武備를 강구해야 합니다. 그렇지 않다면 내정에 힘쓰며 그 근본을 다지며, 겸하여 군사와 무비를 갖추어야 비용 소모를 피할 수 있습니다. 군수품이나 총포 등은 모두 재정을 소모하는 근원입니다. 헛되이 여기에만 힘을 쏟고 내정을 다스리지 않는다면 또한 오늘날의 터키처럼 될 것입니다. 따라서 范蠡[102]는 (越의 巨富인) 計然의 정책을 써서 우선 그 나라를 부유하게 한 다음, 이후에 이를 이용하여 吳를 멸망시킨 것입니다."

답변 : "아주 타당하신 말씀입니다. 通商은 밖으로 대응하는 것이고 武備를 강구하는 것은 안으로 다스리는 바입니다. 오늘날 시세를 가지고 말하면 두 가지는 모두 당연히 겸해야 하고 한쪽으로 치우쳐서는 안 됩니다. 서양에서 군비와 상업을 함께 발전시키지 않은 적이 있었습니까? 군비와 상업의 근본은 내정입니다. 내정을 제대로 닦지 않고서 대외적으로 자립할 수 있는 경우는 없습니다."

어윤중 : "지금 사람들은 모두 武備로 외국을 제압할 수 있음을 알지만, 商務로 제압할 수 있다는 점은 모릅니다. 商務를 잘 운영한다면 큰 노력을 들이지 않고도 제압할 수 있습니다. 저들이 통상하러 왔을 때 우리가 商務로 대응하면 되고, 저들이 팔 물건이

---

102) 범려(范蠡, B. C. 536~B. C. 448)는 춘추시대 초(楚) 출신으로 춘추 말기의 저명한 정치가·군사가이다. 월왕(勾踐) 구천을 도와 월(越)을 부흥시키고 오(吳)를 멸망시키는 데 기여한 다음 다시 은거하였으며, 이후 이름을 바꾸고 세 차례 장사를 통해 거부가 되면서 스스로 도주공(陶朱公)이라 칭하였다고 한다. 후세 재신(財神)의 상징이 되었다.

없다면 우리가 전적으로 제압할 수 있습니다. 대인께서도 이러한 견해를 갖고 계시니 진심으로 흠모하여 우러러 보지 않을 수 없습니다. 현재 조선의 修信使가 일본과 稅約을 맺고자 합니다. 예전에 何如璋 大人께 부탁을 드렸었는데, 이미 작성을 완료하였는지 모르겠지만 혹시 아직 완료하지 않았다면 훌륭한 가르침을 바랄 수 있을까요?"

답변 : "상무를 잘 운영하면 힘을 들이지 않고도 외국을 제어할 수 있습니다. 몇 년 동안 중국이 일본 및 다른 나라들이 조선과 통상하는 하는 것을 바랐던 것은 바로 이러한 뜻에서였습니다. 다만 稅約은 아마도 귀국이 적절하게 정해야 할 것 같습니다. 何 大人에게 부탁한 일은 어느 사안인지 잘 모르겠습니다."

어윤중 : "대략 정해 둔 내용은 있지만 外務에 익숙하지 않아 대부분 제대로 된 것이 아닙니다. 혹은 저들이 승인하기 원치 않는 것도 있어 방법을 강구하여 적절하게 정해보고자 하기 때문입니다."

답변 : "귀국은 일본과 통상한지가 이미 몇 년이 되었는데 일찍이 조약을 정하지 않았습니까?"

어윤중 : "조약을 정하지 않았습니다. 예전에 일본과의 통상은 皇明 萬曆 연간부터 행하기 이전에는 오히려 식량을 지급하되 세금은 없었습니다. 丙子年에 조약을 개정한 다음에는 응당 법대로 징세해야 하였습니다. 그런데 저들이 港務가 완료되지 않았으니 3년 후에 세금을 논의하자고 하였으므로 또한 허락했고, 아직까지 징세하지 않았습니다. 그런데 전에는 외국 상황을 몰라 단지 저들이 현재 행하고 있는 5% 관세를 따르려고 하다가 다시 살펴보니 5% 관세는 매우 불공평한 것이라, 10% 또는 20%로 하려는데 저들이 필시 악착같이 버틸 것 같습니다."

답변 : "양국이 이미 통상을 시작하였으니 필히 서둘러 의논하여 정해야 합니다. 稅約에 대해서는 현재 근거가 있는데 5% 관세는 가장 공평하지 못합니다. 귀국에서 처음하는 통상이므로 상황에 맞추어 유리하게 이끌어 가는 것이 좋습니다. 그들과 따로 논의하되, 가령 10%나 20%로 못할 수도 있지만 5%는 절대 시행해서는 안 됩니다."

어윤중 : "정말 그렇습니다. 10%를 일반 세율로 삼고, 酒類는 35%, 時計 등은 25%, 洋織類는 20%, 금·은·보석과 귀중품은 50%, 汽機類는 5%를 징수하고자 합니다."

답변 : "이 일은 화물을 매매하는 것과 같아, 먼저 그 가격을 높게 불러놓고 일본과 상의하되,

화물 가격에 따라 등급을 정하면 그것으로 공평해질 것입니다."

어윤중 : "그러나 화물가격은 아직 정해지지 않았습니다. 따라서 우선은 위와 같이 하고, 稅務가 점차 자리가 잡힌 이후에 다시 논의할 계획입니다. 영국·미국 등의 稅則에 관련된 漢譯本을 보고 싶습니다."

답변 : "아주 좋은 견해입니다. 영국·미국 등의 稅則은 한 부씩 구해다 드리겠습니다. 그러나 중국이 처음 조약을 맺을 때 외국 사정에 대해 깊이 알지 못했기 때문에 정해 놓은 세칙 중 가운데 자못 손해를 보는 곳이 있어 추후에 반드시 개정할 필요가 있습니다."

어윤중 : "중국의 현행 稅則은 이미 보았습니다. 보고 싶은 것은 영국·미국에서 시행하고 있는 稅則입니다."

답변 : "영국·미국의 稅則을 漢譯한 책은 보지 못하였습니다."

어윤중 : "조선과 일본의 교섭은 대부분 저들의 통역 및 상인들을 이용하기에 매우 불편합니다. 그래서 저는 예전에 2~3명의 士族 자제들을 데리고 갔었는데, 그들은 현재 일본에서 그들의 문자·언어를 배우고 있습니다. 조선에서는 일본에 주재하는 사신이 없으므로 대인께서는 그들을 같은 나라 사람으로 봐주시고 때때로 배려와 지도를 해주십시오."

답변 : "조선과 中國은 당연히 한 집 안이니 응당 잘 돌보도록 하겠습니다."

어윤중 : "감격스럽고 또 감격스럽습니다."

답변 : "귀하께서 이번에 중국을 방문하여 여러 곳을 들르셨는데 지금은 어디로 가십니까? 예전에 李 中堂大人을 뵈었습니까?"

어윤중 : "上海와 天津만 가봤습니다. 예전에 李 中堂大人을 여러 차례 알현했고 지금 귀국선을 타려고 합니다."

답변 : "언제 다시 일본에 오십니까?"

어윤중 : "지금 일본 배를 타고 長崎로 갔다가 바로 귀국합니다. 다시 일본에 올지는 확실히 대답할 수 없습니다. 일본 각 항구의 理事官들이 모두 중국으로 귀국한다고 하는데 何如璋公도 여전히 일본에 주재하는지 모르겠습니다."

답변 : "일본 각 항구의 이사관은 제가 도착한 이후 당연히 교체될 것입니다. 그러나 후임자들은 전임과 차이가 없습니다."

어윤중 : "琉球문제는 어떻게 타결되겠습니까?"

답변 : "琉球문제에 대해 서둘러 종결시키고자 않는 것은 바로 후환을 막기 위해서입니다."

어윤중 : "저들은 이 일에 대해 아주 無理하였으며 크게 실수를 범하였습니다."

답변 : "확실히 그렇습니다. 귀하께서 머무시는 곳은 어디 입니까?"

어윤중 : "金利源 帳房 2층입니다."

답변 : "답례로 찾아뵙도록 하겠습니다."

어윤중 : "내일 저녁 輪船을 타고 동쪽으로 향하기 때문에 아마도 귀하신 발걸음을 하실 필요가 없습니다. 다시금 뵐 날이 있을 것입니다. 이만 물러가도록 하겠습니다. 보중하시길 바랍니다."

답변 : "훗날 일본에 오시면 반드시 가르침을 받고자 합니다."

羅星垣이 초록함.

(32) 문서번호 : 2-1-1-32 (389, 548b-555b)

사안 : 미국 해군준장 슈펠트와 朝·美條約 체결에 대해 논의한 것을 서신으로 알립니다(函述與美總兵薛斐爾商辦美韓訂約事).

첨부문서 : 1. 「北洋大臣 李鴻章과 미국 해군준장 슈펠트의 『問答節略』(北洋大臣李鴻章與美總兵薛斐爾問答節約)」: 조·미조약 체결에 대한 토론(討論美韓擬約事).

2. 「李鴻章이 조선·美國의 修好通商條約을 대신 기초하였습니다(李鴻章代擬美·韓修好通商條約)」: 朝·美通商條約 초안 9개 조항(美韓商約稿九款).[103]

날짜 : 光緖八年二月初十日(1882년 3월 28일)

발신 : 李鴻章

수신 : 總理衙門

二月初十日, 北洋大臣李鴻章函稱 :

美國與朝鮮議約一事, 去臘初四日曾經具奏抄摺咨呈在案. 歲杪聞美國復派定水師總兵薛斐爾[卽蕭孚爾]爲朝鮮議約全權大臣, 催令該總兵今春乘兵船東駛. 其時適朝鮮陪臣金允植二次赴保定謁見, 謂 : "續奉該國王密諭, 求[敝]處代爲主持, 速與美使商議, 並寄呈該國機務大臣擬具約稿, 屬爲鑒定." 當卽密飭津海關周道, 設法婉留薛總兵, 俟鴻章到津籌商. 一面令金允植密稟朝鮮國王, 遴派大員, 於二月間來津, 藉與薛總兵面議大略, 再赴朝鮮, 庶易成事.

昨鴻章抵津, 薛總兵訂期會晤, 先將伊所擬約稿, 由周道譯呈. 該使之意, 欲以日本條

103) 原書의 목차에서는 조선과 美國의 함께 표기할 때 韓·美 또는 美·韓으로 하고 있지만, 번역에서는 모두 조선·미국[또는 조·미]로 처리하였다.

約爲藍本. 鴻章將兩稿比較, 所差甚遠. 且於中國屬邦一節, 均未提及. 則[敝]處礙難與聞其事. 將來各國效尤, 久之將不知朝鮮爲我屬土, 后患甚長. 而萬國公法, 凡附庸小國不得自主者, 又未便與各大邦立約. 是左右均有爲難. [鴻章]先屬周道, 將此意諷示薛斐爾, 謂:"約內必須提明中國屬邦, 政治仍得自主字樣," 意在不粘不脫. [鴻章]亦與金允植等議及, 該陪臣翕服無異詞. 玆爲酌量删增約稿, 並將各項應防之流弊, 應獲之權利, 一一包括在內, 卽令周道與馬道建忠等, 密交薛總兵閱訂. 該總兵素悉交涉機宜, 難保不加改竄. 然大致似不可出此范圍. 謹將二月初七日『問答節略』, 及「代擬約稿」錄呈鑒核, 俟后若何商辦情形, 隨時奉聞. 專肅密布. 祗頌鈞祺.

照錄清摺:

1. 『美總兵薛斐爾問答節畧』: 美國水師總兵薛斐爾來見問答節畧(光緖八年二月初七日十點鐘)

[李鴻章. 以下 同一]問: "在京幾月, 住在何處?"

薛云: "在京一箇月, 住美國公使何天爵署中."

問: "貴總兵奉使朝鮮, 勿聽何公使代出主意?"

薛云: "此事本國專派本總兵辦理. 惟國家給予本總兵之訓條, 曾經外部抄示何公使. 但朝鮮議約一事, 惟本總兵一人作主. 何公使不過與聞而已. 何公使不日來津, 不知其另有何事, 本總兵意欲何公使作翻譯也."

問: "本大臣在保定府時, 曾有朝鮮官來, 經本大臣飭令回國, 囑朝鮮君臣預擬一約稿. 此稿已於日前寄到. 至貴大臣所擬之約稿, 已由周道呈閱. 本大臣將兩稿比較, 所差甚遠. 現擬將朝鮮寄來約稿酌爲删改, 以期易於議成. 遲幾日當令周道將稿本轉交閱看."

薛云: "如此辦法甚善. 周道於朝鮮議約之事甚爲明白. 中堂稿本發下, 本總兵與周道商妥, 再將底稿呈請貴中堂削改[政]."

答云: "甚好. 朝鮮從古以來爲中國屬邦. 其內政、外交事宜, 向來得以自主. 從前尚不願與日本立約，何況泰西？ 彼時曾經本大臣函勸，方肯與日本立約．惟朝鮮雖奉中國意指，未經來華請教．只在本國倉猝議成，議成之后，始知會中國．朝鮮今日乃大悔從前日本立約受虧，現在萬不能以朝日原約爲依據也．本大臣在保定時，已函囑朝鮮於二月間密派大員來津，與貴總兵先行面商．俟有端緒，再赴朝鮮定議，則事易成．現在未得有回信，大約四五箇禮拜內，回信可到．屆時再行知照."

薛云："此事極承中堂關照．不特本總兵一人私心感激，美國國家尤領盛情．前奉有本國公文，令本總兵代爲道謝，已托周道代達．此次議約之事，本不應來催促．無如朝鮮事向多迂緩．本國所派兵船定於西曆五月初一日駛抵煙臺，其時如朝使未來，本總兵必卽前往．可否懇請中堂派一大員同往．或給文書帶往亦好."

答云："大概派員同往爲妥．惟須俟朝鮮回信再定．聞朝鮮國王與二三大臣尚願與美國聯約，而以外臣工不願者甚多．如公然派員到津議約，或嫌先自來求，致招國人謗議．故其派員，旣恐爲難．而貴總兵冒然獨往，亦恐彼此之情不通．現在京各國公使，果聞貴總兵奉使朝鮮否?"

薛云："已盡知之."

問："是誰告知．豈何公使轉告耶?"

薛云："不是何公使漏言．本國來文已久，難保無傳說者."

問："各國公使曾知貴總兵在此，與本大臣商議否?"

薛云："不知."

問："各國有俟美約定后，派員踵赴朝鮮議約之語否?"

薛云："此次尚未之聞，惟前年各國公使談及，似皆盼美國約成，則各國皆相續而來."

問："此次議約必須格外公允，庶后來者可奉爲程式．美國素講情理，貴總兵又最明達大局．朝鮮風氣固陋，中國休戚相關，不得不爲之熟計."

薛云："我亦甚願如此．朝鮮有釜山、仁川兩口，仁川近王京，釜山距其王京可十日程．此次船到朝鮮，擬泊釜山，不泊仁川，如何?"

因命取朝鮮海圖， 密告薛曰："日本已訂今年八月開仁川港， 朝鮮意欲美國先往仁川，不欲日人先往."

薛云："如此當知會本國，多派兵船二三隻前往仁川."

答云："貴國不必多派兵船，居時本大臣或派中國兵船同往."

薛云："甚善."

問："仁川港潮長潮落，其淺深相較，差多少尺?"

薛云："三十尺."

問："貴兵船吃水若干尺?"

薛云："十七尺半."

問："港內應於何處泊船?"

薛於圖上畫有鐵錨之處指云："此處可泊."

問："此處距王京若干里."

薛云："僅六十里．坐小輪船可到．本日承中堂接見指示，感荷之至．擬將所談各情節轉達本國."

答云："務望秘密，勿使他人知之."

薛云："謹遵命."

2. 「李鴻章代擬美韓修好通商條約」(光緒八年二月)

大朝鮮國與大美國切欲敦崇和好，惠顧商民．是以大朝鮮國君主特派全權大臣，大美國伯理璽天德特派全權大臣，各將所奉全權字據互相校閱，訂立條款，臚列於左：

第一款．朝鮮爲中國屬邦，而內政、外交事宜向來均得自主．今茲立約后，大朝鮮國君主，大美國伯理璽天德俱平行相待．兩國人民永敦和好．若他國偶有不公及輕侮之事，必彼此援護，或從中善爲調[調?]處，俾獲永保安全．

第二款．此次立約通商后，兩國可按照通例，彼此各派秉權大員，往來駐紮．並於通商口岸設立總領事、副領事、署領事等官，均聽其便．此等官員[官員?]與本地官交涉往來，均應用品級相當之禮．兩國秉權大員與領事等官，享獲種種恩施，與彼此所待最優之國官員無異．惟領事官必須奉到駐紮之國批准文憑，方可視事．所派領事等官必須眞正官員，不得以商人兼充，亦不得兼作貿易．倘各口未設領事官，或請別國領事兼代，亦不得以商人兼充，或卽由地方官照現定條約代辦．至商民交涉事件，有與本地官民齟齬者，領事官不得任意爭執．如領事官辦事不合，彼此均可按照公例，將批准文憑追回．

第三款．兩國船隻在彼此沿海地方，若遇遭風、擱淺等事，地方官聞知，卽應設法救護．至兩國兵船往來，在彼此已開口岸．如遇買取食物·煤炭·甜水，修理船隻，地方官應妥爲照料．惟商船於未開口岸，除遭風外，不得駛往，違者罰辦．

第四款．朝鮮國商民欲往美國各口各邑貿易，應遵守美國律例章程．美國亦准照待最優國之商人一體看待．至美國商民前往朝鮮國，准開口岸貿易，若照歐美各國通例，原應歸地方官管轄，惟朝鮮國與美國政制攸[佽?]殊，現尚未訂改東西交涉公律．是以朝鮮國政府暫許美國商民歸領事官管轄．至美國船主諸色人等，如有上岸滋事，應由地方官會同領事官妥爲彈壓．

第五款．朝鮮國商民並其商船前往美國貿易，凡納稅、船鈔等事，應遵照美國海關章程辦理．至美國商民並其商船前往朝鮮貿易，進·出貨物均應納稅．惟各色貨物銷滯，不得預知，稅則暫難詳定．玆擬先訂大略，各色進口貨有關民生日用者，照估價值百抽十，其奢靡、玩耍等物，如洋酒、呂宋煙、鐘錶之類，照估價值百抽三十．至出口土貨，概值百抽五．美國商船進朝鮮口岸，須納船鈔，每噸銀五錢，按中曆一季抽收一次．

第六款．朝鮮國商民前往美國各處貿易，准其在該處居住，賃房買屋，起蓋棧房．所有土產以及製造之物，與不違例之例之貨，均許買賣．美國商民前往朝鮮已開口岸，准其在該處居住賃房，租地建屋．惟不得稍有勒逼．其出租之地，仍歸朝鮮版圖，不得有礙地方官治理之權．所有本國土產以及外洋運來不違禁例之貨，均可就已開口岸收買發賣．但美國商民不得以洋貨運入內地售賣，亦不得自入內地採買土貨．倂不得以土貨由此口販運彼口. 違者將船隻貨物入官, 並將該商交領事官懲辦. 至鴉片煙, 素所嚴禁, 如有運販進口者, 由朝鮮官罰辦.

第七款. 凡美國商民在朝鮮已開口岸, 遇有與朝鮮民人交涉財產及各罪案, 俱由被告所屬之官員審斷, 各照本國律例定案. 惟竊盜、逋欠等事, 兩國官員只能分別挐辦追究, 不能代償. 倘案內原告有未甘服者, 應聽其所屬官員照會被告所屬官員覆訊.

第八款. 凡兩國官員商民在彼此通商地方居住, 均可雇請各色人等勷執分內工藝. 惟朝鮮人遇犯本國例禁, 或牽涉被控, 凡在美國官民公館、寓所、行棧及商船隱匿者, 由地方官一面知照領事官, 一面派差拘挐. 美國官民不得庇縱措留. 至兩國生徒往來學習語言、文字、律例、藝業等事, 彼此均宜襄助, 以敦睦誼.

第九款. 茲朝鮮國初次立約, 所訂條款姑從簡略, 應遵條約, 已載者先行辦理, 其未載者, 俟五年后, 兩國官民彼此言語稍通, 再行議定. 至通商詳細章程, 須酌照歐美各國通例, 公平商訂, 無有輕重大小之別.

第十款. 此次兩國訂立條約, 與夫日后往來公牘, 朝鮮專用華文, 美國亦用華文, 或用洋文, 必須以華文註明, 以免歧誤.

以上各款, 現由兩國所派全權大臣議定. 先行畫押蓋印, 用昭憑信. 俟大朝鮮國君主一面移咨中國禮部, 一面批准. 大美國伯理璽天德, 由國會紳耆大巨議允批准后, 彼此知照, 指定一處互換, 然后刊刻通行, 使兩國官民鹹知遵守.

大朝鮮國開國某年 月 日

大美國一千八百某年 月 日

2월 10일, 北洋大臣 李鴻章이 다음과 같은 서신을 보내왔다.

美國과 조선의 조약 논의는 지난 12월 4일 상주한 다음 奏摺을 초록하여 咨文으로 알린 바 있습니다. 연말에 들으니, 미국은 다시 해군준장 슈펠트를 조선 議約全權大臣[104]으로 차출한 다음 그로 하여금 올봄에 군함을 타고 동쪽으로 서둘러 가라고 지시를 내렸습니다. 그 당시 마침 조선 陪臣 金允植이 두 차례 保定府로 와서 저를 만나서 말하길, "조선 국왕의 비밀지시를 받았는데 李 中堂大人께서 대신 주지하여 신속히 미국 사신과 논의해주십시오. 아울러 조선 機務大臣이 마련한 조약 초안을 올리니, 검토해주십시오"라고 하였습니다. 그래서 天津海關道 周馥에게 방법을 강구하여 슈펠트 준장을 머무르게 하고, 제가 천진에 도착한 다음 협상할 수 있게 하라고 비밀리에 지시하였습니다. 다른 한편으로는 김윤식에게 국왕에게 비밀 보고를 올려 고위 관원을 선발해서 2월쯤 천진으로 파견한 다음 슈펠트 준장과 직접 만나 대략 논의를 하고, 그다음 [슈펠트가] 조선에 가면 아마도 쉽사리 성사될 것이라고 지시하였습니다. 어제 제가 천진에 도착해서 슈펠트 준장과 약속을 잡고 직접 만났는데, 우선 슈펠트가 작성한 조약 초안을 周馥이 번역해서 올리게 하였습니다. 슈펠트의 의도는 일본의 조약을 기준으로 삼는 것이었습니다. 제가 두 초안을 비교해 보니 차이가 매우 심하였습니다. 또 중국의 屬邦이라는 구절은 전혀 언급되어 있지 않았으므로, 저희 쪽에서 이 문제에 간여하기가 어렵게 되어 있습니다. 앞으로 각국이 이를 본받고 시간이 지나면 조선이 우리의 屬土라는 것을 알지 못하게 될 것이니 후환은 더욱 커집니다. [만일 屬邦이라는 구절을 넣는다면] 萬國公法에서는 무릇 自主할 수 없는 附庸小國은 다른 큰 나라들과 조약을 맺기도 불편하므로, 양쪽 다 문제가 있습니다.

저는 우선 周馥에게 부탁하여 이러한 뜻을 슈펠트에게 "조약 내용에 반드시 중국의 屬邦이지만 정치는 예전대로 自主할 수 있다는 내용이 명시되어야 한다"고 은근히 암시하게 하였는데, 그 뜻은 [중국과 조선의 관계가] 아주 붙어있는 것도 아니지만 그렇다고 아주 떨어진 것도 아닌 그런 상태라는 것입니다."[105] 저는 또한 김윤식 일행과도 이것을 상의하였는데 그는 거기에 호응하며 다른 말을 하지 않았습니다. 이에 적절하게 조약 초안을 수정하고 아울러 각 조항 중에서 방지해야 할 폐단과 획득해야 할 권리를 하나하나 포함시킨 다음, 즉시 周馥 및 馬建忠 등으로 하여금 슈펠트에게 비밀리에 건네주어 검토하게 하였습니다. 슈펠트는 평소 교섭 사안에 밝으니, 이점을 수정하지 않을 것이라고 보장할 수는 없습니다. 그러나 대체적으

104) 당시 슈펠트가 국무성으로부터 받은 정식 직함은 'Envoy Extraordinary and Minister Plenipotentiary to Negotiate a Treaty with Korea'이다. 김원모, 1992, 『조미조약 체결사』, 193쪽.

105) 원문의 부점부탈(不粘不脫)은 부즉불리(不卽不離)나 무박무탈(無縛無脫)과 같은 뜻으로 붙어있는 것도 떨어진 것도 아닌 상태, 너무 가깝지도 너무 멀지도 않은 관계·상태를 비유한다.

로 보아 이러한 범위에서 벗어나지는 않을 것입니다.

삼가 2월 7일의『問答節略』및 조선을 대신해서 작성한 조약 초안을 초록하여 올리오니 검토해주십시오. 추후 어떻게 논의가 이루어지는지에 대해서는 수시로 알리도록 하겠습니다. 이상의 내용을 비밀리에 알립니다. 평안하시길 송축합니다.

첨부문서 : 초록

1.『미국 해군준장 슈펠트와 문답절략』: 光緖 8년 2월 7일 10시. 미국 해군준장 슈펠트가 찾아와 문답한 내용(8년 2월 7일)

[李鴻章 – 이하 동일] 질문 : "北京에 온 지 얼마나 되었고, 어디에 머물고 있습니까?

슈펠트 : "北京에 있은 지 한 달이 되었으며 미국 [서리]공사 홀콤브(Chester Holcombe, 何天爵)[106]의 관청에서 머무르고 있습니다."

질문 : "귀 준장이 조선에 사신으로 가는데, 홀콤브 공사가 대신 의견을 제시하는 것은 듣지 않습니까?"

슈펠트 : "이 일은 본국에서 전적으로 본 준장을 파견해서 처리하도록 하였습니다. 본국에서 본 준장에게 내린 훈령은 예전에 國務省에서 홀콤브에게 초록하여 알려주었습니다. 다만 조선과 議約하는 사안은 오로지 본 준장 혼자서 주지합니다. 홀콤브는 단지 참관할 뿐입니다. 홀콤브가 급히 천진에 온다는 것은 달리 어떠한 일이 있기 때문인지 모르겠지만, 본 준장은 홀콤브에게 통역을 맡기고자 합니다."

질문 : "본 대신이 保定府에 있었을 때 조선 관원이 찾아왔었는데, 본 대신은 그에게 귀국한 다음 조선 君臣에게 미리 조약 초안을 기초하도록 하였습니다. 이 초안은 벌써 며칠 전에 도착하였습니다. 그리고 귀 대신이 초안한 조약 초안은 이미 周馥을 통해 받아 보았습니다. 본 대신이 두 초안을 비교해 보니 차이가 매우 심합니다. 현재 조선에서 보내 온 조약 초안을 수정하여 논의가 쉽게 이루어지도록 하고자 합니다. 며칠 후에

106) 홀콤브(Chester Holcombe, 何天爵, 844~1912)는 미국 선교사·외교관으로 1869년 이후 중국에서 활동하였다. 1871년부터 1등 참찬으로 일하면서 1875~1876, 1376~1879, 1881~1882년 서리공사직을 맡았다. 1882년 조미조약의 체결에 참여하기도 하였다.

周馥이 귀하가 검토할 수 있도록 초안을 전달할 것입니다."

슈펠트 : "이러한 방법은 매우 좋습니다. 周馥은 조선의 조약 논의 사안에 관해 매우 잘 알고 있습니다. 李 中堂大人의 초안이 내려오면 본 준장이 周馥과 함께 적절하게 상의한 다음, 다시금 초안을 귀 中堂에게 보내 수정하도록 요청하겠습니다."

답변 : "아주 좋습니다. 조선은 예전부터 중국의 屬邦이었습니다. 조선의 내정과 외교문제는 종래 自主할 수 있었습니다. 따라서 종전에 일본과 조약을 맺을 때에도 간여하기를 원하지 않았으니, 하물며 서양은 말할 필요가 있겠습니까? 그때 본 대신이 서신으로 권유하고서야 비로소 일본과 조약을 맺으려 하였습니다. 다만 조선은 비록 중국의 뜻을 받들었지만 중국에 와서 가르침을 청하지는 않았습니다. 단지 본국에서 창졸 간에 논의가 이루어졌고 그다음에야 비로소 중국에 알려왔습니다. 조선은 오늘날 종전에 일본과의 조약에서 손해 본 것을 크게 후회하고 있고, 현재는 일본과의 조약을 결코 기준으로 삼고자 하지 않습니다. 본 대신이 保定府에 있을 때 이미 조선에 서신을 보내 2월쯤 고위 관원을 비밀리에 천진에 파견하여 귀 준장과 우선 직접 만나서 상의하고, 실마리가 생기길 기다렸다가 다시 조선에 가서 논의하면 일이 쉽게 이루어질 것이라고 부탁하였습니다. 지금 아직 회신을 받지 못했지만 대략 4~5주 내에 회신이 도착할 것입니다. 그때 다시 알려드리도록 하겠습니다."

슈펠트 : "이 일은 李 中堂大人의 배려를 받으니, 본 준장이 개인적으로 감격할 뿐 아니라 미국정부도 더욱 감사해할 것입니다. 전에 본국의 공문을 받았는데, 본 준장으로 하여금 대신 감사의 뜻을 알리라는 내용으로, 이미 周馥에게 대신 전달을 부탁하였습니다. 이번 조약 논의문제는 본디 재촉해서는 안됩니다. 그런데 조선은 종래 굼뜬 경우가 많아 본국에서 파견한 군함은 서력 5월 1일에 煙臺에 도착할 것이고, 그때 조선 사신이 오지 않는다면 본 준장은 반드시 조선에 직접 가야 할 것입니다. 李 中堂大人께 고위 관원 한 사람을 선발하여 동행시켜달라고 간청해도 됩니까? 혹은 문서를 제공해주어 지참하여 가는 방법도 괜찮습니다."

답변 : "아마도 관원을 선발하여 같이 가는 게 타당할 것 같습니다. 다만 조선에서 회신이 오기를 기다렸다가 결정해야 합니다. 듣기에 조선 국왕과 대신 두세 명은 여전히 미국과의 조약을 원하지만 그 밖의 신하들은 원치 않는 사람이 매우 많다고 합니다. 가령 공공연히 관원을 天津에 파견하여 조약을 논의한다면 아마도 스스로 먼저 요구한다는

혐의 때문에 國人들의 비난을 초래할 것입니다. 때문에 조선의 관원 파견은 아마도 어려울 것 같습니다. 그리고 귀 준장이 성급하게 홀로 방문한다면 역시 서로 간의 교감이 제대로 이루어지지 않을까 두렵습니다. 현재 北京주재 각국 공사들은 귀 준장이 조선에 사신으로 가는 것을 알고 있습니까?"

슈펠트 : "이미 모두 알고 있습니다."

질문 : "누가 알렸습니까? 어찌 홀콤브 공사가 알려주었습니까?"

슈펠트 : "홀콤브가 누설한 것이 아닙니다. 본국의 공문이 온 지가 이미 오래되었기에 이 소식을 전한 사람이 없다고 보장하기가 어렵습니다."

질문 : "각국 공사들은 귀 준장이 이곳에서 본 대신과 상의하는 것을 알고 있습니까?"

슈펠트 : "알지 못합니다."

질문 : "각국은 미국의 조약 체결을 기다렸다가 관원을 파견해 조선으로 보내 議約할 것이라는 말을 합니까?"

슈펠트 : "지금은 아직 들은 내용이 없는데, 작년에 각국 공사들이 언급했었으니 미국이 조약 체결을 성공하면 모두 잇따라 뒤를 따를 것입니다."

질문 : "이번에 조약을 논의할 때는 반드시 매우 공정해야만 이후 조선에 가는 나라들이 기준으로 삼을 수 있을 것입니다. 미국은 평소 情理를 중시하였고 귀 준장 또한 大局을 매우 잘 알고 있습니다. 그러나 조선은 風氣가 고루하고 중국의 흥망과도 관계가 되므로 고심해서 계획하지 않을 수 없습니다."

슈펠트 : "저 또한 이렇게 하기를 몹시 바라고 있습니다. 조선에는 부산·인천 두 항구가 있는데, 인천은 王京에 가깝고 부산은 왕경에서 10일 정도 걸립니다. 이번에 조선으로 갈 때는 인천이 아니라 부산에 정박하는 것이 어떻습니까? 이 때문에 朝鮮海圖를 가져 오게 해서 슈펠트에게 비밀리에 말해주기를, 일본과 이미 올 8월에 인천항을 열기로 하였는데, 조선은 미국이 먼저 인천으로 오길 바라며, 일본이 먼저 오는 것을 원하지 않습니다."

슈펠트 : "그렇다면 응당 본국에 알려 군함 두세 척을 파견해 인천으로 가야겠습니다.

답변 : "귀국에서는 군함을 많이 파견할 필요는 없을 것 같고 때가 되면 본 대신은 혹시 중국 군함을 같이 파견할 수도 있습니다."

슈펠트 : "아주 좋습니다."

질문 : "인천항은 조수 간만의 차이가 있는데 그 차이를 비교해 보면 몇 척이나 됩니까?"

슈펠트 : "30척입니다."

질문 : "귀 군함의 흘수는 몇 척입니까?"

슈펠트 : "17척 반입니다."

질문 : "항구 안에서는 어디에 배를 정박할 것입니까?"

슈펠트가 지도 위에 쇠닻이 있는 곳을 가리키며, "이 곳에 정박이 가능합니다."

질문 : "이곳은 왕경과 몇 리나 떨어져 있습니까?"

슈펠트 : "겨우 60리입니다. 小輪船을 타고 도달할 수 있습니다. 오늘 李 中堂大人을 접견하고 가르침을 받았는데 대단히 감사드립니다. 이야기를 나눈 각 내용을 본국에 전달하겠습니다."

답변 : "비밀로 해서 다른 사람이 알지 못하게 해주시기 바랍니다."

슈펠트 : "삼가 그에 따르겠습니다."

2. 「李鴻章이 대신 기초한 조선과 미국의 수호통상조약(李鴻章代擬美 · 韓修好通商條約)」(光緖 8년 2월)

大朝鮮國과 大美國은 和好를 돈독히 하고 商民에게 혜택을 주고 보살피기를 간절히 바란다. 이에 大朝鮮國 군주는 全權大臣을 특파하고, 大美國의 대통령도 全權大臣을 특파하여 각기 받은 전권위임장을 서로 확인한 다음, 조약의 항목을 다듬어세워 다음과 같이 열거한다.

제1조. 조선은 중국의 屬邦이지만, 내정과 외교문제는 종래 모두 自主할 수 있었다. 지금 이번 조약을 체결한 다음 大朝鮮國 군주와 大美國 대통령은 서로를 평등하게 대한다. 양국 인민은 영원히 우호를 돈독히 한다. 만약 다른 나라가 불공정하게 대하거나 모욕한다면 반드시 서로 후원하여 보호하거나 혹은 중간에서 잘 조정하여 영구히 안전을 보전할 수 있게 한다.

제2조. 이번에 通商條約을 맺은 뒤 양국은 통례에 따라 서로 [권한을 부여받은 고위 관원인] 秉權大員을 파견하여 왕래하며 주재한다. 아울러 통상항구에 總領事·副領事·署領事 등의 관원을 두는 데 모두 그 편의를 들어준다. 이들 관원은 현지 관원과 교섭하기

위해 왕래할 때에는 모두 같은 품급에 상당하는 예절로써 대우한다. 양국 秉權大員과 領事 등의 관원은 갖가지 특혜를 누릴 수 있으며, 양국에서 서로 最惠國의 관원을 대하는 것과 다름이 없게 한다. 領事官은 반드시 주재국의 비준 문서를 받아야만 업무를 시작할 수 있다. 파견되는 領事 등의 관원은 반드시 정규 관원이어야 하며, 상인을 겸임시킬 수 없고, 또 무역 행위를 겸해서도 안된다. 만약 각 항구에 아직 領事官을 두지 못하면, 다른 나라 領事의 겸임을 요청할 수 있지만 이 경우 또한 商民으로 겸임하게 해서는 안되며, 혹은 현지 지방관이 현재 체결된 조약에 비추어 대신 처리할 수 있다. 商民의 교섭사건에 대해서는 현지 官民과 마찰이 생긴 경우, 領事官이 임의로 다퉈서는 안된다. 만약 領事官의 일 처리가 부당한 경우, 피차 公例에 따라 비준 문서를 회수할 수 있다.

제3조. 양국 선박이 피차의 연해지역에서 태풍을 만나거나 좌초되는 일이 생길 경우 지방관이 이를 알게 되면 즉시 방법을 강구해 구조한다. 양국 군함이 왕래할 때는 서로의 개항된 항구를 이용한다. 만일 식량·석탄·물을 구입하거나 선박을 수리할 경우 지방관은 응당 적절하게 지원해준다. 다만 商船은 폭풍을 만나는 경우를 제외하고는 개방하지 않은 항구로 배를 몰아서는 안되며, 위반한 경우 처벌한다.

제4조. 朝鮮國 商民이 미국의 각 항구에 가서 각종 무역을 하고자 할 때는 미국의 律例와 章程을 준수해야 한다. 미국 또한 최혜국의 商民을 대하는 것과 마찬가지로 대우한다. 미국 商民도 朝鮮國에 가서 통상항구에서 무역을 하는 것을 허용하며, 구미 각국의 통례에 따르면 원래 응당 현지 지방관이 관할해야 하지만, 조선과 미국은 政制가 매우 다르고 현재 아직까지 東西交涉의 公律을 訂改하지 않았다. 따라서 朝鮮國정부는 잠시 동안 미국 商民이 領事館의 관할에 속하는 것을 허용한다. 미국 船主 등이 항구에 상륙하여 문제를 일으키면 응당 지방관이 領事官과 함께 적절하게 통제한다.

제5조. 朝鮮國 商民과 商船이 미국에 가 무역할 때는 무릇 關稅나 船舶稅 등은 응당 美國稅關章程에 따라 처리한다. 미국 商民과 商船이 조선에 가서 무역하는 경우, 수출하는 화물은 모두 關稅를 납부한다. 다만 각종 화물의 물동량을 예측할 수 없으므로 당장 稅則을 구체적으로 정하기는 어렵다. 이에 우선 大綱을 만들어, 각종 수입품 가운데 민생과 관련된 일용품은 가격의 10%를 받고, 예를 들어 洋酒·담배·시계 등의 종류

와 같은 사치품이나 완구 종류는 가격의 30%를 받는다. 수출하는 토산품은 대략 5%를 받는다. 미국 商船이 조선의 항구로 들어올 때는 반드시 船舶稅를 납부하는데, 매 톤당 은 5錢이며 음력을 기준으로 계절마다 한 차례씩 징수한다.

제6조. 朝鮮國 商民이 미국 각지에 가서 무역을 할 때는, 해당 지역에 거주하면서 건물을 임대·구입하거나, 창고·점포를 세우는 것이 허용된다. 모든 토산품과 제조품, 법류를 어기지 않은 화물은 모두 매매를 허용한다. 미국 商民이 이미 개항한 조선의 항구로 갈 경우, 그곳에서 거주하면서 건물을 임대하거나 땅을 빌려 건물을 짓는 것을 허용한다. 다만 조금이라도 강제가 있어서는 안된다. 조차한 땅은 여전히 조선의 영토에 속하며 지방관의 통치권에 방해가 되어서는 안된다. 모든 본국의 토산품 및 외국에서 수입해 온 불법적이지 않은 수입품은 모두 개항지에서 매매할 수 있다. 단 미국 商民은 洋貨를 내지로 가져가 판매할 수 없으며, 또한 내지로 들어가 토산품을 사올 수도 없다. 아울러 토산품을 이쪽 항구에서 다른 항구로 가져가 팔아서도 안된다. 위반하는 경우 선박과 화물은 관으로 몰수하며 해당 상인은 領事官에게 넘겨 처벌한다. 鴉片은 평소 엄금하는 물건이므로, 만약 운반·판매하기 위해 항구로 수입하는 경우 조선 관원이 처벌한다.

제7조. 무릇 미국 商民이 조선의 개항장에서 조선 민간인과 재산 및 각종 범죄와 관련하여 교섭해야 하는 사건을 만나면 모두 피고가 소속된 관원이 재판·처벌하며, 각기 본국의 律例에 따라 판결을 내린다. 다만 절도·채무 등의 사건은 양국 관원이 단지 체포하여 추궁할 수 있을 뿐 대신 배상할 수는 없다. 혹 사건 원고가 달게 승복하지 않으면, 응당 그가 소속된 쪽의 관원이 피고가 속한 관원에게 照會를 보내 다시 조사하게 한다.

제8조. 양국 관원과 商民이 피차의 통상지방에 거주할 때, 모두 각종의 인원을 고용·초청하여 직무상 기술 작업을 돕거나 처리하게 할 수 있다. 다만 조선인으로서 본국의 금령을 범했거나 연루되어 기소되었는데 미국 관민의 공관과 거택·창고 및 상선에 숨은 경우, 지방관은 한편으로 領事官에 통지하고 다른 한편으로 差役을 파견하여 체포한다. 미국 관민은 이 사람을 비호하거나 억류해서는 안된다. 양국의 학생이 오가며 언어·문자·법률·기술 등을 배울 때에는 서로 도와줌으로써 우의를 두텁게 한다.

제9조. 이번에 朝鮮國이 처음 조약을 체결하므로 오기 다듬어 세운 조항은 일단 간략하게 정하였는데, 응당 조약에 따라 이미 기재된 사항을 우선 처리하고, 기재되지 않은 것은 5년을 기다려 다음 양국 관민이 서로 언어가 조금 통하게 될 때 다시 논의하여 정한다. 通商에 관한 詳細章程은 반드시 구미 각국의 통례를 참조하여 공평하게 논의·결정하되, 輕重이나 大小의 차별이 없게 한다.

제10조. 이번에 양국이 체결한 조약과 이후에 왕래할 공문은 조선은 漢文[華文]을 전용하고 미국 역시 漢文을 사용하거나 혹은 英文을 사용하되, 반드시 한문으로 주석을 달아 차이나 잘못을 피해야 한다.

이상 각 조항은 현재 양국에서 파견한 전권대신이 논의하여 정하였다. 우선 서명을 하고 날인함으로써 신뢰를 밝힌다. 大朝鮮國 군주는 중국 禮部에 자문을 보내 비준 받고, 大미국 대통령은 국회의 원로대신이 논의하여 비준한다. 그다음 서로 조회를 보내 알리고 한 곳을 지정하여 [거기에서 조약 문서를] 교환한 다음, 간행하여 널리 알림으로써 양국 관민이 모두 알고 준수하도록 한다.

大朝鮮國 개국 모년 월 일

大米國 모년 월 일

(33) 문서번호 : 2-1-1-33 (390, 556a)

사안 : 조선문제는 전체적으로 天津에서 충분히 상의한 다음 기회를 보아 적절히 처리해주시기 바랍니다(朝鮮事總期在津熟商相機酌度).

날짜 : 光緖八年二月十八日(1882년 4월 5일)

발신 : 總理衙門

수신 : 李鴻章

二月十八日, 致北洋大臣李鴻章函[詳見密檔]:

浮籤:「朝鮮事總期在津熟商相機酌度由」.

2월 18일, 北洋大臣 李鴻章에게 서신을 보냈다[상세한 내용은 密檔에 보인다].

첨부내용 : 조선문제는 전체적으로 天津에서 충분히 상의한 다음 기회를 보아 적절히 처리해주시기 바랍니다.

(34) 문서번호 : 2-1-1-34 (391, 556b)

사안 : 조선문제에 대해 서신으로 알리며, 홀콤브 서리공사가 마련한 1개 조항을 참조하시도록 첨부합니다(函述朝鮮事, 附鈔何署使擬議約稿一款).

날짜 : 光緒八年二月二十一日(1882년 4월 8일)

발신 : 總理衙門

수신 : 李鴻章

二月二十一日, 致北洋大臣李鴻章函[詳見密檔].

浮籤 :「函述朝鮮一事, 附鈔何署使來署擬議一條寄閱由」.

2월 21일, 北洋大臣 李鴻章에게 다음과 같은 서신을 보냈다[상세한 내용은 密檔에 보인다].

첨부문서 : 조선문제에 대해 서신으로 알리며, 홀콤브 서리공사가 마련한 1개 조항을 참조하시도록 첨부합니다.

(35) 문서번호：2-1-1-35 (392, 557a-558b)

사안 : 슈펠트는 朝·美條約에서 조선이 중국의 屬邦임을 밝히는 것을 허락하지 않았고, 홀콤브 서리공사는 비록 허락하려는 생각이 있지만 그 힘으로는 일을 이루기 부족한 것 같습니다(薛斐爾不允美韓條約中聲明朝鮮爲中國屬邦, 何署使雖有允認之意, 恐其力不足成事).

첨부문서 : 1. 「첨부문서 초록(照錄淸摺) : 미국 해군준장 슈펠트가 李鴻章에게 보낸 조회의 번역문(照譯美總兵薛斐爾照會中堂稿)」.

날짜 : 光緒八年二月二十五日(1882년 4월 12일)

발신 : 李鴻章[107]

수신 : 總理衙門

二月二十五日, 北洋大臣李鴻章函稱：

再, 奉二月十八·二十一日六百六十二·六十五號兩次密諭. 以美國與朝鮮立約一事, 重費藎籌, 曷任感佩? 薛總兵接閱鴻章前擬約稿后, 於各款略有增改, 大致尙無甚出入. 惟於第一款聲明"朝鮮爲中國屬邦," 堅不允從. 先經周、馬二道與之力持, 十七日該總兵復來署謁商, 鴻章謂："此款若不允行, 中國卽未便與聞其事, 將來亦未便派員同往."

107) 원문에는 발신자가 總理衙門(總署)로 되어 있지만[總署發北洋大臣李鴻章函], 내용으로 보나 다른 관련 자료를 참고할 때 발신인은 이홍장으로 보인다. 또한 본문 첫 마디에 再[첨부]라는 글자가 있는 것으로 보아, 다른 문서에 첨부된 것으로 보이는데, 『李鴻章全集』 33 「信函」 5, 136~137쪽에 의하면 같은 날 앞서 總理衙門에 보낸 신함(「復總署 議李丹崖任滿經理鐵艦」)이 있음을 알 수 있다. 다만 總理衙門에 보내는 이 두 신함은 모두 날짜가 2월 24일로 되어 있는데, 아마 李鴻章이 발송한 날짜는 24일이고, 總理衙門은 25일 수령하여 그 날짜로 기록한 것 같다.

該總兵意甚決絕, 留下所擬洋文照會稿, 譯出呈鑒.

今幸何署使在鈞署議添認明屬邦一節, 應俟該署使到津會晤, 再堅持原議, 與相駁辨, 未知果就范圍否. 惟據薛總兵面稱 : "此事責在全權, 何署使位望旣卑, 祇可贊襄繙譯之事, 未能攙越立約之事." 除俟議定若何再行詳達外, 附鈔譯薛斐爾照會草底, 奉呈鈞鑒. 再頌臺祺.

1. 照錄清摺 : 「照譯美總兵薛斐爾照會中堂稿」

照得本大臣前承貴大臣鈞允, 於本月十四日會同津海關周道、營務處馬道、羅牧商議朝鮮·合衆兩國擬訂約稿. 當將本大臣所改約稿相示. 該約稿係將兩國原擬者融會爲一. 鄙意貴大臣必以爲然, 許以勷助, 議約一事, 必易戚功. 查明朝鮮國與外國交際來往, 尙未嫻熟. 現在本大臣所擬約稿相待朝鮮殊極公允, 可爲朝鮮后來與各國通好之程式. 惟據周道等稱 : "朝鮮原擬第一款內所載'朝鮮係中國屬邦, 而內政、外交向來得以自主. 立約后大朝鮮國君主、大美國伯理璽天德平行相待. 兩國人民亦敦和好, 若他國有不公輕藐108)之事, 彼此必須援護, 或從中善爲調處, 以期永保安全'等因. 此條如美國不允, 和約卽勿庸議." 本大臣查半主之國, 於訂約一事, 原可自主. 今按朝鮮原擬第一款 : "朝鮮係中國屬邦, 而內政、外交向來得以自主." 是在美國固可與朝鮮訂約, 不必認朝鮮爲中國屬邦. 在朝鮮於議約一事, 須奉中國大皇帝旨意, 美國亦不必過問. 是朝鮮、合衆兩國平行議約, 於兩國之外, 並不必徵引他國也. 如引用'中國'字樣, 與本旨旣不相涉, 而復易滋疑義, 殊非美國愼重邦交之意. 且循繹其義, 有'援護'字樣, 是立約后中、美兩國公保朝鮮一國矣. 本大臣深願朝鮮能得強大之國如中華、合衆者爲之保護, 自存於列國之中. 惟本大臣此次欽奉本國訓條, 專立通商條約, 殊無議立援護條約之權. 是第一款旣與通商和約無涉, 復於美國諸多未便. 歷溯美國訂約, 並未有辦過此等成案. 惟乞貴大臣俯察情由, 許將原議第一款刪改, 再行妥議, 俾朝鮮·合衆議約一事, 不至中輟, 實深盼望之至.

108) '輕藐'는 앞에서는 '輕藐'로 표기되었으나, 여기와 뒤에서는 '輕藐'로 표기되고 있다.

2월 25일, 北洋大臣 李鴻章이 다음과 같이 서신을 보내왔다.

첨부합니다. 2월 18일자 662호, 2월 21일자 665호 두 차례 비밀지시를 받았습니다. 미국과 조선이 조약을 맺는 문제에 대해 다시 보다 훌륭한 방안을 마련해주셨으니[109] 어찌 감복하지 않을 수 있겠습니까? 해군준장 슈펠트가 제가 전에 마련한 조약 초안을 본 다음 각 조항에 대해서 늘리거나 고친 부분은 있지만 대체적으로 커다란 변화는 없었습니다. 다만 제1조에서 "조선은 중국의 屬邦이다"라고 밝히는 점은 완강하게 거부하였습니다. 우선 周馥과 馬建忠이 슈펠트와 힘써 이것을 유지하려고 하였고, 17일 슈펠트가 제 관서로 다시 와서 상의했는데, 저는 이렇게 이야기하였습니다. "이 조항을 만약 승인하지 않으면 중국은 이 일에 참여하기가 불편하고, 장차 고위관원을 파견하여 동행시키기도 어렵습니다." 하지만 슈펠트는 의지가 아주 견고하였고, 영문으로 쓴 조회 원고를 남겨 놓았는데, 살펴보시도록 번역하여 올립니다. 지금 다행히 미국 서리공사 홀콤브가 總理衙門에 가서 [조선이 중국의] 屬邦에 속한다는 사실을 인정하는 것을 가지고 논의하였다고 하니,[110] 응당 그가 天津에 오기를 기다려 만나서 다시 원래의 주장을 고집하면서 그와 논박을 하겠습니다만, 과연 우리의 주장에 따를지 모르겠습니다. 다만 슈펠트는 직접 만났을 때 이렇게 말하였습니다. "이 사안은 全權[인 나]에게 책임이 있고, 홀콤브는 지위가 낮아 단지 번역하는 일을 도울 수 있을 뿐으로, 자기 권한을 넘어서 조약 체결을 할 수는 없습니다." 논의가 어떻게 정해질지를 기다렸다가 다시 자세히 아뢰는 것 외에, 슈펠트의 조회 초안을 번역하여 올리오니 검토해주십시오. 다시금 복되시길 빕니다.

1. 첨부문서 초록 : 「미국 준장 슈펠트가 李鴻章에게 조회한 원문의 번역」

본 대신[슈펠트]은 전에 귀 대신[李鴻章]의 승인을 받고 이번 달 14일에 天津 海關道 周馥, 營務處의 馬建忠·羅豐祿[111]을 만나 조선과 合衆國이 마련한 조약 초고를 논의하였습니다.

---

109) 원문의 藎籌는 藎謀와 같은 뜻으로 충선(忠善)을 다한 모략(謀略)이란 뜻이다.

110) 바로 앞의 (34) 문서번호 : 2-1-1-34(391, 556b)를 참조.

111) 나풍록(羅豐祿, 1850~1903)은 자가 직신(稷臣)으로 복건성(福建省) 민현(閩縣) 출신이다. 복건선정학당(福建船政學堂)을 졸업하고 영국으로 유학 가서 유럽공사관의 飜譯으로 일하였으며, 1880년 귀국하

당시 본 대신은 수정한 조약 초안을 제시하였는데, 그 조약 초안은 두 나라의 원래 초안을 뭉쳐서 하나로 만든 것이었습니다. 저는 귀 대신도 반드시 이를 받아들이고 도움을 주기로 하셨으므로 조약 논의문제는 쉽게 성공할 것이라 생각하였습니다. 조사해보건대, 조선은 외국과의 교제·왕래에 아직 미숙한데, 지금 본 대신이 기초한 조약 초안은 조선을 아주 공정하게 대우하고 있어 조선이 이후에 각국과 우호관계를 맺는 기본형식으로 삼을 수 있을 것입니다. 그런데 周馥 등은 다음과 같이 이야기하였습니다. "조선이 원래 마련한 초안 제1조에는 '조선은 중국의 屬邦이지만, 내정과 외교문제는 종래 모두 自主할 수 있었다. 지금 이번 조약을 체결한 다음 大朝鮮國 군주와 大美國 대통령은 서로를 평등하게 대한다. 양국 인민은 영원히 우호를 돈독히 한다. 만약 다른 나라가 불공정하게 대하거나 모욕한다면 반드시 서로 후원하여 보호하거나 혹은 중간에서 잘 조정하여 영구히 안전을 보전할 수 있게 한다'는 내용이 실려 있습니다. 이 조항을 미국이 허락하지 않는다면 通商條約은 더 이상 논의할 필요가 없습니다."

본 대신이 조사해보건대 半自主國[半主之國]은 조약 체결에 대해 원래 自主가 가능합니다. 지금 조선의 초안 제1조에서는 "조선은 중국의 屬邦이지만, 내정과 외교문제는 종래 모두 自主할 수 있었다"고 싣고 있습니다. 따라서 미국의 입장에서는 본디 조선과 조약을 맺을 수 있지만, [이때] 반드시 조선이 중국의 屬邦이라는 것을 인정해야 할 필요는 없습니다. 조선 입장에서는 조약을 논의하는 문제에 대해 반드시 중국 大皇帝의 의지를 받들어야 하며, 미국은 또한 이에 대해 참견할 필요가 없습니다. 따라서 조선과 미국이 평등하게 조약을 맺을 때에는 양국 외에 결코 다른 나라를 끌어들일 필요가 없는 것입니다.

이를테면 '중국'을 끌어 쓰는 구절과 같은 것은 本旨와는 상관이 없고, 또한 도리어 쉽사리 의심스러운 부분을 늘리게 되니, 이것은 특히 邦交를 신중하게 하는 미국의 의도와도 맞지 않습니다. 또한 그 뜻을 따라 풀어 가면 "후원하여 보호한다[援護]"는 구절은 조약 체결 이후 중국·미국 양국이 공동으로 조선을 보호한다는 뜻이 됩니다. 본 대신은 조선이 중국·미국과

여 이홍장의 막료로서 일하면서 주로 영문비서, 영어 번역 및 통역업무를 담당했다. 1882년 4월 4일 김윤식과 이홍장의 회담 때도 참여했다. 나풍록의 관직은 여기서 목(牧)으로 지칭되고 있으나 이것은 목령(牧令, 地方長官)이나 목수(牧守, 州郡의 長官)·목재(牧宰, 州縣의 長官)를 가리키는 용어이므로, 나풍록은 주현의 장관인 지현이나 지주에 해당되는 직함을 가졌거나 그런 대우를 받고 있었다고 할 것이다. 그는 1883년에는 수사영무처(水師營務處)의 도원(道員)으로 승진하였고, 1896년 이후에는 유럽에 공사로 파견되어 활동하였다.

같은 강대국으로부터 보호를 얻어내어 列國 사이에서 自存할 수 있기를 몹시 바랍니다. 그렇지만 본 대신이 이번에 받은 본국의 훈령은 오로지 通商條約을 체결하는 것이며, 援護條約을 논의하고 체결할 권한은 전혀 없습니다. 제1조는 통상조약과 아무런 관계가 없고, 또한 미국의 입장에서 여러 가지로 불편합니다. 미국이 맺은 조약들을 쭉 소급해서 봐도 결코 이런 식으로 처리한 전례가 없습니다. 바라건대 귀 대신께서 이런 점을 살펴보신 다음, 원안의 제1조를 삭제하고 다시 타당하게 논의함으로써 조선·미국의 조약 논의가 중단되지 않게 해주시기를 실로 간절히 바라고 있습니다.

(36) 문서번호 : 2-1-1-36 (393, 559a-566a)

사안 : 1. 朝·美條約 초안에 대해서는 이미 적절히 논의하였지만, 조선이 중국의 屬邦이라는 조항은 잠시 비워두고, 나중에 조선에서 따로 [미국에] 照會를 갖추어 밝히기로 하였습니다(美韓約稿已議妥, 暫空朝鮮係中國屬邦一款, 嗣后由朝鮮另備照會聲明).

2. 馬建忠 등을 특파하여 조선에 가서 협조하면서 은밀히 조약 체결을 주재하게 하였습니다(特派馬建忠等, 赴韓協助隱示主盟).

첨부문서 : 1. 「조선 재상 李最應이 李鴻章에게 보낸 서신(朝鮮丞相李最應致李鴻章函)」: 미국에서 곧 와서 조약을 협의할 것이니 대신 준비해줄 것을 간절히 요청합니다(美國卽將前來議約, 萬請代爲籌畫).

2. 「미국 해군준장 슈펠트가 작성한 朝 美條約 초안(美總兵薛斐爾擬美韓條約稿) : 朝·美條約 초안 15개조(美韓條約稿十五款)」.

날짜 : 光緒八年三月初四日(1882년 4월 21일)

발신 : 北洋大臣 李鴻章

수신 : 總理衙門

三月初四日, 北洋大臣李鴻章函稱 :

密肅者 :

美國與朝鮮議約一事, 何署使於二月廿四日到津, 次日來謁, 果謂 : "薛總兵堅執原議, 該署使在京所擬改第一款未能增入." 經鴻章再三駁辨, 謂 : "汝旣在鈞署議定, 豈可復行翻悔?" 該署使力稱 : "此事本國專派薛總兵主政, 伊僅可商辦. 薛之不允載明'中國屬邦'者, 慮於兩國立約平行體統有礙, 他日國會紳員亦必議駁, 不得不格外慎重耳."

鴻章因商令汝兩人旣未敢擅允, 可先電請本國核示. 該署使遂與薛總兵於廿五午后發電請示, 滿擬三四日內必得覆音. 乃至今八日, 尙無回報, 疑竟爲該國所不許也. 二十七日、三月初一日, 薛總兵與何署使偕來商訂此外各款. 有敝處續增而該使酌改者, 有該使續增而敝處酌改者, 大致較原本似更周密. 然何署使狡獪頗甚, 未免多費唇舌. 現議暫空第一款, 俟該國回信, 再議去留. 稿本旣定, 鴻章於紙尾鈐一圖章, 並屬薛總兵簽字爲據. 擬交朝鮮陪臣, 迅齎回國, 以爲屆時該國另派大員與薛使商辦之依據. 謹照鈔一本, 奉呈鑒核.

薛總兵卽日赴煙臺, 與該國水師提督會商, 約於三月二十日開駛東行, 諄請敝處派員偕往. 而去冬以后, 朝鮮屢次來員, 亦懇派員同美使前去. 鴻章反覆籌維, 該兩國約稿旣憑敝處議有頭緒, 誠如二月十八日來示, 在我隱然主盟. 若不派員同往, 恐主客之間形跡隔閡, 易生疑釁. 或再有他人從旁唆聳, 約事無成, 而日、俄強鄰轉得遂其離間、侵陵之詭計, 亦東方大局之憂也. 昨已面許薛、何二使, 擬派馬道建忠與統領北洋水師丁提督汝昌, 於三月望后會於煙臺, 酌帶兵船偕同薛總兵東駛. 馬道精明干練, 於交涉公法研究素深. 當密屬其相機妥辦, 屆期再具奏請旨, 合先奉聞.

頃又接朝鮮丞相總理機務李最應, 該國王之叔父, 二月初三日來書, 照鈔呈覽. 書內渾言美使東來, 惟敝處是仰是依, 亦隱求主盟之意. 派員一節, 似屬義無可辭. 其所派考選官魚允中、李祖淵二員, 魚允中於去歲十月來謁, 頗能洞達時務, 李祖淵則去秋赴日本議稅則未成者. 據金允植報稱 : "該二員現至營口, 搭船未到, 先專人投書也." 容俟魚、李二員到后, 再傳同馬道晤商一切, 隨時布陳.

何署使日內回京, 當赴尊處提及. 該署使未來津之先, 鴻章已與薛總兵議及, 如中國屬邦未能於約內載明, 或俟畫押后, 由朝鮮另備照會美國外部, 聲明"朝鮮久爲中國藩屬, 內政、外交向來歸其自主"云云, 將來卽連約本奏報中國朝廷, 庶爲不觸不背. 薛總兵已可允行. 今則專候該國回信, 前議不便再訂, 亦未與何署使說破. 姑於約后提明'光緖八年'字樣, 稍顯出奉中朝正朔而已, 仍密屬馬道屆時商辦. 鴻章因母病請假歸省, 心緖瞀亂, 此事關係屬邦外交要政, 不敢置爲緩圖. 惟智慮未周之處, 尙祈匡導所不逮, 幸甚. 專肅縷布. 祇頌鈞福.

照錄清摺：

1.「朝鮮丞相李最應致李鴻章函」：朝鮮丞相總理機務李最應來書

李中堂肅毅伯閣下：

頃李橘山裕元有幾遭書械. 深荷曲軫之念, 臨事綢繆, 隨機靜鎮. 俾小邦永有依賴, 受賜無涯. 翹首門南, 朝野鹹頌. 迺茲小生冒據廊廟, 兼總機務, 責任綦重, 癏隳是懼, 而竊有所蘊, 不容泯默, 敢此槩陳, 伏乞垂鑒焉[馬?].

蓋年前美國人之來泊釜山港口也, 不受書契. 實因本國素無外交, 輿論所在, 止竟不許, 該國人旋卽回船而去者, 亶由中堂維持之攸暨也. 近見領選使金允植書報, 則美國使臣又將東來云矣. 第念小邦惟中堂是仰是依, 則安得不以前日之所庇者, 復望於來許乎? 機務主事魚允中、李祖淵, 爲董飭學徒, 現派考選官, 前赴津門, 聽候指導. 謹茲付上一函, 伏冀到底涵燭, 克垂終始之惠, 以副褊隅跂祝之誠, 千萬祈懇. 滿腔衷情, 有非寸楮可罄. 瀆擾爲悚, 不盡縷白.

中堂肅毅伯閣下.

總理機務事李最應 再拜.

壬午二月初三日發. 二月廿九日到.

2.「美總兵薛斐爾擬美韓條約稿」：美總兵薛擬與朝鮮約稿(八年三月)

大朝鮮國與大亞美理駕合衆國切欲敦崇和好, 惠顧商民, 是以大朝鮮國君主特派全權大臣, 大美國伯理璽天德特派全權大臣, 各將所奉全權字據互相較閱, 訂立條款, 臚列於左.

第一款.

第二款. 嗣后大朝鮮國君主、大美國伯理璽天德, 並其商民, 各皆永遠和平友好. 若他國有何不公輕藐之事, 一經照知, 必須相助, 從中善爲調處, 以示友誼關切.

第三款. 此次立約通商和好后, 兩國可交派秉權大臣, 駐紮彼此都城, 並於彼此通商口岸, 設立總領事等官, 均聽其便. 此等官員與本地官交涉往來, 均應用品級相當之禮. 兩國秉權大臣與領事等官, 享獲種種恩施, 與彼此所待最優之國官員無異. 惟領事官必須奉到駐紮之國批准文憑, 方可視事. 所派領事等官, 必須眞正官員, 不得以商人兼充, 亦不得兼作貿易. 倘各口未設領事官, 或請別國領事兼代, 亦不得以商人兼充, 或卽由地方官照現定條約代辦. 若駐紮朝鮮之美國領事等官辦事不合, 須知照美國公使, 彼此意見相同, 可將批准文憑追回.

第四款. 美國船隻在朝鮮左近海面, 如遇颶風, 或缺糧食、煤、水, 距通商口岸太遠, 應許其隨處收泊, 以避颶風, 購買糧食, 修理船隻. 所有經費係由船主自備, 地方官民應加憐恤援助, 供其所需. 如該船在不通商之口, 潛往貿易, 拿獲船貨入官. 如美國船隻在朝鮮海岸破壞, 朝鮮地方官一經聞知, 卽應飭令將水手先行救護, 供其糧食等項. 一面設法保護船隻、貨物, 並行知照領事官, 俾將水手送回本國, 幷將船貨撈起. 一切費用或由船主或由美國認還.

第五款. 美國民人在朝鮮居住, 安分守法. 其性命、財產, 朝鮮地方官應當代爲保護, 勿許稍有欺凌、損毁. 如有不法之徒, 欲將美國房屋、業產拆毁者, 地方官一經領事告知, 卽應派兵彈壓, 幷查拏渠魁, 按律重辦. 朝鮮民人如有欺淩美國民人, 應歸朝鮮官, 按朝鮮律例懲辦. 美國民人無論在商船、在岸上, 如有欺淩、騷擾、損傷朝鮮民人性命、財產等事, 應歸美國領事館或美國所派官員, 按照美國律例查拏懲辦. 其在朝鮮國內朝鮮·美國民人如有涉訟, 應由被告所屬之官員, 以本國律例審斷, 原告所屬之國, 可以派員聽審, 審官當以禮相待. 聽審官如欲傳訊、查訊、分訊證見, 亦聽其便. 如以審官所斷爲不公, 亦許其詳細駁辦. 大美國與大朝鮮國彼此明定, 如朝鮮日后改定律例及審案辦法, 在美國視與本國律例辦法相符, 卽將美國官員在朝鮮審案之權收回, 以后朝鮮境內美國人民, 卽歸地方官管轄.

第六款. 朝鮮國商民幷其商船前往美國貿易, 凡納稅、船鈔, 幷一切各費, 應遵照美國海關章程辦理, 與征收本國人民及相待最優之國稅[銳?]鈔, 不得額外加增. 美國商民幷其商船前往朝鮮貿易, 進·出口貨物均應納稅, 其收稅之權, 應由朝鮮自主. 所有進·出口稅項及海關禁防偷漏諸弊, 悉聽朝鮮政府設立規則, 先期知會美國官, 布示商民遵行. 現擬先訂稅則大畧. 各色進口貨有關民生日用者, 照仿價值百, 抽稅不得過一十, 其奢靡、玩耍等物, 如洋酒、呂宋煙、鐘錶之類, 照仿價值百, 抽稅不得過三十. 至出口土貨, 概照值百, 抽稅不得過五, 凡進口洋貨, 除在口岸完納正稅外, 該項貨物或入內地或在口岸, 永遠不納別項稅費. 美國商船進朝鮮口岸, 須納船鈔, 每噸銀五錢, 每船按中曆一季抽一次.

第七款. 朝鮮國商民前往美國各處, 准其在該處居住、賃房買屋、起蓋棧房, 任其自便. 其貿易工作一切, 所有土產以及製造之物, 與不違禁之貨, 均許買賣. 美國商民前往朝鮮已開口岸, 准其在該處所定界內居住、賃房、租地建屋, 任其自便. 其貿易工作一切, 所有土產以及製造之物, 與不違禁之貨, 均許買賣. 惟租地時不得稍有勒逼, 該地租價悉照朝鮮所定等則完納, 其出租之地, 仍歸朝鮮版圖. 除按此約內所指明歸美國官員應管商民外, 皆仍歸朝鮮地方官管轄. 美國商民不得以洋貨運入內地售賣, 亦不得自入內地採買土貨, 併不得以土貨由此口販彼口. 違者將貨物入官, 幷將該商交領事官懲辦.

第八款. 朝鮮國與美國彼此商定, 朝鮮商民不准販運洋藥入美國通商口岸, 美國商民亦不准販運洋藥入朝鮮通商口, 幷由此口運往彼口, 亦不准作一切買賣洋藥之貿易. 所有兩國商民, 無論僱用本國船、別國船, 及本國船爲別國商民僱用, 販運洋藥者, 均由各本國自行永遠禁止. [違]者出, 從重懲罰.

第九款. 如朝鮮因有事故, 恐致境內缺食, 朝鮮國君主暫禁米糧出口, 經地方官照知后, 由美國官員轉飭在各口美國商民, 一體遵辦. 紅參一項, 朝鮮舊禁出口, 美國人如有潛買出洋者, 均查拏入官, 仍分別懲罰.

第十款. 凡砲位、鎗刀、火藥、鉛丸一切軍器, 應由朝鮮官自行采辦, 或美國人奉朝鮮官准買明文, 方准[進]口. 如有私販, 查貨入官, 仍分別懲罰.

第十一款. 凡兩國官員商民, 在彼此通商地方居住, 均可僱請各色人等勷執分內工藝. 唯朝鮮人遇犯本國例禁, 或牽涉被控, 凡在美國商民寓所、行棧, 及商船隱匿者, 由地方官照知領事官, 或准差役自行往拏, 或由領事派人拏交朝鮮差役. 美國官民不得稍有庇縱措留.

第十二款. 兩國生徒來學習語言、文字、律例、藝業等事, 彼此均宜勷助, 以敦睦誼.

第十三款. 茲朝鮮國初次立約, 所訂條款, 姑從簡略, 應遵條約, 已載者先行辦理. 其未載者, 俟五年后, 兩官民彼此言語稍通, 再行議定. 至通商詳細章程, 須酌照萬國公法通例, 公平商訂, 無有輕重大小之別.

第十四款. 此次兩國訂立約與夫日后往來公牘, 朝鮮專用華文, 美國亦用華文. 或用英文, 必須以華文註明, 以免歧誤.

第十五款. 現經兩國議定, 嗣后朝鮮有何惠政、恩典、利益施及他國或其商民, 無論關涉海面行船、通商貿易、交往等事, 爲該國並其商民從來未沾, 抑爲此條約所無者, 亦准美國官民一體均霑. 惟於優待他國利益係出於甘讓, 立有專條互相酬報者, 彼此須照酬報互訂之專條, 一體遵守, 方准同霑專條優待之利益.

以上各款現經大朝鮮、大美各國大臣在朝鮮議定. 繕寫華·洋文各三分, 句法相同, 先行畫押蓋印, 以昭憑信. 仍俟兩國禦筆批准, 總以一年爲期, 在朝鮮互換. 然后將此約各款, 彼此通諭本國官員商民, 俾得鹹知遵守.

大朝鮮國開國年 卽中國光緒八年月日.

大美國一千八百年月日.

3월 4일, 北洋大臣 李鴻章이 다음과 같은 서신을 보내왔다.

삼가 비밀리에 알립니다 :

미국과 조선의 조약문제는 홀콤브 서리공사가 2월 24일 天津에 도착하고 그 다음날 저와 만났는데, 과연 "슈펠트 준장이 원래의 주장을 고집하여, 자신이 京師[의 總理衙門]에서 수정하려 한 제1조를 추가 삽입할 수 없다"고 하였습니다. 이에 제가 재삼 반박하여, "이미 귀하께서 總理衙門에서 논의하여 정해놓고서는 어찌 다시 뒤엎을 수 있다는 말입니까?"라고 따졌습니다. 이에 홀콤브는 다음과 같이 애써 주장하였습니다. "이 일은 본국에서 따로 슈펠트를 파견하여 전담하게 하였고, 저는 단지 상의만 할 수 있습니다. 슈펠트가 '중국의 屬邦'이라는 점을 싣지 않으려는 이유는, 양국이 조약을 체결하는 평등한 관계에 방해가 될 것이고, 나중에 美國議會에서 의원들 또한 분명히 반박할 것을 염려해서이니, 특별히 신중할 수밖에 없습니다." 그래서 저는 당신들 두 사람이 함부로 허락할 수 없다면, 먼저 본국에 전보를 보내 검토와 지시를 요청하라고 부탁하였습니다. 홀콤브는 슈펠트와 함께 마침내 25일 오후에 전보를 보내 지침을 내려줄 것을 본국에 요청하였으니, 못해도 사나흘 안으로는 반드시 답장을 받을 수 있을 것입니다. 그런데 지금 이미 8일이 지났는데도 아직 답장이 없으니, 아무래도 미국에서 허락하지 않는 것 같습니다. 2월 27일과 3월 1일에는 슈펠트와 홀콤브가 함께 와서, 그 밖의 다른 조항에 대하여 협의하였습니다. 저희가 늘려서 그들이 고친 부분도 있고, 그들이 늘려서 저희가 고친 부분도 있는데, 대체로 원본에 비해서 보다 세밀해진 것 같습니다. 다만 홀콤브가 상당히 교활하여 입씨름을 많이 하지 않을 수 없었습니다. 현재 제1조는 잠시 비워두었다가, 미국에서 회신이 오기를 기다려 남길지 없앨지 다시 논의하기로 하였습니다. 조약 초안이 정해졌으므로 저는 초안 말미에 도장을 찍었고, 슈펠트에게도 증거로 삼도록 서명해달라고 하였습니다. 이 초안을 조선 陪臣에게 넘겨 신속히 갖고 귀국하게 하여, 나중에 때가 되었을 때 조선에서 따로 고위관원을 파견하여 슈펠트와 함께 협상할 때의 근거로 삼게 하고자 합니다. 삼가 한 부를 抄錄하여 올리니 검토해주시기 바랍니다.

슈펠트 준장은 그날로 煙臺로 가서 미국 해군제독과 협의한 다음, 3월 20일에 조선으로 출항하기로 결정했는데, 저희 측에서도 관원을 파견하여 동행하자고 정중히 요청해왔습니다. 그리고 지난 겨울 이후로 조선에서도 누차 관원을 보내와서 역시 관원을 파견하여 미국사절들과 함께 조선에 보내달라고 간청해왔습니다. 거듭 생각해보니, 양국의 조약 초안은 이미 저희의 논의에서 실마리를 얻었으므로 진실로 2월 18일에 내려온 지시처럼 우리가 은연중에 조약 체결을 주재하고 있습니다. 따라서 만약에 관원을 파견하여 동행시키지 않는다면, 主客 사이의 행동이 서로 동떨어져 쉽사리 틈이 생기기 쉬울 것입니다. 혹시 남들이 옆에서 부추기게 되면 조약 체결이 실패할 수도 있으며, 일본·러시아와 같은 인접 강국들이 도리어 이간시키고 침범하는 음모를 이룰 수도 있으니, 이 또한 東方 형세의 우환거리입니다. 어제 이미 슈펠트와 홀콤브 두 사람을 만나 관원 파견을 허락하였고, 道臺 馬建忠과 北洋水師提督 丁汝昌[112]을 파견하여 3월 보름 이후에 煙臺에서 만나 군함을 이끌고 슈펠트와 함께 조선에 가도록 하였습니다. 馬建忠 道臺는 총명하고 노련하며, 外交와 萬國公法에 관한 소양이 깊습니다. 그로 하여금 기회를 보아 적절히 처리하도록 비밀리에 부탁하고, 때가 되면 다시 上奏하여 諭旨를 청하겠지만, 이점을 우선 알려드립니다.

때마침 또한 조선 재상이자 조선 국왕의 숙부인 統理機務衙門 總理大臣 李最應이 2월 3일에 보내온 서신을 받았기에, 열람하실 수 있도록 抄錄하여 올립니다. 서신에서는 미국 사신이 동쪽으로 오는데 오직 저희에게만 의지할 따름이라고 하면서 역시 조약 체결을 주재해줄 것을 은밀히 요청하는 뜻을 대략적으로 담고 있었습니다. 관원 파견은 거절하기 어려울 것으로 보입니다. 그가 파견한 考選官 魚允中과 李祖淵[113] 두 관원 중, 魚允中은 작년 10월에 와서 만난 바 있는데 자못 時務에 통달하였고, 李祖淵은 지난 가을 일본에 가서 稅則에 관해 협의했지만 성사시키지는 못하였습니다. 金允植이 알려온 바에 따르면, "그 두 관원은 지금 營口에 이르렀지만, 탈 배가 아직 도착하지 않았기에 먼저 다른 사람을 보내 서신을 전달하게 하였다"고 합니다. 魚允中과 李祖淵 두 관원이 도착하면 다시 馬建忠 道臺와 만나게 해서 모든 문제에 대해 상의하고 수시로 논의하도록 할 것입니다.

---

112) 정여창(丁汝昌, 1836~1895)은 청말 북양해군의 제독을 지낸 군인으로 안휘성(安徽省) 노강(廬江) 출신으로 호는 차장(次章)이다. 일찍이 태평천국군에 가담하였다가 상군(湘軍)에 투항하였고, 뒤이어 회군(淮軍)으로 옮겨 이홍장에 의해 북양수사(北洋水師)로 옮겼다. 청일전쟁 때 위해위(威海衞) 전투에서 북양함대를 이끌고 저항하였으니 패배하자 투항 권유를 거절하고 자살하였다.

113) 이조연(李祖淵, 1843~1884)은 자가 경집(景集), 호가 완서(翫西)이다. 1880년 사헌부감찰로서 개항 후 처음으로 파견되는 수신사 김홍집(金宏集)의 수행원으로 일본에 다녀왔고, 이듬해 다시 수신사 조병호(趙秉鎬)의 종사관으로 일본에 다녀왔다. 1882년 증광문과에 병과로 급제하고, 이해 고선관(考選官)으로 청에 가서 영선사 김윤식(金允植)을 따라 천진(天津)에 간 유학생·공장(工匠)들의 실정을 조사하였다. 이후 대원군이 임오군란 때에 청에 끌려간 뒤 통리기무아문주사(統理機務衙門主事)로 사은 겸 진주사(謝恩兼陳奏使) 조영하(趙寧夏)의 종사관이 되어 청에 가서 흥선대원군 수금(囚禁)에 대한 감사를 표하고 귀국하였다. 이조연은 친청적 행적으로 사대당이라고 지목을 받아오던 중 1884년 갑신정변 때 개화당 행동대에 의하여 피살되었다.

홀콤브가 수일 내에 京師로 돌아가면 응당 總理衙門에 가서 이 문제를 언급할 것입니다. 그런데 그가 天津에 오기 전에 저는 이미 슈펠트에게 만약 조선이 중국의 屬邦이라는 점을 조약 내에 기재할 수 없다면, 조약에 서명한 다음 조선에서 따로 미국 國務省에 照會를 보내 "조선은 오래도록 중국의 藩屬이었고, 내정과 외교는 그동안 自主할 수 있었다"는 점을 밝히고, 장차 조약 원본과 함께 중국 조정으로 상주하여 알리는 것이 아마도 [양국의 입장에] 저촉되지도 어긋나지도 않을 것이라는 점을 알려주었습니다. 슈펠트도 이를 이미 수락하였습니다. 지금은 오직 미국으로부터 회신을 기다리고 있어, 이전 논의를 다시 되풀이할 필요는 없을 듯한데, 아직 홀콤브에게 이를 알려주지는 않았습니다. 따라서 일단은 조약 말미에 '光緒八年'이라는 글자를 명기하여 조선이 中朝의 正朔을 따르고 있다는 점을 조금 두드러지게 하고자 할 뿐인데, 여전히 馬建忠 道臺에게는 비밀리에 지시하여 때가 되면 상의하여 처리하도록 하였습니다. 저는 모친께서 병이 들어 휴가를 청하고 귀향하여 마음이 어지럽지만, 이 일은 屬邦의 외교와 관련된 중요 사안이므로, 감히 느긋하게 미뤄둘 수는 없었습니다. 다만 제 지혜와 사려가 부족한 부분에 대해서 또한 모자란 점을 바로잡아 안내해주신다면, 참으로 다행이겠습니다. 삼가 알려드립니다. 복 받으시길 기원합니다.

첨부문서 :

1. 「조선 재상 李最應이 李鴻章에게 보내온 서신」: 조선 재상 統理機務衙門 總理大臣 李最應이 보내온 서신

李 中堂大人께 올립니다.

근래 原任太師 李裕元이 大人의 서신을 몇 차례 받았습니다. 보살펴주시는 마음의 은혜를 깊이 받고, 사안마다 사전에 철저히 준비해주시고, 상황에 따라 차분히 대처해주심으로써, 저희 조선이 영원토록 의지할 곳이 있게 해주셨으니, 내려주신 은혜를 받음이 끝이 없습니다. 온 천하가 우러러보고,[114] 朝野에서 모두 칭송하고 있습니다. 그런데 이번에 소생이 외람되이

114) 원문의 교수두남(翹首鬥南)에서 교수(翹首)는 머리를 들어 멀리 쳐다본다는 것으로 간절한 바람을, 두남(鬥南)은 북두성 이남, 즉 중국이나 해내(海內)를 비유하는 말이다. 즉 중국·천하에서 모든 사람이 우러러 본다는 뜻이다.

조정의 중책을 맡아 機務를 아울러 총괄하게 되어, 책임이 막중한데 오로지 직무를 그르칠까 두렵습니다만, 삼가 은혜를 입게 되어 침묵하고 있을 수만은 없기에 감히 이렇게 아뢰게 되었으니, 살펴봐주시기 바랍니다.

생각하건대, 지난해 미국인[슈펠트]이 부산항에 와서 정박했는데, [수교를 요청하는 그들의] 문서를 받지 않았습니다. 실은 조선이 평소 외교 경험이 없었기에 여론의 향방이 끝내 허용하지 않는 것이었으므로, 미국인들은 곧바로 배를 되돌려 갔는데, 진실로 李 中堂大人께서 유지해주신 덕분이었습니다. 근자에 領選使 金允植의 보고를 받아보니, 미국사절이 다시 조선에 온다는 내용이었습니다. 생각하건대, 저희 조선은 오직 李 中堂大人만 의지할 따름이니, 어찌 과거에 받은 비호를 장래에도 다시 받을 것이라고 바라지 않을 수 있겠습니까? 統理機務衙門 主事인 魚允中과 李祖淵을 天津에 있는 工學徒들을 감독하기 위하여 지금 考選官으로 파견하여 天津으로 보내니, 지도해주시기 바랍니다.

이에 삼가 이상의 서신 한 통을 보내니, 끝까지 모두 봐주시어 끝없는 은혜를 내려주심으로써 이 궁벽한 곳에서 엎드려 기원하는 진심을 알아주시기를 간절하게 기원합니다. 가슴속에 가득 찬 충정을 이 짧은 서신으로는 다할 수 없을 것 같습니다. 진심이 더럽혀질까 두려워 더 이상 구구절절 자세히 아뢰지 않겠습니다.

李 中堂大人께.

統理機務衙門 總理大臣 李最應이 다시 인사드립니다.

壬午年 2월 초사흘 발신. 2월 29일 도착.

2. 「미국준장 슈펠트가 작성한 조·미조약 초안(美總兵薛斐爾擬美韓條約稿)」: 미국준장 슈펠트가 작성하여 조선에 넘겨준 조약 초안(光緖 8년 3월)115)

大朝鮮國과 大美國은 和好를 돈독히 하고 商民에게 혜택을 주고 보살피기를 간절히 바란다. 이에 大朝鮮國 군주는 全權大臣을 특파하고, 大美國의 대통령[President, 伯理璽天德]도 全權大臣을 특파하여 각기 받은 전권위임장을 서로 확인한 다음, 조약의 항목을 다듬어세워 다음과 같이 열거한다.

115) 실제 조·미조약 체결이 이루어졌을 때의 조약문 및 번역문은 『고종실록(高宗實錄)』 19권, 高宗 19년 4월 6일 辛酉 세 번째 기사에 실려 있으므로, 이와 비교가 가능하다.

제1조. [공백].

제2조. 앞으로 大朝鮮國 군주와 大美國 대통령 및 그 商民은 각기 모두 영원토록 평화롭고 우애있게 지낸다. 만약 다른 나라가 불공경하거나 모욕하는 일이 있어 이를 일단 알린다면, 반드시 서로 돕고 중간에서 잘 조정하여 우의가 두터움을 보여야 한다.

제3조. 이번에 通商條約을 맺은 뒤 양국은 서로 秉權大臣을 파견하여 피차의 수도에 주재시킬 수 있고, 또한 피차의 通商港口에는 總領事 등의 관원을 둘 수 있으며, 모두 그 편의를 들어준다. 이들 관원은 현지 관원과 교섭하기 위해 왕래할 때에는 모두 같은 품급에 상당하는 예절로써 대우한다. 양국 秉權大臣과 領事 등의 관원은 갖가지 특혜를 누릴 수 있으며, 양국에서 서로 最惠國의 관원을 대하는 것과 다름이 없게 한다. 다만 領事官은 반드시 주재국의 비준 문서를 받아야만 업무를 시작할 수 있다. 파견되는 領事 등의 관원은 반드시 정규 관원이어야 하며, 상인을 겸임시킬 수 없고, 또 무역 행위를 겸해서도 안된다. 만약 각 항구에 아직 領事官을 두지 못하면, 다른 나라 領事의 겸임을 요청할 수 있지만 이 경우 또한 商民으로 겸임하게 해서는 안되며, 혹은 현지 지방관이 현재 체결된 조약에 비추어 대신 처리할 수 있다. 만약 조선에 주재하는 美國 領事 등 관원의 일처리가 부당한 경우, 반드시 美國 公使에게 알려야 하며, 피차의 의견이 같을 경우 비준 문서를 회수할 수 있다.

제4조. 미국 선박이 조선 인근 해상에서 태풍을 만나거나 식량·석탄·식수가 떨어졌는데 通商港口로부터 너무 멀리 떨어져 있다면, 해당 근처의 어디에서나 정박하여 태풍을 피하고 식량을 구매하거나 선박을 수리할 수 있도록 허용해야 한다. 모든 경비는 船主가 스스로 준비하며, 지방 官民은 가련히 여기고 도와주어 그들이 필요한 것을 제공해주어야 한다. 만약 해당 선박이 통상을 하지 않는 항구에 몰래 가서 무역을 했다면, 그 배의 화물을 거둬들여 몰수한다. 만약 미국 선박이 조선 해안에서 파괴되고 조선 지방관이 이것을 들어서 알게 되었다면, 곧바로 지시를 내려 선원들을 먼저 구조하고 식량 등의 물품을 제공해야 한다. 다른 한편으로는 방법을 마련하여 선박과 화물을 보호하면서, 동시에 領事官에게 문서로 알려 선원들을 본국으로 귀환시키고 배에 실린 화물을 건져낼 수 있게 해야 한다. 모든 비용은 선주 혹은 미국에서 스스로 상환한다.

제5조. 미국 백성[民人]은 조선에 거주하면서 본분에 따라 법도를 지킨다. 그 생명과 재산

은 조선 지방관이 응당 대신 보호하며, 조금이라도 침탈되거나 훼손해서는 안된다. 만약 불법 무리들이 미국의 건물·자산을 파괴하려 한다면, 지방관은 일단 領事에게 알리고, 곧바로 군대를 파견하여 진압함과 동시에 그 우두머리를 체포하여 법에 따라 엄히 처벌해야 한다. 조선 백성이 만약 미국 백성을 기만·모독한다면, 마땅히 조선 관원에게 넘겨 조선 律例에 따라 처벌해야 한다. 미국 백성이 商船에서든 뭍에서든 조선 백성을 기만하고 소동을 부리고 조선 백성의 生命과 재산을 손상하는 일이 발생한다면, 마땅히 美國領事館이나 미국이 파견한 관원이 미국 律例에 따라서 체포·처벌한다. 조선 국내에서 조선·미국 백성이 소송을 일으키게 되면, 응당 피고가 소속된 나라의 관원이 본국 律例에 따라 심판하고, 원고가 소속된 나라에서는 관원을 파견하여 참관할 수 있으며, 재판관은 그를 응당 禮로써 대우해야 한다. 재판에 참석한 관원이 만약 증인을 소환하거나 조사하거나 따로 나누어 심문하고자 한다면, 또한 그 편의를 들어준다. 만약 재판관의 판결이 불공정하다고 여긴다면, 역시 상세하게 반박할 수 있다. 大美國과 大朝鮮國은 만약에 조선이 나중에 律例와 裁判制度를 개정하고, 미국에서 보기에 그것이 미국의 律例 및 제도와도 부합한다고 판단하게 되면, 미국 관원이 조선에서 갖는 재판권을 곧바로 회수하고, 그 이후 조선 경내의 미국 人民은 조선 지방관의 관할을 받게 한다고 피차 명확하게 규정한다.

제6조. 朝鮮國 商民과 그 商船이 미국에 가서 무역을 할 때 무릇 關稅·船舶稅 및 일체의 각종 비용은 응당 미국의 稅關章程에 따라 처리하는데, 미국 인민 및 최혜국 대우를 하는 나라의 商民에게 징수하는 國稅보다 더 많은 액수를 덧붙여 징수해서는 안된다. 미국 商民과 商船이 조선에 가서 무역하는 경우, 수·출입하는 화물은 모두 關稅를 납부한다. 그 關稅 징수권은 응당 조선이 自主한다. 모든 수·출입 關稅 및 세관의 부정·탈세 방안은 모두 조선정부가 규칙을 제정하여 먼저 미국 관원에게 알리고, 商民에게 포고하여 따르게 한다. 지금 稅則의 大綱을 먼저 다음과 같이 정한다. 각종 수입 화물 가운데 민생과 관련된 일용품은 그 가격을 100으로 잡았을 때 關稅가 10을 넘지 않게 하며, 예를 들어 양주·담배·시계 등 사치품·완구는 그 가격을 100으로 잡았을 때 關稅가 30을 넘지 않게 한다. 수출하는 토산품에 대해서는 가치를 100으로 했을 때 關稅가 5를 넘지 않게 한다. 무릇 수입된 洋貨는

항구에서 正規關稅를 내는 것 외에는 해당 화물이 내지로 들어가든 항구에 머물든 영구히 별도의 稅費를 납부하지 않는다. 미국 상선이 조선 항구로 들어올 때에는 반드시 선박세를 납부해야 하는데 매 톤당 은 5錢이며 음력을 기준으로 계절마다 한 차례씩 징수한다.

제7조. 朝鮮國 商民이 미국 각지에 가서 무역을 할 때는, 해당 지역에 거주하면서 건물을 임대·구입하거나, 창고·점포를 세우는 것은 그 스스로의 편의에 맡긴다. 무역 업무 일체에서 모든 토산품과 제조품, 법류를 어기지 않은 화물은 모두 매매를 허용한다. 미국 商民이 이미 개항한 조선의 항구로 갈 경우, 그곳에서 거주하면서 건물을 임대하거나 땅을 빌려 건물을 짓는 것은 그 스스로의 편의에 맡긴다. 무역 업무 일체에서 모든 토산품과 제조품, 법류를 어기지 않은 화물은 모두 매매를 허용한다. 다만 땅을 빌릴 때에는 조금이라도 강제가 있어서는 안된다. 해당 토지의 임대가는 모두 조선에서 정한 규정에 따라 완납하도록 하며, 임대한 토지는 여전히 조선의 영토에 속한다. 이 조약에서 명시한 바에 따라 미국 관원이 관할해야 할 商民들을 제외하고, 나머지는 모두 조선 지방관의 관할을 받는다. 미국 商民은 洋貨를 내지로 운반하여 판매할 수 없고, 또한 스스로 내지로 들어가 토산품을 구매할 수도 없으며, 아울러 토산품을 이 항구에서 저 항구로 운반하여 판매할 수도 없다. 위반하면 화물을 몰수하며, 해당 상인은 領事에게 넘겨 처벌한다.

제8조. 조선과 미국은 조선 商民이 鴉片을 운반하여 미국의 통상항구로 가서 판매해서는 안되며, 미국 商民도 鴉片을 운반하여 조선의 개항장으로 들여오거나, 이 항구에서 저 항구로 운반해서는 안되며, 또한 鴉片 매매 무역 모두를 금지하기로 서로 논의하여 정한다. 양국의 모든 商民은 본국이나 타국 선박을 빌리거나 또는 타국 商民에게 고용된 본국 선박을 이용하는 경우를 막론하고 鴉片을 운반·판매하는 일을 모두 각자의 본국에서 영원히 금지한다. 위반한 사람이 나오면 엄히 처벌한다.

제9조. 만약에 조선에서 事故가 생겨 국내의 식량 부족이 염려되기 때문에 朝鮮國 군주가 잠시 米糧의 수출을 금지할 경우, 지방관을 통해서 이를 알린 다음, 미국 관원들이 다시 각 항구에 있는 미국 商民에게 전달함으로써 그들이 모두 따르게 한다. 紅蔘은 조선에서 오래도록 수출을 금지해왔으므로, 미국인이 만약에 몰래 사들여서 해외로 반출하면, 모두 잡아들여 몰수하고 별도로 따로 처벌한다.

제10조. 무릇 대포·총칼·화약·탄환 등 모든 무기는 조선 관원이 직접 구매하거나, 미국인이 조선 관원의 구입 허가 문서를 받아야만 수입을 허용한다. 만약 몰래 사들이는 사람이 있다면 화물을 조사하여 몰수하며, 별도로 따로 처벌한다.

제11조. 무릇 양국 관원·상민이 피차의 통상지방에 거주할 때, 모두 각 직종의 인원을 고용·초청하여 직무상 기술 작업을 돕거나 처리하게 할 수 있다. 다만 조선인으로서 본국의 금령을 범했거나 연루되어 기소되었는데 미국 상민의 거택·창고 및 상선에 숨은 경우, 지방관은 한편으로 領事官에 통지하고 다른 한편으로 差役을 파견하여 스스로 체포를 행한다. 혹은 영사가 사람을 파견하여 잡아서 조선의 差役에게 넘긴다. 미국 관민은 이 사람을 비호하거나 억류해서는 안된다.

제12조. 양국의 학생이 오가며 언어·문자·법률·기술 등을 배울 때에는 서로 도와줌으로써 우의를 두텁게 한다.

제13조. 이번에 朝鮮國이 처음 조약을 체결하므로 여기 다듬어 세운 조항은 일단 간략하게 정하였는데, 응당 조약에 따라 이미 실린 사항을 우선 처리하고, 실리지 않은 것은 5년을 기다려 다음 양국 관민이 서로 언어가 조금 통하게 될 때 다시 논의하여 정한다. 通商에 관한 詳細章程은 반드시 萬國公法의 통례를 참조하여 공평하게 논의·결정하되, 輕重이나 大小의 차별이 없게 한다.

제14조. 이번에 양국이 체결한 조약과 이후에 왕래할 공문은 조선은 漢文[華文]을 전용하고 미국 역시 漢文을 사용하거나 혹은 英文을 사용하되, 반드시 한문으로 주석을 달아 차이나 잘못을 피해야 한다.

제15조. 현재 양국에서는 앞으로 조선에서 다른 나라 또는 그 商民에게 어떠한 혜택과 은전·이익을 제공할 때, 그것이 해상항해나 통상무역, 교류 등과 관련된 것이든 상관없이 그 나라와 商民이 그동안 누리지 못하던 것이거나 아니면 이 조약에 실리지 않은 것이라면, 미국 官民 또한 그러한 모든 이익을 똑같이 누릴 수 있게 논의하여 정한다. 다만 다른 나라의 이익을 우대하는 것을 기꺼이 양보하여 별도의 조항을 두어 서로 보상하기로 한 것이라면, 피차간에 반드시 서로 보상해주기로 한 별도의 조항을 모두 준수해야만 비로소 별도의 조항에서 우대하는 이익을 같이 누릴 수 있게 한다.

이상의 각 조항은 지금 大朝鮮과 大美國 양국 대신이 조선에서 논의하여 결정하였다. 漢文과 英語로 각 3부씩 필사하고, 내용구성을 똑같이 하여, 먼저 서명하고 도장을 찍음으로써 서로 간 신뢰를 밝힌다. 그리고 양국에서 [국왕과 대통령이] 비준하기를 기다려 결국 1년을 기한으로 하여 조선에서 서로 교환하도록 한다. 그 후에는 이 조약의 각 조항을 서로 본국의 관원·상민에게 널리 알림으로써, 모두가 알고 따르게 한다.

大朝鮮國 開國年, 즉 中國 光緒 8年 월 일.
大美國 18 년 월 일.

(37) 문서번호 : 2-1-1-37 (394, 566b-574a)

사안 : 朝·美條約 초안에 대해서 논의하여 정하였으므로, 관원을 조선으로 파견하여 함께 상의하여 처리하게 하도록 諭旨를 내려주실 것을 요청한 奏摺을 抄錄하여 보냅니다(鈔送具奏美韓約稿議定, 請旨派員赴韓會同商辦摺等).

첨부문서 : 1. 「北洋大臣 李鴻章의 奏摺(北洋大臣李鴻章奏摺)」: 朝·美條約 초안을 논의하여 정한 경과를 알리고 馬建忠을 조선에 보내서 조약 체결에 협조하게 하도록 奏請하는 상주를 올렸습니다(具奏議定美韓約稿經過, 竝請派馬建忠赴韓協辦議約).

2. 「北洋大臣 李鴻章이 조선 총리대신 興寅君 李最應에게 답하는 서신(北洋李鴻章覆朝鮮總理機務李興寅君[最應]函)」: 朝·美條約 초안에 대해서는 이미 대신 적절하게 논의하였으나, 조선이 중국의 屬邦이라는 점을 따로 문서를 보내 밝혀야 할 것입니다. 아울러 馬建忠과 丁汝昌이 군함을 타고 가서 조약 체결을 도울 것입니다(美韓條約稿已代議妥, 尙需另行聲明朝鮮爲中國屬邦, 竝將派馬建忠丁汝昌乘艦來助議約).

3. 「北洋大臣 李鴻章과 조선의 陪臣 金允植의 『筆談節略』(北洋大臣李鴻章與朝鮮陪臣金允植筆談節略)」: 朝·美條約 체결에 관한 논의(美韓議約事).

날짜 : 光緒八年三月初七日(1882년 4월 24일)

발신 : 北洋大臣 李鴻章

수신 : 總理衙門

三月初七日, 北洋大臣李鴻章文稱 :

竊照本大臣於光緒八年三月初六日，在天津行館拜發，遵旨籌辦朝鮮與美國議約事宜，現經議定約稿，並請旨派員前往會同商辦一摺，除俟奉到諭旨另行恭錄分咨外，查議定約本及朝鮮丞相總理機務李最應來函，業於本月初三日，專函鈔送鈞署在案. 合將摺稿暨覆李最應函稿及與金允植『筆談節畧』，一併鈔錄密咨貴衙門，謹請查照.

照錄「鈔件」：

1.「北洋大臣李鴻章奏摺」

奏爲遵旨籌辦朝鮮與美國議約事宜，現經商定約稿 並敬請旨派員前往會辦，恭摺馳陳，仰祈聖鑒事. 竊查美國欲與朝鮮結約通好，經臣勸令朝鮮派員赴津，與美總兵蕭孚爾商議. 適朝鮮國王派陪臣金允植爲領選使，帶學生來津，就便籌議外交. 臣於光緒七年十二月初二日奏，奉上諭：

朝鮮久隸番屬，自應隨事維持調護，卽以固我邊陲. 該國如與美國訂約，則他國不至肆意要求，於大局實有關係. 仍著李鴻章隨時相機開導，妥爲籌辦[等因].

欽此. 仰見聖謨廣運，綏撫屬邦，莫名欽服. 臣於歲抄卽聞美國派定水師總兵薛斐爾卽蕭孚爾，爲朝鮮議約全權大臣，催令今春乘兵船東駛. 朝鮮陪臣金允植亦來保定謁見，謂："續奉該國王密諭，求臣代爲主持，遞與美使商議，並寄呈該國機務大臣擬具約稿，屬爲鑒定." 當卽密飭津海關道周馥，設法婉留薛使，俟臣會商. 臣二月初抵津，薛使訂期謁晤，先將伊所擬約稿，由周馥譯呈，其意欲以日本條約爲藍本. 臣將兩稿比較，所差甚遠，且於中國屬邦一節，均未提及，將來各國效尤，久之將不知朝鮮爲我屬土. 而萬國公法，凡附庸小國不得自主者，又未便與各大邦立約，是彼此均有爲難之處. 臣屬周馥諷示薛使，謂："約內須提明'中國屬邦，政治仍得自主'字樣." 臣亦與金允植等議及，該陪臣翕服無異詞. 因與酌量刪增約稿，將各項應防之流弊，應獲之權利，一一包括在內.

今周馥及道員馬建忠密交薛使閱訂，該使於各款頗有增改，大致尙無甚出入. 惟於第一款聲明"朝鮮爲中國屬邦," 堅不允從, 意甚決絕. 適美國署使何天爵在京, 與總理衙門議添認明屬邦一節, 經總署王大臣將何天爵擬改第一款, 照錄專函知會前來. 何天爵旋於二月二十五日來謁, 乃謂："薛斐爾堅執原議, 慮於兩國平行體統有礙, 且他日國會紳員亦必議駁, 是以該署使在京擬改第一款未能增入." 臣謂："旣經議定, 豈可復行翻悔?" 該署使力稱："此事本國專派薛斐爾主政, 伊僅可商辦." 臣以該兩人旣未敢擅允, 令先電請本國核示. 該署使允爲發電請示, 至今尙無回報. 二十七日、三月初一日, 薛斐爾復偕何天爵來署商訂此外各款. 有臣處續增而該使酌改者, 有該使續增而臣處酌改者, 較原本似更周密. 於一切取益防損之道, 再三斟酌, 總期於朝鮮商政有裨, 將來不致爲他國肆意要求, 以冀仰副朝廷軫念屬藩、維持調護之至意. 此事與薛斐爾何天爵四五次辨論二十餘日, 始有成議. 所訂約稿, 擬暫空第一款, 俟美國回信, 再議去留. 臣於稿本紙尾鈐一圖章, 並邀薛斐爾簽字畫押爲據, 先交朝鮮陪臣李應浚, 迅賫回國, 以爲該國另派大員與薛使商辦之依據. 並傳見金允植, 諭知現辦情形, 告以美國若不肯將第一款添入, 須於定約后另行設法聲明, 以符初議. 此臣迭次與薛斐爾等議辦朝鮮立約之實在情形也.

朝鮮今春續派陪臣魚允中等, 尙未到津. 薛斐爾已赴煙臺, 與該國水師提督會商, 約於三月二十日開駛東行, 謁請臣處派員偕往. 而朝鮮屢次來員, 亦懇派員同美使前去. 頃又接朝鮮國王之叔父總理機務李最應來書, 內言："美使東來, 惟臣處是仰是依"等語. 臣反覆籌維, 該兩國約稿旣經議有頭緖, 若不派員同往, 恐主客之間形跡隔閡, 易生疑釁. 或再有他人從旁唆聳, 約事無成, 而日、俄強鄰轉得遂其離間、侵陵之詭計, 亦東方大局之憂, 關繫實非淺鮮. 查有二品銜候選道馬建忠, 精明干練, 於交涉公法, 硏究素深. 此次臣與薛斐爾議約, 該員皆在座, 詳悉巓末, 堪以派往會同朝鮮國王所派議約大員, 相機妥辦. 應卽請旨特派前往勸助, 由臣咨明朝鮮國王知照.

再, 薛斐爾乘坐該國兵船前赴朝鮮, 臣處北洋水師兵輪船, 本擬於春夏之交, 飭赴東洋等處遊歷, 藉以測量沙線, 練習風濤. 擬卽派統領北洋水師記名提督丁汝昌, 於三月望后, 與馬建忠會於煙臺, 酌帶兵船, 偕同薛斐爾東駛, 以壯聲勢, 而杜要挾. 除將議定約稿暨臣與朝鮮總理機務丞相李最應來往函件，及與金允植筆談底稿，照鈔清摺恭呈禦覽外，所有臣遵旨籌辦朝鮮與美國議約事宜，並請旨派員前往會同商辦各緣由，理合恭摺，由驛五百裏密陳，伏乞皇太后、皇上聖鑒訓示遵行. 謹奏.

2. 「北洋李鴻章覆朝鮮總理機務李興寅君[最應]函」：照錄復朝鮮總理機務李興寅君函稿

山響尊兄興寅君閣下：

頃奉二月初三日惠書. 情文兼摯津沽、汨水延企爲勞. 往歲橘山太師垂詢邦交，懇懇商榷，郵筒往返，略竭紆籌. 想貴國王與在廷諸臣均所深悉，矧執事以親賢之碩望，膺軍國之重寄，平章大政，悉協機宜，東方柱石卽中朝屛蔽. 此鄙人所昕夕引領，願與識時俊傑，爲輔車之依也. 貴國君臣權時審勢，幡然遠交，洵能破除成見. 美國直接大東洋，向無侵人土地之心，今先與彼立一平善條約，旣可杜東隣覬覦. 卽他國續議通商，亦得有所據依，間執要求之口. 鄙人竊不自揆，輒思居間主持，冀爲二國講信修睦，深恐載書所述，偶一失當，流弊滋多.

入春已來，督同津海關道周馥、二品銜侯選道馬建忠，與美使薛斐爾，往復辯論二十餘日，易稿至十數次，乃稍就緒. 較之中、美原約及貴國與日本約款，取益防損之處，似更周密. 惟第一款聲明“貴國爲中朝屬邦，而政治向歸自主”云云，美使未敢遽定，已電商本國. 將來若於正約中刪去，必須另行聲明，俾貴國數百年事大之誠，昭示天壤. 想貴國王執禮素恭，定不河漢斯言耳. 其餘各款，俟美使入境，另派大員，與之覆議. 卽使小有更易，而大致不出范圍. 比經面同美使於約稿末，分別鈐印畫押爲憑，玆將原定草本奉呈臺鑒.

來員魚允中、李祖淵尚在途次，而美使未肯久留，已赴煙臺取齊，尅期東駛. 只應先派李應浚賫約稿，由兵輪駛回報知，以便籌備一切. 美使與領選使金允植等，皆力懇敝處派大員前往襄助，擬卽奏明大皇帝，遣派馬觀察與北洋水師提督丁汝昌，乘兵船偕往. 二君周曆瀛海，熟悉洋情. 馬君尤精通西國語言、文字，熟諳交際公法. 介紹其間，必能爲兩國通達情好, 到時希與美使不體款待. 貴國遠在東陲, 鄙人仰體大皇帝綏靖藩服至意, 但視力所能爲, 不分畛域, 竭誠代謀. 惟冀宜此遠謨, 匡濟時艱, 講求馭外之道, 以爲固圉之圖, 大局幸甚. 途遙意邇, 不罄欲言. 手此布復. 敬頌時祉.

文華殿大學士、直隸總督、北洋通商大臣李鴻章 再拜.

壬午三月初五日.

3. 北洋大臣李鴻章與朝鮮陪臣金允植『筆談節略』: 照錄與朝鮮陪臣金允植筆談節略(壬午三月初四日, 與金允植筆談節略).116)

[(李鴻章) 問 - 이하 동일] : 李山響官職姓名、別字、年紀?

[金允植 曰 - 이하 동일] : 對. 現官領敦甯府事、興寅君, 原任領議政李最應, 號山響, 年六十六.

[問] : 興寅君是否封爵? 有信與卿等否?

[曰] : 興寅君係是宗親封爵, 書函想付魚、李之行.

[問] : 現與美使已有成議, 美使已赴煙臺取齊, 尅期東駛. 而魚、李等不知何日可到, 將若之何?

[曰] : 誠極悶鬱. 雖由早路, 從今似不過三四天可到, 亦未可確知.

[問] : 魚、李等到遲, 於此事卻無甚關係. 愚意可遣李應浚乘輪船先回, 我卽復山響一函, 將本大臣與美使議定約稿賫去, 報知貴國王, 以免遲誤, 何如?

[曰] : 帶約稿急先報知, 極爲便好. 而未知魚、李之來, 奉有旨意何如. 若所議約稿, 均屬妥愜於敝邦之望, 雖先去亦似無妨於事. 惟在中堂裁處.

[問] : 約稿副本, 可先奉覽. 本大臣與周道、馬道等會商美使辨論廿餘日, 始能辦到如此地步, 諒能愜貴國之望. 將來美使到后, 另派大員, 與之議辦, 或可小有更易, 大致必無甚出入. 否則美使決不從命也.

[曰] : 第一款、第五款, 已於昨冬在保省承教, 亦已轉達於寡君. 其餘各款均洽素望. 惟禁米穀一事, 最礙通商. 而奈敝邦民情, 以滲穀爲大患, 與日人相持多年, 尚未許開.

今若於平年開禁明載約條, 未知敝邦朝議當如何耳.

[問] : 朝鮮與日本初次約本第六則載明"糧米、雜穀得出入", '出'者'出口'之謂也? 殊欠分明, 故日人力持不得嚴禁. 此次亦與美使辨駁數日, 該使謂 : "永禁斷不能行, 只可聲明因有事故, 蹔禁出口." 在我尙可有酌辦之權, 將來到貴國議約時, 不妨再與爭論. 若爭之不可, 似未便因一事而敗和局也.

[曰] : 日人議約時, 米穀出入云者, 卽萊館居留日人之糧米也. 遣辭欠明, 以致日人之藉口. 然此事本非可禁, 但有礙國人之情. 通商稍久, 庶可自知. 昨年趙、李二人, 在日本與何太史商論此事, 似應歸奏於寡君. 方苦企魚、李之來, 正爲此事憧憧故耳.

[問] : 魚、李來, 與敝處議此, 亦屬無益. 只有俟美使入境, 再與斟酌.

[曰] : 李應浚之去, 謹當以此先奏寡君. 伏想此稿寔出代籌密妥, 敝朝廷不輕刪增也.

[又曰] : 美船方在煙臺, 將由彼使獨往否? 敝邦不諳交際事務, 又無解洋文、洋語之人. 若不自中國派員同去, 則竊恐事多窒礙. 然允植不敢煩請.

[問] : 卿等如必欲, 餘派員前往襄助, 成人之美, 所不敢辭. 馬道名建忠, 號眉叔, 曾遊學西洋各國, 精通英·法語言、文字, 熟諳萬國交際公法, 介紹其間, 必能通達兩國情好. 我將奏明大皇帝派往.

[曰] : 爲敝邦事, 到底眷庇, 至勞馬公遠涉滄溟, 不勝感謝.

[問] : 李應浚擬於何日起程? 我前已告知鎭海船主預備, 但魚、李二君來遲, 再由陸路回國, 恐趕不及美使入境議約之期. 此間別無輪船可送矣.

[曰] : 美船當於何日起碇否? 李應浚之行恐不得緩. 伏望指日爲敎.

[問] : 美使薛斐爾訂於三月二十日, 由煙臺開駛, 一日夜可至仁川港. 李應浚似應三日內啓行, 至貴國后籌備一切方妥.

[曰] : 不謂若是神速. 李應浚之行, 恐不宜過三日以外. 擬於初六發程, 望前抵王京, 可無時之患矣.

[問] : 本大臣向來用兵謀國, 皆是謀定后動. 今日特召兩君來商, 卽欲立地定議也.

[曰] : 敝邦於此事, 惟仰成於中堂. 若謀之臧, 卽敝邦之福, 中堂之惠也.

[問] : 約稿正本末有鄙人鈐印、美使畫押爲憑據, 封寄輿寅君, 副本卽交兩君持去. 將來第一款美國家若不肯添入, 貴國須照此款大意, 於定約后另備照會美國外部.
[曰] : 謹當一遵鈞命. 此次議稿事事妥協. 以敝邦之弱小, 何得此一副妥約於外國之交耶? 寡君聞之, 必深喜且感.
[問] : 請問美使兵船一隻, 中國兵船二隻, 逕入仁川港, 抑泊釜山, 再轉仁川耶?
[曰] : 若自煙臺一日夜可達仁川, 則必無迤從釜山之理. 敝邦學徒有故當還者爲八九人, 而道遠難致, 此付送船便, 未知可否?
[李鴻章 答] : 鎭海兵船已議泊鴨綠口, 李君就便登岸. 隨行若干人, 開名單送周道知照.

3월 7일, 北洋大臣 李鴻章이 다음과 같은 문서를 보내왔다.

삼가 생각하건대, 본 대신은 光緖 8년 3월 6일에 天津의 [직예총독]行館[117]에서 諭旨에 따라 朝·美條約 체결문제를 처리하여 현재 이미 조약 초안을 논의하여 결정하였으며 아울러 관원을 파견하여 조선에 가서 함께 상의하여 처리하도록 諭旨를 내려달라고 奏請한다는 奏摺 1건을 拜發[118]하였습니다. 이 문제에 대해 諭旨를 받게 되면 따로 삼가 抄錄하여 나누어 咨文을 보내는 것 외에, 논의하여 결정한 조약문과 조선의 재상 統理機務衙門 總理大臣 李最應이 보내온 서신을 이미 이번 달 3일에 抄錄하여 總理衙門에 서신으로 보낸 바 있습니다. 이에 마땅히 3월 6일의 奏摺 원고와 李最應에 대한 회신의 원고 및 金允植과의 『筆談節略』도 함께 抄錄하여 總理衙門에 秘密咨文으로 보내는 바입니다. 삼가 검토해주실 것을 청합니다.

116) [ ]의 내용 원문은 원래 '問'과 '允植'으로 되어 있으나 여기서는 [問] : 과 [曰] : 로 표기하였다.
117) 행관(行館)은 관원이 외지로 나갔을 때 머무는 임시 거처인데, 직예총독의 아문은 원래 보정(保定)에 있기 때문이다.
118) 배발(拜發)은 상주문을 정서한 다음 분향(焚香)하고 고배(叩拜)한 다음에 올려보내는 것을 말한다.

첨부문서 초록 :

1. 「北洋大臣 李鴻章의 奏摺」

諭旨에 따라 朝·美條約 체결문제를 처리하여 현재 이미 조약 초안을 논의하여 결정하였으며 아울러 관원을 파견하여 조선에 가서 함께 상의하여 저리하도록 諭旨를 내려달라고 奏請한다는 내용으로 공손히 奏摺을 갖추어 신속히 아뢰오니, 살펴주시기를 우러러 바라는 바입니다. 삼가 살펴보건대, 미국에서 조선과 조약을 체결하여 우호관계를 맺고자 하므로, 저는 이미 조선에 관원을 파견하여 天津으로 보내 미국 준장 슈펠트와 상의하도록 권하였습니다. 때마침 조선 국왕이 陪臣 金允植을 領選使로 파견하여 學徒들을 이끌고 天津으로 왔으므로, 이 기회를 이용하여 외교문제를 논의하였습니다. 저는 光緒 7년 12월 2일 상주에 대해 다음과 같은 上諭를 받았습니다.

> 조선은 오래도록 藩屬에 속해왔으니, 마땅히 일이 있을 때 유지하고 보호함으로써 우리의 변방을 굳건히 해야 한다. 조선이 미국과 조약을 체결한다면 다른 나라들도 멋대로 요구하지 않을 것이니, 실로 大局과 관련된다. 李鴻章으로 하여금 때에 따라 기회를 보아 권고하여 적절하게 처리하도록 하라.

황상의 사려가 먼 곳까지 미쳐 屬邦을 어루만져주시니, 삼가 감복하지 않을 수 없습니다. 저는 연말에 미국에서 해군준장 슈펠트(薛斐爾, 즉 蕭孚爾)를 조선과의 조약 체결을 위한 全權大臣에 임명하여, 이번 봄에 군함을 타고 조선으르 향하도록 독촉하였다고 들었습니다. 조선의 陪臣 金允植 또한 保定에 와서 저를 만나, "조선 국왕의 비밀지시를 받았는데 李 中堂大人께서 대신 주지하여 신속히 미국 사신과 논의해주십시오. 아울러 조선 機務大臣이 마련한 조약 초안을 올리니, 검토해주십시오"라고 이야기하였습니다. 그래서 곧바로 天津의 海關道 周馥에게 방법을 강구하여 슈펠트 준장을 머무르게 하고, 제가 천진에 도착한 다음 협상할 수 있게 하라고 비밀리에 지시하였습니다. 臣은 2월 초 天津에 도착하여, 슈펠트 전권대신과 약속을 잡고 만났는데, 먼저 그가 작성한 조약 초안을 周馥에게 번역시켜 올리게 했는데, 그 의중은 일본과의 조약을 바탕으로 삼고자 하는 것이었습니다. 제가 두 초안을 비교해 보니 차이가 매우 심하였습니다. 또 '중국의 屬邦'이라는 구절은 전혀 언급되어 있지 않았으므로, 앞으로 각국이 이를 본받고 시간이 지나면 조선이 우리의 屬土라는 것을 알지 못하게 될 것입니다. [만일 屬邦이라는 구절을 넣는다면] 萬國公法에서는 무릇 自主할 수 없는 附庸小國은 다른 큰 나라들과 조약을 맺기도 불편하므로, 양쪽 다 문제가 있습니다.

저는 우선 周馥에게 부탁하여 이러한 뜻을 슈펠트에게 "조약 내용에 반드시 '[조선은] 중국의 屬邦이지만 政治는 예전대로 自主할 수 있다'는 내용을 명시해야 한다"고 은근히 암시하게 하였습니다. 저는 또한 金允植 일행과도 이것을 상의하였는데 그는 거기에 호응하며 다른 말을 하지 않았습니다. 이에 적절하게 조약 초안을 수정하고 아울러 각 조항 중에서 방지해야 할 폐단과 획득해야 할 권리를 하나하나 포함시켰습니다.

지금 周馥 및 馬建忠 등으로 하여금 슈펠트에게 비밀리에 건네주어 검토하게 하였는데, 슈펠트는 각 조항에 대해 자못 늘리거나 고친 부분은 있지만 대체적으로 보아 크게 달라진 것은 없습니다. 다만 제1조에서 "조선은 중국의 屬邦이다"라고 밝히는 점은 완강하게 거부하였고, 그 의지가 매우 확고합니다. 때마침 미국 서리공사 홀콤브가 京師에서 總理衙門과 함께 屬邦문제를 추가로 명시하기로 논의하였고, 總理衙門의 王[文韶] 大臣께서 홀콤브가 수정하려 한 제1조를 抄錄하여 제게 서신으로 알려왔습니다. 홀콤브는 2월 25일에 저를 만났는데, "슈펠트 준장이 원래의 주장을 고집하고, 양국이 조약을 체결하는 평등한 관계에 방해가 될 것이고, 나중에 美國議會에서 의원들 또한 분명히 반박할 것을 염려해서, 자신이 京師[의 總理衙門]에서 수정하려 한 제1조를 추가 삽입할 수 없다"고 하였습니다. 이에 제가 "이미 논의하여 정해놓고서는 어찌 다시 뒤엎을 수 있다는 말입니까?"라고 따졌습니다. 이에 홀콤브는 다음과 같이 애써 주장하였습니다. "이 일은 본국에서 따로 슈펠트를 파견하여 전담하게 하였고, 저는 단지 상의만 할 수 있습니다." 그래서 저는 그 두 사람이 함부로 허락할 수 없다면, 먼저 본국에 전보를 보내 검토와 지시를 요청하라고 부탁하였습니다. 홀콤브는 전보를 쳐서 지시를 요청하는 것을 허락하였으나, 지금까지 아직 답장이 없습니다.

2월 27일과 3월 1일에는 슈펠트와 홀콤브가 함께 와서, 그 밖의 다른 조항에 대하여 협의하였습니다. 저희가 늘려서 그들이 고친 부분도 있고, 그들이 늘려서 저희가 고친 부분도 있는데, 대체로 원본에 비해서 보다 세밀해진 것 같습니다. 이익을 취하고 손해를 방지하는 모든 방도에 대해서 재삼 헤아려, 조선의 상업에 도움이 되면서 장차 다른 나라들이 멋대로 요구할 수 없도록 함으로써, 조정에서 屬藩을 배려해주시고 보호해주시려는 그 지극한 뜻에 부합하고자 하였습니다. 이 문제에 대해서는 슈펠트·홀콤브와 함께 4~5차에 걸쳐 20여 일 동안 논쟁하여 비로소 합의를 보았습니다. 마련한 조약 초안에서 현재 제1조는 잠시 비워두었다가, 미국에서 회신이 오기를 기다려 남길지 없앨지 다시 논의하기로 하였습니다. 저는 초안 말미에 도장을 찍었고, 슈펠트에게도 증거로 삼도록 서명해달라고 하여, 먼저 조선 陪臣 李應浚[119]에게 넘겨 신속히 갖고 귀국하게 하여, 조선에서 나중에 고위관원을 따로 파견하여 슈펠트와 함께 협상할 때 근거로 삼게 하고자 합니다. 아울러 金允植을 불러 만나 현재의 처리상황을 알려주고, 만약 미국에서 제1조를 삽입하지 않으려고 하면, 반드시 조약을 체결한 다음 따로 문서를 보내 [조선이 중국의 屬邦임을] 밝힐 방법을 강구하여, 처음의 논의에 부합하게 해야 한다고 알렸습니다. 이것이 제가 누차 슈펠트 등과 함께 조선의 조약 체결에 관하여 논의하여 처리한 실제 상황입니다.

조선에서는 이번 봄에 陪臣 魚允中 등을 파견해왔는데, 아직 天津에 도착하지 않았습니다. 슈펠트는 이미 煙臺로 가서 미국 해군제독과 상의하여 3월 20일 조선으로 출항하기로 약속하였는데, 저희 쪽에서도 관원을 파견하여 동행시키자고 요청해왔습니다. 그리고 조선에서도 누차 관원을 보내와서 역시 관원을 파견하여 미국사절들과 함께 조선에 보내달라고 간청해왔습니다. 때마침 또 조선 국왕의 숙부이자 統理機務衙門 總理大臣인 李最應이 보내온 서신을 받았는데, 거기에는 "미국사절이 조선에 오는데 오직 저희에게만 의지할 따름"이라는 내용이 있었습니다. 거듭 생각해보니, 양국의 조약 초안은 이미 저희의 논의에서 실마리를 얻었으므로 만약에 관원을 파견하여 동행시키지 않는다면, 主客 사이의 행동이 서로 동떨어져 쉽사리 틈이 생기기 쉽고, 혹시 남들이 옆에서 부추기게 되면 조약 체결이 실패할 수도 있으며, 일본·러시아와 같은 인접 강국들이 도리어 이간시키고 침범하는 음모를 이룰 수도 있으니, 이 또한 東方 형세의 우환거리입니다. 조사해보건대 二品銜候選道 馬建忠은 총명하고 노련하며, 外交와 萬國公法에 관한 소양이 깊습니다. 이번에 제가 슈펠트와 조약문제를 논의할 때도 그는 함께 참여하여 전말에

119) 이응준(李應浚, 1832?~?)은 조선후기의 역관(譯官)이다. 李鴻章은 조선 국왕으로부터 대미수교 방침을 통고받기 직전 조선 측에 學徒 인솔을 빙자한 隊員의 파견을 요청하였고, 이 기회를 빌려 조약 체결에 관하여 협의하려고 하였다. 조선 측에서는 領選使의 파견을 결정하고, 이 사실을 통보하기 위하여 역관 李應浚을 天津으로 파견하였다. 이때를 전후하여 이응준은 조·미조약의 체결 과정에 계속 참여하였고, 1882년 5월 조·미조약 체결 시에 미국의 전권대신 슈펠트가 신헌(申櫶)·김홍집(金宏集)에게 조인식에 국기를 사용해달라고 요구하자 김홍집이 이응준에게 국기 제작을 지시하여 그는 5월 14일에서 22일 사이에 미국 함정인 스와타라(Swatara)호 안에서 국기를 만들었고, 22일 제물포에서 열린 조인식에서 성조기와 나란히 게양되었다고 전해지기도 한다. 하지만 '태극기'는 수신사로 일본에 가던 박영효가 1882년 9월 25일에 제정하였다고 그의 일기에 기록되어 있어, 양자가 어떤 관계인지에 대해서는 논란이 있다.

대해 상세히 알고 있으니, 조선에 파견하여 조선 국왕이 임명한 조약 체결 관원과 함께 기회를 보아 적절하게 처리하도록 하는데 적합합니다. 이에 마땅히 그를 특파하여 조선에 가서 돕도록 하는 諭旨를 내려주시기를 청하는 바이며, [諭旨가 내려오면] 제가 조선 국왕에게 咨文을 보내 이를 알리도록 하겠습니다.

첨부합니다 :

슈펠트가 미국 군함을 타고 조선으로 가는데 北洋艦隊의 兵輪船도 본래 봄·여름 사이에 일본[東洋] 등지를 돌아다니며 항로를 측량하고 풍랑을 익히게 하려 했던 차입니다. 그래서 統領北洋水師記名提督 丁汝昌을 파견하여 3월 보름 이후 馬建忠과 煙臺에서 만나 군함을 이끌고 슈펠트와 함께 조선으로 출항하게 하여, 우리의 위세를 높이고 조선에 대한 [미국의] 위협을 방지하고자 합니다. 논의하여 작성한 조약 초안과, 제가 조선 總理大臣 李最應과 주고받은 서신, 그리고 金允植과의 『筆談節略』 등을 열람하실 수 있도록 그대로 抄錄하여 삼가 올리는 것 외에, 제가 諭旨에 따라 朝·美條約 체결문제를 처리하여 현재 이미 조약 초안을 논의하여 결정하였으며 아울러 관원을 파견하여 조선에 가서 함께 상의하여 처리하도록 諭旨를 내려달라고 奏請한다는 내용으로 공손히 奏摺을 갖추어 [驛站을 통해] 하루 500리 속도로 [전달될 수 있게] 비밀리에 아뢰는 바입니다. 엎드려 청하건대, 황태후 및 황상께서 열람하시고 지시를 내려주시면 그에 따라 행하겠습니다. 삼가 주를 올립니다.

2. 「北洋大臣 李鴻章이 조선의 총리대신 興寅君 李最應에게 답하는 서신」: 조선 總理大臣 興寅君 李最應에게 보내는 회신 초록

興寅君 각하께 보냅니다.

최근 2월 3일에 보내주신 서신을 받았습니다. 그 정서와 문장이 天津[120]과 대동강에서 서로 목을 길게 빼고 발돋움하여 기다리는[121] 마음을 두루 담고 있습니다. 예전에 李裕元 原任太師께서 외교에 관하여 물으시어, 성심껏 상의하며 서신을 주고받으면서, 부족한 계책이나마

120) 원문의 진고(津沽)는 천진(天津)과 당고(塘沽)를 말하는데, 당시 북양대신 이홍장이 주재하던 천진을 가리키는 말이기도 하다.

121) 원문의 연기(延企)는 연경기종(延頸企踵)의 준말로 목을 늘어뜨리고 발돋움한다는 뜻, 즉 간절하게 바라본다, 기다린다는 것을 비유한다.

다한 적이 있습니다. 생각하건대 귀 국왕과 조정의 여러 신하들은 이점을 깊이 알고 계시리라 생각합니다만, 하물며 귀하께서는 국왕의 친척 가운데 으뜸가는 덕망을 지니고 軍國의 중책을 떠맡아 국정을 상의하여 처리함에 모든 것이 시기적절하게 맞아떨어지니, 실로 동방의 주춧돌이자 中朝의 울타리라고 하겠습니다. 이에 저는 아침저녁으로 기다리면서 時務를 이해하는 俊傑들과 수레의 덧방나무와 수레처럼 서로 돕는 관계를 맺기를 바라고 있습니다. 조선의 君臣이 시세를 헤아려 종전의 태도를 바꾸고 멀리 떨어져 있는 나라와 교류를 맺고자하니 진실로 기존의 선입관을 깨트릴 수 있었던 것이라 하겠습니다. 미국은 직접 태평양[大東洋]에 맞닿아 있으면서, 종래 남의 영토를 침탈하려는 마음이 없었으니, 지금 먼저 그들과 평등·우호조약을 체결한다면, 동쪽 인접 국가의 야욕을 막을 수 있을 것입니다. 설령 다른 나라들이 미국의 뒤를 이어 통상을 요구한다 하더라도 역시 의거할 수 있는 바를 얻음으로써 부당하게 요구하는 입을 막을 수 있을 것입니다. 저는 스스로의 능력을 헤아리지 못하고 그때그때 중간에서 주재하지만 양국이 서로 신뢰를 쌓고 화목해지기를 바라며, 서신에서 쓰신 것처럼 뜻밖의 실수로 혹시 폐해가 늘어지지 않을까 깊이 염려할 뿐입니다.

입춘 이후에 津海關道 周馥과 二品銜侯選道 馬建忠을 데리고 미국 전권대신 슈펠트와 20여 일 동안 논쟁을 주고받고 원고를 십수차례 교환하고 나서야, 비로소 갈피가 잡혔습니다. 中·美條約이나 귀국과 일본의 조약과 비교해보면, 이익을 더하고 손해를 방지한 부분이 보다 세밀해진 것 같습니다. 다만 제1조에 “조선은 中朝의 屬邦이지만 정치는 그동안 自主해왔다”는 내용을 밝히는 것에 대해 미국 전권대신이 감히 바로 결정할 수가 없어 이미 본국에 전보를 보내 문의하였습니다. 나중에 만약 정식 조약에 이 내용이 빠지면, 반드시 따로 공개적으로 밝혀서, 조선의 수백 년 된 事大의 진심이 천하에 드러날 수 있게 해야 할 것입니다. 생각하건대, 귀 국왕께서는 늘 공손히 禮를 지켜오셨으니, 반드시 이 말을 경시하시지 않을 터입니다.[122)]

그 밖의 나머지 조항에 대해서는 미국 전권대신이 입국한 다음 따로 고귀관원을 파견하여 다시 논의하면 될 것이며, 설사 조금 바꾸는 것이 있더라도 대체로 앞서의 범위를 벗어나지는 않을 것입니다. 최근 이미 미국 전권대신과 함께 직접 조약 초안 말미에 도장을 찍고 서명을 받아 증거로 삼았으니, 이에 원래 정한 조약문 초안을 검토하시도록 올리는 바입니다.

파견하신 관원 魚允中과 李祖淵은 아직 도중에 있는데, 미국 전권대신이 오래 머물려 하지

122) 원문의 하한(河漢)은 은하수를 가리키는데, 헛되이 들떠서 믿을 수 없는 빈말을 한다. 즉 서로 믿지 못하거나 경시한다는 것을 비유한다.

않고 이미 煙臺로 가서 일행이 모인 다음 기한이 되면 조선으로 출항할 것입니다. 따라서 다만 먼저 李應浚을 보내 조약 초안을 갖고 兵輪船을 타고 돌아가 보고하게 함으로써, 모든 것에 준비할 수 있게 해야 할 것 같습니다. 미국 전권대신과 領選使 金允植 등이 모두 저희에게 관원을 임명하여 조선에 가서 돕게 해달라고 간청해왔기에, 황상께 곧바로 상주하여, 觀察[123] 馬建忠과 北洋水師提督 丁汝昌을 파견하여 군함을 타고 동행하게 할 것입니다. 두 사람은 세계를 두루 돌아다녀 서양의 사정에 익숙합니다. 馬建忠은 특히 서양 언어·문자에 정통하고, 萬國公法도 잘 알고 있습니다. 두 사람이 중간에서 중재하면 반드시 양국이 우호관계를 맺을 수 있게 될 것이니, 도착하면 미국 전권대신과 함께 격식을 따지지 말고 환대해주시기 바랍니다.[124] 조선은 멀리 동쪽 변방에 있고, 저는 황상께서 변방 제후국을 편안히 하시려는 지극한 뜻을 받들어 행하면서, 오로지 힘이 닿는 데까지 살펴 畛域을 구분하지 않고 성심을 다하여 대신 도모하고자 합니다. 다만, 이러한 방대한 계책으로 현재의 어려움을 바로잡고, 외세를 다스리는 방도를 강구하여 울타리를 단단히 하는 방법으로 삼기를 기대하는데, 이렇게 되면 대국에 큰 다행이겠습니다. 길은 멀지만 뜻은 가까우니, 하고 싶은 말을 다하지는 않겠습니다. 이상으로 회신을 마칩니다. 항상 복되시기를 기원합니다.

문화전대학사, 직예총독 겸 북양통상대신 李鴻章이 다시 인사드립니다.

壬午年 3월 5일.

3. 「北洋大臣 李鴻章과 조선 陪臣 金允植의 『筆談節略』」: 조선 陪臣 金允植과 나눈 『筆談節略』에 대한 抄錄(임오년 3월 4일 金允植과 나눈 필담의 요약)

[이홍장 – 이하 동일] 질문 : “李山響의 관직과 성명, 別號, 나이는 어떻게 됩니까?”

김윤식 : “네. 현 관직은 領敦甯府事 興寅君으로 原任領議政 李最應이며, 號가 山響, 나이는 66세입니다.”

질문 : “興寅君은 작위입니까? 귀하에게 서신을 주었습니까?”

김윤식 : “興寅君은 宗親 封爵이며, 서신은 魚允中·李祖淵 편에 부치셨을 것입니다.”

질문 : “지금 미국 전권대신 슈펠트와 합의하였고, 슈펠트는 이미 煙臺로 가서 일행이 모인

123) 관찰(觀察)은 당대(唐代) 후기에 출현한 지방 군정장관(觀察處置使)인데, 여기서는 도대(道臺) 직함에 대한 존칭으로 쓰이고 있다.

124) 원문의 불체(不體)는 예제(禮制)를 준수하지 않고, 또는 체식(體式)에 맞지 않게 라는 뜻이다.

다음 기한이 되면 조선으로 출항하고자 합니다. 그런데 魚允中과 李祖淵은 언제 도착할 수 있을지 모르니, 장차 어떻게 하면 좋겠습니까?"

김윤식 : "진심으로 너무나도 답답한 마음입니다. 비록 육로로 온다고 하더라도 오늘부터 3~4일 안으로는 도착할 수 있겠지만, 이 또한 확실히 알 수는 없습니다."

질문 : "魚允中과 李祖淵이 늦게 와도 이 사안에는 별다른 관계는 없습니다. 내 짧은 생각으로는 李應浚을 먼저 보내 윤선을 타고 돌아가게 하되, 내가 李最應 大臣에게 보내는 답장 서신과 본 大臣과 슈펠트가 논의하여 정한 조약 초안을 가지고 가서 귀 국왕께 보고하게 한다면, 늦어서 일을 그르치는 것은 피할 수 있지 않겠습니까?"

김윤식 : "조약 초안을 갖고 먼저 급히 가서 보고하는 것이 정말 좋을 것 같습니다. 그런데 魚允中과 李祖淵이 이곳으로 오면서 어떤 명을 받고 오는 것인지 잘 모르겠습니다. 논의된 조약 초안이 모두 저희 조선의 바람에 들어맞는 것이니, 먼저 보낸다고 해도 일에 지장은 없을 것 같습니다. 李 中堂大人께서 결정하여 조치해주십시오."

질문 : "조약 초안의 부본은 먼저 올릴 수 있습니다. 본 大臣과 周馥·馬建忠 道臺 등이 슈펠트와 만나 20여 일을 함께 논쟁을 주고받고서야 비로소 이런 지경에 이르렀으니, 실로 조선의 바람에 들어맞을 것입니다. 나중에 슈펠트가 조선에 도착한 다음 따로 고위관원을 파견하여 논의할 때, 혹시 약간은 고칠 게 있겠지만 대체로 크게 달라질 것은 없을 것입니다. 그렇지 않으면 슈펠트가 결코 동의하지 않을 것입니다."

김윤식 : "제1조와 제5조에 대해서는 이미 지난 겨울 保定에서 가르침을 받았고, 또한 저희 국왕께도 이미 전달하였습니다. 그 밖의 나머지 조항들은 모두 평소의 바람과 일치합니다. 다만, 미곡 禁令에 관한 사안은 통상에 가장 장애가 됩니다. 조선 백성은 미곡의 유출을 큰 우환으로 간주하여, 일본인들과도 오랫동안 대치하여 아직 개방을 허락하지 않았습니다. 지금 만약 평시에 미곡 금령을 해제한다는 내용을 조약에 실으면, 조선 조정에서의 논의가 어떻게 될지 모르겠습니다."

질문 : "조선과 일본의 첫 조약문 제6조에서 "米糧과 잡곡을 出入할 수 있다"고 실려 있는데, '출(出)'이 '수출한다'의 뜻입니까? 이점이 특히 명확하지 않기 때문에 일본인들이 미곡 수출을 엄금할 수 없다고 고집하는 것입니다. 이번에도 슈펠트와 며칠 동안 논쟁을 했는데, 그는 "미곡 수출을 영구히 금지할 수는 없으며, 단지 사고가 발생했을 때에는 잠시 수출을 금지할 수 있음을 밝힐 수 있다"고 하였습니다. 우리에게 그래도 참작하여

처리할 수 있는 권한이 있으니, 장차 그가 조선에 가서 조약 체결을 논의할 때 다시 논쟁해도 될 것입니다. 만약에 안된다고 다투더라도, 한 가지 사안 때문에 평화의 국면을 깨트려서는 안될 것입니다."

김윤식 : "일본인들과 조약 논의를 할 때 미곡 출입을 언급한 것은 東萊館에 거주하는 일본인의 米糧에 대한 것입니다. 용어 사용에 명확함이 부족하여 일본인에게 구실을 주었습니다. 그런데 이 사안은 본래 금지할 수 있는 것이 아니지만, 다만 조선 백성의 감정에 영향을 미칩니다. 통상이 조금 오래되면 스스로 알게 될 것입니다. 작년에 趙秉鎬·李祖淵 두 사람이 일본에서 何如璋 공사와 함께 이 문제를 논의하였는데, 마땅히 돌아가 국왕께 상주해야 할 것입니다.[125] 魚允中과 李祖淵이 오기를 고대하는 이유는 바로 이 문제로 마음이 불안하기 때문입니다."

이홍장 질문 : "魚允中과 李祖淵이 우리 쪽에 와서 이를 논의하는 것도 도움이 되지 않습니다. 단지 슈펠트가 입국하기를 기다려 다시 협상을 해야 할 것입니다."

김윤식 : "李應浚이 가는 것에 대해서 삼가 먼저 저희 국왕께 상주할 것입니다. 엎드려 생각하건대 이 초안은 실로 치밀하고 적절하게 대신 꾸며주신 것이기 때문에, 조선 조정에서도 가볍게 늘리거나 깎지는 않을 것입니다."

김윤식 : "미국 선박이 지금 煙臺에 있는데, 장차 슈펠트가 홀로 오게 하실 것입니까? 조선은 외교 사무에 익숙하지 못하고, 또한 서양 문자·언어를 아는 사람도 없습니다. 중국에서 관원을 파견하여 동행시켜주시지 않으면, 아마도 많은 문제가 생길까 두렵습니다. 하지만 제가 감히 번거롭게 요청하지는 못하겠습니다."

이홍장 : "귀하께서 정말로 반드시 해주기를 바란다면, 나는 관원을 파견하여 보내 도움으로써 그 뜻을 들어주는 일을 피하지 않고자 합니다. 馬 道臺는 이름이 建忠이고 호가 眉叔인데, 일찍이 서양 각국에 유학하여 영국·프랑스의 언어·문자에 정통하고, 萬國公法도 잘 알고 있으니, 중간에서 중재하면 반드시 양국이 우호관계를 맺게 할 수 있을 것입니다. 내가 곧 황상께 상주하여 파견하도록 하겠습니다."

김윤식 : "조선의 일을 끝까지 돌봐주시어, 馬建忠 公이 힘들게 멀리 바다를 건너게 되었으니, 감사한 마음을 가눌 길이 없습니다."

---

125) 1881년 수신사 조병호(趙秉鎬)와 그의 종사관으로 李祖淵이 일본에 다녀왔던 일을 가리키는 것으로 보인다.

질문 : “李應浚은 언제 출발합니까? 내가 전에 鎭海船 함장에게 준비해두라고 알려두기는 하였지만, 魚允中·李祖淵 두 사람이 늦게 오고, 게다가 다시 육로로 귀국하면, 아마도 슈펠트가 조선에 입국하여 조약 체결을 논의할 시간에 맞추지 못할 것입니다. 그 사이에는 우리가 보낼 수 있는 다른 輪船이 없습니다.”

김윤식 : “미국 선박은 언제 출항합니까? 李應浚의 출발도 늦춰서는 안될 것 같습니다. 날짜를 정해주시기 바랍니다.”

질문 : “미국 전권대신 슈펠트는 3월 20일에 煙臺에서 출발할 예정이니, 하룻밤이면 인천항에 도착할 것입니다. 李應浚도 아마 사흘 내에 출발하여 조선에 돌아간 다음 모든 일에 대비해야 타당할 것입니다.”

김윤식 : “의외로[126] 너무 빠른 것 같습니다. 李應浚의 출발은 아마 사흘 이상을 넘지는 않을 터인데, 6일에 출발한다고 하면 보름 전에는 漢陽에 도달할 것이니, 시간 걱정은 없을 것 같습니다.”

질문 : “본 大臣은 그동안 군대를 부리거나 나라 일을 꾀할 때, 항상 계책을 정한 다음 행동으로 옮겼습니다. 지금 특별히 두 사람을 불러 상의하는 것은 곧바로 결정하고자 하기 때문입니다.”

김윤식 : “조선은 이번 일에서 오직 中堂大人께서 이루어 주시기를 우러러 볼 뿐입니다. 이렇게 훌륭한 방안이라면 이는 곧 조선의 복이요, 中堂大人의 은혜입니다.”

질문 : “조약 초안 정본의 말미에 내가 도장을 찍고 미국 전권대신이 서명을 해 증거로 삼았으니, 이를 興寅君에게 보낼 것인데, 부본은 두 사람에게 넘겨 가지고 갈 수 있게 하겠습니다. 나중에 미국에서 제1조를 추가하려 하지 않으면, 조선에서는 마땅히 이 조항의 대의에 비추어 조약을 체결한 다음 따로 미국 국무성에 照會를 보내 알려야 할 것입니다.”

김윤식 : “삼가 대인의 지시를 따르겠습니다. 이번에 조약 초안을 논의하면서 사사건건 적절하게 조치를 해주셨습니다. 조선처럼 약소한 나라가 어찌 외국과의 수교에서 이처럼 적절한 조약을 얻을 수 있겠습니까? 국왕께서 들으시면 반드시 깊이 기뻐하고 감동하실 것입니다.”

126) 원문의 불위(不謂)는 말하지 않다, 그렇게 생각하지 않다 또는 뜻밖에, 예상하지 못하였다는 뜻이다. 여기서는 뒤의 뜻을 따라 해석하였다.

질문 : "미국 전권대신의 군함 1척과 중국 군함 2척은 인천항으로 바로 들어가는 게 좋겠습니까, 아니면 부산에 정박했다가 다시 인천으로 가는 것이 좋겠습니까?"

김윤식 : "만약 煙臺에서 하룻밤에 인천에 도달할 수 있다면, 굳이 부산으로 돌아서 갈 필요는 없을 것입니다. 조선 學徒 가운데 이유가 있어 귀환해야 할 사람이 8~9명 있는데 길이 멀어 힘드니, 이번 선편에 함께 보냈으면 하는데, 괜찮을지 모르겠습니다."

이홍장 : "鎮海船이 이미 압록강 하구에 정박하기로 하였으니, 李應浚은 그곳에서 상륙하면 될 것입니다. 수행할 사람들은 이름을 적은 명단을 周馥 道臺에게 알려주십시오."

(38) 문서번호 : 2-1-1-38 (395, 574b)

사안 : 조선·미국의 교섭문제(美韓交涉事).

날짜 : 光緒八年三月初七日(1882년 4월 24일)

발신 : 總理衙門

수신 : 北洋大臣 李鴻章

三月初七日, 致北洋大臣李鴻章函[詳見密檔].

浮籤 :「朝美交涉事宜由」.

3월 7일 北洋大臣 李鴻章에게 서신을 보냈다[상세한 내용은 密檔에 보인다].

첨부문서 : 조선·미국의 교섭문제.

(39) 문서번호 : 2-1-1-39 (396, 575a)

사안 : 조선·미국의 교섭문제(美韓交涉事).

날짜 : 光緖八年三月初八日(1882년 4월 25일)

발신 : 軍機處

수신 : 總理衙門

三月初八日, 軍機處交出李鴻章鈔摺[詳見三月初七北洋大臣李鴻章文內].

3월 8일, 軍機處에서 李鴻章이 올린 奏摺의 抄錄을 보내왔다[상세한 내용은 3월 8일 北洋大臣 李鴻章의 공문 안에 보인다].

(40) 문서번호 : 2-1-1-40 (397, 575b-577a)

사안 : 朝·美條約 체결문제. 조선 국왕에게 보내는 咨文의 비밀원고를 抄錄하여 보냅니다(美韓議約事. 鈔錄咨朝鮮國王密稿).

첨부문서 : 1.「北洋大臣이 조선 국왕에게 보내는 咨文(北洋大臣咨朝鮮國王文) : 朝·美條約 초안은 이미 정해졌고, 아울러 황상께 주청하여 馬建忠과 丁汝昌을 파견하여 미국 해군준장과 함께 조선에 가서 조약 체결을 돕도록 하였습니다(美韓約稿已擬定, 竝奏派馬建忠丁汝昌偕同美總兵前來襄助議約)」.

날짜 : 光緖八年三月十一日(1882년 4월 28일)

발신 : 北洋大臣 李鴻章

수신 : 總理衙門

三月十一日, 北洋大臣李鴻章文稱 :

竊照本大臣於光緒八年三月初六日具奏, 遵旨籌辦朝鮮與美國議約事宜, 現經議定約稿, 並請旨派員前往會同商辦一摺, 前已抄稿密咨在案. 茲遞回原摺, 后開 :

軍機大臣奉旨 :

著照所請. 該衙門知道, 單三件併發.

欽此. 除咨朝鮮國王並密飭馬道建忠等遵照辦理外, 相應抄錄咨朝鮮國王原稿, 咨送貴衙門, 謹請查照.

1.「北洋大臣咨朝鮮國王文」: 照錄抄稿(照錄朝鮮國王文稿)

爲密咨事.

竊照美國欲與貴國結約通好，派水師總兵薛斐爾爲議約全權大臣．薛總兵前已來津，商請本閣爵大臣代爲先容．貴國王亦派陪臣金允植爲領選使，帶學生來津肄習機器，就便籌議外交．該領選使等屢求本閣爵大臣代爲主持，速與美使商議，並寄呈機務大臣擬具約底，面懇鑒定．而美使初擬約槁，欲以日本條約爲藍本，比較兩稿，所差甚遠．本閣爵大臣仰體大皇帝綏靖藩服至意，冀爲兩國講信修睦，督同二品銜津海關道周馥、二品銜候選道馬建忠，與美使薛斐爾往復辨論二十餘日，易稿至十數次，乃稍就緒．較之貴國與日本約款，取益防損之處，似更周密．比經商同美使，於約稿末，暫行分別鈐用圖章、簽字畫押爲憑．仍俟行抵貴國后，再行妥議辦理．貴國來員魚允中、李祖淵尚在途次，而美使未肯久留，訂於三月之杪乘兵船東駛．只得先派貴國委員李應浚，賚約稿由輪船駛回報知，以便籌備一切．美使與金允植等，皆力懇本閣爵大臣，奏派大員前往襄助．貴國總理機務李最應來書亦言："美使東行，惟敝處是仰是依"等語．茲已奏請大皇帝特派二品銜候選道馬建忠與北洋水師提督丁汝昌，酌帶兵船偕往，欽奉諭旨允准．馬道、丁提督周歷瀛海，熟悉洋情．馬道尤精通西國語言、文字，熟諳交際公法，詳知此事顛末，介紹期間，必能爲兩國通達情好．三月望后，卽於煙臺，偕美使東行．望貴國王遴派大員，商同馬道等，與美使籌議妥定．仍俟和約辦竣，由貴國王鈔錄約本照會各稿，備文咨呈中國禮部及北洋大臣衙門，轉奏備案．除將詳細情形函復李最應，並告知金允植等轉達外，相應密咨貴國王，煩請查照辦理．

3월 11일, 北洋大臣 李鴻章이 다음과 같은 문서를 보내왔다.

삼가 본 대신은 光緒 8년 3월 6일 諭旨에 따라 朝·美條約 체결문제를 처리하여 현재 이미 조약 초안을 논의하여 결정하였으며 아울러 관원을 파견하여 조선에 가서 함께 상의하여 처리하도록 諭旨를 내려달라고 奏請한다는 奏摺 1건을 올리고, 이미 그 원고를 초록하여 [總理衙門에] 秘密咨文으로 보낸 바 있습니다. 이번에 原奏摺을 돌려받았는데, 그 뒤에 다음과 같이 적혀 있었습니다.

軍機大臣이 다음과 같은 諭旨를 받았습니다.

요청한 대로 하게 하라. 해당 아문에도 알리고, 첨부 문건 3건도 함께 보내라. 이상의 내용을 조선 국왕에게 咨文으로 보내고, 아울러 道臺 馬建忠 등에게 비밀리에 지시하여 그대로 처리하도록 하는 것 외에, 마땅히 조선 국왕에게 보내는 咨文 원고를 초록하여 귀 總理衙門에 咨文을 통해 보내니 삼가 검토해주시기 바랍니다.

첨부문서 :

1. 「北洋大臣이 조선 국왕에게 보내는 咨文」: 자문 초록(조선 국왕에게 보내는 자문 원고)

秘密咨文을 보냅니다.
삼가 살펴보건대, 미국은 貴國과 조약을 체결하여 우호관계를 맺기 원하여 해군준장 슈펠트를 조약 논의를 위한 전권대신으로 파견하였습니다. 슈펠트 준장은 이미 天津에 와서 본 大臣이 대신 사전 중재를 해달라고 요청하였습니다. 귀 국왕 역시 陪臣 金允植을 領選使로 파견하여 學徒들을 데리고 器機를 익히고자 天津에 보냈기에, 저는 이 기회를 이용하여 외교문제를 논의하였습니다. 해당 領選使 등은 본 大臣이 대신 주지하면서 미국 全權大臣과 신속히 논의해줄 것을 누차 요청해왔고, 아울러 貴國 機務大臣이 작성한 조약 초안을 제게 올리면서 검토해줄 것을 직접 간청하였습니다. 그런데 슈펠트가 처음 마련한 조약 초안은 일본과의 조약을 바탕으로 삼으려 하였고, 두 초안을 비교해보니, 그 차이가 아주 컸습니다. 본 大臣은 변방의 제후국을 편안히 하시려는 황상의 지극한 뜻을 받들어 양국이 서로 신뢰를 쌓고 화목해질 수 있기를 바라면서 二品銜津海關道 周馥과 二品銜侯送道 馬建忠을 데리고 슈펠트와 20여 일 동안 논쟁을 주고받으면서 원고를 십수차례 고친 다음에야 비로소 갈피를 잡을 수 있었습니다. 貴國과 일본이 맺은 조약 조항과 비교해보면, 이익을 취하고 손해를 방지하는 부분이 보다 세밀해진 것 같습니다. 그리고 슈펠트와 상의하여 초안 말미에 도장을 찍었고, 슈펠트에게도 서명해달라고 하여 증거로 삼았습니다. 그렇지만 여전히 [이 문제는 슈펠트가] 貴國에 도착한 다음 다시 적절히 논의하여 처리해야 할 것입니다. 貴國에서 파견한 魚允中·李祖淵은 아직 도중에 있는데, 슈펠트는 오래 머물려 하지 않고 3월 말에 군함을 타고 조선으로 출항할 예정입니다. 단지 貴國 委員 李應浚이 먼저 조약 초안을 갖고 윤선을 타고 돌아가 보고하게 함으로써 모든 것을 준비할 수 있도록 할 수밖에 없습니다.

슈펠트와 金允植 등은 모두 본 大臣에게 황상께 상주하여 고위관원을 파견하여 조선에 가서 돕게 해달라고 간청하였습니다. 貴國 總理大臣 李最應도 서신을 보내와서 역시 "미국사절이 조선에 오는데 오직 저희에게만 의지할 따름"이라고 언급하였습니다. 이에 이미 황상께 상주하여 二品銜 候選道 馬建忠과 北洋水師提督 丁汝昌을 특파하여 군함을 이끌고 미국사절들과 동행할 수 있게 해달라고 요청하였고, 이를 허락하시는 諭旨를 삼가 받았습니다. 馬建忠 道臺와 丁汝昌 提督은 해외를 돌아다녀 서양 사정에 익숙합니다. 馬建忠 道臺는 특히 서양의 언어·문자에 정통하고 萬國公法을 숙지하고 있으며 이 사안의 전말에 대해서도 자세히 알고 있으니, 중간에서 중재하면 반드시 양국이 우호관계를 맺게 할 수 있을 것입니다. 그들은 3월 보름 이후 煙臺에서 미국사절과 함께 貴國으로 향할 것입니다. 귀 국왕께서도 고위관원을 파견하여 馬建忠 道臺 등과 상의하고 함께 미국 전권대신과 논의하여 적절하게 결정하십시오. 그리고 조약체결이 마무리된 다음에는 귀 국왕께서 條約文과 照會 원고 각각을 초록하고 문서를 갖추어 중국의 禮部와 北洋大臣衙門에 咨文으로 보내주시면, 이를 받아 대신 上奏하도록 하겠습니다. 자세한 정황은 李最應에게 회신으로 보내고 아울러 金允植 등에게도 알려 전달하는 것 외에, 마땅히 귀 국왕께도 秘密咨文을 보내야 하는 바이니, 번거로우시겠지만 참고해주시기 바랍니다.

(41) 문서번호 : 2-1-1-41 (398, 577b-578a)

사안 : 北洋水師提督 丁汝昌이 威遠·威號·鎭海號 군함 세 척을 이끌고 조선에 가서 조약 체결을 도울 것입니다. 남겨진 직무는 잠시 林泰曾 參將을 파견하여 대행할 것입니다(北洋水師提督丁汝昌, 帶威遠、揚威、鎭海三艦, 赴韓襄助議約. 所遺職務暫派參將林泰曾代行).

날짜 : 光緒八年三月二十四日(1882년 5월 11일)

발신 : 北洋大臣 李鴻章

수신 : 總理衙門

三月二十四日, 北洋大臣李鴻章文稱 :

據統領北洋水師記名提督丁汝昌呈稱 :

竊照提督現奉憲臺劄派, 酌帶兵船, 會同水師營務處馬道, 前往朝鮮, 照料該國與美國結約通好事宜. 已經提督商明馬道, 帶同威遠、揚威、鎭海三兵船, 約同美國總兵薛斐爾, 先后由煙臺起程. 所有留駐旅順快砲等船, 應派管帶超勇快船林參將泰曾暫行督率, 照章認眞操練, 酌量出洋巡閱, 並將旗書、燈語, 照現定各類編成, 晝夜相通號令, 卽將未盡事宜詳細添載, 俾得呼應便捷外, 令各船管帶、大副等, 輪流先繪行陣變圖, 將各船於港口內外揉試嫻熟, 再領各船於附近海面, 演試各陣. 倘須領用煤頓及遇有礙難事件, 幷令該參將隨時稟明前敵營務處黃道瑞蘭, 核示遵辦. 劉遊擊步蟾起程赴德國后, 大沽口駐操各船, 如來旅順, 均歸一律辦理. 除劄飭林參將泰曾, 幷移明前敵營務處黃道外, 理合申報查核.

等情. 到本大臣. 據此. 相應咨明. 爲此, 合咨貴衙門, 謹請查核.

3월 24일에 北洋大臣 李鴻章의 다음과 같은 문서를 받았다.

統領北洋水師 記名提督 丁汝昌의 다음과 같은 보고를 받았습니다.

삼가 저는 北洋大臣의 지시로 파견되어 현재 군함을 이끌고 水師營務處의 馬建忠 道臺와 함께 조선에 가서 조선이 미국과 조약을 체결하여 우호관계를 맺는 사안을 지원하게 되었습니다. 이미 馬建忠 道臺와 상의하여 威遠·揚威·鎮海號 등 세 척의 군함을 이끌고 미국의 슈펠트와 약속하여 煙臺에서 서로 선후하여 출발하게 되었습니다. 旅順에 남겨진 快砲艦 등은 마땅히 超勇號의 管帶 林泰曾 參將[127]을 파견하여 잠시 통솔하도록 하였는데, 규정에 따라 성실히 훈련하고 상황을 헤아려 바다로 출항하여 순시하며, 아울러 깃발신호와 발광신호 등은 현재 사용되고 있는 각종 편성에 따라 밤낮으로 서로 신호가 통하도록 해야 할 것입니다. 또한 미진한 사안에 대해서는 상세히 첨부하여 작성함으로써 서로 민첩하게 호응할 수 있도록 하는 것 외에, 각 선박의 管帶·大副 등에게 윤번으로 陣法 실행 변화도를 작성하게 하여, 각 선박들이 항구 안팎에서 훈련하여 익힌 다음, 다시 각 선박을 이끌고 부근 해상에서 각 陣法을 試演하게 할 것입니다. 만약에 석탄을 더 수령해야 하거나 다른 문제가 발생했을 때에는 林泰曾 參將이 수시로 前敵營務處의 黃瑞蘭 道臺에게 보고하여 지시에 따라야 할 것입니다. 또한 劉步蟾 遊擊이 독일로 출발한 이후에는 大沽 항구에서 정박하며 훈련하는 각 선박들이 旅順에 오게 되었을 때에도, 모두 이에 따라 일률적으로 처리할 것입니다. 林泰曾 參將에게 지시하고 前敵營務處의 黃瑞蘭 道臺에게도 문서를 보내 알리는 것 외에, 응당 보고하여 검토를 받아야 할 것입니다.

이상의 내용이 본 大臣에게 도착하였습니다. 이에 따라 마땅히 咨文을 보내 알려드려야 할 것입니다. 이에 귀 아문으로 咨文을 보내니, 삼가 검토해주십시오.

---

127) 참장(參將)은 청대의 경우 제독(提督)·총병(總兵)·부총병(副總兵) 밑에 있고 도사(都司)·유격(遊擊) 위에 있는 3·4품함의 武職이었다.

(42) 문서번호 : 2-1-1-42 (399, 578b)

사안 : 미국사절 슈펠트와 함께 煙臺에서 출발하여 조선으로 떠나는 날짜를 논의하여 정한 것에 대해 자문으로 알립니다(咨報與美使薛斐爾議定自煙臺起程赴韓日期).

날짜 : 光緒八年三月二十四日(1882년 5월 11일)

발신 : 北洋大臣 李鴻章

수신 : 總理衙門

三月二十四日, 北洋大臣李鴻章文稱:

據二品銜侯選道馬建忠、統領北洋水師記名提督丁女昌詳稱:

竊職道等於十六日午后, 在大沽會齊, 乘鎮海兵船出口. 十七日午正駛至煙臺, 美使臣薛孚爾猶未至. 候至十八日早間, 薛孚爾歸自申江. 職道等當卽往晤, 議定職道等於二十日自煙臺啟程, 薛孚爾於二十一日自煙臺啟程, 彼此至朝鮮漢江口虎島旁會齊. 除以后至彼議約情形, 當俟隨時陸續稟報外, 所有職道等自煙臺啟程日期, 理合詳報憲臺鑒核施行.

等情. 到本大臣. 據此. 相應咨明. 爲此合咨貴衙門, 謹請查核.

3월 24일에 北洋大臣 李鴻章이 다음과 같은 문서를 보냈다.

二品銜 侯選道 馬建忠과 統領北洋水師 記名提督 丁汝昌이 보낸 다음과 같은 보고[128]를 받았습니다.

128) 원문의 상(詳)은 상행문(上行文)의 일종이며, 상사·상부에 보고한다는 뜻이다.

저희들은 16일 오후에 大沽에서 만나 鎭海號를 타고 출항하였습니다. 17일 정오에 煙臺에 이르렀는데, 미국 전권대신 슈펠트가 아직 도착하지 않았었습니다. 18일 아침까지 기다렸더니, 슈펠트가 上海[申江]로부터 돌아왔습니다. 저희는 곧바로 가서 그를 만나, 저희가 20일에 煙臺에서 출발하고, 슈펠트는 21일 煙臺에서 출발하여, 양측 모두 조선 한강 입구의 虎島 근처에서 만나기로 정하였습니다. 나중에 그곳에 도착하여 조약 체결에 관하여 논의한 상황에 대해서는 마땅히 그때그때 연이어 보고하는 것 외에도, 저희가 煙臺에서 출발하는 날짜를 대인께서 검토하실 수 있도록 보고하는 바입니다.

이상의 내용이 본 大臣에게 도착하였습니다. 이에 따라 마땅히 咨文을 보내 알려드려야 할 것입니다. 이에 마땅히 귀 아문으로 咨文을 보내오니, 검토해주십시오.

(43) 문서번호 : 2-1-1-43 (401, 579b)

사안 : 원래 朝·美條約 제1조로 하려 했던 내용을 따로 照會로 밝혀야 하는지 서신으로 알려주시기 바랍니다(原擬美·韓條約第一款, 是否另用照會聲明, 希卽函知).

날짜 : 光緖八年四月十五日(1882년 5월 31일)

발신 : 總理衙門

수신 : 署理北洋大臣 張樹聲

四月十五日, 致署北洋通商大臣張樹聲夾單[詳見密檔].

浮籤 :「朝·美條約第一款之義, 是否另用照會聲明, 希函示由」.

4월 15일에 署理北洋通商大臣 張樹聲[129]에게 夾單[130]을 보냈다[상세한 내용은 密檔에 보인다].

첨부문서 : 朝·美條約 제1조의 내용을 따로 照會로 보내 밝혀야 하는지 서신으로 알려주기 바랍니다.

---

129) 장수성(張樹聲, 1824~1884)은 자가 진헌(振軒)으로 안휘성(安徽省) 합비(合肥) 출신으로 李鴻章이 거느리는 회군(淮軍)의 장령(將領)이었다. 1882년 李鴻章이 모친상을 당해 고향에 돌아가자 서리직예총독(署理直隷總督. 따라서 署理北洋通商大臣의 직함도 겸직)을 맡았는데, 조선이 壬午軍亂을 맞자 회군 오장경(吳長慶)이 부대를 이끌고 산동에서 조선으로 출병하게 하여 일본에 맞서게 하였다. 다음해 그는 양광총독(兩廣總督)의 자리로 다시 돌아갔다.

130) 협단(夾單)은 황제에게 주접을 올리거나 상관에게 보고할 때 본문에 넣기 어려운 내용을 따로 작성하여 끼워 넣은 문서를 말한다.

(44) 문서번호 : 2-1-1-44 (402, 580a)

사안 : 프랑스에서 대표를 조선에 보내 조약 체결을 논의할 것인데, 馬建忠이 모든 것을 도와주기를 바랍니다(法將派代表赴韓議約, 盼馬建忠一體襄助).

날짜 : 光緒八年四月十六日(1882년 6월 1일)

발신 : 프랑스 통역관 프랑뎅(Hippolyte Frandin)

수신 : 總理衙門

四月十六日, 法國繙譯官法蘭亭節畧稱 :

現今狄領事將至高麗國京都, 請高麗國家定明. 如若法國將美國與高麗新定和約之條款一概允許, 此約之內所有利益, 法國一律得沾. 高麗國京都, 現有中國官馬公建忠, 於定約之時, 已相助美國, 又將相助英國. 本大臣深願狄領事到高麗時, 馬建忠一同相助.

4월 16일에 프랑스 통역관 프랑뎅(Hippolyte Frandin, 法蘭亭)[131]이 다음과 같은 『節畧』을 보내왔다.

지금 딜롱(Charles Dillon)[132] 영사가 조선의 수도에 가서, 조선에게 [프랑스와의 조약 체결에 관한] 입장을 분명히 해줄 것을 요청하고자 합니다. 프랑스가 미국과 조선이 새로 체결한

131) 프랑뎅(Hippolyte Frandin, 法蘭亭, 1852~?)은 프랑스 외교관으로 1875년 중국에 와서 이후 통역으로 일하였고 1883~1884년에는 영사관의 업무를 대리하였다.

132) 딜롱(Charles Dillon, 狄隆, 狄龍, 1842~1889)은 프랑스 영사관으로 1861년 중국에 와서 1865~1870년에는 상해주재 수습 영사를 지냈고, 이후 천진 영사를 지냈다.

조약의 조항을 모두 승인한다면, 이 조약 내에 포함된 모든 이익을 프랑스도 일률적으로 누리게 될 것입니다. 조선의 수도에는 지금 중국 관원 馬建忠이 있어, 조약을 체결할 때 미국을 도와줬고, 또 영국도 도와줄 예정입니다. 본 大臣은 딜롱 영사가 조선에 도착할 때 馬建忠이 함께 도와주기를 깊이 바라고 있습니다.

(45) 문서번호 : 2-1-1-45 (403, 580b)

사안 : 프랑스에서 딜롱 領事를 조선에 파견하여 조약에 관하여 논의하고자 하는데, 馬建忠으로 하여금 잠시 그곳에 머물면서 중재하고 돌보아주게 할 것을 요청합니다(法派狄領事往韓議約, 請飭馬建忠暫住該地, 居間照料).

날짜 : 光緖八年四月十七日(1882년 6월 2일)

발신 : 總理衙門

수신 : 署理北洋大臣 張樹聲

四月十七日, 致署北洋大臣張樹聲函[詳見密檔].

浮籤 :「法國派狄領事往高麗議約, 請飭馬道建忠居間照料, 並暫駐高麗由」

4월 17일에 署理北洋大臣 張樹聲에게 다음과 같은 서신을 보냈다[상세한 내용은 密檔에 보인다].

첨부문서 : 프랑스에서 딜롱 領事를 조선으로 파견하여 조약에 관하여 논의하고자 하는데, 馬建忠 道臺로 하여금 잠시 머물면서 중재하고 돌보아주게 할 것을 요청합니다.

(46) 문서번호 : 2-1-1-46 (404, 581ε)

사안 : 朝·佛條約 체결 논의는 모두 미국과의 조약에 따라 처리하도록 이미 馬建忠에게 지시를 전달하여 간여하게 하였습니다(法·韓議約事悉照美約, 已轉飭馬建忠照料).

날짜 : 光緖八年四月十七日(1882년 6월 2일)

발신 : 總理衙門

수신 : 프랑스 공사 부레

四月十七日, 致法國公使寶海函稱：

十六日貴大臣來署, 談及法·高議換約一事, 現派狄領事前往, 囑爲函知張制軍轉飭照料. 等因. 現已由本衙門函致署北洋大臣, 法·高立約, 悉照美約, 不減不增不改, 囑其速爲函給馬道建忠, 居間照料一切矣. 專此函佈. 順頌日祉.

4월 17일에 프랑스 공사 부레(Fréderic Albert Bourée, 寶海)[133]에게 다음과 같은 서신을 보냈다.

16일에 귀 大臣께서 總理衙門에 오셔서 朝·佛條約 체결 및 교환문제를 언급하면서 현재 딜롱 領事를 조선에 보낼 것이니 張樹聲 서리 직예총독에게 서신을 보내 지시를 전달하여 도와줄 것을 요청하셨습니다. 현재 본 아문에서 이미 서리북양대신에게 서신을 보내, 조선·프랑스가 조약을 체결할 때 모두 미국과의 조약에 비추어 줄이지도 않고 늘리지도 고치지도 말고, 馬建忠 道臺가 중간에서 모든 것을 도와줄 수 있도록 속히 서신을 보내달라고 요청하였습니다. 이에 특별히 서신으로 알려드립니다. 복되시기를 빕니다.

---

133) 부레(Frédéric-Albert Bourée, 1836~1914)는 프랑스 외교관으로 1880~1883년 주중국 공사를 지냈다.

(47) 문서번호 : 2-1-1-47 (405, 581b)

사안 : 天津에서 조선문제를 처리한 내용이 프랑스의 본의가 아니므로, 따로 예전에 논의한 바에 따라 馬建忠 道臺에게 서신을 보내고, 윤선을 조선에 보내 수습을 도와줄 것을 프랑스 공사 부레가 요청해왔습니다(天津辦理朝鮮之事, 非法本意, 請另照昨議, 致函馬道臺, 派輪送往, 以資補救).

날짜 : 光緖八年四月十九日(1882년 6월 4일)

발신 : 프랑스 공사 부레

수신 : 總理衙門

四月十九日, 法國公使寶海函稱 :

今日半午置貴衙門總辦到署, 所言天津辦理朝鮮之事, 本大臣可見其紊亂, 皆因威大臣擅行代爲商議. 因此張制軍所交狄領事之函, 其意並非本大臣日前請貴署囑爲函達張制軍辦理之意. 本大臣查現在此事已亂, 當用何法辦妥? 其法乃再請張制軍, 按照日昨所接總署之函, 與馬道臺建忠再作一函, 其函請張制軍專派輪船, 直達朝鮮, 交給馬道. 如船開時, 可將本大臣給狄領事各信函, 請爲帶去交給現在朝鮮之狄領事. 其函因狄領事起程甚速, 故爾遲遲. 本大臣所請貴國國家如此辦理, 皆因我兩國友誼和好起見. 若貴國能如此相助辦理, 實乃貴國友誼篤厚盡力之據也. 設或不能如此辦理, 然與法國大有防礙, 較之別國, 辦理朝鮮通商一事甚遲, 而貴國亦所不願也. 專泐. 順頌日祉.

4월 19일에 프랑스 공사 부레가 다음과 같은 서신을 보내왔다.

오늘 정오 무렵에 귀 아문 總辦이 본 공사에게 와서, 天津에서 조선에 관한 문제를 처리한 바를 이야기하였습니다. 본 공사는 그 처리가 상당히 문란한 것임을 알 수 있었는데, 이것은 모두 영국의 웨이드 공사가 멋대로 대신 상의하였기 때문입니다. 따라서 張樹聲 서리직예총독이 딜롱 영사에게 보낸 서신의 내용은 본 공사가 일전에 귀 아문에 張樹聲 총독께 전달하여 처리해달라고 한 것이 결코 아니었습니다. 본 공사가 살펴보건대, 지금 이 문제는 이미 처리가 혼란스러워졌으므로, 마땅히 무슨 방법을 써서 적절히 처리해야 하지 않겠습니까? 그 방법이란 張樹聲 총독에게 다시 요청하여, 이전에 總理衙門에서 받았던 서신 내용에 따라 馬建忠 道臺에게 보내는 서신을 다시 작성하고, 따로 윤선을 조선에 보내 직접 馬建忠 道臺에게 건네주는 것입니다. 그리고 선박이 출발할 때, 본 공사가 딜롱 영사에게 보내는 서신도 함께 가져가서, 지금 조선에 있는 딜롱 영사에게 건네줄 수 있을 것입니다. 그 서신은 딜롱 영사가 너무 빨리 떠났기 때문에 늦어진 것입니다. 본 공사가 귀국 정부에 이와 같이 처리해달라고 요청하는 것은, 모두 우리 두 나라의 우의와 화목을 위해서입니다. 만약에 귀국이 이렇게 협조하여 처리해주실 수 있다면, 실로 귀국의 우의가 돈독하고 최선을 다했다는 증거가 될 것입니다. 만약에 이와 같이 처리해주실 수 없다면, 프랑스에게는 큰 장애가 되고 다른 나라에 비하여 조선과의 통상을 처리하는 사안이 너무 늦어지게 되는데, 이것은 귀국으로서도 역시 원하지 않는 바일 것입니다. 이에 특별히 서신을 보냅니다. 복되시기를 빕니다.

(48) 문서번호 : 2-1-1-48 (406, 582a)

사안 : 서신을 보내 朝·佛條約 체결문제를 설명하고, 아울러 부레의 서신을 전달합니다(函述辦理法韓議約各情, 竝轉寄寶海函件).

날짜 : 光緖八年四月十九日(1882년 6월 4일)

발신 : 總理衙門

수신 : 署理北洋大臣 張樹聲

四月十九日, 致署北洋大臣張樹聲函[詳見密檔].

浮籤 : 「函敍法朝約事辦法, 並轉寄寶使信函由」.

4월 19일에 署理北洋大臣 張樹聲에게 다음과 같은 서신을 보냈다[상세한 내용은 密檔에 보인다].

첨부문서 : 서신을 보내 朝·佛條約 체결문제를 설명하고, 아울러 부레의 서신을 전달합니다.

(49) 문서번호 : 2-1-1-49 (407, 582b)

사안 : 확인에 필요한 증명서를 서신으로 [總理衙門에] 보내니, 張樹聲 총독에게 전달하여 [그가 이것을 가지고] 天津의 프랑스영사처에 가서 확인할 것을 요청합니다(函送取信憑據, 請轉致張制軍, 到天津法領事處取信)

날짜 : 光緒八年四月十九日(1882년 6월 4일)

발신 : 프랑스 통역관 프랑뎅

수신 : 總理衙門

四月十九日, 法國繙譯官法蘭亭函稱 :

本署正使適至貴署面談一事, 今特繕寫憑據一紙, 函送貴總辦查收, 函致張制軍, 到天津時, 持此憑據, 至天津領事府取信. 祈速寄爲禱. 專泐, 順頌日祉.

4월 19일에 프랑스 통역관 프랑뎅이 다음과 같은 서신을 보내왔다.

본 프랑스 서리공사가 귀 아문에 가서 면담한 문제에 관하여 지금 특별히 증명서 한 통을 정서한 다음 귀 總辦께 서신으로 보내니 검토하여 받아보신 다음, 張樹聲 총독에게 서신으로 전달하여, 그가 天津의 프랑스領事府로 가서 확인하게 하면 될 것입니다. 부디 신속히 부쳐주시기를 바랍니다. 이에 특별히 서신을 보냅니다. 복되시기 바랍니다.

(50) 문서번호 : 2-1-1-50 (408, 583a)

사안 : 영국의 웨이드 공사와 함께 朝·佛條約 체결문제를 논의한 내용에 대해 서신으로 설명을 하고, 아울러 그 『문답절략』을 초록하여 보냅니다(函述與英威使議論法韓議約各節, 竝鈔送問答節略).

날짜 : 光緖八年四月十九日(1882년 6월 4일)

발신 : 署理北洋大臣 張樹聲

수신 : 總理衙門

四月十九日, 署北洋大臣張樹聲函[詳見密檔].

浮籤 :「函述與威使議論朝鮮法換約各節, 鈔錄問答節略呈閱由」.

4월 19일에 署理北洋大臣 張樹聲이 다음과 같은 서신을 보내왔다[상세한 내용은 密檔에 보인다].

첨부문서 : 영국의 웨이드 공사와 함께 朝·佛條約 체결문제를 논의한 내용에 대해 서신으로 설명을 하고, 아울러 그 『문답절략』을 초록하여 보냅니다.

(51) 문서번호 : 2-1-1-51 (409, 583b)

사안 : 朝·佛條約 체결문제에 대해 따로 선박을 브내 프랑스 공사 부레가 딜롱 영사에게 보내는 각 서신을 전달해줄 것을 요청합니다(法韓議約事, 另請專船送達法使寶海寄狄領事各信函).

날짜 : 光緖八年四月十九日(1882년 6월 4일)

발신 : 프랑스 통역관 프랑뎅

수신 : 總理衙門

四月十九日, 法國繙譯官法蘭亭節畧稱 :

現在寶大臣意欲將同貴衙門商定本意, 由張制臺直達至現朝鮮之馬道臺建忠遵辦. 今應迅卽專派船支, 迅卽前往, 將此信速寄狄領事. 因法國兵船開行速快, 故立卽起程, 恐此信發在狄領事起程之后. 且狄領事速往者, 恐馬道臺回旋中國. 貴衙門均以爲然, 專派船支速往時, 應在天津法國領事衙門, 將寶大臣寄狄領事各信函, 一併寄往. 是爲妥妙.

4월 19일에 프랑스 통역관 프랑뎅이 다음과 같은 『節畧』을 보내왔다.

현재 부레 공사는 귀 아문과 함께 논의한 원래 내용을 張樹聲 총독을 통해 직접 지금 조선에 있는 馬建忠 道臺에게 보내서 그에 따라 처리하게 하기를 바랍니다. 지금 신속히 따로 선박을 지정하고 신속히 파견함으로써, 이 서신을 딜롱 영사에게 속히 부쳐야 합니다. 프랑스 군함은 운항 속도가 빠르기 때문에 곧바로 출발해야 할 것입니다. 이 서신이 딜롱 영사가 출발한 후에나 보내질까 두렵기 때문입니다. 게다가 딜롱 영사가 서둘러 간 것은 馬建忠 道臺가 중국으로 돌아올까도 염려해서였습니다. 귀 아문에서도 이점을 모두 수긍하신다면, 따로 선박을 지정하여 신속히 보낼 때, 天津의 프랑스영사아문에서 부레 공사가 딜롱 영사에게 부치는 각 서신도 함께 가지고 가 주시는 편이 적절할 것 같습니다.

(52) 문서번호 : 2-1-1-52 (410, 584ε)

사안 : 朝·佛條約 체결문제에 관하여 이미 張樹聲 총독에게 서신을 보냈고, 아울러 上海道臺에게도 선박을 준비하여 서신을 전달할 것을 전보로 통지하였습니다(法韓議約事, 已照函張制軍, 竝已電知上海道備船送信).

날짜 : 光緖八年四月二十日(1882년 6월 5일)

발신 : 總理衙門

수신 : 프랑스 공사 부레

四月二十日, 致法國公使寶海函稱：

十八日, 准貴大臣函稱：

天津辦理朝鮮之事, 並非日前囑爲函達之意. 現在此事已亂, 當有法辦妥. 再請函致張制軍, 按照日昨所接總署之函, 與馬道再作一函, 並請專派輪船, 直達朝鮮交給馬道. 船開時, 可將本大臣給狄領事各信函, 帶去交給.

等因. 並法正使函送取信憑據一紙前來. 此事, 本大臣等已將貴大臣辦理之意, 函知張制軍寄信馬道, 並附憑據一函, 囑其飭員持向領事衙門, 取回貴大臣前信, 附入馬道信中, 令其轉交狄領事. 至專派輪船一節, 此事甚不易辦. 實因天津現刻無船可撥, 本衙門現已由電達知上海道, 囑其速備兵船一號, 駛至山東煙臺, 約定在東海關道署等信. 俟張大人信到時, 卽交該船, 駛赴高麗, 諒不至有延緩也. 專此奉布. 順頌日祉.

4월 20일에 프랑스 공사 부레에게 다음과 같은 서신을 보냈다.

18일에 귀 공사의 다음과 같은 서신을 받았습니다.

> 天津에서 조선문제를 처리한 사안은 결코 저희가 일전에 서신으로 부탁드린 뜻과 일치하지 않습니다. 지금 이 사안은 이미 처리가 잘못되었으므로 마땅히 적절히 처리할 방법이 있어야 합니다. 따라서 다시 張樹聲 총독에게 서신을 보내어 다시 요청하니, 예전에 받은 總理衙門 서신의 내용에 비추어, 馬建忠 道臺에게 다시 서신을 보내주시는데, 아울러 윤선을 따로 보내 조선에 있는 馬建忠 道臺에게 직접 전달하여 주십시오. 배가 출발할 때 본 공사가 딜롱 영사에게 보내는 서신들도 함께 가져가 건네주실 것도 함께 요청합니다.

아울러 프랑스 공사가 서신으로 보냈다는 증명서 한 장도 함께 도착하였습니다. 이 사안에 대해서 본 대신은 귀 공사가 처리하고자 하는 뜻을 이미 張樹聲 총독에게 서신으로 알려 馬建忠 道臺에게 서신을 부치라고 하였습니다. 아울러 첨부된 증빙서 한 통도 관원을 시켜 이를 갖고 프랑스영사아문에 가서 귀 공사의 이전 서신을 되받아 馬建忠 道臺에게 보내는 서신 안에 집어넣어 딜롱 영사에게 전해주도록 하였습니다. 별도로 윤선을 보내는 문제는 정말로 처리하기 쉽지 않습니다. 실제 天津에는 지금 동원할 수 있는 배가 없기 때문에, 본 아문에서는 이미 전보로 上海道臺에 통지하여, 신속히 군함 한 척을 준비하여 山東의 煙臺로 가서 東海關道 아문에서 서신을 기다리라고 지시하였습니다. 張樹聲 大人의 서신이 도착하면, 곧바로 넘겨주어 조선으로 신속히 전달되게 함으로써, 조금이라도 지연되는 일이 없도록 할 것입니다. 이에 특별히 서신을 보냅니다. 복되시길 빕니다.

(53) 문서번호 : 2-1-1-53 (411, 584b)

사안 : [미국이] 조선과 교환한 조약의 초본을 보내주실 것을 서신으로 요청합니다(函請發給與朝鮮換約鈔本).

날짜 : 光緒八年四月二十日(1882년 6월 5일)

발신 : 러시아 통역관 포포프

수신 : 總理衙門

四月二十日, 俄[美?]國繙譯柏百福函[詳見出使檔].

浮籤 : 「函請給發與朝鮮換約抄本由」.

4월 20일 러시아 통역관 포포프[134]의 서신[상세한 내용은 出使檔에 보인다].

첨부문서 : [미국이] 조선과 교환한 조약의 초본을 보내주실 것을 서신으로 요청합니다.

134) 포포프(Pavel Stepanovich Popov 또는 Popoff, 柏百福, 1842~1913)는 러시아의 외교관·한학가이다. 1870년 대학 졸업 후 외교부로 들어갔고, 뒤이어 중국에서 파견되어 번역으로 일하다가 1886년 주북경 총영사가 되었으며, 1902년 퇴임하고 귀국하였다.

(54) 문서번호 : 2-1-1-54 (412, 585a)

사안 : 朝·露條約 체결 논의에서 육로 왕래에 관련된 부분은 응당 따로 관원을 파견하여 접경지역에서 상의하도록 해야 할 것입니다(俄韓議約有關陸路往來各節, 應另行派員至交界商辦).

날짜 : 光緖八年四月二十日(1882년 6월 5일)

발신 : 러시아 공사 뷰초프

수신 : 總理衙門

四月二十日, 俄國公使布策函稱:

四月初六日, 高麗與美國已立和約, 是高麗與各國往來窒礙之處, 於晤面時曾經貴大臣所言及者, 現已免去矣. 此次高麗與美國所定條約, 本大臣視爲妥愜, 曾已告知貴大臣, 想本國亦可將相同之章列入俄與高麗和約之內. 惟因此約之本意, 原應其與高麗只能由海路往來各國之用, 故疆土接壤如俄國、高麗兩邦往來, 所應定議之各節, 自不能載焉. 是以此約不敷兩國之用, 而欲互相往來, 歸於妥協, 視兩國裨益, 必須彼此所定之約, 將其各邊界事宜, 亦涵入其中. 惟議定此項事宜, 須於地方情形、邊界往來各節, 熟悉諳達. 故於附邊之處, 就近商辦一切, 較爲合宜. 若貴大臣將此意達知高麗政府, 俾得與其訂於俄與高麗附近何處, 以及何時商議, 則本大臣實爲感謝. 此啟. 並候刻佳.

4월 20일 러시아 공사 뷰초프(Eugéne de Butzow)[135]가 다음과 같은 서신을 보내왔다.

135) 뷰초프(Eugéne de Butzow, 布策)는 러시아 외교관으로 1869~1870년 중국에서 근무하였고, 1872년 주일본 대리공사, 1974~1978년 주중국 공사를 지냈다.

4월 6일 조선과 미국이 조약을 맺었으니, 조선과 각국의 왕래에 방해가 되는 부분은 전에 만났을 때 귀 대신께서 말씀하신 바이지만 지금은 이미 사라졌습니다. 이번에 조선과 미국이 체결한 조약은 본 대신이 보기에 매우 적절하며, 저희 본국도 역시 그러한 내용의 조항을 朝·露條約 안에 삽입하기를 바란다고 일찍이 귀 대신께 말씀드린 바 있습니다. 다만, 이 조약의 원래 취지가 해로를 통해서만 조선과 왕래할 수 있는 여러 나라들에 적용하기 위한 것이었기 때문에, 러시아와 조선처럼 영토가 접해 있는 두 나라 사이를 왕래하는 경우에 규정해야 할 각 조항들은 포함될 수 없었습니다. 그리하여 이 조약은 [조선과 러시아] 두 나라 사이에는 적합하지 않으며, 서로 왕래하는 것을 적절히 규정하여 양국에 보탬이 되게 하고자 한다면, 반드시 양국 사이에 체결하는 조약의 변경에 관한 사안도 포함시켜야 합니다. 다만, 이 사안을 논의하여 결정하기 위해서는 반드시 지방 상황과 변경 왕래 등의 내용에 관하여 숙지해야 합니다. 따라서 변경 근처에서 함께 모든 사안에 대하여 상의하는 것이 비교적 적합할 것 같습니다. 만약 귀 대신께서 이러한 뜻을 조선정부에 알리시어, 러시아와 조선 부근의 어느 곳에서 언제 상의할지 그들과 정해주신다면, 본 대신으로서는 실로 감사할 것입니다. 이상의 내용을 아룁니다. 아울러 평안하시기를 기원합니다.[36)]

136) 원문의 '병후(並候)'는 서신용어로 말미에 상대방의 건강이나 행복 등을 빌 때로 사용한다. 각가(刻佳)는 아마 아주 좋다는 뜻으로 보인다.

(55) 문서번호 : 2-1-1-55 (413, 585b-587b)

사안 : 1. 朝·美條約 체결이 마무리되었으며, 英·朝條約도 미국과의 조약에 비추어 정하고자 합니다(美韓議約完竣, 英韓卽可照美約定擬).

2. 이미 馬建忠에게 지시하여, 諭旨에 따라 조선에 잠시 더 머물면서 朝·佛條約 체결을 돕도록 하였습니다(已囑馬建忠遵旨暫駐朝鮮襄助法韓議約).

첨부문서 : 1. 「馬建忠이 李鴻章에게 올리는 서신(馬建忠稟少荃中堂函)」: 朝·美條約 체결이 마무리되었으며, 영국도 그에 비추어 조선과 조약을 체결하는 데 동의하였습니다(美韓議約事竣, 英允照式與韓議約).

날짜 : 光緒八年四月二十日(1882년 6월 5일)

발신 : 署理北洋大臣 張樹聲

수신 : 總理衙門

四月二十日, 署北洋大臣張樹聲函稱：

朝·美議約已定, 訂期會集畫押各節, 業於十七日, 專函馳達鈞覽. 本日接馬道建忠稟少荃中堂函, 據稱：

初六日, 美、高兩國使臣, 在近岸濟物浦, 支立帳房, 會集畫押, 當將朝鮮國王照會與國書條約並交美使. 美卽於初八日, 起椗歸國. 英國使臣韋力士, 已乘兵船駛至, 大約一切, 可照美約定擬.

等因. 惟現定條約, 尚未據該道寄到. 除俟專摺詳晰奏報, 並將馬道節次『日記』、『筆談』錄呈鈞署外, 謹先將馬道原稟照錄馳布, 仰慰藎廑. 專肅. 恭敬崇安. 樹聲謹肅.

敬再肅者：

昨日奉直字六百二十七號鈞函抄件，祇悉一一．法國與朝鮮議約一事，亦明知必難與他國兩歧．因少荃中堂極言："法人專重傳教，而朝人深疚洋教，恐致扞格．且賓使旣未親到津門面議，亦未作函相託，不得不小作節次，以昭詳慎．" 玆蒙垂示機宜，慮周見遠．業經卽日鈔錄鈞函，轉致馬道，寄至煙臺，覓便船遞去，屬其遵照指示，妥爲辦理．並屬其暫行留駐，勿遽西返矣．肅復．再敬鈞祺．

敬附肅者：

再誦另示，並抄寄粵字二百九十九號信函，謹聆種切．鈞署致澤生、中亞公文一角，亦已卽日交招商局船速遞矣．再請崇安．

照錄「清摺」：

1. 照錄「馬道建忠稟少荃中堂函」

敬稟者：

竊忠於本月初四日肅泐寸稟，並『日記』、『筆談』、照會稿各件，交鎭海兵船賚送回津，諒早上塵鈞鑒矣．旋於初六日美、高兩國使臣，在近岸濟物浦支立帳房，會集畫押．當將朝鮮國王照會與國書條約並交美使，美使卽於初八日起椗歸國．忠亦於是日，偕丁提督同赴漢城，初十日見朝鮮國王，於便殿行賓主禮．十一日申刻回舟，則英國使臣韋力士已乘兵船，於是午駛至漢江口，傍我舟下椗．忠登舟后，韋使尋遣其參贊懋德，來詢行期．告以明日起椗，遂乃般般挽留，囑爲介紹，並出交憲臺鈞劄．莊誦之餘，祇領壹是，卽夕本書中大意，作函飛佈朝鮮申、金二使，令其轉達國王，妥速計議．嗣復與韋使論及約稿第一條，韋使謂："威使在津與中堂言明，一切條約均照美國辦理．至朝鮮爲中國屬邦，素奉中國爲主，美國如何辦理，英國亦應照辦，若必列入約內，則未奉本國電復，斷難擅自允行．" 忠因思條約僅兩國使臣所擬，照會則由朝鮮國王向英國君主自行聲明, 似樹義尤覺正大. 且此條美國旣不允列入約內, 使英國允之, 不特於平行有礙, 亦且將貽笑墨洲, 其意斷難聽從. 計不如仍依美國成例, 令朝鮮國王於議約前, 先備照會聲明.
而朝鮮國王亦甚欲約事速成, 卽於十三日派兵曹尚書趙寗夏爲大官, 經理機務事金宏集爲副官, 來與英使會議. 今午登舟來謁, 遂與同赴英舶, 與韋使相見. 韋使初膺使命, 諸務未諳, 狐疑特甚, 云美約畧舉大綱, 似涉掛漏, 擬從中添註數條, 以期周密. 忠告以此係初次立約, 僅能畧舉大綱, 俟五年后, 從此交誼審熟, 乃可商酌損益, 向來各國立約, 均係如此. 因爲之反復開陳, 其參贊懋德亦明決善斷, 復從旁代爲剖悉, 於是韋使乃無異言. 大約一切可照美約定擬, 惟須俟英國繙譯官到來, 便可擇期畫押.
玆因憲旌卽發, 隨后上稟, 必須多費時日, 或致重勞鈞注周持. 將英·高議約情形, 先行具稟, 附以『筆談』一冊, 今揚威快船賫至煙臺, 途次探投, 並令就便添備火食. 『日記』則以總促不及備錄, 俟隨后續呈. 專肅具稟. 恭叩崇祺. 伏乞垂鑒.
職道馬建忠 謹稟.

4월 20일, 署理北洋大臣 張樹聲이 다음과 같은 서신을 보내왔다.

朝·美條約 체결 논의가 이미 마무리되었고, 날짜를 정하여 모여서 서명하는 일에 대해서는 열람하실 수 있도록 17일에 이미 따로 서신으로 올린 바 있습니다. 오늘 馬建忠 道臺가 李中堂大人께 올리는 서신을 받았는데, 그 내용은 다음과 같습니다.

6일에 미국·조선 양국 사절이 연안 제물포에서 천막을 세우고 만나 서명을 하였으며, 이때 조선 국왕의 照會와 國書條約을 모두 미국사절에게 넘겨주었습니다. 미국 측은 곧바로 8일에 출항하여 귀국하였습니다. 영국사절 윌리스(George O. Willes)[137] 해군제독이 이미 군함을 타고 도착했는데, 대략 모든 것을 미국과의 조약에 비추어 정하도록 하겠습니다.

다만, 현재 정해진 朝·美條約에 대해 아직 馬 道臺가 보낸 문건을 받지 못하였습니다. 도착하

137) 윌리스(Sir George Omancy Willes, 韋力士, 1823~1901)는 영국 해군제독으로 아편전쟁에도 참여하였다. 1881~1884년 영국의 주중국 함대사령관을 맡았으며, 1882년에는 영국정부를 대표하여 조선에서 조·영조약을 체결하였으나, 이 조약은 영국에서 비준을 받지 못하였다.

기를 기다려 따로 奏摺으로 갖추어 상세히 아뢰고, 馬 道臺가 차례로 기록한 『일기』와 『필담』 등도 초록하여 귀 부서에 올리는 것 외에, 먼저 삼가 馬 道臺의 원 보고문을 초록하여 신속히 보내니 살펴보시기 바랍니다. 이상입니다. 삼가 평안하시기를 삼가 기원합니다. 張樹聲이 삼가 보냅니다.

삼가 재차 서신을 보냅니다 :
어제 귀 總理衙門의 直字 627號 서신 초록을 받고, 하나하나 자세히 살펴보았습니다. 朝·佛條約 체결 논의 사안 역시 다른 나라들과 달리 하기는 어렵다는 것을 잘 알고 있습니다. 그런데 李 中堂大人께서 "프랑스인들은 선교를 중시하는데, 조선인들은 기독교를 심히 경계하고 있으니, 의견충돌이 생길까 심히 우려됩니다. 게다가 부레 공사가 직접 天津 아문으로 와서 면담한 것도 아니고 따로 서신을 보내 부탁한 것도 아니니, 부득불 절차를 지키면서 신중하게 임할 수밖에 없습니다"라고 아주 당부하신 바 있습니다. 지금 이번에 시의적절한 심모원려의 지시를 내려주셨으니, 곧바로 귀 總理衙門의 서신을 초록하여 馬建忠 道臺에게 전달하도록 하였으며, 서신을 일단 煙臺로 보내서 그곳에서 편리한 배편을 찾아 발송함으로써, 馬 道臺가 지시에 따라 적절히 처리하도록 요청하였습니다. 아울러 그로 하여금 곧바로 西行하여 귀국하지 말고, 잠시 더 머무르도록 하였습니다. 재차 서신을 보냅니다. 삼가 복되시기 다시 기원합니다.

삼가 추가로 첨부합니다 :
다시 별도의 지시를 내려주시기를 여쭈오며, 아울러 粵字 299號 서신을 초록하여 보내오니, 모든 것을 삼가 따르겠습니다. 總理衙門에서 澤生, 中亟[138]에게 보내는 공문은 역시 이미 그날 곧바로 招商局 선편으로 신속히 부쳤습니다. 평안하시기를 재차 기원합니다.

138) 택생(澤生), 중극(中亟)은 누구의 별칭인지 확인하기 어렵다.

첨부문서 :

1.「馬建忠이 李鴻章에게 올리는 서신」 초록

삼가 아룁니다. 제가 이번 달 4일 삼가 서신을 작성하여,『일기』와『필담』및 照會 원고 각 건과 함께 鎮海船에 넘겨주어 天津으로 보냈으니, 이미 열람하셨을 것으로 압니다. 바로 뒤인 6일에 미국·조선 양국 사절이 해안 근처의 濟物浦에 장막을 치고 만나 조약문에 서명하였습니다. 이때 조선 국왕의 照會와 國書條約을 모두 미국사절에게 건네주었고, 미국사절은 곧바로 8일에 출항하여 귀국길에 올랐습니다. 저도 이날 丁汝昌 제독과 함께 漢城으로 출발하였고, 10일에 조선 국왕을 알현하여 便殿에서 賓主之禮를 행하였습니다. 11일 申時에 배로 돌아왔는데, 영국사절 윌리스 제독이 이미 군함을 타고 이날 午時에 한강 입구에 도착하여 저희 배 옆에 정박하였습니다. 제가 배에 오른 뒤 윌리스는 參贊 마우드(Charies Thomas Maude)[139]를 보내와서는 제 출발 일정을 물었습니다. 다음날 출항한다고 알려주자, 그는 간절히 만류하며, 조선과의 사이에서 중재해 줄 것을 부탁하면서 아울러 大人의 서신을 제게 건네주었습니다. 엄숙히 읽어보고 하나같이 기억한 다음 곧바로 저녁에 글 속의 뜻을 서신으로 작성하여 조선의 申櫶[140]·金宏集 두 사절에게 신속히 보내 그들로 하여금 조선 국왕에게 전달하여 적절하

---

139) 마우드(Charies Thomas Maude, 懋德)는 영국 외교관으로 1880~1884년 주중국 공사관의 이등참찬(二等參贊)으로 일하였고, 1882년에는 조선에 파견되어 해군제독 윌리스와 함께 조·영조약의 체결을 도왔다.

140) 신헌(申櫶, 1810~1884)은 조선후기의 무신으로 자는 국빈(國賓), 호는 위당(威堂)·금당(琴堂)·동양(東陽)·우석(于石) 등이다. 전형적인 무관가문에서 태어났는데 실학자인 정약용(丁若鏞)·김정희(金正喜) 문하에서 다양한 학문을 수학하여 무관이면서도 독특한 학문적 소양을 쌓아 유장(儒將)이라 불리기도 하였다. 또 개화파 강위(薑瑋)·박규수(朴珪壽) 등과 폭넓게 교유하였다. 1828년부터 무과에 급제하면서 관직을 시작하여 순조·헌종·철종·고종조에 걸쳐 중요 무반직을 두루 역임하였다. 고종 초기에도 대원군의 신임을 받아 형조·병조·공조판서를 역임하였다. 1866년 병인양요 때에는 총융사(摠戎使)로 강화의 염창(鹽倉)을 수비하였고, 1874년 진무사(鎭撫使)에 임명되자 강화도의 전략적 중요성을 인식하여 광성(廣城)·덕진(德津)·초지(草芝) 3진(鎭)에 포대를 구축하였다. 운양호(雲揚號) 사건 이듬해인 1876년에는 판중추부사로 전관대관(全權大官)에 임명되어 강화도에서 일본의 전권변리대신(全權辨理大臣) 구로다 키요타카(黑田淸隆)와 협상을 벌여 강화도조약을 체결, 조선의 개항에 중요한 임무를 수행하였다. 이때의 협상 전말을『심행일기(沁行日記)』라는 기록으로 남겼다. 1882년에는 경리통리기무아문사(經理統理機務衙門事)로 역시 전권대관이 되어 미국의 슈펠트(Shufeldt, R.W.)와 조미수호조약을 체결하였다.

고 신속하게 논의하라고 하였습니다.

그리고 곧이어 윌리스와 다시 조약문 초안 제1조이 대해서 논의했는데, 윌리스는 다음과 같이 이야기하였습니다. "웨이드 공사가 天津에서 李 中堂大人과 함께 조약 일체는 모두 미국 사례에 비추어 처리하기로 분명히 이야기하였습니다. 조선은 중국의 屬邦이며 평소부터 중국을 상국으로 섬겨왔으므로, 미국이 어떻게 처리했느냐에 따라, 영국 또한 마땅히 그대로 따를 것이지만, 만약 반드시 조약문 안에 기입해야 한다면 아직 본국의 회신 전보를 받지 못했기 때문에 이를 함부로 수용하기는 어렵습니다." 생각하건대, 조약은 오직 양국 사신이 마련한 것이고, 照會는 조선 국왕이 영국 군주에게 보내 스스로 밝히는 것이므로, 이 방법이 뜻을 더욱 분명하고 올바르게 세울 수 있을 것 같습니다. 게다가 이번 조약에서 미국은 그 내용을 조약문 안에 기입하는 것을 거부하였으므로, 영국에게만 이를 수용하게 한다면, 평행관계를 유지하는 데 지장을 초래할 뿐만 아니라, 아울러 미국에서 웃음거리가 될 터이니,[141] 이러한 뜻은 실로 따르기 어렵습니다. 미국 사례에서와 마찬가지로, 조약 체결 전에 조선 국왕에게 지시하여, 먼저 照會를 보내 밝히게 하는 것이 더 나을 것 같습니다.

조선 국왕 또한 조약 체결이 신속히 이루어지기를 희망하여, 13일에 兵曹判書 趙甯夏[142]를 大官으로, 經理機務事 金宏集을 副官으로 삼아 보내와, 영국사절들과 함께 논의하게 하였습니다. 이들은 오늘 午時에 저를 만나러 배로 왔고, 결국 함께 영국 선박으로 가서 윌리스와 만났습니다. 윌리스는 임무를 처음 맡아 여러 업무에 익숙하지 못하였고 특히 의심도 많아서, 朝·美條約은 대강만을 간략히 열거한 것이라 누락되는 것이 있으니, 몇 개 조항을 추가하여 보다 세밀하게 하겠다고 하였습니다. 저는 그에게 이번은 처음 조약을 체결하는 것이므로 대강의 내용만을 간략히 열거할 수 있을 뿐이고, 5년이 지나 양국 교류가 두터워지고 이해가 깊어졌을 때 비로소 조약문의 수정을 논의할 수 있으며, 종래 각국이 조약을 체결할 때 모두

---

141) 원문의 묵주(墨洲)는 멕시코 등이 있는 신대륙, 즉 아메리카를 가리키는 것으로 보인다.

142) 조영하(趙寧夏, 1845~1884)는 자가 기삼(箕三), 호가 혜인(惠人)으로 신정왕후(神貞王后) 조대비의 조카이다. 1863년(철종 14) 정시문과에 병과로 급제한 이후 통리기무아문당상, 독판군국사무, 공조판서, 지중추부사 등을 지냈다. 1873년 민승호(閔升鎬) 등 민씨 척족과 결탁하여 대원군세력 축출에 앞장섰으며, 1882년 전권대관(全權大官)으로 일본의 변리공사(辨理公使) 하나부사(花房義質)와 조·미수호조약 체결 예비교섭 차 인천에 도착한 마건충(馬建忠)과도 접견하였다. 이후 대청외교의 사무를 전담하면서 관세·외교 담당고문으로 독일인 묄렌도르프(Mollendorf, P. G. von)를 초빙, 입국하게 하였고, 청과 조·청상민수륙무역장정(朝淸商民水陸貿易章程)을 체결하였는데, 갑신정변 때 피살당하였다.

이렇게 하였다고 알려주었습니다. 이 때문에 거듭하여 그에게 반복하여 설명하였는데, 그 參贊 마우드가 사리판단이 정확하여 옆에서 대신 설명해주자, 이에 윌리스도 다른 말을 하지 않게 되었습니다. 모든 것은 朝·美條約에 비추어 결정하기로 하였으며, 다만 영국 통역관이 도착할 때까지 기다렸다가 날짜를 정하여 서명하기로 하였습니다.

이번에 대인께서 곧 출발하실 터라 그 뒤에 보고를 올리면 분명히 시일이 많이 걸릴 것이며, 거듭 주의를 기울이시는 수고를 끼쳐드리게 될 수도 있으므로, 우선 영국과 조선이 조약 체결에 관하여 논의한 상황을 먼저 보고 드리고, 『필담절략』 한 책을 첨부하여, 지금 쾌속선 揚威號를 통해 煙臺로 보내서 도중에 찾아서 전달해드리게 하고, 아울러 그 김에 연료와 식량을 보충하게 하였습니다. 『일기』는 아직 촉박하여 제대로 정리하지 못했으며, 나중에 이어서 올리겠습니다. 정중히 아룁니다. 삼가 엎드려 복을 기원합니다. 열람해주실 것을 엎드려 바랍니다.

(56) 문서번호 : 2-1-1-56 (414, 588ε)

사안 : [프랑스 공사 부레가] 朝·佛條約문제를 처리해준 것에 대하여 서신을 보내 감사의 뜻을 표하였다(函謝處理法韓議約事).

날짜 : 光緖八年四月二十一日(1882년 6월 6일)

발신 : 프랑스 공사 부레

수신 : 總理衙門

四月二十一日, 法國公使寶海函稱 :

昨接復函內稱 :

函知張制軍寄信馬道, 並取本大臣前信, 令轉交狄領事. 已由電達知上海道, 囑其速備兵船, 駛至煙臺, 在東海關道署等信, 俟張大人信到, 卽交駛赴高麗, 諒不至延緩也.

等因. 本大臣曷勝紉佩? 諸位大臣飭辦速妥. 且本國得悉, 欣慰之至, 此我兩國友誼篤厚之實據也. 從茲和好, 情意日重一日, 應專泐函致謝. 兼頌日祉.

4월 21일에 프랑스 공사 부레가 다음과 같은 서신을 보내왔다.

어제 회신을 받았는데, 그 내용은 다음과 같았습니다.

馬建忠 道臺에게 서신을 보내고, 아울러 본 공사의 이전 서신도 함께 딜롱 영사에게 전해달라고 張樹聲 총독에게 서신을 보내 알렸습니다. 이미 전보로 上海道臺에게 통지하여, 신속히 군함을 준비하여 煙臺로 가서 東海關道의 아문에서 서신을 기다렸다가, 張樹聲 大人의 서신이 도착하면 곧바로 넘겨주어 조선으로 출항하게 함으로써, 조금이라도 지연되는 일이 없도록 하라고 지시하였습니다.

본 공사가 여러 대신들께서 신속하고 적절하게 처리해주신 것에 대해서 어찌 그 은혜를 마음 깊이 새기지 않을 수 있겠습니까? 게다가 저희 본국에서도 이를 알고 매우 기뻐하고 있으니, 이는 우리 양국의 우의가 돈독하다는 실질적인 증거입니다. 이후로 화목하게 지내 정의가 나날이 두터워질 것이니, 마땅히 삼가 서신을 작성하여 감사의 뜻을 표시해야 할 것입니다. 아울러 복되시기를 빕니다.

(57) 문서번호 : 2-1-1-57 (415, 588b)

사안 : 朝·佛條約 체결문제에 관하여 이미 上海道臺에게 지시하여 서신에 따라 처리하도록 하고, 프랑스 공사가 딜롱 영사에게 보내는 서신은 그것을 전달하기 위한 선박을 보내 馬建忠에게 전달하게 하였습니다(法韓議約事, 已電致上海道照辦函稿及法使致狄領事函交專船寄投馬建忠).

날짜 : 光緒八年四月二十二日(1882년 6월 7일)

발신 : 署理北洋大臣 張樹聲

수신 : 總理衙門

四月二十二日, 署北洋大臣張樹聲函稱 :

本月十八日, 奉十七日發直字六百七十二號鈞函、抄單. 卽經函致馬道, 並於馳報朝·美立約已定函內肅椾附覆, 計已塵鑒. 二十日奉到直字六百七十三號賜諭、抄單各件, 謹悉一一, 法國欲與朝鮮立約, 寶使不認託威使代懇各節. 幸狄領事赴朝, 未卽允其議約, 尚不至有所窒礙. 樹聲已將交下電信底, 飭局卽刻電致上海道照辦, 並遵照抄錄鈞函抄件函知馬道. 復派員持取信憑據, 赴法領事署, 將寶使致狄領事之信取來, 附入致馬道函內, 併爲總封. 一面加函交商局輪船, 速寄東海關方道, 敘明原委, 屬交上海來船管帶官, 駛往朝鮮, 確交馬道查收. 該道十四日來稟, 係在朝鮮漢江口所發. 現在是否仍駐原處, 抑進泊仁川, 已令方道面屬上海來船沿途探明, 免致岐誤. 肅復. 恭請崇安.

4월 22일에 署理北洋大臣 張樹聲이 다음과 같은 서신을 보내왔다.

이번 달 18일에 17일자 直字 제672號 서신과 첨부문서를 받았습니다. 곧바로 馬建忠 道臺에게 서신을 보냈고, 아울러 朝·美條約을 체결했음을 급히 보고하는 서신에 따로 첨부하여 답장을 드렸는데, 아마 이미 받아 보셨을 것입니다. 20일에는 直字 제673號의 지시와 첨부문서를 받아 삼가 자세히 살펴보았는데, 프랑스가 조선과 조약을 체결하기를 원하지만, 부레 공사는 웨이드 공사가 대신 간청한 내용을 모두 거부한다는 내용이었습니다. 다행히 딜롱 영사가 조선에 갔지만, 아직 조약 체결을 승인하지 않았으니 당장은 장애가 있을 것 같지는 않습니다. 저는 이미 즉각 上海道臺에게 전보를 보내 그에 따라 처리하라고 지시하였고, 아울러 總理衙門 서신과 첨부문서를 초록하여 馬建忠 道臺에게도 서신으로 알리게 하였습니다. 또한 관원을 파견하여 증명서를 갖고 프랑스영사관에 가서 부레 공사가 딜롱 영사에게 보내는 서신을 받아와, 馬建忠 道臺에게 보내는 서신에 첨부하여 함께 봉하도록 하였습니다. 다른 한편으로 招商局의 輪船에 추가로 작성한 서신을 넘겨주어, 이를 東海關의 方 道臺[143]에게 신속히 부치도록 하였습니다. 그에게 자초지종을 상세히 설명해주고, 上海에서 오는 선박 함장에게 넘겨주어, 조선에 가서 馬建忠 道臺가 받아볼 수 있도록 확실히 전달하게 하였습니다. 馬建忠 道臺가 14일에 보고문을 보내왔는데, 조선의 한강 강구에서 보낸 것이었습니다. 지금도 계속 그곳에 머물고 있는지, 아니면 仁川에 가서 정박하고 있는지에 대해서는 이미 方 道臺에게 명하여 上海에서 오는 선박으로 하여금 도중에 분명히 확인하여 일을 그르치지 않도록 지시하였습니다. 삼가 회신을 보냅니다. 평안하시기를 바랍니다.

143) 이름은 방여기(方汝冀)로, 자세한 사항은 不明인데, 광서 10년 연대동해관도(光緒十年煙臺東海關道)가 되었고, 이후 호리강서순무(護理江西巡撫), 사천총독(四川總督) 등을 지냈다. 『증수등주부지(增修登州府志)』 등을 편찬하기도 하였다.

(58) 문서번호 : 2-1-1-58 (417, 589b-603a)

사안 : 조선 陪臣 魚允中이 곧 禮部로 와서 咨文을 제출하여 朝·淸通商章程문제를 논의하자고 요청할 것인데, 이를 물리치지 않기를 희망합니다(朝鮮陪臣魚允中將赴禮部投咨, 請議定中·韓通商章程, 希勿駁阻).

첨부문서 : 1.「津海關道 周馥과 조선 魚允中 등의『筆談節略』(津海關道周馥與朝鮮魚允中等筆談節略)」: 魚允中 등이 舊例를 변통하고 通商章程을 논의하여 정하자고 요청한 일 등(魚允中等申述咨請變通舊例, 議定通商章程等事).

2.「조선 함경도의 개시 상황(朝鮮鹹鏡道開市事略)」: 함경도 會寧과 慶源 두 개시 지방에서의 매매 및 비용 상황(鹹鏡道會寧慶源兩市買賣及費用情形).

3.「使臣送迎節略. 첨부 節使·別使(勅行迴送節略. 附節使別使)」: 使臣 送迎과 節使·別使의 儀制 및 費用 상황(勅行迴送及派差節佊別使儀制與費用情形).

4.「조선 국왕이 北洋大臣에게 보내는 咨文(朝鮮國王咨北洋大臣文)」: 서로 海禁을 완화하고 商民들이 通商港口에서 무역하는 것, 그리고 사신을 파견하여 경사에 주재하는 것도 허용해달라고 요청하였습니다(請互弛海禁, 准商民於已開口岸貿易, 竝許派使駐京).

5.「조선 국왕이 禮部에 보내는 咨文(朝鮮國王咨禮部文)」: 상호 海禁 완화, 통상, 사신 주재 등에 관하여 대신 상주해달라고 자문으로 요청함으로써, 외국인이 독점하는 이익을 나누고, 그 聲勢를 빌려 외국의 침범을 막아내고 백성의 뜻을 굳건히 하고자 합니다(咨請轉奏互弛海禁通商駐使, 藉以分外人獨佔之利, 資聲勢禦外侮, 而固民志).

6.「津海關道 周馥과 조선 魚允中이 나눈『問答節略』(津海關道周馥與朝鮮魚允中問答節略)」: 경사로 가서 咨文을 제출하는 것, 그리고 조선과 미국·영국·프랑스·독일 등의 국가와의 조약 체결에 관하여 상담하였습니다(商談赴京投咨及韓與美·英·法·德等國議約事).

7.「馬建忠이 羅豊錄에게 보내는 서신(馬眉叔致羅稷臣函)」: 朝·美條約이 마무

리되고, 朝·英條約 체결에 관하여 영국과 교섭한 것에 대하여 서신으로 알립니다(函述美韓約成及與英交涉英韓議約事)」.

날짜 : 光緒八年四月二十二日(1882년 6월 7일)

발신 : 津海關道 周馥

수신 : 總理衙門

四月二十二日, 津海關道周馥函稱 :

李傅相十五日南旋, 高麗陪臣魚允中卽日進京, 投咨禮部. 玆將弟與筆談兩紙鈔錄呈閱, 並祈代稟各堂, 俾禮部居時勿駁阻爲幸. 美·高約已換, 英約亦可成. 頃得馬眉張書鈔閱. 想制軍必有函達總署也. 威使問英·高約可成, 將卽日來京矣.

1. 照錄『問答節畧』:「津海關道周與朝鮮陪臣魚允中、李祖淵問答筆談節畧」(光緒八年四月初三日)

周 : "昨交來咨文並帖說二紙, 已代轉呈傅相矣. 欽憲王大人亦閱過."

魚 : "如是代呈可感. 而傅相與欽憲大人閱悉后, 傅相所教若何?"

周 : "傅相諭, 現在丁憂, 未便具奏. 旣有咨禮部公文, 請俟禮部奏聞奉旨后, 或由總理衙門與北洋大臣商訂通商章程也."

魚 : "此事曾謁傅相畧稟, 且與大人議及者. 而傅相現丁憂, 未便具奏, 則遲待傅相過百日后稟議請奏, 恐合事情. 禮部只掌朝貢, 雖據事移咨, 然歸重則通商大臣衙門耳."

周 : "禮部可奏聞請旨. 傅相雖讀禮家居, 朝廷有大政事, 仍必下詢. 繼署北洋大臣者, 乃張振軒制軍, 係出傅相門下, 諸事亦必照傅相命意而行也."

魚 : "本邦之倚仰者, 惟傅相耳. 今此請命, 若非傅相, 則何可議到乎? 所以請遲待百日. 今大教如是, 謹當如戒呈咨禮部. 而本邦人自來與中朝大員無交遊之雅, 曾不過按例進貢呈文, 謹修候度而已. 凡天下事, 顔熟心照而后, 可以通事情, 而講利害. 中也雖進京，不過呈咨而已，惟仰傅相暨大人之指教耳."

周："前日說帖中所云寧古塔通商一節，現聞傅相與欽憲談及．欽憲顧念貴國力難供應，亦頗有意變通舊例，俟議章程時再商榷耳．至謂：""賀謝例表交駐京使臣呈遞，籍免來往費用"等語，此事本與通商無涉，然將來亦可徐徐商議，相機爲之．若輙改舊例，微論中國公論必生是非，而貴國事大之典，亦不便輕議更改，致涉嫌疑．至通商章程，慮與各國有異，恐他國籍口，如前日所談待最優之國官員無異一節，紅參、洋藥兩事．凡條約所載"待最優之國官員"一語，係指換約之國向無往來者而言，非所論於中國與貴國也．然將來中國派員到貴國辦理商務，必使貴國便於接應，不致大有礙難．如紅參向販中國，現美約中議禁出口，查東西通商條約，本各不同，不患彼族籍口．若洋藥本爲中國禁物，中國現挽救之不暇，尚肯貽患於東土乎？一切須俟奉旨准通商后，卽可詳定章程，使彼此商民有利．此鄙人日來聞於傅相欽憲之前者."

魚："傅相、欽憲顧念小邦，感極何以形喻！時事已與大人論及，何可更贅！若宇內無事，本邦雖有不便者，何敢輕議更張？以本邦之事，當概陳之，本邦今介於俄、日近壤，外國且迭來通好．期內修自強，與萬國對立，不貽憂於上國，而本邦八道，地不過比中國一小省，財賦之入，歲以銀計纔三十萬．而鹹鏡二道歸於烏寧互市，平安、黃海兩道供給使價往來，不得領於度支，何以藉手以盡藩屏上國之責？然而不以更張之事咨請，惟恭俟上國之裁定耳．爲今日計，只守舊典，恐不如自強而拱衛上國也．庶可諒燭耳．美約中最優之國一款，緣本國之於上國官員，當與各國有異．而恐各國以爲口實，故云耳．大教如是，可以料理．若后與別國定約，則此一節合删之耳．通商章程議定，可俟三四個月．中也惟當恭俟分處."

周："凡約中'待最優之國'一語，本是套文，亦不過平行相與耳．中國若欽派大臣前往，貴國自與接待他國公使不同．若由北洋大臣派員前往辦理商務，係專爲照應中國商民而來，不能援接欽使之禮相待也．況所派之員，必使暗助貴國，且與歐美日各官，不無酬應，豈使儀節懸殊，致樽俎之間生嫌隙乎？是貴國於接待辦理商務之委員一節，毋庸預慮．居時自有章程．至與各國換約，不必去待最優之國一句．各國亦斷不肯去."

魚：“最優之國一節，係約中套語，固知之．教示若是，可感．本邦事大之禮，卽三百年天經地義，欽使到國之禮，豈容少忽．至於商務派員，若不自中國先事體念，妥成定例，自本未便議處耳.”

周：“敢問鹹鏡互市大略，及每年使價往來費用．請示知以便轉稟欽憲.”

魚：“概有領略者，當抄錄一部奉呈，以便轉稟.”

周：“望明早交來.”

周：“昔年越南與法國議約通商，並不說明中國屬邦字樣．現今法日益欺越，越弱不可支．中國欲申明大義與之爭，而法以不相干礙爲詞．蓋大小相維，自強之道，卽寓其中．若輔車無依，自易招侮．西人計詭，將來與貴國議約時，必有欲踵越南之故智者，請貴國勿爲所惑．說明中國屬邦字樣，於各國平行之禮不礙，於保邦之道有益無損．非中國要此虛體面也．智者當自知之.”

魚：“大教大然．然中等雖愚，豈可不知此理？當以往日所言告之，頃往遊日本也，日人以獨立指本邦，中大言折之曰，“爲自主則可，獨立則非也．有大清焉．自來奉正朔修候度，何可曰獨立？”彼乃不復言，至謄於日報矣.”

李：“美使若定約而還，則英人接踵而往，鄙行陸走水駛幷不可及．或可使英人差延幾日，則可稍紓慌悩．未知閣下意何如？”

周：“傅相與欽憲早囑英使緩往，當再代稟.”

周：“浣西[李號]往日本修約未成，若美約定后，歐洲各國亦照美約，日人尚能狃故智乎？”

李：“昨年往日議約未就，專爲值百抽十抽五之相持．竊欲久留辨詰，暗與何子峩星使論及此事．意謂：‘美約若妥定，則日人必應無辭矣．第觀來頭，彼將有何饒舌也.’然吾有所籍口者也.”

周：“禁米糧出口一節，久持未決．執事彼時定見不許耶？抑作陪筆之文耶？”

李：“禁米糧出口一節，持難已久．非不知竟行不得者也．然爲念一國羣情，亦因章程之未定，姑如是應之.”

周："聞貴國金砂甚旺，曾議採煉否？聽人日運出洋，非計也."
魚："金砂果有之．而先王爲念民生趨利病農，設法禁止．近尚未開禁，民今偸採出口者時有之．曾開禁，半年旋撤."
周："貴國商務出口，以何項爲多？進口以何貨易銷？"
李："出口米穀爲上，牛皮次之．進口洋布爲最，綢屬次之."
周："執事留津幾日？"
魚："在津當拜送傅相，進京呈咨禮部．惟俟竣事乃還."
周："執事欲俟竣事乃還，職使然也．奏聞係禮部事，議准必歸總理衙門，訂章程乃北洋大臣與貴國王事也．似非三數月不竣，執事能待否？"
魚："雖遲可待．而訂章程時，中也願承北洋大臣詢及計耳．且未有回咨，何可徑還？"
周："貴國近日於設關收稅一事，已議定章程否？將傭他國人幫辦否？"
魚："設關收稅一節，尚未議定章程．緣未諳稅規也．若到設關，則勢不得不傭他國人幫辦耳."
魚："王欽憲大人願一就拜，乞賜指導．且中也於傅相，別有慕仰之誠，願一候拜．不必以客禮接之，可從容賜接乎？至於論事一款，亦不敢提及．惟欲一瞻戚容計耳."
周："傅相苦居不見客．昨已告之，今執事復欲謁傅相欽憲，當再代稟."
魚："寡君念傅相鞠瘁，畧以藥料及他物付中等齎來 且傅相現躋六旬，欲爲之壽耳."
周："貴國王送傅相禮物，請開單交本署轉呈．收不收，不敢知也."
李："諸件事一齊[魚號]留此俟教，僕則勢得先回．而瀛船趕速非不知也，但懲於來時遲滯．如無直駛營口者，則不如由旱路趕走之爲快．今請告辭，明日便行．乞賜憑票一紙，俾免中路留難."

2.「鹹鏡道開市事畧」

寧古塔烏喇民人來買牛[一百十四首]，犂[二千六百]，鹽[八百五十五石]．於會寧，琿春人來買牛[五十首]，犂[四十六個]，金[五十五個]．於慶源，章京一員，驍騎校一員，筆帖式一員, 率跟役商人三百五十餘名, 畜物六百七十餘匹前來. 本邦差監市禦史馳往, 巡察使遣譯官、地方官出迎, 接於館所, 幷繼以餼廩、蒭糧. 迎送皆有宴饗禮單, 差官、跟役、輜重, 皆發馬牛送之. 其費槪錄於下.

兩市費用[並設兩邑曰 : '兩市'].

米九千二百餘石[十五鬥爲一石], 銅錢九萬餘兩.

單市費用[只設一邑曰 : '單市'].

米七千二百餘石, 銅錢五萬餘兩.

3. 「勅行迎送槪畧」[附節使、別使]

內各司費用.

銀一萬四百四十兩零, 銅錢十萬一千餘兩[百葉爲一兩].

外各道費用.

銀一萬八千九十兩零, 銅錢五千七百餘兩.

本邦聞有勅行, 差一品大員爲遠接使, 乘馹馳到境上等候. 又有問禮官問安中使, 三道巡察使及節度使, 與地方大吏, 皆奔走迎送. 及還, 又有伴送使祗送於境上. 而並皆責應於列邑, 其費假量折銀, 爲十萬兩零.

節使[冬至、正朔、聖節, 各具方物及表、咨賫來兼行].

使臣三員, 譯官、醫員共二十七人, 其他伴倘跟役共四百餘人, 在本國皆乘馹, 列邑供給. 入中國亦給資糧, 其費槪錄於下.

銀九千七百四十二兩零, 銅錢三萬三千九百餘兩.

別使[奏請、賀·慰之事, 皆具方物及表咨賫來].

使臣三員, 譯官、醫員, 其他伴倘跟役, 比節使稍減.

銀八千四十兩零, 銅錢二萬六千四百餘兩.

4. 照錄「朝鮮國王咨(北洋通商大臣文稿)」

朝鮮國王爲通商駐使等務質議事.

竊念小邦偏荷聖宇字小之恩, 保守疆土, 殆三百年於兹. 現宇內多故, 時局日變. 洋艦迭伺邊陲, 日人剏開商埠, 且北俄毘連, 常爲隱憂. 奈國小力單, 恐不克自振. 當職與擧國臣庶, 早夜惕慮, 思所以奮發修擧, 少弛上國柬顧之憂. 用是不拘舊章, 冒昧煩陳. 顧今外人獨擅商利, 船舶駛行洋面. 惟上國與本邦互守海禁, 殊非視同內服之義. 亟宣令上國及小邦人民, 於已開口岸, 互相貿遷, 亦許派使人駐京師, 藉通情款, 以資聲勢, 庶外侮可禦, 民志有恃. 兹專差陪臣統理機務衙門主事魚允中李祖淵等, 前往質議. 凡係審時勢、切利弊、祛文趍實等合行事件. 曲垂裁度, 務協妥辦, 是實本邦大小臣庶同情之願. 煩乞轉奏天陛, 亟賜允准, 不勝幸甚. 爲此合行移咨, 請照驗轉奏施行.

須至咨者.

5. 照錄「朝鮮國王咨」(禮部文稿)

朝鮮國王爲通商駐使等務質議事.

竊念小邦久仗皇靈, 獲全疆宇. 現天下多事, 時局E變. 洋舶迭伺邊陲, 日人近開商埠, 且北連俄界, 隱憂不少. 顧小邦勢孤力弱, 難以自振. 當職用是蚤夜惕慮, 圖所以奮發修擧. 而第惟本邦之於上國, 寔同內服, 而尚拘海禁, 恐非中外一視之義. 亟宣令上國及本邦人民, 於已開口岸, 互相交易, 以分外人獨占之利. 且派使進駐京師, 以通情款, 而資聲勢, 庶可禦外侮, 而固民志. 兹專差陪臣統理機務衙門主事魚允中、李祖淵等, 前往北洋通商大臣衙門, 仍赴貴部質議, 恭俟妥辦. 煩乞貴部, 照詳轉奏施行. 須至咨者.

6.『光緒八年四月十八日津海關道周馥與朝鮮陪臣魚允中問答節略』

魚 : "往禮部呈咨, 不過循例報知, 非專仰稟議. 欲往謁總理各國事務衙門, 概陳情實, 未知如何. 送禮部咨草, 昨果抄呈, 而辭意果無疵乎?. 禮部每拘成例, 事事以阻抑爲事. 望措處之恰好是惟中堂裁處之. 若今雖駐使等務 亦皆惟仰制臺議定章程耳."

周：“禮部受咨，不敢壅於上聞，迺想請旨處分而已，不遽駁阻耳．執事若欲叩謁總署諸憲，俟投咨后再請總署示可耳．”

魚：“謁總署諸位大人，當依戒爲之．而於總署則無咨本，當只往謁而已．或有介紹之道耶？”

周：“總署奉旨飭議通商事，必可傳見．若未奉旨之先，執事雖欲往見，不知允否．執事可將咨禮部文底抄存，俟謁總署諸憲時袖呈可也．咨文內有大名在，非無故而往也．”

魚：“咨請於北洋衙門者，不爲請旨乎？總署之奉旨飭議者，必連擧通商駐使之事，從后進貢之事，可歸禮部．其外事務，一聽總署及通商衙門指教而行之耳．”

周：“北洋大臣衙門受咨，原可卽奏．因傅相丁憂，制軍初接印，前欽憲王大人在津商定．俟執事投咨禮部，再聽處分．王大人乃軍機大臣，亦總理衙門堂官，與傅相制軍，三面議過．”

魚：“先往謁王大人，何如？”

周：“獨謁王大人，未免使王大人爲難．公事非一人之事．總俟禮部受咨后，再聽處分．諒王大人亦必俟奉旨后，始肯見耳．”

魚：“美使徑歸伊國乎？”

周：“美使回滬，返國尚無確耗．”

魚：“今者接本國來信，卽前月二十九日付發者也．賴丁、馬兩大人從中指導，國中亦皆帖然．美使以開宗明義章，不欲認眞，將照會於大統領之意說與云耳．馬大人尚不還來，想像英使繼至故耳．”

周：“執事接前月二十九日信如此，弟接馬觀察本月初四日信，已知約已議定，初六日互換．約外加一照會，卽約稿第一條語意．信內云初八進王京，初九回仁川，初十啟輪西行．惟迄今未到天津，或因英使續至耳．”

魚：“今聞舌傳，則法人亦欲向本邦云．此人曾於丙寅辛未，再來焚掠，一城全陷，將帥損命．幸其衆不多，輒得殪其兵三四十人，彼乃逃遁．今也又來請和，不可不擧前日之事．責諭可也，議賠可也，大人請爲籌之．法人自來請和，則與因兵端而議和有異．且旣有前憾，則與美英之初無干涉者不同．不可不有責諭，且不可不有議賠．議賠一款，以我國勢雖難與彼強大相較，且事屬十數年之久．只責諭而不議賠可乎？於與西人通交之初，有不畏強大之一擧措，亦可立國體乎?"

周："法人此去請和，原欲將前憾釋去．聞美國昔年亦與貴國失和議戰，法人得無相効而發耶？至責諭議賠兩層，恐彼此各有所持，但能將前事聲明兩釋嫌怨，以后有當防維之處，再加妥議，亦得事理之乎！前傅相代擬約稿，並不及傳教一字，又敍明'現照條約所已載者先行辦理，'已暗含法人不能傳教之意．若不與通好而屛絶之，恐法人不甘心矣."

魚："法與美有間．美船嘗入平壤城，發礮傷人，土民羣起焚殺．而此亦法人之所爲，美則不過船人幾名而已."

周："敢問法人昔年啟釁事由?"

魚："法國傳教士十許人，潛入本國布教，國家果捕而殄殪之，與本邦教民，皆行顯戮．其中一人走告來駐中華法領事，遣兵船數艘迭出入港灣，乃焚掠江華城，殺軍門一員，兵士百餘，搜財寶銀子二三十萬，因而見敗而去."

周："昨聞傅相與制軍談及法人昔年因教生事一節，意欲法人議約之時，將不傳教一層，重加申敍．竊恐法人必不樂從．去年貴國約稿內有'禁止傳教、焚書、罰錢'等條，乃辱其所尊，犯其衆怒也."

魚："大教果然．此亦本國未審外國情形之故耳."

周："法國現未派公使去．只天津領事狄隆將其駐華公使寶海之意而往，欲先通好也．非卽換約也．制軍致馬眉叔之書，大意亦如此．至如何釋前憾防后患，在貴國議約大官臨時爲之．德國公使巴蘭德日內由滬抵津，亦將欲往貴國通好換約也．惟馬眉叔觀察回來，慮貴國無諳西法者，爲之幫助．雖有約稿可襲月，而繙譯商榷一切，貴國似宜另雇一識者爲便也."

魚："德國之又踵往，何可遏止？但其改約云云可悶．是則惟望總署及督憲之終始不撓．而彼德國之生心於東久矣．西之俄、英、法皆佔據東方一土，惟德無之．所以嘗注意於朝鮮、臺灣之意, 刊行於西人新聞紙. 雖不足取信, 可以先事預防可耳."

周 : "德國欲删改約稿, 總署與制軍必不代許. 究竟欲改何字, 亦未聞知. 至新聞紙德欲佔臺灣等處之說, 原屬臆度之詞. 貴國當今兵不血刃之時, 與歐美各國議此善約, 大有相維相繫之勢. 較安南獨與法約, 琉球獨與美約, 其情形大不相侔. 若再勵精圖治, 漸臻富強, 外人無所藉口而侵擂也."

魚 : "勵精圖治, 漸臻富強, 果本邦上下之願也. 天下事做時不如說時, 且本邦五百年, 世修文術, 風俗皆尚因循. 若不大加更張, 必坐致不振. 所以於前年來謁傅相, 稟過幾件事. 今有咨請數事, 皆欲更張政治而然. 自上國事事不以變通舊章爲嫌, 隨請施行, 乃可藉手有爲耳."

周 : "前年稟傅相之事, 傅相與欽憲王大人談及, 已允爲設法矣."

魚 : "張督憲向有進京時言告之命, 請爲之稟及. 若今當以土儀數種, 敢效執贄之禮, 欲於明日送呈耳."

周 : "禮物數·種, 祈開單代呈請示. 督憲前面囑執事進京投咨, 候禮部處分, 如再來天津細談一切耳. 但執事二十日北行, 當代稟知."

魚 : "本邦無行用銀貨之事, 惟與華商交易稱通銀貨. 今月初遣人去京中擕銀, 彼商人違約. 現無由自本國齎來, 留津學徒工匠餼廪不給, 欲向招商局計利告貸, 從后自本邦拏銀準報爲計. 先此奉稟."

周 : "需銀若干?"

魚 : "準中國銀一兩, 爲五千兩."

周 : "五千兩合制錢八千緡, 何多需也?"

魚 : "現有罹疾者, 亦可出送. 且初也辦理不善, 有多費而然耳."

周 : "容代問招商局. 但必有取信之據與招商局耳."

魚 : "信據領選使與弟署押矣."

7. 「馬眉叔致羅稷臣函」

稷臣仁兄大人閣下：

昨由英參讚懋德遞奉手書. 披讀再三, 如見故人. 弟於初六日朝、美畫諾后, 初八日赴漢城, 初十日進見國王. 十一日回舟, 則英兵船二艘, 已於是日午后至漢江口, 傍我船下椗. 是晚捧讀傅相鈞諭, 卽飛函告知朝鮮政府. 十三日晨, 國王卽派其妻兄趙甯夏與金宏集爲正副使登舟固留, 而英水師提督與其參贊亦來留餘. 因與韋力士往返商酌, 而韋以初次辦理交涉, 遲疑不決. 幸其參贊從旁力勸, 已於今日午后, 兩國使臣會晤, 言明一俟英繙譯官不日由申乘艦至后, 卽行定日, 悉照美約畫押. 國王照會, 明晚卽可賫到. 屬邦之義, 由國王備文照會英后, 較列於約內. 惟由兩國使臣所議者, 尤爲顯明.[144] 國王切欲留弟在此, 接辦他國條約, 業已咨請禮部北洋大臣轉奏. 但德法俄踵至, 議約未蔔何日. 弟株守漢江, 靜候其來, 稍有形跡. 故弟定於英、朝定議畫押后, 卽行西渡. 把晤之期, 約在廿以外. 薛孚爾誹謗甚屬可惡. 但此種蜚語, 不辯自明, 彼徒自失身分耳. 肅此特佈. 卽請勛祺. 弟建忠頓首, 玉翁處乞代致意. 恕不另函.

4월 22일에 津海關道 周馥이 다음과 같은 서신을 보내왔다.

李 中堂大人은 15일에 남쪽으로 떠나셨는데, 조선 陪臣 魚允中이 그날 京師로 가서 禮部에 咨文을 제출하였습니다. 이에 제가 어윤중과 필담한 내용 두 장을 초록하여 올리니, 각 대신들께 대신 올려주시어, 때가 되었을 때 禮部에서 물리치지 않게 해주셨으면 좋겠습니다. 朝美條約은 이미 교환하였고, 영국과의 조약도 성사될 것입니다. 그리고 방금 馬建忠이 張樹聲 총독에게 보낸 서신 사본을 얻었습니다. 張樹聲 서리총독께서도 분명히 總理衙門에 서신으로 알렸을 것으로 생각합니다. 웨이드 공사가 朝·英鮮의 조약이 체결될 수 있을지 물었으며, 아마도 곧바로 京師로 갈 것입니다.

144) '較列於約內'의 뒷부분은 분명히 원문에 누락이 있는 것 같다. 물론 그 취지는 앞에서도 다뤄진 바 있어 번역문의 내용과 크게 다르지 않을 것이다. (55) 문서번호 : 2-1-1-55(413, 585b-587b)의 첨부문서 : 1. 「馬建忠이 李鴻章에게 올리는 서신」 부분을 보면 "惟因思條約僅兩國使臣所擬, 照會則由朝鮮國王向英國君主自行聲明, 似樹義尤覺正大"라는 내용이 있다.

첨부문서 :

1. 「問答節略」 초록 : 광서 8년 4월 3일 津海關道 周馥과 조선陪臣 魚允中·李祖淵이 필담으로 문답한 개요

주복 : "어제 받은 咨文과 帖說 두 문서는 이미 李 中堂大人께 대신 전하여 올렸습니다. [總理衙門의] 王文韶 大人께서도 읽어보셨습니다."

어윤중 : "이렇게 대신 올려주시니 정말 감사합니다. 그런데 李 中堂大人과 王[文韶] 大人께서 모두 읽어보신 다음, 李 中堂大人께서는 어떤 가르침을 주셨습니까?"

주복 : "李 中堂大人께서는 지금 丁憂 중이시라 上奏할 수 없습니다. 이미 禮部에 咨文을 보냈으니, 禮部에서 상주하여 諭旨를 받은 후에 아마 總理衙門과 北洋大臣이 함께 通商章程을 논의하여 정할 것입니다."

어윤중 : "이 일은 이전에 李 中堂大人을 알현하고 간략히 아뢴 적 있으며, 대인과도 논의한 바 있습니다. 그런데 李 中堂大人께서 지금 丁憂 중이시라 上奏할 수 없으니, 100일이 지날 때까지 기다렸다가 李 中堂大人께 아뢰어 논의하고 上奏를 요청하는 것이 사리에 맞을 것 같습니다. 禮部에서는 단지 朝貢만을 관장하고 있으니, 비록 이 일에 대해 咨文을 보내기는 했지만, 무게는 아마도 通商大臣衙門에 있을 것입니다."

주복 : "禮部에서도 上奏하여 諭旨를 청할 수 있습니다. 李 中堂大人께서 비록 상을 당하시어 고향에 머물고 계시지만, 조정에서 큰 일이 있을 때에는 그래도 반드시 李 中堂大人께 하문합니다. 그리고 뒤를 이어 서리 北洋大臣이 되신 분도 張樹聲 총독으로서 李 中堂大人의 문하 출신이시므로, 여러 문제는 반드시 李 中堂大人의 의중에 따라 시행하실 것입니다."

어윤중 : "조선에서 의지하는 것은 오직 李 中堂大人뿐입니다. 이번에 請命하게 된 것도 李 中堂大人이 아니었다면 어찌 논의할 수 있었겠습니까? 그래서 100일을 더 기다리기를 청하는 것입니다. 그런데 지금 내려주신 지침이 이러하니, 삼가 그 가르침에 따라 禮部에 咨文을 올려야 할 것입니다. 그런데 조선 사람들은 역대로 中朝의 고위관원과 교제한 적이 없고, 규정에 따라 조공을 바치고 문서를 올리면서, 삼가 제후의 법도를 닦아온 것에 불과할 뿐입니다. 무릇 천하의 일은 얼굴을 익히고 마음이 통하게 된

후에야, 사정을 통하고 그 득실에 관하여 이야기할 수 있습니다. 제가 비록 京師로 가긴 하지만 그저 咨文을 올리는 것에 불과하니, 李 中堂大人과 대인께서 가르침을 주시기를 기대할 뿐입니다."

주복 : "일전의 說帖 중에서 寧古塔 通商문제는 지금 듣기에 李 中堂大人과 王 大人께서 의논하신 것으로 알고 있습니다. 王 大人께서는 귀국이 물자 공급에 어려움이 있음을 염려하시면서 또한 舊例의 변통에 대해서도 자못 뜻을 두고 계시니, 나중에 通商章程을 협의할 때 다시 논의하면 될 것입니다. "進賀·謝恩 등의 表文을 京師에 주재하는 사신에게 넘겨 올리게 함으로써, 사신 왕래 비용을 없애자"는 이야기는 본래 通商과 무관한 것입니다만, 장차 서서히 논의하여 적절한 기회를 보아 시행할 수 있을 것입니다. 만약 느닷없이 舊例를 개정하게 된다면, 중국 내 여론에서 분명히 시비가 발생할 것은 물론이며, 귀국의 事大儀禮도 가볍게 개정 논의를 하기에 불편하고 물의를 일으키게 될 것입니다. 通商章程의 경우 만약 다른 나라들과 차이를 두게 된다면, 일전에 논의했었던 최혜국 관원과 똑같이 대한다는 내용이나, 紅蔘·鴉片 등 두 가지 문제와 마찬가지로, 다른 나라에 구실을 줄까 염려됩니다. 무릇 조약에 실려 있는 '최혜국 관원으로 대우한다'는 구절은 그동안 왕래가 없었던 조약 체결국을 가리키는 것이지, 중국과 조선을 말하는 것이 아닙니다. 하지만 장차 중국에서 관원을 파견하여 조선에 가서 商務를 처리할 때, 반드시 귀국이 접응하기 편하게 하여 큰 어려움을 끼치지 않으려 합니다. 이를테면 조선에서 紅蔘을 중국에 판매하는 문제에서, 현재 미국과의 조약에서 수출금지를 논의하고는 있지만, 동·서의 통상조약은 본래 서로 다르니, 그들에게 빌미를 줄 것을 염려하지 않아도 됩니다. 鴉片은 본래 중국에서 금지물품이며, 중국은 현재 그 폐단을 없애는 데도 겨를이 없는데, 어찌 東方에 그 해를 끼치겠습니까? 모든 문제는 반드시 通商을 허용하는 諭旨를 받든 다음 章程을 상세히 논의하여 피차의 商民이 혜택을 입을 수 있게 해야 할 것입니다. 이것이 제가 근래 李 中堂大人과 王 大人께 보고한 내용입니다."

어윤중 : "李 中堂大人과 王 大人께서 조선을 염려해주시니, 무슨 말로 극에 달한 감사의 마음을 표현할 수 있겠습니까! 時事문제는 이미 대인께서 언급하셨으니, 어찌 더 이상 말을 덧붙이겠습니까! 만약에 世界에 별일이 없다면, 조선에 비록 불편한 부분이 있더라도 어찌 가벼이 更張을 논의하겠습니까? 저희 상황을 개략적으로 말씀드리면,

조선은 지금 러시아·일본 영토 가까이에 끼어 있고, 각국도 수차례 와서 국교를 맺고자 하였습니다. 내정을 닦고 자강을 이룸으로써 만국과 대등해져 上國에 우환을 끼쳐드리지 않으려 하지만, 조선 팔도는 땅이 중국의 한 작은 省에도 못 미치고, 세입도 해마다 겨우 은 30만 (냥)일 뿐입니다. 게다가 함경도의 절반은 寧古塔과 烏喇[길림][145] 지역과 互市를 하고 평안도·황해도는 조공 사신들의 왕래에 물자를 공급하면서도 나라의 지원을 받지 못하니, 어찌 그 힘을 이용하여 상국의 울타리로써의 책임을 다할 수 있겠습니까? 그래서 更張의 문제를 咨文으로 요청하지 않고 오로지 上國에서 결정해주시기를 삼가 기다릴 뿐입니다. 오늘날을 위한 계책으로서 단지 옛적의 의례만을 고수하는 것은 자강을 이루어 上國을 호위하는 것보다 못한 것 같습니다. 이점을 헤아려주시기를 바랄 뿐입니다. 미국과의 조약에 최혜국대우 조항이 있지만 上國 관원에 대한 조선의 대우는 마땅히 다른 나라에 대한 대우와는 차이가 있어야 합니다. 하지만 각국이 이를 구실로 삼을까 염려되어 말씀드렸을 뿐입니다. 내려주신 지침이 이러하니, 이렇게 처리할 수 있을 것 같습니다. 만약 나중에 다른 나라와 조약을 체결한다면, 이 구절은 응당 빼도록 하겠습니다. 通商章程을 논의하여 정하는 것은 3~4개월 정도 기다릴 수 있을 것 같습니다. 저는 오로지 삼가 공손히 처분을 기다릴 뿐입니다."

주복 : "무릇 조약에 있는 '최혜국대우'라는 표현은 본래 상투적 문구로서, 서로 평등하게 대한다는 데 지나지 않습니다. 중국에서 만약 [황제가 특별한 임무를 주어 파견한] 欽差大臣을 보낸다면, 귀국에서는 당연히 다른 나라의 公使를 접대할 때와는 달리 대우해야 할 것입니다. 만약 北洋大臣이 관원을 보내 商務를 처리하게 했다면, 이는 중국 商民을 돌보기 위해 간 것이므로 欽差大臣을 접대하는 예로써 대해서는 안 될 것입니다. 하물며 파견 관원이 반드시 조선을 은근히 돕고자 하고, 유럽·미국·일본 등 각국 외교사절과도 왕래를 하지 않을 수 없는데, 어찌 중국 관원에 대한 의전을 현격히 다르게 요구하여, 술잔과 안주 그릇 같은 양국의 친밀한 사이에 악감을 낳을 수 있겠습니까? 그러니 조선은 商務 처리 委員을 접대하는 문제로 미리 걱정할 필요는 없습니다. 때가 되면 章程이 만들어질 것입니다. 각국과 조약을 체결할 때에도 '최혜국대우' 구절을 꼭 없앨

145) 길림(吉林)의 구칭은 길림오라(吉林烏喇)이므로, 오라는 길림을 가리키는 명칭이기도 하다. 길림은 물가·강변, 오라는 선창(船廠)을 뜻하는 만주어를 한자로 표기한 것이다.

필요는 없습니다. 각국도 결코 삭제하려 하지 않을 것입니다."

어윤중 : "최혜국 관련 구절이 조약의 상투적인 표현이라는 것은 본디 알고 있습니다. 지침이 이러하시니, 감격스럽습니다. 조선의 事大儀禮는 300년 불변의 원칙[天經地義]이었으니, 欽差大臣께서 조선에 파견될 경우의 예법에 어찌 조금이라도 소홀함이 있겠습니까? 商務 관련 파견의 경우는 만약 중국에서 먼저 사전에 이를 느끼고 적절하게 규정을 만들어주지 않으면 저희들이 나서서 처리하자는 말을 꺼내기 불편했을 것입니다."

주복 : "함경도 互市의 대략적인 내용과 매년 사신 왕래에 드는 비용을 감히 묻겠습니다. 王大人께 보고드릴 수 있도록 알려주시기 바랍니다."

어윤중 : "대략적으로 알고 있는 내용을 한 부 초록하여 올릴 수 있도록 하겠습니다."

주복 : "내일 아침에 주시면 좋겠습니다."

주복 : "예전에 베트남과 프랑스가 통상조약을 협의할 때, 중국의 屬邦이라는 구절을 명시하지 않았습니다. 지금 프랑스는 나날이 베트남을 기만하고 있으며, 허약한 베트남은 거의 지탱할 수 없을 정도가 되었습니다. 중국에서는 大義를 밝혀 이와 다투고자 하지만, 프랑스는 서로 간섭하지 말자는 구실을 대고 있습니다. 대저 대국과 소국이 서로 보호하는 것, 자강의 길은 바로 여기에 있습니다. 만약에 광대뼈와 턱이 서로 의지하지 못한다면, 당연히 모욕을 초래하기 쉽습니다. 서양인들은 간사하여, 장차 귀국과 조약을 협의할 때 분명히 월남에서 썼던 계략을 따를 것이니, 조선에서는 현혹되지 마십시오. 조선이 중국의 屬邦이라는 구절을 명시하는 것은 각국과의 평등 예절에 방해가 되지 않으며, 나라를 지키는 데에도 도움이 되지 손해는 없을 것입니다. 중국이 이런 헛된 체면을 원해서 그러는 것이 아닙니다. 지혜로운 사람이라면 자연히 알 수 있을 것입니다."

어윤중 : "큰 가르침에 크게 동의합니다. 저희들은 비록 어리석지만, 어찌 이런 이치를 모르겠습니까? 일본에 갔을 때에 제가 말했던 것을 알려 드리자면, 근래에 일본에 간 적이 있는데, 일본인이 조선에 대해 '獨立'이라고 표현하기에 저는 큰 소리로 이를 막으면서 이렇게 말하였습니다. '自主라고 표현하면 괜찮으나, 獨立이라고 표현해서는 안됩니다. 大淸이 있기 때문입니다. 조선은 그동안 王朔을 받들며 諸侯의 법도를 닦아왔으니, 어찌 獨立이라 말할 수 있겠습니까?' 그는 더 이상 말을 잇지 못하였고, 결국

이 내용은 신문에 실리기에 이르렀습니다."

이조연 : "미국 사신이 조약을 체결하고 돌아가면, 곧바로 영국인이 뒤를 따라 올 터인데, 제가 육로로 가든 물길로 가든 결코 따라잡을 수 없습니다. 혹시 영국인으로 하여금 며칠 늦추어 출발할 수 있게 해주신다면, 당황스러운 마음을 조금이나마 풀 수 있을 것입니다. 귀하의 의견은 어떠신지 모르겠습니다."

주복 : "李 中堂大人과 王 大人께서 아침에 영국 사신에게 천천히 가기를 요청하셨는데, 다시 아뢰도록 하겠습니다."

주복 : "[이조연이] 일본에 가서 조약 협의를 성공시키지 못했는데, 만약 미국과의 조약이 체결된 다음 유럽 각국도 미국과의 조약에 비추어 따른다면, 그래도 일본이 여전히 옛 계략으로 노릴 수 있겠습니까?"

이조연 : "작년에 일본에 가서 조약 논의를 성공시키지 못했는데, 이는 오로지 10%냐 5%냐를 놓고 서로 대립했기 때문입니다. 저는 오래 머물며 논쟁하면서 은밀히 何如璋 공사와 이 문제를 논의하였습니다. 그는 '미국과의 조약이 적절하게 마무리되면, 일본인들도 분명 더 이상 구실이 없을 것입니다. 장래를 예측해 보건대 그들이 무슨 말재주를 부릴 수 있겠습니까?'라고 하였습니다. 그런데 저희는 구실 잡힐 일이 있습니다."

주복 : "米糧 수출을 금지하는 구절이 오래도록 서로 버티며 결판이 나지 않고 있습니다. 귀하께서는 그때 不許해야 한다는 주장이었습니까? 아니면 이를 은근히 지원하는 문장을 지으셨습니까?"

이조연 : "米糧 수출 금지 구절은 이미 서로 버틴지 오래 되었는데, 결국은 금지를 실행할 수 없음을 모르는 것은 아닙니다. 다만 조선 백성의 감정을 생각해야 하고, 또한 章程도 아직 정해지지 않아 일시적으로 그렇게 응대하는 것입니다."

주복 : "조선에 사금(砂金)이 매우 풍부하다고 들었는데, 그것을 캐서 정련하는 문제에 대해서 논의한 적 있습니까? 사람들이 날마다 운반하여 수출할 수 있게 두는 것은 좋은 방침이 아닙니다."

어윤중 : "사금은 확실히 있습니다. 다만 선왕께서 민생이 이윤을 좇고 농업이 병들게 되는 것을 염려하시어, 방법을 강구하여 금지시키셨습니다. 근래에도 아직 금령을 해제하지 않았는데, 백성들이 요새 몰래 캐서 수출하는 경우가 간혹 있습니다. 전에 금령을 해제한 적 있지만, 반년 만에 다시 철회하였습니다."

주복 : "귀국 상업 수출품 가운데 어느 항목이 가장 많습니까? 수입품 가운데 어떤 상품이 잘 팔립니까?"

이조연 : "수출품은 미곡이 가장 많고, 소가죽이 그 다음입니다. 수입품은 洋布가 가장 많고, 비단 종류가 그 다음입니다."

주복 : "귀하께서는 天津에 며칠 동안 머무르십니까?"

어윤중 : "天津에서 李 中堂大人을 배송하고, 京師로 가서 禮部에 咨文을 올릴 것입니다. 일이 모두 마무리되기를 기다려 돌아갈 것입니다."

주복 : "귀하께서 일이 마무리된 다음 돌아가시려는 것은 그 책무 때문일 것입니다. 上奏하는 것은 禮部의 일이고, 그것을 논의하여 비준하는 것은 總理衙門의 일입니다. 章程을 마련하는 것은 北洋大臣과 조선 국왕의 일입니다. 서너 달 정도로 끝나지는 않을 것 같은데, 계속 기다리실 수 있겠습니까?"

어윤중 : "비록 늦어진다고 해도 기다릴 수 있습니다. 그리고 章程을 만들 때 제가 北洋大臣의 하문과 지시를 받고자 합니다. 게다가 회신 咨文도 받지 못했는데 어찌 곧바로 돌아갈 수 있겠습니까?"

주복 : "조선에서는 근래 稅關을 설치하고 關稅를 걷는 문제에 대해 章程을 만들었습니까? 외국인을 고용하여 업무 처리를 돕게 할 것입니까?"

어윤중 : "稅關을 설치하고 關稅를 걷는 문제에 대해서는 아직 章程을 정하지 못하였습니다. 關稅規則에 관해서 잘 알지 못하기 때문입니다. 만약 稅關을 설립하게 된다면, 부득불 외국인을 고용하여 업무를 돕게 하지 않을 수 없을 것입니다."

어윤중 : "王 大人께 한 번 인사를 드리고 가르침을 청하고자 합니다. 그리고 저는 李 中堂大人에 대하여 특별한 흠모의 마음을 갖고 있어 역시 한 번 인사드리고 싶습니다. 손님을 맞이하는 예로 맞아주실 필요도 없고, 편안하게 만나주실 수 있는지요? 업무에 관한 일은 감히 언급하지 않을 것입니다. 오로지 그 위용을 한 번 뵙고 싶을 따름입니다."

주복 : "李 中堂大人께서는 [丁憂 중이라] 손님을 맞지 않고 계십니다. 어제 이미 말씀드렸지만, 오늘 귀하께서 또 李 中堂大人과 王 大人을 알현하고 싶어 하시니, 다시 아뢰도록 하겠습니다."

어윤중 : "저희 임금께서 李 中堂大人이 병드실 것을 염려하시어 약품과 다른 물건들을 저희에게 주어 보내셨습니다. 게다가 李 中堂大人께서 지금 육순을 넘으셨으니 李 中堂大人

을 위해 축수를 하고 싶습니다."

주복 : "귀 국왕께서 李 中堂大人께 보내신 예물은 목록으로 작성하여 본 아문에서 올릴 수 있도록 제출해주십시오. 받으실지 여부는 감히 알 수 없습니다."

이조연 : "어윤중은 이곳에 남아 여러 사안에 대한 가르침을 기다리고, 저는 먼저 돌아가야 할 것 같습니다. 輪船이 빠르다는 것을 모르는 것은 아니지만, 올 때 지체된 것을 염두에 두고 있을 뿐입니다. 만약 營口로 직행하는 편이 없다면 육로로 신속히 가는 것이 더 빠를 것입니다. 오늘 작별을 고하고 내일 곧바로 출발할 것입니다. 중도에 체류되는 일이 없도록, 증서 한 통을 내려주시기를 요청합니다."

2. 「함경도의 개시 상황」

寧古塔·烏喇의 民人들이 와서 소[114마리]와 쟁기[2,600개], 소금[855석]을 구매하였습니다. 會寧에서는 琿春 사람들이 와서 소[50마리]와 쟁기[46개], 금[55개]을 구매하였습니다. 慶源에는 章京[146] 1명과 驍騎校[147] 1명, 筆帖式[148] 1명 등이 수행하는 상인 350여 명과 가축 670여 필을 이끌고 왔습니다. 조선에서는 監市禦史를 신속히 파견하였고, 巡察使는 역관·지방관을 보내 마중 나가도록 하여 館所에서 대접하고, 이어서 식량과 옷 등을 제공하였습니다. 마중하고 환송하는 데 모두 연회·예물이 있었으며, 관원·수행원 및 짐을 옮기는 데에도 모두 말과 소를 징발하여 보냈습니다. 그 비용을 아래에 대략 적어두겠습니다.

兩市의 비용[양읍에 竝設한 것을 兩市라 한다].

---

146) 장경(章京)은 원래 부도통(副都統. 梅勒章京)을 가리키는데 청대 팔기조직 가운데 1기(旗)의 부장관(副長官)으로 각 기마다 2명씩 있는 정이품(正二品)의 관직이며 도통(都統)을 도와 본기(本旗)의 호적·전택(田宅)·교양(教養)·조련(操練) 등 군정사무를 처리하였다. 각 요지에 산재한 주방팔기(駐防八旗)의 경우 장군(將軍)이 없는 지역에서는 최고의 군정장관이었다. 하지만 여기서 말하는 장경이 이러한 부도통인지의 여부는 이 자료만으로 확인할 수는 없는데(부근의 寧古塔副都統이 있고, 琿春副都統도 1881년 설치되었다), 장경은 나중에 다양한 文武관직에도 널리 쓰이는 명칭이 되었기 때문이다.

147) 효기교(驍騎校)는 청대 팔기 좌령(佐領)의 부관으로 정육품(正六品)의 품급을 지녔으며, 좌령(佐領)을 도와 소속 호구(戶口)·전택(田宅)·병적(兵籍)·교양(教養) 등 사무를 관할하였다.

148) 필첩식(筆帖式)은 청대 각 아문에 설치된 하급 문관으로, 만주어로 문서·문건을 처리하는 사람이란 뜻이다. 주로 만한(滿漢) 장주문서(章奏文書)의 번역이나 한문서적(漢文書籍)을 관리하였다.

米 9,200여 석[15두를 1석으로 한다], 동전 9만여 냥.[149]
單市의 비용[한 읍에만 둔 것을 單市라고 한다].
米 7,200여 석, 동전 5만여 냥.

3. 「使臣 送迎과 節使·別使의 儀制 및 費用 상황」[節使와 別使도 덧붙임]

조정의 각 부서에서 드는 비용.
은 10,440냥 여, 동전 101,000여 냥[100개를 1냥으로 함].
지방 각 도에서 드는 비용.
은 18,090냥 여, 동전 5,700여 냥.

조선에서는 사신 행차가 있다는 소식을 들으면, 1품 고관을 遠接使에 임명하여 驛馬를 타고 신속히 국경에 이르러 대기하게 합니다. 아울러 問禮官과 問安中使, 三道巡察使, 節度使, 그리고 고위 지방관 등이 모두 送迎에 분주합니다. 귀국할 때에는 따로 伴送使를 두어 국경에서 공손히 예를 갖추어 환송합니다. 그리고 이는 모두 여러 고을에서 그 비용을 책임지고 공급하니, 그 비용이 은으로 환산하면 어림잡아 10만 냥이 조금 넘습니다.

節使[동지와 정월 초하루, 황제의 생신 등에 모두 방물과 표문·자문을 준비하여 갖고 갑니다]. 사신 3명과 역관 및 의원 27명, 그 밖에 수행하는 역인들 400여 명이 모두 본국에서 驛馬를 타고 가며, 그 비용은 지나가는 여러 고을에서 공급합니다. 중국으로 들어간 뒤에도 [조선에서] 물자와 양식을 공급하며, 그 비용을 아래에 대략 적어두겠습니다.
은 9,742냥 여, 동전 33,900여 냥.

別使[奏請하거나 축하·위로 등의 일에도 모두 방물과 표문·자문을 갖추어 갖고 갑니다]. 사신 3명과 역관 및 의원, 그리고 기타 수행하는 역인들은 節使에 비해서는 조금 적습니다.
은 8,040냥 여, 동전 26,400여 냥.

---

149) 중국에서는 동전의 단위가 문(文)이지만, 여기서는 조선의 표현에 따라 냥(兩)으로 그대로 두었다. 중국에서 냥(兩)은 동전이 아닌 銀(紋銀)의 무게를 가리키는 단위이다.

4. 「조선 국왕이 禮部에 보내는 咨文」(북양통상대신에게 보낸 원고)

조선 국왕이 通商과 사신 주재 등의 업무에 관하여 질문을 드려 논의하고자 합니다. 삼가 생각하건대, 조선이 上國의 字小之恩을 특별히 입어 강토를 보존한 것이 지금에 이르러 거의 300년이 되었습니다. 그런데 지금은 천하에 문제가 많고, 시국도 나날이 변하고 있습니다. 서양 선박은 잇따라 변경을 엿보고, 일본인은 통상항구를 열었으며, 또한 북쪽에 접한 러시아는 항상 은근한 근심이 되고 있습니다. 하지만 나라는 작고 힘은 약하니, 스스로 떨치고 일어나기 쉽지 않습니다. 저는 전국의 臣民과 더불어 밤낮으로 염려하면서, 분발하여 갈고 닦을 바를 생각하여, 동쪽을 살피시는 上國의 근심을 조금이나마 덜어드리고자 합니다. 이리하여 옛 제도에 얽매이지 않고 외람되이 말씀을 올립니다. 살펴보건대, 오늘날 외국인들은 홀로 상업 이윤을 독점하면서, 그 선박은 바다 위를 질주하고 있습니다. 오직 上國과 조선만이 서로 海禁을 지키고 있는데, 이는 실로 內服과 똑같이 대해주시는 뜻에 맞지 않습니다. 신속히 上國과 조선 백성에게 지시를 내려, 이미 개항한 通商港口에서 서로 무역을 하는 것을 허용하고, 또한 사신을 파견하여 京師에 주재시켜 서로 마음을 통하게 함으로써 위세를 드높이고 외국의 침범을 막는데 도움을 받으며, 백성들의 마음도 의지할 곳이 있게 해주시기 바랍니다. 이에 따로 陪臣 統理機務衙門主事 魚允中과 李祖淵 등을 파견하여 질문을 드리고 논의하고자 합니다. 무릇 시세를 판단하고 그 손익을 따지며, 형식을 버리고 실질을 추구하는 등 응당 실행해야 할 일에 대해서 굽어 헤아려 결단을 내려주시어 힘써 적절한 결과가 있게 처리해주신다면, 이는 실로 조선의 대소 臣民이 모두 원하는 바입니다. 번거로우시겠지만 황상께 대신 상주해주시어 신속하게 비준이 떨어진다면 정말 다행스러울 것입니다. 이에 마땅히 咨文을 보내는 바이오니, 이에 따라 대신 상주해주시기 바랍니다. 이상입니다.

5. 「조선 국왕이 禮部에 보내는 咨文」(禮部에 보낸 원고)

조선 국왕이 通商과 사신 주재 등의 업무에 관하여 질문을 드려 논의하고자 합니다. 삼가 생각해보건대, 조선은 오래도록 황상의 은총에 의지하며 강토를 보존할 수 있었습니다. 그런데 지금은 천하에 문제가 많고, 시국은 나날이 변하고 있습니다. 서양 선박은 잇따라 변방의 위험을 엿보고, 일본인은 근래 통상항구를 열었으며, 또한 북쪽으로는 러시아 경계와 맞닿아 있어 숨겨진 우환거리가 적지 않습니다. 생각하건대, 조선은 고립되고 힘도 약하니, 스스로 떨치고 일어나기 쉽지 않습니다. 그리하여 저는 아침저녁으로 근심하면서 분발하여 갈고 닦는 것만을 도모하고 있습니다.

그런데 생각하건대 조선은 上國에게 실로 內服과 똑같은 대접을 받고 있는데, 아직도 海禁에 얽매여 있으니, 이는 중국과 외부 세계를 하나처럼 다하시는 원칙에 들어맞지 않는 것 같습니다. 신속히 上國과 조선 백성에게 지시를 내려, 이미 개항한 通商港口에서 서로 무역을 하는 것을 허용하여 외국인이 독점하는 이익을 나누어갖도록 해주시기 바랍니다. 또한 사신을 파견하여 京師에 주재시켜 서로 마음을 통하게 함으로써 위세를 드높이고 외국의 침범을 막고 백성들의 마음도 의지할 곳이 있게 해주시기 바랍니다.

이에 따로 陪臣 統理機務衙門 主事 魚允中과 李祖淵 등을 파견하여 北洋通商大臣衙門으로 보냈고, 아울러 귀 禮部로도 가서 질문을 드려 논의하고, 공손히 적절한 처리를 기다리라 하였습니다. 번거로우시겠지만 귀 禮部에서 이에 따라 대신 상주하여 시행해주시기 바랍니다. 이상입니다.

6. 「광서 8년 4월 18일 津海關道 周馥과 조선 陪臣 魚允中의 『問答節略』」

어윤중 : "禮部로 가서 咨文을 올리는 것은 정례에 따라 보고하는 것에 불과하며, 오로지 문의하여 의논하려 하는 것은 아닙니다. 總理衙門으로 가서 뵙고 실정을 설명하였으면 하는데, 어떨지 모르겠습니다. 禮部로 보낼 咨文 초안이 어제 초록되어 올라왔는데, 그 표현에 과연 흠 잡을 곳이 없겠습니까? 禮部는 매번 기존 정례에 얽매여 사사건건 억제하는 것을 일로 삼습니다. 무언가 적절한 조치를 바란다면 오직 李 中堂大人만이 결정해주실 수 있습니다. 지금과 같은 사신의 京師 주재문제 등도 모두 오직 총독께서 章程을 논의하여 결정해주시기를 우러러볼 뿐입니다."

주복 : "禮部에서 咨文을 받으면 감히 황상께 올리지 않을 수는 없으며, 諭旨를 청하여 처리하려는 것뿐이지, 곧바로 반박하여 막으려는 것은 아닙니다. 귀하께서 總理衙門의 여러 대인을 뵙고 싶으시다면, 咨文을 제출한 다음 다시 總理衙門의 지시를 청하시는 것이 좋겠습니다."

어윤중 : "總理衙門의 여러 대인들을 뵈려면 응당 가르침대로 해야 할 것입니다. 그런데 總理衙門에 [보낼] 咨文이 없으니, 그냥 직접 가서 알현해야 할 뿐입니다. 혹시 중개해주실

수 있는 방도는 없습니까?"

주복 : "總理衙門이 通商事務를 논의하라는 諭旨를 받게 되면, 반드시 불러서 만나주실 것입니다. 그렇지만 諭旨를 받기 전이라면, 귀하께서 직접 가도 만나 주실지는 모르겠습니다. 귀하께서 禮部로 보내는 咨文을 초록하여 보관하고 있다가, 나중에 總理衙門의 여러 대인을 뵙게 되면 그때 소매에서 꺼내 올리는 것도 가능할 것입니다. 咨文 안에 존함이 있으니 아무 명분 없이 가는 것은 아닙니다."

어윤중 : "北洋衙門에 咨文을 보내 청하는 것이 諭旨를 청하는 것 아닙니까? 總理衙門이 논의하라는 諭旨를 받게 되는 문제는 반드시 通商 및 사신 주재에 관련된 문제이며, 앞으로 進貢하는 일은 禮部로 귀속될 것입니다. 그 밖의 사무에 대해서는 總理衙門과 通商衙門의 지시를 기다렸다가 시행할 따름입니다."

주복 : "北洋大臣衙門에서 咨文을 받으면 원래 곧바로 上奏합니다. 다만 李 中堂大人께서 丁憂 중이시고, 서리총독께서는 처음 사무를 인계받으셨기 때문에, 王 大人께서 天津에서 이 문제를 협의하여 결정하고 있습니다. 귀하께서 禮部로 咨文을 제출한 다음 다시 처분을 기다려보십시오. 王文韶 大人께서는 軍機大臣이시고 또한 總理衙門의 堂上官이시기도 하며, 李 中堂大人 및 [張樹聲] 서리총독과 함께 세 분이 논의하신 적도 있습니다."

어윤중 : "먼저 가서 왕대인을 뵙는 것은 어떻겠습니까?"

주복 : "王 大人만을 따로 뵙는다면, 王 大人께서 난처해하실 것이 틀림없습니다. 공무는 개인이 처리할 사안이 아닙니다. 어쨌든 禮部에서 咨文을 받은 다음 다시 처분을 기다리십시오. 생각하건대, 王 大人께서도 분명히 諭旨를 받드신 후에야 만나려 하실 것입니다."

어윤중 : "미국 사신은 곧바로 본국에 돌아갔습니까?"

주복 : "미국 사신이 上海로 돌아오기는 했는데, 귀국했는지에 대해서는 아직 정확한 정보가 없습니다."

어윤중 : "오늘 본국에서 보내온 서신을 받았는데, 지난 달 29일에 보낸 것이었습니다. 丁汝昌·馬建忠 두 대인께서 중간에서 지도해주신 덕분에, 국내에서도 대체로 만족해하고 있습니다. 미국 사신은 조약의 큰 바탕을 설명하는 문제에 대해 진지함을 보이지 않아 단지 조회를 대통령에게 보낸다는 의사만을 이야기하였을 뿐입니다. 馬建忠 대인께서 아직 돌아오시지 않는 것은, 아마 영국사신이 곧이어 도착했기 때문일 것입

니다.”

주복 : “귀하께서 저번 달 29일에 받으신 서신이 그와 같은데, 저도 馬建忠 道臺의 이번 달 4일자 서신을 받아서, 조약이 이미 체결되었고 6일에 서로 교환했다는 것을 이미 알고 있습니다. 조약 외에 照會를 추가한다는 것이 조약 초안 제1조의 취지였습니다. 서신에는 8일에 한양에 들어가서 9일에 인천으로 들아오고, 10일에 윤선을 타고 서쪽으로 출발한다고 하였습니다. 그런데 지금까지도 아직 天津에 오지 않고 있는데, 이는 아마도 영국사신이 곧이어 도착했기 때문일 것입니다.”

어윤중 : “지금 소문을 듣자하니, 프랑스인 또한 조선에 오려 한다고 합니다. 이들은 이전에 병인·신미년에 두 차례 와서 약탈을 하였고, 이때 성 하나가 함락되고 장수들이 목숨을 잃었습니다. 다행히 그 무리가 많지 않아 금방 그 병사 30~40명을 죽였더니, 바로 도주하였습니다. 그런데 이번에 다시 와서 화해를 청하니, 과거 일을 거론하지 않을 수 없습니다. 그 죄를 문책할 수도 있고, 배상을 논의할 수도 있는데, 대인께서 방법을 마련해주십시오. 프랑스인이 스스로 와서 화해를 청하는 것은 전쟁을 하다가 화해를 논의하는 것과는 다릅니다. 게다가 예전의 일로 인한 유감도 있으니, 처음부터 아무런 관계가 없었던 미국·영국과도 다릅니다. 문책이 없을 수 없고, 또한 배상 논의도 없을 수 없습니다. 그 배상문제는 비록 조선의 힘이 그들의 강대함에 견주기 어렵고, 게다가 십수 년이나 지난 사건이기는 하지만, 단지 문책만 하고 배상은 논의하지 않을 수 있겠습니까. 서양인들과 관계를 맺는 초기에 그 강대함을 두려워하지 않는 조치를 취해야 나라의 체통을 세울 수 있지 않겠습니까?”

주복 : “프랑스인이 이번에 화해를 청하러 가는 것은 원래 과거의 유감을 풀러 가는 것입니다. 듣자하니 미국도 예전에 귀국과 불화하여 전쟁을 할 뻔 했다고 하던데, 프랑스인들도 그들을 본받아 나서지 않을 수 있겠습니까? 질책할 것인지 배상을 논의할 것인지에 대해서는 서로 각자의 주장이 있겠지만, 일단은 과거의 일에 대해 양측의 원망을 푼다고 밝힌 다음 나중에 보완해야 할 부분이 있으면 다시 적절히 논의하는 것이 사리에 맞을 것입니다. 이전에 李 中堂大人께서 대신 마련한 조약 초안에는 선교에 관한 문구가 없지만, 또한 ‘지금 조약에 실린 내용은 먼저 처리한다’고 명확히 서술하고 있으니, 이는 이미 프랑스인이 선교를 할 수 없다는 의미를 은근히 내포하고 있습니다. 만약에 그들과 우호관계를 맺지 않고 거절한다면, 아마도 프랑스인들이 달가워하지 않을 것입

니다."

어윤중 : "프랑스와 미국은 차이가 있습니다. 미국 선박이 일찍이 평양성에 진입하여 대포를 쏘며 사람을 해치자, 현지 백성들이 봉기하여 그들을 불태워 죽였습니다. 그런데 이런 짓 또한 프랑스인들의 소행이었고, 미국인은 선원 몇 명이었을 뿐입니다."

주복 : "프랑스인들이 과거에 문제를 일으킨 이유에 대해서 물어도 되겠습니까?"

어윤중 : "프랑스선교사 십여 명이 몰래 본국에 들어와 선교를 하였고, 나라에서는 결국 이들을 체포하여 모두 섬멸하였으며, 조선의 教人들과 함께 모두 그 시체를 사람들에게 공개하게 하였습니다.150) 그런데 그중 한 사람이 도망쳐 중국주재 프랑스 영사에게 알렸고, 그 영사는 군함 몇 척을 파견하여 저희 항만에 출몰시키다가, 끝내 江華城을 불지르고 약탈하여 군영의 관원 1명과 병사 100여 명을 죽이고, 은자 20~30만 냥의 재화를 약탈하였는데, 싸움에서 패한 다음 떠나갔습니다."

주복 : "어제 듣기로는, 李 中堂大人께서 서리총독과 함께 과거에 프랑스인들이 기독교문제로 말썽을 일으켰던 사안을 논의하시다가, 프랑스인과 조약을 논의할 때에는 선교를 하지 않는다는 내용을 거듭 명백히 밝히기로 하셨습니다. 생각하건대 아마 프랑스인들은 분명히 기꺼이 따르려 하지 않을 것입니다. 작년에 조선의 조약문 초안 안에 '선교를 금지하고 책을 불태우고 벌금을 부과한다'는 내용이 있었는데, 이것은 그들이 존숭하는 바를 모욕하고 그들의 분노를 자극하는 일입니다."

어윤중 : "과연 맞는 말씀 같습니다. 이 역시 조선에서 외국 상황을 헤아리지 못했기 때문입니다."

주복 : "프랑스에서는 아직 公使를 보내지 않았습니다. 다만 天津에 있는 딜롱 영사가 주중공사 부레의 뜻을 받들고 가서 먼저 우호관계를 맺으려 하는 것이지, 곧바로 조약을 교환하겠다는 뜻은 아닙니다. 서리총독께서 馬建忠에게 보낸 서신도 큰 뜻은 이러하였습니다. 어떻게 옛적의 유감을 정리하고 후환을 예방할 것인지에 대해서는 조선에서 조약체결을 논의할 고위관원이 그때 가서 해결해야 할 것입니다. 독일 공사 브란트(Max von Brandt)151)도 수일 내로 上海에서 天津으로 올 것인데, 그 또한 조선에 가서 우호관

150) 원문의 현육(顯戮)은 처형하여 죽인다(處死), 또는 처형하여 죽인 다음 그 시신을 대중에게 공개한다는 뜻이다.

151) 브란트(Max August Scipio von Brandt, 1835~1920)는 독일 외교관으로 동아시아에서 33년을 보냈는데,

계를 맺고 조약을 체결하려 할 것입니다. 그런데 馬建忠 道臺가 돌아오게 되면, 조선에 서양 법도에 능통하여 도움이 될 사람이 없을까 염려됩니다. 비록 본뜰 수 있는 조약 초안이 있기는 하지만, 통역과 협상의 모든 것에 대해 조선에서는 따로 식견이 있는 사람을 고용해야 할 것입니다."

어윤중 : "독일인이 또 뒤이어 오는 것을 어찌 막을 수 있겠습니까? 다만 그들이 조약 내용을 바꾸자고 하는 것이 염려가 됩니다. 이러니 오직 總理衙門과 李 中堂大人께서 처음부터 끝까지 굽히지 않아주시기를 바랄 뿐입니다. 하지만 독일이 조선에 욕심을 갖게 된 것은 오래되었습니다. 서방의 러시아·영국·프랑스는 모두 동방의 땅 하나씩을 점거하고 있지만, 오직 독일만은 없습니다. 그리하여 그들은 일찍이 조선과 臺灣에 주목하고 있다는 내용이 서양인의 신문에 실리기도 하였습니다. 믿기에 부족할지는 모르지만, 미리 일이 생기기 전에 막는 편이 좋을 것 같습니다."

주복 : "독일에서 조약 초안을 고치려 한다면 總理衙門과 총독께서도 반드시 대신 허용하시지 않을 것입니다. 도대체 무슨 자구를 고치려 하는지 아직 들은 바 없습니다. 그리고 독일이 대만 등지를 점거하려 한다는 신문의 이야기는 원래 억측에 지나지 않습니다. 귀국은 칼날에 피 한 방울 묻히지 않는 이 시기에 구미 각국과 조약을 잘 맺는다면, 크게 서로 보호해주는 기세를 얻게 될 것입니다. 베트남이 오로지 프랑스와 조약을 체결하고, 琉球가 오로지 미국과 조약을 체결한 것에 비하면, 그 상황이 크게 다릅니다. 만약 다시 힘을 모아 나라를 다스려 점차 부강을 이룰 수 있다면, 외국인들도 구실을 빌려 침범하지 못할 것입니다."

어윤중 : "힘을 모아 나라를 다스려 점차 부강을 이룩하는 일은 실로 조선의 상하 모두가 바라는 바입니다. 하지만 천하의 일은 말하는 것보다 실천하는 것이 어려우며, 게다가 조선은 500년 동안 대대로 文術만을 닦아, 풍속이 모두 구습을 그대로 따르는 것을 중시합니다. 만약 대대적으로 更張하지 못한다면, 반드시 앉아서 일어서지 못할 것입니다. 그래서 재작년에 와서 李 中堂大人을 뵈었을 때 몇 가지 사안에 대해서 아뢰었습니다. 지금 몇 가지 일에 관하여 咨文으로 청한 것 또한 모두 정치 更張을 위한 것입니다. 모든 사안에 대하여 上國에서 옛 제도를 變通하는 것을 꺼리지 않으

일본에서 지낸 10년을 제외하고는 나머지를 모두 중국에서 보냈다. 그는 1861년 프러시아와 중국의 우호통상조약을 체결하였고, 나중에 주일 공사를 지내다 1875년부터 주중국 공사를 지냈다.

시고 저희 요청대로 들어주신다면, 그것을 빌려 무언가 시도해볼 수 있겠습니다."

주복 : "재작년에 李 中堂大人께 아뢴 사안에 대해서 李 中堂大人과 王文韶 大人께서 논의하셨고, 이미 허락하시고 대책을 강구하도록 하셨습니다."

어윤중 : "張樹聲 서리총독께서 경사에 갈 때 알려달라는 분부가 있으셨는데, 대신 말씀드려 주십시오. 만약 지금 토산품 몇 종류로 감히 [서리총독께] 존장을 뵙는 예를 본뜨고자 하는데, 내일 올려 보냈으면 좋겠습니다."

주복 : "예물의 수와 종류는 목록을 작성해서 대신 올리고 지침을 청하시기 바랍니다. 총독께서 이전에 귀하께 경사에 갈 때 咨文을 보내라고 부탁하신 것은 禮部의 처분을 기다렸다가 다시 天津에 오시게 되면 모든 사안에 대해서 자세히 이야기하자는 뜻이었습니다. 그런데 귀하께서 20일에 북쪽으로 떠나시니, 응당 대신 아뢰도록 할 것입니다."

어윤중 : "조선에서는 銀貨를 사용하는 일이 없고, 오직 중국상인과의 교역에서만 은화를 사용합니다. 이번 달 초에 경사로 사람을 보내 은을 가져오게 했는데, 그 상인이 계약을 위반하였습니다. 지금 조선에서 은을 가져올 수도 없어, 天津에 머물고 있는 學徒·工匠들의 봉급용 양식도 제공하지 못하고 있으니, 招商局으로부터 이자를 따져 빌렸다가, 나중에 조선에서 은을 가져와 갚았으면 합니다. 이에 앞서 먼저 말씀을 드립니다."

주복 : "은이 얼마나 필요하십니까?"

어윤중 : "중국 은량을 기준으로 5천 냥입니다."

주복 : "5천 냥은 동전 8천 緡인데, 어찌 그렇게 많이 필요하십니까?"

어윤중 : "지금 병에 걸린 사람이 있어서 보내줘야 할 필요가 있습니다. 그리고 초기에 잘 관리하지 못해서 많은 비용이 필요해졌습니다."

주복 : "招商局에 대신 문의해보겠습니다. 하지만 招商局에 줄 증서가 반드시 있어야 합니다."

어윤중 : "증서는 領選使와 제가 서명하겠습니다."

7. 「馬建忠이 羅豊錄에게 보내는 서신」[152)]

稷臣 仁兄大人께 보냅니다.

152) 직신(稷臣)은 (35) 문서번호 : 2-1-1-35(392, 557a-558b)에 나오는 羅豊錄의 자이다.

어제 英國參贊 마우드가 전달해준 서신을 받았습니다. 펼쳐서 두세 번 읽어보니, 마치 옛 친구를 만난 것 같습니다. 저는 6일에 朝·美條約이 교환된 다음, 8일에 漢城에 가서 10일에 국왕을 알현하였습니다. 11일에 배로 돌아왔는데, 영국 군함 두 척이 이미 그날 오후 한강 강구에 도달해서 우리 배 옆에 정박하였습니다. 이날 저녁에 李 中堂大人의 지시를 받아 읽은 후 곧바로 조선정부에 신속히 서신을 보내 알렸습니다. 13일 새벽에 國王이 그의 손위 처남 趙甯夏와 金宏集을 정사·부사로 삼아 파견하여, 저희 배에 올라와서는 끈질기게 저를 머무르게 하였고, 영국 수군제독과 그 參贊도 이내 와서 역시 저를 만류하였습니다. 그리하여 윌리스와 왕래하며 상의하였는데, 윌리스가 외교 업무가 처음인지라 주저하며 결정을 못하였습니다. 다행히 그 參贊이 옆에서 강력히 권유하여, 오늘 오후에 두 나라 사신이 서로 만나고, 영국 통역관이 며칠 내 상해로부터 배를 타고 오면 곧바로 기일을 정하여 미국과의 조약에 비추어 서명하기로 합의하였습니다. 국왕의 조회는 내일 저녁이면 가져올 수 있을 것입니다. 屬邦에 관한 내용은 국왕이 문서를 갖춰 영국 여왕에게 照會를 보내는데, 조약 안에 싣는 것보다는 [나을 것입니다]. 생각하건대, 두 나라의 사신이 논의한 것이니, 더욱 뚜렷할 것입니다.[153)]조선 국왕은 제가 이곳에 남아 다른 나라들과의 조약을 이어서 처리해주기를 절실히 원하고 있으며, 이미 禮部와 北洋大臣에 咨文을 보내 황상께 상주해줄 것을 요청하였습니다. 하지만 독일·프랑스·러시아가 언제 잇따라 와서 조약 체결을 논의하게 될지는 알 수 없습니다. 그렇게 되면 저는 漢江을 계속 지키면서 조용히 그들이 언제 도착할지 조금이라도 흔적이 있을까 기다려야 합니다. 그래서 저는 朝·英條約 교환 이후 곧바로 서쪽으로 건너가기로 결정하였습니다. 서로 만나게 될 시점은 대략 20일 이후일 것입니다. 슈펠트가 비방한 것은 참으로 가증스럽습니다. 이러한 낭설은 변명하지 않아도 스스로 밝혀질 것이니, 그들은 스스로 품위를 잃을 뿐입니다. 삼가 이런 내용을 특히 아룁니다. 복되시기를 빕니다. 동생 建忠이 머리 숙여 조아리니, 玉翁處[154)]에 대신 안부를 전해주시기를 청합니다. 따로 서신을 보내지 못하는 것을 용서해주십시오.

153) 앞의 原文 부분에서도 지적한 것처럼 이 부분은 분명히 원문에 누락이 있는 것 같다. 물론 그 취지는 앞에서도 다뤄진 바 있어 번역문의 내용과 크게 다르지 않을 것이다. "생각하건대, 조약은 오직 양국 사신이 마련한 것이고, 照會는 조선 국왕이 영국 군주에게 보내 스스로 밝히는 것이므로, 이 방법이 뜻을 더욱 분명하고 올바르게 세울 수 있을 것 같습니다."

154) 이것만으로는 실제 누구를 가리키는지 현재로는 알기 어렵다.

(59) 문서번호 : 2-1-1-59 (419, 606a-609b)

사안 : 朝·美條約이 체결되었음을 상주하는 주접과 계속해서 馬建忠으로 하여금 조선이 영국·프랑스·독일과 조약을 체결하는 것을 돕도록 하게 해달라고 청하는 附片을 咨文으로 [總理衙門에] 올립니다(咨呈具奏美韓約成摺, 竝附奏仍令馬建忠襄助朝鮮與英·法·德議約片).

첨부문서 : 1. 「署理北洋大臣 張樹聲의 奏摺과 附片(署北洋大臣張樹聲奏摺及附片) : 朝·美條約 각 조항의 장단점을 분석하고, 아울러 여전히 馬建忠으로 하여금 조선이 영국·프랑스·독일과 통상조약을 체결하도록 도와주게 지시해달라는 諭旨를 청합니다(剖析美韓條約各款利弊, 竝請旨仍派馬建忠會辦韓與英·法·德議立通商條約)」.

날짜 : 光緒八年四月二十五日(1882년 6월 10일)

발신 : 署理北洋大臣 張樹聲

수신 : 總理衙門

四月二十五日, 署北洋大臣張樹聲文稱 :

竊照本署大臣於光緒八年四月二十四日, 在天津行館由驛具奏, 朝鮮與美國議立和好通商條約, 現已事竣一摺, 又附奏如英、法、德三國相繼東來議約, 擬仍令馬建忠在彼襄助一片, 相應抄稿咨呈. 爲此咨呈貴衙門, 謹請查核施行.

1. 照錄「奏稿」

奏爲朝鮮與美國議立和好通商條約, 現已事竣, 恭摺仰祈聖鑒事.

竊前北洋大臣李鴻章籌辦朝鮮與美國議約事宜, 業將商定約稿, 請派二品銜侯選道馬建忠前往朝鮮會辦, 並派統領北洋水師記名提督丁汝昌酌帶兵船, 偕美總兵薛斐爾東駛, 以壯聲勢各緣由, 於本年三月初六日, 奏奉諭旨欽遵在案. 馬建忠等於前月二十日自煙臺起椗, 次日駛抵朝鮮漢江口停泊. 時有日本公使花房義質已乘兵船, 先在該處下椗. 馬建忠登岸至仁川府行館, 連日接見朝鮮伴接官趙準永及金景遂、李應浚等, 每與言及約事, 答語支吾, 意頗烱爍. 花房義質來見, 語氣亦涉窺探. 馬建忠以日使意存蠱惑, 朝人情近猶豫. 不得不稍參權變, 固爲指陳大義, 斥其不知推誠相待, 深負大皇帝調護屬邦至意, 徑出行館回舟. 金景遂諸人惶恐挽留, 自是王京來人, 皆益恭謹.

二十四日薛斐爾抵港, 馬建忠與議原擬約內第一條, 彼堅執有礙平行體制, 且本國電復未到, 斷難擅允. 詞意甚爲決絕, 乃議由朝鮮國王另備照會, 於未經立約之前, 先行聲明. 再四熟商, 始行首肯. 在彼則謂, 不列約中, 尚不礙其體面, 在我則先聲明而后立約, 是彼已認明朝鮮爲我屬邦, 較初議於立約后設法聲明, 尤有根據. 二十七日朝鮮國王所派全權大副官, 經理統理機務衙門事申櫶、金宏集, 登舟謁議, 於此節皆無異詞.

次及原擬第九款米糧出口一條, 申櫶、金宏集謂 : “於朝議民情有礙,” 堅欲議禁, 薛斐爾堅不肯允. 相持累日, 金宏集乃議 : “添註‘惟仁川口不准出米’一句.” 馬建忠復與美使重加商酌, 改爲“惟於仁川已開一口, 各色米糧概行禁止運出.” 較爲周帀, 美使急欲定約, 勉強允行. 其餘各款, 間有一二處改易數字 於大指均無出入. 計議定條約十四款, 卽於四月初六日在仁川港, 由申櫶、金宏集會同薛斐爾, 鈐印畫押. 據馬建忠節次稟報. 本月二十日, 並准朝鮮國王將約本及照會底稿, 兩國國書全權字據, 抄錄咨送, 專差副司直李應浚賫呈請奏前來.

伏查中西互市之初, 中國罕通西例. 各國來立條約 大都因利以乘便, 損我以益彼. 沿至今日, 挽救爲難. 朝鮮僻在東北, 近偪於日俄兩國. 日人以議稅未定, 惟事挾制, 俄人以拓地爲志, 尤所覬覦. 其國中士大夫又多拘守常經, 自安積弱, 固應失當, 勢難圖存. 朝廷深惟藩衛之誼, 疊諭李鴻章妥籌指引, 該國王與一二臣工, 始知幡然變計. 李爲該國密擇邦交, 先聯美國, 乘薛斐爾東來之機, 今馬建忠往蒞其事. 謀畫經年, 次第就緖. 如第二款領事必須奉到批准文憑視事, 及辦事不合追回一節, 則於領事有予奪之權, 不致動與地方官齟齬礙難鈐制. 第五·第六·第七·第十二等款, 皆商務緊要關鍵, 自操利權, 預防流弊, 悉已包括無遺. 第四款審案之事, 雖不能如西國案件俱由地方官訊斷, 亦由朝美律法不同之故, 但西人通商之處, 被告多屬本地之人, 茲定爲由被告所屬官員以本國律例審斷, 則可持平辦理, 朝人不致喫虧. 其日后改定律例一節, 尤有關係, 雖一時未必辦到, 特存是說, 可待將來. 第十款拏犯之事. 各口本地民人多恃洋人爲護符, 犯案則領事必爲庇匿, 茲定有或准差役自行往拏之條, 可免骫法縱奸肆無顧忌. 其第十四款提明互相酬報專條, 以救一體均霑之弊, 卽遇強國, 亦不能以勢力相偪. 至洋人入內地傳教, 朝鮮尤所深惡. 近年固有教士私往, 屢滋事端, 但朝人有必不能容之情. 而公法又無於條約內明言禁止之例. 現在約內不提傳教一節. 而於第十二款內議明應遵條約已載者先行辦理, 其未載者俟五年后再行議定, 則立約后如有洋人前往傳教, 朝鮮卽可照約相拒, 不至以民教起釁, 多生枝蔓.

以上各節, 均照西國通例, 斟酌倣辦, 於取益防損之道, 實已籌慮周密. 此皆憑藉皇靈, 故美使迅就范圍, 辦理尚屬順手. 朝鮮守而弗失, 他國續議通商, 持此約爲依據, 可以杜窺伺而絶要求. 從此謀求馭外之道, 以立自強之基, 庶可世守東藩, 仰承聖主以大字小之德. 除照抄朝鮮國王咨文暨約本照會及兩國國書全權字據恭呈御覽, 並將馬建忠節次來稟及『日記』、『筆談』各件, 一併抄送總理各國事務衙門查核外, 所有朝鮮與美國議約事竣緣由, 理合恭摺由驛馳奏. 伏乞皇太后、皇上聖鑒訓示. 謹奏.

再, 朝鮮與美國定約, 各國相率而至. 以美約係北洋奏派委員馬建忠前往會辦, 英、法、德等國皆由駐京使臣, 懇臣處函致馬建忠, 仍在朝鮮代爲先容, 並會同商辦. 各國續定條約, 自應以美約爲張本, 期間亦必不能一無辯論, 朝鮮未習外交情事, 辦理恐難悉合機宜. 且中國旣隱然爲美國蒞盟, 亦不能於他國置之不問. 昨接總理衙門函, 屬轉飭馬建忠暫行留駐朝鮮. 此次該國王來咨, 亦有請留馬建忠、丁汝昌, 商辦他國交涉之語. 如英、法、德三國相繼東往議約, 似應仍令馬建忠在彼襄助, 以資熟手, 而期妥善. 臣謹附片具陳. 是否有當, 伏乞聖鑒訓示. 謹奏.

4월 25일에 署理北洋大臣 張樹聲이 다음과 같은 문서를 보내왔다.

삼가 본 서리북양대신은 光緖 8년 4월 24일 天津 行館에서, 조선과 미국이 우호통상조약을 체결하는 일이 마무리되었다는 奏摺 한 통을 驛站을 통해 상주하였고, 아울러 만약 영국·프랑스·독일 등 3국이 계속해서 조선에 가서 조약 체결을 논의하고자 한다면, 馬建忠으로 하여금 계속 그곳에 머물면서 도와주도록 지시하겠다는 내용의 附片을 덧붙여 상주하였습니다. 이에 마땅히 그 奏摺의 원고를 초록하여 咨文으로 올려야 할 것입니다. 이에 귀 아문에 咨文으로 올리는 바이니, 삼가 이를 검토해주시기 바랍니다.

첨부문서 :「상주문 원고」초록

1.「상주문 원고」

조선과 미국이 우호통상조약을 체결하는 일은 지금 이미 마무리되었으며, 삼가 주접으로 올리며 황상께서 살펴주시기를 우러러 바랍니다. 살피건대 前 北洋大臣 李鴻章은 朝·美條約 체결 문제를 처리하면서, 조약 초안을 협의하여 정하고, 二品銜候選道 馬建忠을 조선에 보내서 함께 처리하도록 해주실 것을 청하였으며, 아울러 統領北洋水師記名提督 丁汝昌에게 군함을 이끌고 미국준장 슈펠트와 함께 조선에 동행하여 위세를 보이도록 하겠다는 내용으로 올해 3월 6일 상주하여 諭旨를 받들어 시행한 바 있습니다. 馬建忠 등은 지난 달 20일 煙臺에서 출발하여, 다음날 조선의 漢江 강구에 도착하여 정박하였습니다. 그때 일본 공사 花房義質이 이미 군함을 타고 먼저 그곳에 정박하고 있었습니다. 馬建忠은 상륙하여 仁川府의 行館에 이르렀고, 연일 조선의 伴接官 趙準永[155]과 金景遂[156]·李應浚 등을 접견했는데, 그들은 매번 조약문제

155) 조준영(趙準永, 1833~1886)은 자가 경취(景翠), 호는 송간(松磵)으로 1864년 증광문과에 급제하여 1874년 성균관 대사성이 되었고, 1881년에는 신사유람단의 일원으로 40일 동안 일본의 행정·산업·교육 등을 시찰하고 귀국하여 신문의 필요성을 주장하였다. 이듬해 임오군란으로 청의 마건충(馬建忠)이 군대를 인솔하고 서울에 올라올 때 영접관(迎接官)이 되어 그를 맞이하였다. 1883년 정월 통리내무아문을 개편하여 만든 협판군국사무에 임명되어 이무(吏務)에 종사하였고, 같은 해 이조참판을 역임하였다. 1884년 갑신정변 후 개성유수가 되었고, 이듬해 협판내무부사를 거쳐 1886년 협판교섭통상사무(協辦交涉通商事務)에 전임하였다.

156) 김경수(金景遂, 1818~?)는 개항 전후 시기에 활동한 역관(譯官)으로 1837년 정유 식년시에 3등 5위로

에 대해서 언급할 때마다 답변을 얼버무렸고, 그 뜻을 제대로 드러내려 하지 않았습니다. 그리고 花房義質도 와서 접견했는데, 그 말투 역시 무언가를 엿보려는 것이었습니다. 저는 일본 공사가 뭔가 속이려는 마음을 갖고 있고, 조선인들은 아직 주저하는 마음을 갖고 있는 것 같다고 판단하였습니다. 그리하여 어쩔 수 없이 약간의 임기응변으로 나가 大義에 대하여 확고하게 설명해주고, 그들이 진심으로 상대를 대하는 점을 알지 못해 屬邦을 보호하시려는 皇上의 지극한 뜻을 심히 저버렸다고 꾸짖었으며, 곧바로 行館을 나와 배로 돌아갔습니다. 金景遂 등 여러 사람이 당황하여 만류하였고, 이후로 한양에서 온 사람들은 모두 더욱 공손하고 삼가는 모습을 보였습니다.

24일 슈펠트가 항구에 도착하여, 저는 원래 조약문의 제1조로 삼으려 했던 것에 대하여 그와 논의하였는데, 그는 양국의 평등한 체제에 장애가 되고, 또한 본국에서 회신 전문이 아직 도착하지 않았기 때문에 마음대로 승락할 수는 없다고 완강히 고집하였습니다. 그 말뜻이 매우 단호하여, 결국 조선 국왕이 따로 照會를 작성하여 조약을 체결하기 전에 먼저 밝히는 방안에 대하여 논의하였습니다. 거듭 깊이 상의한 뒤에야 그는 비로소 수긍하였습니다. 그들의 입장에서는 그 내용을 조약에 포함시키지 않음으로써 그 體面에 문제가 되지 않게 하는 것이며, 우리 입장에서는 그 내용을 먼저 밝힌 다음 조약을 체결하는 것이므로, 이 방안은 그들이 조선이 우리 屬邦임을 이미 인정한 것이고, 처음에 조약을 체결한 다음 방법을 강구하여 밝히기로 한 것에 비교하면 좀 더 근거가 있는 것입니다. 27일 조선 국왕이 파견한 全權大官·副官 經理統理機務衙門事 申櫶·金宏集이 배에 올라와 만나서 의논했는데, 이점에 대해서 모두 이견이 없었습니다.

다음으로, 원래 제9조로 삼으려 했던 米糧 수출에 관한 조항에 대해서, 申櫶과 金宏集은 "조선의 여론에 좋지 않다"고 하면서 이를 금지시키기를 강력히 원하였고, 슈펠트 역시 이를 받아들이려 하지 않았습니다. 서로 고집하며 며칠이 지나자, 金宏集은 이내 "'오직 인천 항구에서만 米糧의 수출을 금지한다'는 구절을 첨가하자"고 주장하였습니다. 저는 다시 슈펠트와 거듭 상의하여, "오직 인천의 기존 通商港口에서만 각종 米糧의 수출을 모두 금지한다"로 고치는 것이 더욱 적절하다고 정하였습니다. 슈펠트는 조약 체결을 빨리 하려는 욕심에서 마지못해

합격한 다음 한어역관으로 40년 이상 활동하였다. 그는 1876년 조일수호조규의 체결에도 간여하였으며 1879년에는 『공보초략(公報抄略)』을 간행하기도 하였으며, 1882년 조·미조약의 체결을 위해 인천에 온 마건충의 伴接官으로 활동하였다.

받아들였습니다. 이 밖의 나머지 조항은 간혹 한두 군데에서 숫자를 고치기는 하였지만, 전체적으로는 크게 달라진 것이 없었습니다. 협의하여 결정한 조약의 총14개 조항에 대해서, 4월 6일 인천항에서 申櫶·金宏集이 슈펠트와 함께 도장을 찍고 서명하였습니다. [이상의 내용에 대해서] 馬建忠이 여러 차례 보고를 올렸습니다. 이번 달 20일에는 조선 국왕이 조약문과 照會의 원고, 양국 國書의 全權證書 등을 초록하여 咨文으로 보내면서 副司直 李應浚을 따로 보내서 상주해달라고 요청해왔습니다.

엎드려 살펴보건대, 중국과 서양이 서로 互市를 하게 된 초기에는 중국이 서양의 관례를 잘 알지 못하였습니다. 각국은 중국에 와서 조약을 체결할 때 대부분 이익을 따라 편리를 도모하여 우리에게 손해를 끼치면서 자신들의 이익을 챙겼습니다. 이점은 오늘날까지 이어져 만회하기 매우 어렵습니다. 조선은 東北의 편벽한 곳에 자리 잡아 가까운 일본·러시아 두 나라의 압박을 받고 있습니다. 일본인들은 關稅 논의가 확정되지 않았다는 이유로 모든 문제마다 압박을 가하고 있으며, 러시아인들은 영토 개척을 목표로 삼아 더더욱 엿보고 있습니다. 조선 국내 사대부들은 또한 옛 도리만을 묵수하며 스스로 안주한 채 날로 쇠약해져 실로 위기에 대한 대응 능력을 잃어 살길을 강구하기 어렵습니다. 조정에서는 藩屛을 지킬 방법에 대해 깊이 생각하여, 누차 李鴻章에게 지시하여 적절히 계획해서 이끌도록 하였고, 그 결과 조선 국왕과 한두 臣僚들은 비로소 철저하게 방침을 바꾸어야 한다는 것을 알게 되었습니다. 李鴻章은 조선을 위하여 外交 전략을 비밀리에 채택하고, 먼저 미국과 연합하도록 슈펠트가 동쪽을 방문하는 기회를 이용하여 馬建忠으로 하여금 조선에 가서 그 일을 처리하게 하였습니다. 계획한 바가 몇 년이 지나면서 점차 실마리를 갖추게 되었습니다. 이를테면 領事는 반드시 비준 문서를 받은 다음에야 업무를 볼 수 있고, 업무 수행이 부적절하면 비준 문서를 회수할 수 있다는 제2조의 내용은, 領事에게 재량권을 줌으로써 걸핏하면 지방관과 마찰을 일으켜 통제하기 어렵게 만들지 않으려는 것입니다. 제5조와 제6·7조, 제12조 등은 모두 商務의 핵심 관건으로 이권을 스스로 장악하고 폐해를 예방하기 위한 내용들을 모두 빠짐없이 포함시켰습니다. 제4조는 재판에 관한 것으로써, 비록 서양 국가와 관련된 사건을 모두 지방관이 심판하지 못하는 것은 조선과 미국의 법률에 차이가 있기 때문이기도 하지만, 서양인들이 通商하는 곳에서 피고는 대부분 현지인들이기 때문에, 피고가 소속된 관원이 본국 律例에 따라 심판하도록 정한다면, 공평하게 재판하여 조선인들이 손해 보는 일이 없도록 할 수 있습니다. 나중에 律例를 개정한다는 내용도 특히 중요한데, 비록 당장은 이를 시행할 수 없겠지만, 이 구절을 특별히 남겨둠으로써 나중을 기약할 수 있습니다. 제10조는 범인 체포에 관한 사안입니다. 각 항구의 현지인이 洋人들을 자기 호신부로 삼는 경우가 많아 죄를 지으면 領事가 반드시 비호해주니, 이에 혹은 差役을 보내 직접 체포하는 것을 허용한다는 구절을 넣음으로써, 법을 어기고 간악한 짓을 하는 무리들이 거리낌 없이 행동하는 것을 막을 수 있습니다. 제14조는 상호 보상을 언급한 특별 조항으로 모든 것을 열국이 고루 누리는 폐단을 막기 위한 것이니, 설사 강국을 만난다 하더라도 그들이 세력으로 압박할 수 없을 것입니다. 서양 사람들이 내지로 들어가 선교하는 문제에 대해서, 조선은 특히 매우 혐오합니다. 근래 선교사들이 몰래 들어가서 누차 문제를 일으킨 바 있고, 조선인들은 이를 절대 용납하지 않겠다는 마음을 갖고 있습니다. 그런데 萬國公法에는 조약 내에 선교 금지를 명시할 수 있는 규정이 없으며, 현재 조약에서는 선교에 관한 내용을 언급하지 않았습니다. 그러나 제12조에는 조약에 이미 실린 것들을 먼저 시행하되, 실리지 않은 것들은 5년 뒤에 다시 논의하여 정하도록 하였으니, 조약을 체결한 다음에도 서양 사람들이 가서 선교를 한다면, 조선에서도 조약에 근거하여 이를 거부함으로써 백성들과 教人들이 마찰을 일으켜 복잡한 문제를 일으키는 것을 막을 수 있습니다.

이상의 각 내용은 서양의 통례에 비추어 참작하여 작성한 것이며, 이익을 취하고 손해를 막는 방법에 있어서, 실로 두루 주도면밀하게 헤아린 것입니다. 이는 모두 황상의 위엄을 빌려 의지한 덕분에 미국 사신을 신속하게 위압할 수 있었으므로 처리가 비교적 순조로울 수 있었습니다. 朝鮮을 지키고 잃지 않기 위해서는, 다른 나라들이 연이어 通商을 요구해올 때 이 조약을 근거로 삼음으로써, 그들이 엿보는 것을 막고 그들의 요구를 잘라낼 수 있을 것입니다. 앞으로 외세를 막아낼 수 있는 방도를 구하여 自強의 토대를 세워나간다면, 대대로 동방의 제후국 자리를 지키면서 황상의 字小之德을 더욱 우러러 받들 수 있을 것입니다. 朝鮮 국왕의 咨文과 조약문, 照會, 양국 국서의 全權證書 등을 초록하여 열람하실 수 있도록 삼가 공손히 올리고, 아울러 馬建忠이 누차 보내온 보고와 『일기』·『필담』 등 각 문건을 함께 초록하여 總理衙門으로 보내 검토를 받는 것 외에, 朝·美條約 체결이 마무리되었다는 내용을 마땅히 삼가 奏摺으로 갖추어 驛站을 통해 신속히 상주하는 바입니다. 황태후와 황상께서 살펴보시고 훈시를 내려주시기를 엎드려 청합니다. 삼가 주를 올립니다.

첨부합니다. 朝·美條約을 체결하자 각국이 잇따라 뒤를 따르고 있습니다. 미국과의 조약은 北洋大臣이 委員 馬建忠을 朝鮮에 파견하여 함께 처리하였기 때문에, 영국·프랑스·독일 등은 모두 北京주재 공사들을 통해서 저희가 馬建忠에게 서신을 보내 계속 朝鮮에 머물면서 대신 사전에 중개하고 아울러 함께 협상하도록 해달라고 간청하고 있습니다. 각국이 연이어 조약을 체결한다면 반드시 미국과의 조약을 기준으로 삼아야 할 터이며, 중간에 논쟁이 전혀 없을 수가 없을 터인데, 朝鮮은 외교 사무에 익숙하지 못하여 아마도 그 처리가 적절하게 이루어지지 못할까 염려됩니다. 또한 중국이 이미 암암리에 미국을 위해 조약을 주선해주었으므로 다른 나라들에 대해서도 역시 모른 채 할 수도 없습니다. 어제 馬建忠에게 지시를 전하여 잠시 계속 朝鮮에 머물도록 하라는 總理衙門의 서신을 받았습니다. 이번에 朝鮮 국왕이 보내온 咨文도 馬建忠·丁汝昌을 머물게 하여 다른 나라들과의 교섭을 협의할 수 있도록 해달라고 청하는 내용이었습니다. 만약 영국·프랑스·독일 세 나라가 잇따라 朝鮮에 가서 조약 체결을 논의한다면, 馬建忠이 계속 그곳에서 도와주어 노련한 솜씨로 적절히 처리할 수 있게 해야 할 것 같습니다. 삼가 附片으로 아뢰는 바입니다. 이상의 내용이 적당한지 아닌지 황상께서 살펴보시고 훈시를 내려주시기 바랍니다. 삼가 주를 올립니다.

동북아역사 자료총서 41

국역『淸季中日韓關係史料』3

초판 1쇄 인쇄 2016년 8월 31일
초판 1쇄 발행 2016년 9월 10일

역 김형종, 윤형진, 이원준, 김창수, 조병식
펴낸이 김호섭
펴낸곳 동북아역사재단

등록 제312-2004-050호(2004년 10월 18일)
주소 서울시 서대문구 통일로 81 임광빌딩
전화 02-2012-6065
팩스 02-2012-6189
e-mail book@nahf.or.kr

ISBN 978-89-6187-448-9 94910
978-89-6187-291-1 (세트)

* 이 도서의 국립중앙도서관 출판예정도서목록(CIP)은 서지정보유통지원시스템 홈페이지(http://seoji.nl.go.kr)와 국가자료공동목록시스템(http://www.nl.go.kr/kolisnet)에서 이용하실 수 있습니다.(CIP제어번호: CIP2016020666)

* 책값은 뒤표지에 있습니다. 잘못된 책은 바꾸어 드립니다.